纪检监察工作法律法规

一本通

《纪检监察工作法律法规一本通》编写组◎编

中国法制出版社
CHINA LEGAL PUBLISHING HOUSE

前言

Preface

随着党和国家反腐败斗争的纵深推进，各种相关法律法规进一步完善，新法规的制定或修订不断提升了反腐败工作的规范化、法治化、正规化水平，为推动纪检监察工作高质量发展提供了有力保障。面对新形势新任务新要求，广大一线纪检监察干部必须坚持守正创新、与时俱进，严格按照新的法律法规要求开展监督检查和审查调查工作，统筹运用好党纪国法“两把尺子”。“工欲善其事，必先利其器”，纪检监察干部深入学习和熟练运用相关法律法规，需要一本兼具专业性和实效性的工具书。为此，我们在前版的基础上，结合工作实际需要，按照简便实用的原则对本书进行了修订。本次修订主要有以下几个方面：一是优化体系，本书体系以监察法规为主，在附录部分兼顾收录相关纪检工作规定。二是系统集成，收录最新的监察工作有关法规，涵盖《中华人民共和国监察法实施条例》《关于人民检察院立案侦查司法工作人员相关职务犯罪案件若干问题的规定》等法律法规和司法解释，在刑法条文中重点收录监察机关管辖的101个罪名；此外，考虑到监察机关办案实践中会涉及移送公安机关管辖的罪名，为了方便查阅，兼顾收录了工作中会涉及的“洗钱罪”等常见的23个罪名。三是精准有效，本书在修订中删繁就简，仅收录了日常工作中运用较为广泛的重点法规，倾力打造一本一线办案人员案头常备且便于随身携带的工具书。

目 录

Contents

程序法

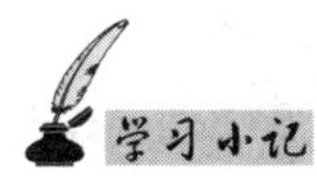

中华人民共和国监察法

（2018年3月20日第十三届全国人民代表大会第一次会议通过　2018年3月20日中华人民共和国主席令第3号公布　自公布之日起施行）

第一章　总　　则

第一条　【立法目的、立法依据】①　为了深化国家监察体制改革，加强对所有行使公权力的公职人员的监督，实现国家监察全面覆盖，深入开展反腐败工作，推进国家治理体系和治理能力现代化，根据宪法，制定本法。

第二条　【指导思想】坚持中国共产党对国家监察工作的领导，以马克思列宁主义、毛泽东思想、邓小平理论、“三个代表”重要思想、科学发展观、习近平新时代中国特色社会主义思想为指导，构建集中统一、权威高效的中国特色国家监察体制。

第三条　【监委的地位、作用】各级监察委员会是行使国家监察职能的专责机关，依照本法对所有行使公权力的公职人员（以下称公职人员）进行监察，调查职务违法和职务犯罪，开展廉政建设和反腐败工作，维护宪法和法律的尊严。

第四条　【监委依法独立行使职权原则】【监委与审判、检察、执法部门在办理职务违法犯罪案件过程中的关系】【有关机关和单位对监察机关的协助义务】监察委员会依照法律规定独立行使监察权，不受行政机关、社会团体和个人的干涉。

① 条文主旨为编者所加，后同。

学习小记

监察机关办理职务违法和职务犯罪案件，应当与审判机关、检察机关、执法部门互相配合，互相制约。

监察机关在工作中需要协助的，有关机关和单位应当根据监察机关的要求依法予以协助。

第五条　【监察工作原则】国家监察工作严格遵照宪法和法律，以事实为根据，以法律为准绳；在适用法律上一律平等，保障当事人的合法权益；权责对等，严格监督；惩戒与教育相结合，宽严相济。

第六条　【监察工作方针】国家监察工作坚持标本兼治、综合治理，强化监督问责，严厉惩治腐败；深化改革、健全法治，有效制约和监督权力；加强法治教育和道德教育，弘扬中华优秀传统文化，构建不敢腐、不能腐、不想腐的长效机制。

第二章　监察机关及其职责

第七条　【国家监委的定位及地方监委的机构设置】中华人民共和国国家监察委员会是最高监察机关。

省、自治区、直辖市、自治州、县、自治县、市、市辖区设立监察委员会。

第八条　【国家监委产生、职责、组成、主任任职期限、对人大及其常委会负责、接受监督】国家监察委员会由全国人民代表大会产生，负责全国监察工作。

国家监察委员会由主任、副主任若干人、委员若干人组成，主任由全国人民代表大会选举，副主任、委员由国家监察委员会主任提请全国人民代表大会常务委员会任免。

国家监察委员会主任每届任期同全国人民代表大会每届任期相同，连续任职不得超过两届。

国家监察委员会对全国人民代表大会及其常务委员会负责，

并接受其监督。

第九条　【地方监委的产生、职责、组织人员及与权力机关、上级监委的关系】地方各级监察委员会由本级人民代表大会产生，负责本行政区域内的监察工作。

地方各级监察委员会由主任、副主任若干人、委员若干人组成，主任由本级人民代表大会选举，副主任、委员由监察委员会主任提请本级人民代表大会常务委员会任免。

地方各级监察委员会主任每届任期同本级人民代表大会每届任期相同。

地方各级监察委员会对本级人民代表大会及其常务委员会和上一级监察委员会负责，并接受其监督。

第十条　【监察机关上下级领导关系】国家监察委员会领导地方各级监察委员会的工作，上级监察委员会领导下级监察委员会的工作。

第十一条　【监察委员会职责】监察委员会依照本法和有关法律规定履行监督、调查、处置职责：

（一）对公职人员开展廉政教育，对其依法履职、秉公用权、廉洁从政从业以及道德操守情况进行监督检查；

（二）对涉嫌贪污贿赂、滥用职权、玩忽职守、权力寻租、利益输送、徇私舞弊以及浪费国家资财等职务违法和职务犯罪进行调查；

（三）对违法的公职人员依法作出政务处分决定；对履行职责不力、失职失责的领导人员进行问责；对涉嫌职务犯罪的，将调查结果移送人民检察院依法审查、提起公诉；向监察对象所在单位提出监察建议。

第十二条　【监委派驻或派出监察机构、监察专员的设置和领导关系】各级监察委员会可以向本级中国共产党机关、国家机关、法律法规授权或者委托管理公共事务的组织和单位以及所管

学习小记

辖的行政区域、国有企业等派驻或者派出监察机构、监察专员。

监察机构、监察专员对派驻或者派出它的监察委员会负责。

第十三条　【派驻或派出监察机构、监察专员职责】派驻或者派出的监察机构、监察专员根据授权，按照管理权限依法对公职人员进行监督，提出监察建议，依法对公职人员进行调查、处置。

（编者注：工作地点在地方、干部管理权限在主管部门的公职人员涉嫌职务违法或者职务犯罪的，由派驻该单位的纪检监察组管辖。派驻纪检监察组认为由其工作所在地监察机关调查更为适宜的，应当及时同其工作所在地有关监察机关协商决定，并履行相应的审批程序）

第十四条　【监察官制度】国家实行监察官制度，依法确定监察官的等级设置、任免、考评和晋升等制度。

第三章　监察范围和管辖

第十五条　【监察对象范围】监察机关对下列公职人员和有关人员进行监察：

（一）中国共产党机关、人民代表大会及其常务委员会机关、人民政府、监察委员会、人民法院、人民检察院、中国人民政治协商会议各级委员会机关、民主党派机关和工商业联合会机关的公务员，以及参照《中华人民共和国公务员法》管理的人员；

（二）法律、法规授权或者受国家机关依法委托管理公共事务的组织中从事公务的人员；**（编者注：包括金融监督管理机构的工作人员，注册会计师协会、医师协会等具有公共事务管理职能的行业协会的工作人员，以及法定检验检测检疫鉴定机构的工作人员等）**

（三）国有企业管理人员；**（编者注：包括国有独资、控股、参股企业及其分支机构等国家出资企业中，由党组织或者国家机**

关、国有公司、企业、事业单位提名、推荐、任命、批准等，从事领导、组织、管理、监督等活动的人员）

（四）公办的教育、科研、文化、医疗卫生、体育等单位中从事管理的人员；**（编者注：包括这类单位及其分支机构中从事领导、组织、管理、监督等活动的人员）**

（五）基层群众性自治组织中从事管理的人员；**（编者注：包括农村村民委员会、城市居民委员会等基层群众性自治组织中从事集体事务管理的人员，以及协助人民政府从事行政管理工作的人员）**

（六）其他依法履行公职的人员。**（编者注：包括人大代表、政协委员、党代会代表、人民陪审员、人民监督员、仲裁员等；其他在国家机关、国有公司、企业、事业单位、群团组织中依法从事领导、组织、管理、监督等公务活动的人员）**

第十六条　【监察机关管辖原则】各级监察机关按照管理权限管辖本辖区内本法第十五条规定的人员所涉监察事项。

上级监察机关可以办理下一级监察机关管辖范围内的监察事项，必要时也可以办理所辖各级监察机关管辖范围内的监察事项。

监察机关之间对监察事项的管辖有争议的，由其共同的上级监察机关确定。

第十七条　【指定管辖和报请提级管辖原则】上级监察机关可以将其所管辖的监察事项指定下级监察机关管辖，也可以将下级监察机关有管辖权的监察事项指定给其他监察机关管辖。

监察机关认为所管辖的监察事项重大、复杂，需要由上级监察机关管辖的，可以报请上级监察机关管辖。

（编者注：国家监察委员会在调查中指定异地管辖，需要在异地起诉、审判的，应当在移送审查起诉前与人民检察院、人民法院协商指定管辖等相关事宜）

第四章　监察权限

第十八条　【监察机关收集证据一般原则】监察机关行使监督、调查职权，有权依法向有关单位和个人了解情况，收集、调取证据。有关单位和个人应当如实提供。

监察机关及其工作人员对监督、调查过程中知悉的国家秘密、商业秘密、个人隐私，应当保密。

任何单位和个人不得伪造、隐匿或者毁灭证据。

第十九条　【谈话或要求说明情况】对可能发生职务违法的监察对象，监察机关按照管理权限，可以直接或者委托有关机关、人员进行谈话或者要求说明情况。

第二十条　【被调查人陈述和讯问】在调查过程中，对涉嫌职务违法的被调查人，监察机关可以要求其就涉嫌违法行为作出陈述，必要时向被调查人出具书面通知。（**编者注：本款为谈话通知书的依据条款，换言之，要求陈述的形式一般也为谈话**）

对涉嫌贪污贿赂、失职渎职等职务犯罪的被调查人，监察机关可以进行讯问，要求其如实供述涉嫌犯罪的情况。（**编者注：本款为讯问通知书的依据条款**）

第二十一条　【询问】在调查过程中，监察机关可以询问证人等人员。

（**编者注：本条为询问通知书的依据条款**）

第二十二条　【留置对象及适用情形】被调查人涉嫌贪污贿赂、失职渎职等严重职务违法或者职务犯罪，监察机关已经掌握其部分违法犯罪事实及证据，仍有重要问题需要进一步调查，并有下列情形之一的，经监察机关依法审批，可以将其留置在特定场所：

（一）涉及案情重大、复杂的；

（二）可能逃跑、自杀的；

（三）可能串供或者伪造、隐匿、毁灭证据的；

（四）可能有其他妨碍调查行为的。

对涉嫌行贿犯罪或者共同职务犯罪的涉案人员，监察机关可以依照前款规定采取留置措施。

留置场所的设置、管理和监督依照国家有关规定执行。

（编者注：本条为采取留置措施的依据条款，留置时间计算从宣布之日起算，而非批准或决定之日）

第二十三条　【查询、冻结措施】监察机关调查涉嫌贪污贿赂、失职渎职等严重职务违法或者职务犯罪，根据工作需要，可以依照规定查询、冻结涉案单位和个人的存款、汇款、债券、股票、基金份额等财产。有关单位和个人应当配合。**（编者注：本款为向金融机构或财产登记、监管机构等单位查询相关单位和个人的存款、汇款、债券、股票、基金份额、保险产品、信托产品、理财产品、非上市公司股份、债权、期货等财产信息以及要求上述部门协助冻结上述财产的依据条款）**

冻结的财产经查明与案件无关的，应当在查明后三日内解除冻结，予以退还。**（编者注：本款为解除冻结有关财产的依据条款）**

第二十四条　【搜查措施】监察机关可以对涉嫌职务犯罪的被调查人以及可能隐藏被调查人或者犯罪证据的人的身体、物品、住处和其他有关地方进行搜查。在搜查时，应当出示搜查证，并有被搜查人或者其家属等见证人在场。**（编者注：本款为采取搜查措施的依据条款。进行搜查时，应当向被搜查人或者其家属等见证人出示《搜查证》，并由被搜查人或者其家属等见证人签名或者盖章。如果被搜查人或者其家属不在场，或拒绝签名、盖章的，应在搜查证附卷联上注明）**

搜查女性身体，应当由女性工作人员进行。

监察机关进行搜查时，可以根据工作需要提请公安机关配合。公安机关应当依法予以协助。

第二十五条　【调取、查封、扣押措施】监察机关在调查过程中，可以调取、查封、扣押用以证明被调查人涉嫌违法犯罪的财物、文件和电子数据等信息。采取调取、查封、扣押措施，应当收集原物原件，会同持有人或者保管人、见证人，当面逐一拍照、登记、编号，开列清单，由在场人员当场核对、签名，并将清单副本交财物、文件的持有人或者保管人。（**编者注：本款与第十八条第一款为监察机关向有关单位和个人收集、调取、查封、扣押证据的依据条款**）

对调取、查封、扣押的财物、文件，监察机关应当设立专用账户、专门场所，确定专门人员妥善保管，严格履行交接、调取手续，定期对账核实，不得毁损或者用于其他目的。对价值不明物品应当及时鉴定，专门封存保管。

查封、扣押的财物、文件经查明与案件无关的，应当在查明后三日内解除查封、扣押，予以退还。（**编者注：本款为解除查封、扣押的依据条款**）

第二十六条　【勘验检查措施】监察机关在调查过程中，可以直接或者指派、聘请具有专门知识、资格的人员在调查人员主持下进行勘验检查。勘验检查情况应当制作笔录，由参加勘验检查的人员和见证人签名或者盖章。

（**编者注：本条为监察机关对与违法犯罪有关的场所、物品、人身、尸体等进行勘验检查的依据条款**）

第二十七条　【鉴定措施】监察机关在调查过程中，对于案件中的专门性问题，可以指派、聘请有专门知识的人进行鉴定。鉴定人进行鉴定后，应当出具鉴定意见，并且签名。

（**编者注：本条为监察机关为查明案情，就案件中的专门性问题，委托具有鉴定资格的单位（人员）进行鉴定的依据条款。**

鉴定要求应仅限科学技术问题，必须具体、明确。根据本法第三十三条第二款的规定，应将用作证据的鉴定意见告知被调查人、相关单位和人员）

第二十八条　【技术调查措施】监察机关调查涉嫌重大贪污贿赂等职务犯罪，根据需要，经过严格的批准手续，可以采取技术调查措施，按照规定交有关机关执行。

批准决定应当明确采取技术调查措施的种类和适用对象，自签发之日起三个月以内有效；对于复杂、疑难案件，期限届满仍有必要继续采取技术调查措施的，经过批准，有效期可以延长，每次不得超过三个月。对于不需要继续采取技术调查措施的，应当及时解除。

（编者注：本条为技术调查的依据条款）

第二十九条　【通缉措施】依法应当留置的被调查人如果在逃，监察机关可以决定在本行政区域内通缉，由公安机关发布通缉令，追捕归案。通缉范围超出本行政区域的，应当报请有权决定的上级监察机关决定。

（编者注：本条为监察机关采取通缉措施的依据条款）

第三十条　【限制出境措施】监察机关为防止被调查人及相关人员逃匿境外，经省级以上监察机关批准，可以对被调查人及相关人员采取限制出境措施，由公安机关依法执行。对于不需要继续采取限制出境措施的，应当及时解除。

（编者注：本条为监察机关采取限制出境措施的依据条款）

第三十一条　【认罪从宽处罚建议程序及情形】涉嫌职务犯罪的被调查人主动认罪认罚，有下列情形之一的，监察机关经领导人员集体研究，并报上一级监察机关批准，可以在移送人民检察院时提出从宽处罚的建议：

（一）自动投案，真诚悔罪悔过的；

（二）积极配合调查工作，如实供述监察机关还未掌握的违

法犯罪行为的；

（三）积极退赃，减少损失的；

（四）具有重大立功表现或者案件涉及国家重大利益等情形的。

第三十二条　【揭发从宽处罚程序】职务违法犯罪的涉案人员揭发有关被调查人职务违法犯罪行为，查证属实的，或者提供重要线索，有助于调查其他案件的，监察机关经领导人员集体研究，并报上一级监察机关批准，可以在移送人民检察院时提出从宽处罚的建议。

第三十三条　【证据效力、标准及非法证据排除规则】监察机关依照本法规定收集的物证、书证、证人证言、被调查人供述和辩解、视听资料、电子数据等证据材料，在刑事诉讼中可以作为证据使用。

监察机关在收集、固定、审查、运用证据时，应当与刑事审判关于证据的要求和标准相一致。**（编者注：本款为告知被调查人、证人权利义务的依据条款，权利义务告知应在首次谈话、讯问、询问时告知）**

以非法方法收集的证据应当依法予以排除，不得作为案件处置的依据。

第三十四条　【职务违法犯罪问题线索移送和管辖】人民法院、人民检察院、公安机关、审计机关等国家机关在工作中发现公职人员涉嫌贪污贿赂、失职渎职等职务违法或者职务犯罪的问题线索，应当移送监察机关，由监察机关依法调查处置。

被调查人既涉嫌严重职务违法或者职务犯罪，又涉嫌其他违法犯罪的，一般应当由监察机关为主调查，其他机关予以协助。

第五章　监察程序

第三十五条　【处理报案、举报程序】监察机关对于报案或

者举报，应当接受并按照有关规定处理。对于不属于本机关管辖的，应当移送主管机关处理。

第三十六条　【监察工作监督管理要求】监察机关应当严格按照程序开展工作，建立问题线索处置、调查、审理各部门相互协调、相互制约的工作机制。

监察机关应当加强对调查、处置工作全过程的监督管理，设立相应的工作部门履行线索管理、监督检查、督促办理、统计分析等管理协调职能。

第三十七条　【问题线索处置程序和要求】监察机关对监察对象的问题线索，应当按照有关规定提出处置意见，履行审批手续，进行分类办理。线索处置情况应当定期汇总、通报，定期检查、抽查。

第三十八条　【初步核实】需要采取初步核实方式处置问题线索的，监察机关应当依法履行审批程序，成立核查组。初步核实工作结束后，核查组应当撰写初步核实情况报告，提出处理建议。承办部门应当提出分类处理意见。初步核实情况报告和分类处理意见报监察机关主要负责人审批。

第三十九条　【立案条件、程序及公开】经过初步核实，对监察对象涉嫌职务违法犯罪，需要追究法律责任的，监察机关应当按照规定的权限和程序办理立案手续。

监察机关主要负责人依法批准立案后，应当主持召开专题会议，研究确定调查方案，决定需要采取的调查措施。

立案调查决定应当向被调查人宣布，并通报相关组织。涉嫌严重职务违法或者职务犯罪的，应当通知被调查人家属，并向社会公开发布。

（编者注：1. 本条为监察立案决定的依据条款，监察机关办理司法机关移送的政务案件，如果没有其他违纪违法行为的，监察机关可以根据司法机关的生效判决及其认定的事实、性质和情

学习小记

节，依法给予政务处分，不再履行立案手续；办理行政机关移送的政务案件，监察机关应办理立案手续，对行政机关认定的违法事实进行核实后予以处理。2. 对于公职人员既涉嫌严重职务违法或者职务犯罪，又涉嫌其他违法犯罪的案件，由监察机关与人民检察院、公安机关等协商解决管辖问题，一般应当由监察机关为主调查，其他机关予以配合。3. 对于几个监察机关都有管辖权的案件，由最初受理的监察机关管辖。必要时，可以由主要犯罪地的监察机关管辖。省级以下监察机关之间对案件管辖有争议的，应当报上级监察机关解决。具有下列情形之一的，监察机关可以在职责范围内并案调查：(1) 一人犯数罪的；(2) 共同犯罪的；(3) 共同犯罪的公职人员还实施其他犯罪的；(4) 多人实施的犯罪存在关联，并案处理有利于查明事实的。4. 公职人员有违法行为，已经被立案调查，不宜继续履行职责的，公职人员任免机关、单位可以决定暂停其履行职务。被调查的公职人员在被监察机关立案调查期间，不得交流、出境、辞去公职或者办理退休手续。监察机关应当在立案决定书中写明上述要求，并告知被调查人所在单位)

第四十条　【调查取证工作要求】监察机关对职务违法和职务犯罪案件，应当进行调查，收集被调查人有无违法犯罪以及情节轻重的证据，查明违法犯罪事实，形成相互印证、完整稳定的证据链。

严禁以威胁、引诱、欺骗及其他非法方式收集证据，严禁侮辱、打骂、虐待、体罚或者变相体罚被调查人和涉案人员。

第四十一条　【调查措施程序性规定】调查人员采取讯问、询问、留置、搜查、调取、查封、扣押、勘验检查等调查措施，均应当依照规定出示证件，出具书面通知，由二人以上进行，形成笔录、报告等书面材料，并由相关人员签名、盖章。

调查人员进行讯问以及搜查、查封、扣押等重要取证工作，应当对全过程进行录音录像，留存备查。

第四十二条　【调查方案执行要求】调查人员应当严格执行调查方案，不得随意扩大调查范围、变更调查对象和事项。

对调查过程中的重要事项，应当集体研究后按程序请示报告。

第四十三条　【留置措施审批权限、期限、执行和解除】监察机关采取留置措施，应当由监察机关领导人员集体研究决定。设区的市级以下监察机关采取留置措施，应当报上一级监察机关批准。省级监察机关采取留置措施，应当报国家监察委员会备案。

留置时间不得超过三个月。在特殊情况下，可以延长一次，延长时间不得超过三个月。省级以下监察机关采取留置措施的，延长留置时间应当报上一级监察机关批准。监察机关发现采取留置措施不当的，应当及时解除。（**编者注：本款为解除留置及提请、批准、决定延长留置时间的依据条款**）

监察机关采取留置措施，可以根据工作需要提请公安机关配合。公安机关应当依法予以协助。

第四十四条　【留置期间要求】对被调查人采取留置措施后，应当在二十四小时以内，通知被留置人员所在单位和家属，但有可能毁灭、伪造证据，干扰证人作证或者串供等有碍调查情形的除外。有碍调查的情形消失后，应当立即通知被留置人员所在单位和家属。（**编者注：本款为留置通知书的依据条款**）

监察机关应当保障被留置人员的饮食、休息和安全，提供医疗服务。讯问被留置人员应当合理安排讯问时间和时长，讯问笔录由被讯问人阅看后签名。

被留置人员涉嫌犯罪移送司法机关后，被依法判处管制、拘役和有期徒刑的，留置一日折抵管制二日，折抵拘役、有期徒刑

学习小记

一日。

第四十五条　【处置情形】监察机关根据监督、调查结果，依法作出如下处置：

（一）对有职务违法行为但情节较轻的公职人员，按照管理权限，直接或者委托有关机关、人员，进行谈话提醒、批评教育、责令检查，或者予以诫勉；

（二）对违法的公职人员依照法定程序作出警告、记过、记大过、降级、撤职、开除等政务处分决定；

（三）对不履行或者不正确履行职责负有责任的领导人员，按照管理权限对其直接作出问责决定，或者向有权作出问责决定的机关提出问责建议；

（四）对涉嫌职务犯罪的，监察机关经调查认为犯罪事实清楚，证据确实、充分的，制作起诉意见书，连同案卷材料、证据一并移送人民检察院依法审查、提起公诉；

（五）对监察对象所在单位廉政建设和履行职责存在的问题等提出监察建议。

监察机关经调查，对没有证据证明被调查人存在违法犯罪行为的，应当撤销案件，并通知被调查人所在单位。

第四十六条　【涉案款物处置】监察机关经调查，对违法取得的财物，依法予以没收、追缴或者责令退赔；对涉嫌犯罪取得的财物，应当随案移送人民检察院。

第四十七条　【移送审查起诉要求】对监察机关移送的案件，人民检察院依照《中华人民共和国刑事诉讼法》对被调查人采取强制措施。

人民检察院经审查，认为犯罪事实已经查清，证据确实、充分，依法应当追究刑事责任的，应当作出起诉决定。

人民检察院经审查，认为需要补充核实的，应当退回监察机关补充调查，必要时可以自行补充侦查。对于补充调查的案件，应当在一个月内补充调查完毕。补充调查以二次为限。

人民检察院对于有《中华人民共和国刑事诉讼法》规定的不起诉的情形的，经上一级人民检察院批准，依法作出不起诉的决定。监察机关认为不起诉的决定有错误的，可以向上一级人民检察院提请复议。

第四十八条　【被调查人逃逸、死亡案件违法所得没收程序】监察机关在调查贪污贿赂、失职渎职等职务犯罪案件过程中，被调查人逃匿或者死亡，有必要继续调查的，经省级以上监察机关批准，应当继续调查并作出结论。被调查人逃匿，在通缉一年后不能到案，或者死亡的，由监察机关提请人民检察院依照法定程序，向人民法院提出没收违法所得的申请。

第四十九条　【复审、复核规定】监察对象对监察机关作出的涉及本人的处理决定不服的，可以在收到处理决定之日起一个月内，向作出决定的监察机关申请复审，复审机关应当在一个月内作出复审决定；监察对象对复审决定仍不服的，可以在收到复审决定之日起一个月内，向上一级监察机关申请复核，复核机关应当在二个月内作出复核决定。复审、复核期间，不停止原处理决定的执行。复核机关经审查，认定处理决定有错误的，原处理机关应当及时予以纠正。

第六章　反腐败国际合作

第五十条　【国家监察委统筹协调反腐败国际合作】国家监察委员会统筹协调与其他国家、地区、国际组织开展的反腐败国际交流、合作，组织反腐败国际条约实施工作。

第五十一条　【国家监察委组织协调开展反腐败国际合作】国家监察委员会组织协调有关方面加强与有关国家、地区、国际组织在反腐败执法、引渡、司法协助、被判刑人的移管、资产追

学习小记

回和信息交流等领域的合作。

第五十二条　【反腐败国际追逃追赃和防逃工作】国家监察委员会加强对反腐败国际追逃追赃和防逃工作的组织协调，督促有关单位做好相关工作：

（一）对于重大贪污贿赂、失职渎职等职务犯罪案件，被调查人逃匿到国（境）外，掌握证据比较确凿的，通过开展境外追逃合作，追捕归案；

（二）向赃款赃物所在国请求查询、冻结、扣押、没收、追缴、返还涉案资产；

（三）查询、监控涉嫌职务犯罪的公职人员及其相关人员进出国（境）和跨境资金流动情况，在调查案件过程中设置防逃程序。

第七章　对监察机关和监察人员的监督

第五十三条　【人大监督】各级监察委员会应当接受本级人民代表大会及其常务委员会的监督。

各级人民代表大会常务委员会听取和审议本级监察委员会的专项工作报告，组织执法检查。

县级以上各级人民代表大会及其常务委员会举行会议时，人民代表大会代表或者常务委员会组成人员可以依照法律规定的程序，就监察工作中的有关问题提出询问或者质询。

第五十四条　【其他外部监督】监察机关应当依法公开监察工作信息，接受民主监督、社会监督、舆论监督。

第五十五条　【内部监督】监察机关通过设立内部专门的监督机构等方式，加强对监察人员执行职务和遵守法律情况的监督，建设忠诚、干净、担当的监察队伍。

第五十六条　【监察人员职业素质要求】监察人员必须模范

遵守宪法和法律，忠于职守、秉公执法，清正廉洁、保守秘密；必须具有良好的政治素质，熟悉监察业务，具备运用法律、法规、政策和调查取证等能力，自觉接受监督。

第五十七条　【监察事项过问报告备案制度】对于监察人员打听案情、过问案件、说情干预的，办理监察事项的监察人员应当及时报告。有关情况应当登记备案。

发现办理监察事项的监察人员未经批准接触被调查人、涉案人员及其特定关系人，或者存在交往情形的，知情人应当及时报告。有关情况应当登记备案。

第五十八条　【监察人员回避制度】办理监察事项的监察人员有下列情形之一的，应当自行回避，监察对象、检举人及其他有关人员也有权要求其回避：

（一）是监察对象或者检举人的近亲属的；

（二）担任过本案的证人的；

（三）本人或者其近亲属与办理的监察事项有利害关系的；

（四）有可能影响监察事项公正处理的其他情形的。

第五十九条　【脱密期关系和从业限制】监察机关涉密人员离岗离职后，应当遵守脱密期管理规定，严格履行保密义务，不得泄露相关秘密。

监察人员辞职、退休三年内，不得从事与监察和司法工作相关联且可能发生利益冲突的职业。

第六十条　【申诉制度】监察机关及其工作人员有下列行为之一的，被调查人及其近亲属有权向该机关申诉：

（一）留置法定期限届满，不予以解除的；

（二）查封、扣押、冻结与案件无关的财物的；

（三）应当解除查封、扣押、冻结措施而不解除的；

（四）贪污、挪用、私分、调换以及违反规定使用查封、扣押、冻结的财物的；

学习小记

（五）其他违反法律法规、侵害被调查人合法权益的行为。

受理申诉的监察机关应当在受理申诉之日起一个月内作出处理决定。申诉人对处理决定不服的，可以在收到处理决定之日起一个月内向上一级监察机关申请复查，上一级监察机关应当在收到复查申请之日起二个月内作出处理决定，情况属实的，及时予以纠正。

第六十一条　【一案双查】对调查工作结束后发现立案依据不充分或者失实，案件处置出现重大失误，监察人员严重违法的，应当追究负有责任的领导人员和直接责任人员的责任。

第八章　法律责任

第六十二条　【拒不执行或无正当理由拒不采纳监察建议的处理】有关单位拒不执行监察机关作出的处理决定，或者无正当理由拒不采纳监察建议的，由其主管部门、上级机关责令改正，对单位给予通报批评；对负有责任的领导人员和直接责任人员依法给予处理。

第六十三条　【阻碍、干扰监察工作的处理】有关人员违反本法规定，有下列行为之一的，由其所在单位、主管部门、上级机关或者监察机关责令改正，依法给予处理：

（一）不按要求提供有关材料，拒绝、阻碍调查措施实施等拒不配合监察机关调查的；

（二）提供虚假情况，掩盖事实真相的；

（三）串供或者伪造、隐匿、毁灭证据的；

（四）阻止他人揭发检举、提供证据的；

（五）其他违反本法规定的行为，情节严重的。

第六十四条　【报复陷害、诬告陷害的处理】监察对象对控告人、检举人、证人或者监察人员进行报复陷害的；控告人、检举人、证人捏造事实诬告陷害监察对象的，依法给予处理。

第六十五条　【监察机关及人员违法履职的处理】监察机关及其工作人员有下列行为之一的，对负有责任的领导人员和直接责任人员依法给予处理：

（一）未经批准、授权处置问题线索，发现重大案情隐瞒不报，或者私自留存、处理涉案材料的；

（二）利用职权或者职务上的影响干预调查工作、以案谋私的；

（三）违法窃取、泄露调查工作信息，或者泄露举报事项、举报受理情况以及举报人信息的；

（四）对被调查人或者涉案人员逼供、诱供，或者侮辱、打骂、虐待、体罚或者变相体罚的；

（五）违反规定处置查封、扣押、冻结的财物的；

（六）违反规定发生办案安全事故，或者发生安全事故后隐瞒不报、报告失实、处置不当的；

（七）违反规定采取留置措施的；

（八）违反规定限制他人出境，或者不按规定解除出境限制的；

（九）其他滥用职权、玩忽职守、徇私舞弊的行为。

第六十六条　【违反监察法行为的刑事责任】违反本法规定，构成犯罪的，依法追究刑事责任。

第六十七条　【国家赔偿】监察机关及其工作人员行使职权，侵犯公民、法人和其他组织的合法权益造成损害的，依法给予国家赔偿。

第九章　附　　则

第六十八条　【军队监察工作规定】中国人民解放军和中国

学习小记

人民武装警察部队开展监察工作，由中央军事委员会根据本法制定具体规定。

第六十九条　【施行日期及行政监察法的废止】本法自公布之日起施行。《中华人民共和国行政监察法》同时废止。

中华人民共和国监察法实施条例

（2021年7月20日国家监察委员会全体会议决定　2021年9月20日中华人民共和国国家监察委员会公告第1号公布　自2021年9月20日起施行）

第一章　总　　则

第一条　为了推动监察工作法治化、规范化，根据《中华人民共和国监察法》（以下简称监察法），结合工作实际，制定本条例。

第二条　坚持中国共产党对监察工作的全面领导，增强政治意识、大局意识、核心意识、看齐意识，坚定中国特色社会主义道路自信、理论自信、制度自信、文化自信，坚决维护习近平总书记党中央的核心、全党的核心地位，坚决维护党中央权威和集中统一领导，把党的领导贯彻到监察工作各方面和全过程。

第三条　监察机关与党的纪律检查机关合署办公，坚持法治思维和法治方式，促进执纪执法贯通、有效衔接司法，实现依纪监督和依法监察、适用纪律和适用法律有机融合。

第四条　监察机关应当依法履行监督、调查、处置职责，坚持实事求是，坚持惩前毖后、治病救人，坚持惩戒与教育相结合，实现政治效果、法律效果和社会效果相统一。

第五条　监察机关应当坚定不移惩治腐败，推动深化改革、完善制度，规范权力运行，加强思想道德教育、法治教育、廉洁教育，引导公职人员提高觉悟、担当作为、依法履职，一体推进不敢腐、不能腐、不想腐体制机制建设。

学习小记

第六条 监察机关坚持民主集中制，对于线索处置、立案调查、案件审理、处置执行、复审复核中的重要事项应当集体研究，严格按照权限履行请示报告程序。

第七条 监察机关应当在适用法律上一律平等，充分保障监察对象以及相关人员的人身权、知情权、财产权、申辩权、申诉权以及申请复审复核权等合法权益。

第八条 监察机关办理职务犯罪案件，应当与人民法院、人民检察院互相配合、互相制约，在案件管辖、证据审查、案件移送、涉案财物处置等方面加强沟通协调，对于人民法院、人民检察院提出的退回补充调查、排除非法证据、调取同步录音录像、要求调查人员出庭等意见依法办理。

第九条 监察机关开展监察工作，可以依法提请组织人事、公安、国家安全、审计、统计、市场监管、金融监管、财政、税务、自然资源、银行、证券、保险等有关部门、单位予以协助配合。

有关部门、单位应当根据监察机关的要求，依法协助采取有关措施、共享相关信息、提供相关资料和专业技术支持，配合开展监察工作。

第二章 监察机关及其职责

第一节 领导体制

第十条 国家监察委员会在党中央领导下开展工作。地方各级监察委员会在同级党委和上级监察委员会双重领导下工作，监督执法调查工作以上级监察委员会领导为主，线索处置和案件查办在向同级党委报告的同时应当一并向上一级监察委员会报告。

上级监察委员会应当加强对下级监察委员会的领导。下级监

察委员会对上级监察委员会的决定必须执行，认为决定不当的，应当在执行的同时向上级监察委员会反映。上级监察委员会对下级监察委员会作出的错误决定，应当按程序予以纠正，或者要求下级监察委员会予以纠正。

第十一条　上级监察委员会可以依法统一调用所辖各级监察机关的监察人员办理监察事项。调用决定应当以书面形式作出。

监察机关办理监察事项应当加强互相协作和配合，对于重要、复杂事项可以提请上级监察机关予以协调。

第十二条　各级监察委员会依法向本级中国共产党机关、国家机关、法律法规授权或者受委托管理公共事务的组织和单位以及所管辖的国有企业事业单位等派驻或者派出监察机构、监察专员。

省级和设区的市级监察委员会依法向地区、盟、开发区等不设置人民代表大会的区域派出监察机构或者监察专员。县级监察委员会和直辖市所辖区（县）监察委员会可以向街道、乡镇等区域派出监察机构或者监察专员。

监察机构、监察专员开展监察工作，受派出机关领导。

第十三条　派驻或者派出的监察机构、监察专员根据派出机关授权，按照管理权限依法对派驻或者派出监督单位、区域等的公职人员开展监督，对职务违法和职务犯罪进行调查、处置。监察机构、监察专员可以按规定与地方监察委员会联合调查严重职务违法、职务犯罪，或者移交地方监察委员会调查。

未被授予职务犯罪调查权的监察机构、监察专员发现监察对象涉嫌职务犯罪线索的，应当及时向派出机关报告，由派出机关调查或者依法移交有关地方监察委员会调查。

第二节　监察监督

第十四条　监察机关依法履行监察监督职责，对公职人员政

学习小记

治品行、行使公权力和道德操守情况进行监督检查，督促有关机关、单位加强对所属公职人员的教育、管理、监督。

第十五条 监察机关应当坚决维护宪法确立的国家指导思想，加强对公职人员特别是领导人员坚持党的领导、坚持中国特色社会主义制度，贯彻落实党和国家路线方针政策、重大决策部署，履行从严管理监督职责，依法行使公权力等情况的监督。

第十六条 监察机关应当加强对公职人员理想教育、为人民服务教育、宪法法律法规教育、优秀传统文化教育，弘扬社会主义核心价值观，深入开展警示教育，教育引导公职人员树立正确的权力观、责任观、利益观，保持为民务实清廉本色。

第十七条 监察机关应当结合公职人员的职责加强日常监督，通过收集群众反映、座谈走访、查阅资料、召集或者列席会议、听取工作汇报和述责述廉、开展监督检查等方式，促进公职人员依法用权、秉公用权、廉洁用权。

第十八条 监察机关可以与公职人员进行谈心谈话，发现政治品行、行使公权力和道德操守方面有苗头性、倾向性问题的，及时进行教育提醒。

第十九条 监察机关对于发现的系统性、行业性的突出问题，以及群众反映强烈的问题，可以通过专项检查进行深入了解，督促有关机关、单位强化治理，促进公职人员履职尽责。

第二十条 监察机关应当以办案促进整改、以监督促进治理，在查清问题、依法处置的同时，剖析问题发生的原因，发现制度建设、权力配置、监督机制等方面存在的问题，向有关机关、单位提出改进工作的意见或者监察建议，促进完善制度，提高治理效能。

第二十一条 监察机关开展监察监督，应当与纪律监督、派驻监督、巡视监督统筹衔接，与人大监督、民主监督、行政监督、司法监督、审计监督、财会监督、统计监督、群众监督和舆论监督等贯通协调，健全信息、资源、成果共享等机制，形成监督合力。

第三节　监 察 调 查

第二十二条　监察机关依法履行监察调查职责，依据监察法、《中华人民共和国公职人员政务处分法》（以下简称政务处分法）和《中华人民共和国刑法》（以下简称刑法）等规定对职务违法和职务犯罪进行调查。

第二十三条　监察机关负责调查的职务违法是指公职人员实施的与其职务相关联，虽不构成犯罪但依法应当承担法律责任的下列违法行为：

（一）利用职权实施的违法行为；

（二）利用职务上的影响实施的违法行为；

（三）履行职责不力、失职失责的违法行为；

（四）其他违反与公职人员职务相关的特定义务的违法行为。

第二十四条　监察机关发现公职人员存在其他违法行为，具有下列情形之一的，可以依法进行调查、处置：

（一）超过行政违法追究时效，或者超过犯罪追诉时效、未追究刑事责任，但需要依法给予政务处分的；

（二）被追究行政法律责任，需要依法给予政务处分的；

（三）监察机关调查职务违法或者职务犯罪时，对被调查人实施的事实简单、清楚，需要依法给予政务处分的其他违法行为一并查核的。

监察机关发现公职人员成为监察对象前有前款规定的违法行为的，依照前款规定办理。

第二十五条　监察机关依法对监察法第十一条第二项规定的职务犯罪进行调查。

第二十六条　监察机关依法调查涉嫌贪污贿赂犯罪，包括贪污罪，挪用公款罪，受贿罪，单位受贿罪，利用影响力受贿罪，行贿罪，对有影响力的人行贿罪，对单位行贿罪，介绍贿赂罪，单位行贿罪，巨额财产来源不明罪，隐瞒境外存款罪，私分国有资产罪，私分罚没财物罪，以及公职人员在行使公权力过程中实施的职务侵占罪，挪用资金罪，对外国公职人员、国际公共组织官员行贿罪，非国家工作人员受贿罪和相关联的对非国家工作人员行贿罪。

第二十七条　监察机关依法调查公职人员涉嫌滥用职权犯罪，包括滥用职权罪，国有公司、企业、事业单位人员滥用职权罪，滥用管理公司、证券职权罪，食品、药品监管渎职罪，故意泄露国家秘密罪，报复陷害罪，阻碍解救被拐卖、绑架妇女、儿童罪，帮助犯罪分子逃避处罚罪，违法发放林木采伐许可证罪，办理偷越国（边）境人员出入境证件罪，放行偷越国（边）境人员罪，挪用特定款物罪，非法剥夺公民宗教信仰自由罪，侵犯少数民族风俗习惯罪，打击报复会计、统计人员罪，以及司法工作人员以外的公职人员利用职权实施的非法拘禁罪、虐待被监管人罪、非法搜查罪。

第二十八条　监察机关依法调查公职人员涉嫌玩忽职守犯罪，包括玩忽职守罪，国有公司、企业、事业单位人员失职罪，签订、履行合同失职被骗罪，国家机关工作人员签订、履行合同失职被骗罪，环境监管失职罪，传染病防治失职罪，商检失职罪，动植物检疫失职罪，不解救被拐卖、绑架妇女、儿童罪，失职造成珍贵文物损毁、流失罪，过失泄露国家秘密罪。

第二十九条　监察机关依法调查公职人员涉嫌徇私舞弊犯罪，包括徇私舞弊低价折股、出售国有资产罪，非法批准征收、征用、占用土地罪，非法低价出让国有土地使用权罪，非法经营同类营业罪，为亲友非法牟利罪，枉法仲裁罪，徇私舞弊发售发票、抵扣税款、出口退税罪，商检徇私舞弊罪，动植物检疫徇私

舞弊罪，放纵走私罪，放纵制售伪劣商品犯罪行为罪，招收公务员、学生徇私舞弊罪，徇私舞弊不移交刑事案件罪，违法提供出口退税凭证罪，徇私舞弊不征、少征税款罪。

第三十条 监察机关依法调查公职人员在行使公权力过程中涉及的重大责任事故犯罪，包括重大责任事故罪，教育设施重大安全事故罪，消防责任事故罪，重大劳动安全事故罪，强令、组织他人违章冒险作业罪，危险作业罪，不报、谎报安全事故罪，铁路运营安全事故罪，重大飞行事故罪，大型群众性活动重大安全事故罪，危险物品肇事罪，工程重大安全事故罪。

第三十一条 监察机关依法调查公职人员在行使公权力过程中涉及的其他犯罪，包括破坏选举罪，背信损害上市公司利益罪，金融工作人员购买假币、以假币换取货币罪，利用未公开信息交易罪，诱骗投资者买卖证券、期货合约罪，背信运用受托财产罪，违法运用资金罪，违法发放贷款罪，吸收客户资金不入账罪，违规出具金融票证罪，对违法票据承兑、付款、保证罪，非法转让、倒卖土地使用权罪，私自开拆、隐匿、毁弃邮件、电报罪，故意延误投递邮件罪，泄露不应公开的案件信息罪，披露、报道不应公开的案件信息罪，接送不合格兵员罪。

第三十二条 监察机关发现依法由其他机关管辖的违法犯罪线索，应当及时移送有管辖权的机关。

监察机关调查结束后，对于应当给予被调查人或者涉案人员行政处罚等其他处理的，依法移送有关机关。

第四节 监察处置

第三十三条 监察机关对违法的公职人员，依据监察法、政务处分法等规定作出政务处分决定。

第三十四条 监察机关在追究违法的公职人员直接责任的同时，依法对履行职责不力、失职失责，造成严重后果或者恶劣影

响的领导人员予以问责。

监察机关应当组成调查组依法开展问责调查。调查结束后经集体讨论形成调查报告，需要进行问责的按照管理权限作出问责决定，或者向有权作出问责决定的机关、单位书面提出问责建议。

第三十五条 监察机关对涉嫌职务犯罪的人员，经调查认为犯罪事实清楚，证据确实、充分，需要追究刑事责任的，依法移送人民检察院审查起诉。

第三十六条 监察机关根据监督、调查结果，发现监察对象所在单位在廉政建设、权力制约、监督管理、制度执行以及履行职责等方面存在问题需要整改纠正的，依法提出监察建议。

监察机关应当跟踪了解监察建议的采纳情况，指导、督促有关单位限期整改，推动监察建议落实到位。

第三章 监察范围和管辖

第一节 监察对象

第三十七条 监察机关依法对所有行使公权力的公职人员进行监察，实现国家监察全面覆盖。

第三十八条 监察法第十五条第一项所称公务员范围，依据《中华人民共和国公务员法》（以下简称公务员法）确定。

监察法第十五条第一项所称参照公务员法管理的人员，是指有关单位中经批准参照公务员法进行管理的工作人员。

第三十九条 监察法第十五条第二项所称法律、法规授权或者受国家机关依法委托管理公共事务的组织中从事公务的人员，是指在上述组织中，除参照公务员法管理的人员外，对公共事务履行组织、领导、管理、监督等职责的人员，包括具有公共事务

管理职能的行业协会等组织中从事公务的人员，以及法定检验检测、检疫等机构中从事公务的人员。

第四十条 监察法第十五条第三项所称国有企业管理人员，是指国家出资企业中的下列人员：

（一）在国有独资、全资公司、企业中履行组织、领导、管理、监督等职责的人员；

（二）经党组织或者国家机关，国有独资、全资公司、企业，事业单位提名、推荐、任命、批准等，在国有控股、参股公司及其分支机构中履行组织、领导、管理、监督等职责的人员；

（三）经国家出资企业中负有管理、监督国有资产职责的组织批准或者研究决定，代表其在国有控股、参股公司及其分支机构中从事组织、领导、管理、监督等工作的人员。

第四十一条 监察法第十五条第四项所称公办的教育、科研、文化、医疗卫生、体育等单位中从事管理的人员，是指国家为了社会公益目的，由国家机关举办或者其他组织利用国有资产举办的教育、科研、文化、医疗卫生、体育等事业单位中，从事组织、领导、管理、监督等工作的人员。

第四十二条 监察法第十五条第五项所称基层群众性自治组织中从事管理的人员，是指该组织中的下列人员：

（一）从事集体事务和公益事业管理的人员；

（二）从事集体资金、资产、资源管理的人员；

（三）协助人民政府从事行政管理工作的人员，包括从事救灾、防疫、抢险、防汛、优抚、帮扶、移民、救济款物的管理，社会捐助公益事业款物的管理，国有土地的经营和管理，土地征收、征用补偿费用的管理，代征、代缴税款，有关计划生育、户籍、征兵工作，协助人民政府等国家机关在基层群众性自治组织中从事的其他管理工作。

第四十三条 下列人员属于监察法第十五条第六项所称其他

学习小记

依法履行公职的人员：

（一）履行人民代表大会职责的各级人民代表大会代表，履行公职的中国人民政治协商会议各级委员会委员、人民陪审员、人民监督员；

（二）虽未列入党政机关人员编制，但在党政机关中从事公务的人员；

（三）在集体经济组织等单位、组织中，由党组织或者国家机关，国有独资、全资公司、企业，国家出资企业中负有管理监督国有和集体资产职责的组织，事业单位提名、推荐、任命、批准等，从事组织、领导、管理、监督等工作的人员；

（四）在依法组建的评标、谈判、询价等组织中代表国家机关，国有独资、全资公司、企业，事业单位，人民团体临时履行公共事务组织、领导、管理、监督等职责的人员；

（五）其他依法行使公权力的人员。

第四十四条 有关机关、单位、组织集体作出的决定违法或者实施违法行为的，监察机关应当对负有责任的领导人员和直接责任人员中的公职人员依法追究法律责任。

第二节 管 辖

第四十五条 监察机关开展监督、调查、处置，按照管理权限与属地管辖相结合的原则，实行分级负责制。

第四十六条 设区的市级以上监察委员会按照管理权限，依法管辖同级党委管理的公职人员涉嫌职务违法和职务犯罪案件。

县级监察委员会和直辖市所辖区（县）监察委员会按照管理权限，依法管辖本辖区内公职人员涉嫌职务违法和职务犯罪案件。

地方各级监察委员会按照本条例第十三条、第四十九条规定，可以依法管辖工作单位在本辖区内的有关公职人员涉嫌职务违法和职务犯罪案件。

监察机关调查公职人员涉嫌职务犯罪案件，可以依法对涉嫌行贿犯罪、介绍贿赂犯罪或者共同职务犯罪的涉案人员中的非公职人员一并管辖。非公职人员涉嫌利用影响力受贿罪的，按照其所利用的公职人员的管理权限确定管辖。

第四十七条 上级监察机关对于下一级监察机关管辖范围内的职务违法和职务犯罪案件，具有下列情形之一的，可以依法提级管辖：

（一）在本辖区有重大影响的；

（二）涉及多个下级监察机关管辖的监察对象，调查难度大的；

（三）其他需要提级管辖的重大、复杂案件。

上级监察机关对于所辖各级监察机关管辖范围内有重大影响的案件，必要时可以依法直接调查或者组织、指挥、参与调查。

地方各级监察机关所管辖的职务违法和职务犯罪案件，具有第一款规定情形的，可以依法报请上一级监察机关管辖。

第四十八条 上级监察机关可以依法将其所管辖的案件指定下级监察机关管辖。

设区的市级监察委员会将同级党委管理的公职人员涉嫌职务违法或者职务犯罪案件指定下级监察委员会管辖的，应当报省级监察委员会批准；省级监察委员会将同级党委管理的公职人员涉嫌职务违法或者职务犯罪案件指定下级监察委员会管辖的，应当报国家监察委员会相关监督检查部门备案。

上级监察机关对于下级监察机关管辖的职务违法和职务犯罪案件，具有下列情形之一，认为由其他下级监察机关管辖更为适宜的，可以依法指定给其他下级监察机关管辖：

（一）管辖有争议的；

（二）指定管辖有利于案件公正处理的；

（三）下级监察机关报请指定管辖的；

（四）其他有必要指定管辖的。

被指定的下级监察机关未经指定管辖的监察机关批准，不得将案件再行指定管辖。发现新的职务违法或者职务犯罪线索，以及其他重要情况、重大问题，应当及时向指定管辖的监察机关请示报告。

第四十九条 工作单位在地方、管理权限在主管部门的公职人员涉嫌职务违法和职务犯罪，一般由驻在主管部门、有管辖权的监察机构、监察专员管辖；经协商，监察机构、监察专员可以按规定移交公职人员工作单位所在地的地方监察委员会调查，或者与地方监察委员会联合调查。地方监察委员会在工作中发现上述公职人员有关问题线索，应当向驻在主管部门、有管辖权的监察机构、监察专员通报，并协商确定管辖。

前款规定单位的其他公职人员涉嫌职务违法和职务犯罪，可以由地方监察委员会管辖；驻在主管部门的监察机构、监察专员自行立案调查的，应当及时通报地方监察委员会。

地方监察委员会调查前两款规定案件，应当将立案、留置、移送审查起诉、撤销案件等重要情况向驻在主管部门的监察机构、监察专员通报。

第五十条 监察机关办理案件中涉及无隶属关系的其他监察机关的监察对象，认为需要立案调查的，应当商请有管理权限的监察机关依法立案调查。商请立案时，应当提供涉案人员基本情况、已经查明的涉嫌违法犯罪事实以及相关证据材料。

承办案件的监察机关认为由其一并调查更为适宜的，可以报请有权决定的上级监察机关指定管辖。

第五十一条 公职人员既涉嫌贪污贿赂、失职渎职等严重职务违法和职务犯罪，又涉嫌公安机关、人民检察院等机关管辖的犯罪，依法由监察机关为主调查的，应当由监察机关和其他机关

分别依职权立案，监察机关承担组织协调职责，协调调查和侦查工作进度、重要调查和侦查措施使用等重要事项。

第五十二条 监察机关必要时可以依法调查司法工作人员利用职权实施的涉嫌非法拘禁、刑讯逼供、非法搜查等侵犯公民权利、损害司法公正的犯罪，并在立案后及时通报同级人民检察院。

监察机关在调查司法工作人员涉嫌贪污贿赂等职务犯罪中，可以对其涉嫌的前款规定的犯罪一并调查，并及时通报同级人民检察院。人民检察院在办理直接受理侦查的案件中，发现犯罪嫌疑人同时涉嫌监察机关管辖的其他职务犯罪，经沟通全案移送监察机关管辖的，监察机关应当依法进行调查。

第五十三条 监察机关对于退休公职人员在退休前或者退休后，或者离职、死亡的公职人员在履职期间实施的涉嫌职务违法或者职务犯罪行为，可以依法进行调查。

对前款规定人员，按照其原任职务的管辖规定确定管辖的监察机关；由其他监察机关管辖更为适宜的，可以依法指定或者交由其他监察机关管辖。

第四章　监察权限

第一节　一般要求

第五十四条 监察机关应当加强监督执法调查工作规范化建设，严格按规定对监察措施进行审批和监管，依照法定的范围、程序和期限采取相关措施，出具、送达法律文书。

第五十五条 监察机关在初步核实中，可以依法采取谈话、询问、查询、调取、勘验检查、鉴定措施；立案后可以采取讯问、留置、冻结、搜查、查封、扣押、通缉措施。需要采取技术

调查、限制出境措施的，应当按照规定交有关机关依法执行。设区的市级以下监察机关在初步核实中不得采取技术调查措施。

开展问责调查，根据具体情况可以依法采取相关监察措施。

第五十六条 开展讯问、搜查、查封、扣押以及重要的谈话、询问等调查取证工作，应当全程同步录音录像，并保持录音录像资料的完整性。录音录像资料应当妥善保管、及时归档，留存备查。

人民检察院、人民法院需要调取同步录音录像的，监察机关应当予以配合，经审批依法予以提供。

第五十七条 需要商请其他监察机关协助收集证据材料的，应当依法出具《委托调查函》；商请其他监察机关对采取措施提供一般性协助的，应当依法出具《商请协助采取措施函》。商请协助事项涉及协助地监察机关管辖的监察对象的，应当由协助地监察机关按照所涉人员的管理权限报批。协助地监察机关对于协助请求，应当依法予以协助配合。

第五十八条 采取监察措施需要告知、通知相关人员的，应当依法办理。告知包括口头、书面两种方式，通知应当采取书面方式。采取口头方式告知的，应当将相关情况制作工作记录；采取书面方式告知、通知的，可以通过直接送交、邮寄、转交等途径送达，将有关回执或者凭证附卷。

无法告知、通知，或者相关人员拒绝接收的，调查人员应当在工作记录或者有关文书上记明。

第二节　证　　据

第五十九条 可以用于证明案件事实的材料都是证据，包括：

（一）物证；

（二）书证；

（三）证人证言；

（四）被害人陈述；

（五）被调查人陈述、供述和辩解；

（六）鉴定意见；

（七）勘验检查、辨认、调查实验等笔录；

（八）视听资料、电子数据。

监察机关向有关单位和个人收集、调取证据时，应当告知其必须依法如实提供证据。对于不按要求提供有关材料，泄露相关信息，伪造、隐匿、毁灭证据，提供虚假情况或者阻止他人提供证据的，依法追究法律责任。

监察机关依照监察法和本条例规定收集的证据材料，经审查符合法定要求的，在刑事诉讼中可以作为证据使用。

第六十条 监察机关认定案件事实应当以证据为根据，全面、客观地收集、固定被调查人有无违法犯罪以及情节轻重的各种证据，形成相互印证、完整稳定的证据链。

只有被调查人陈述或者供述，没有其他证据的，不能认定案件事实；没有被调查人陈述或者供述，证据符合法定标准的，可以认定案件事实。

第六十一条 证据必须经过查证属实，才能作为定案的根据。审查认定证据，应当结合案件的具体情况，从证据与待证事实的关联程度、各证据之间的联系、是否依照法定程序收集等方面进行综合判断。

第六十二条 监察机关调查终结的职务违法案件，应当事实清楚、证据确凿。证据确凿，应当符合下列条件：

（一）定性处置的事实都有证据证实；

（二）定案证据真实、合法；

（三）据以定案的证据之间不存在无法排除的矛盾；

（四）综合全案证据，所认定事实清晰且令人信服。

学习小记

第六十三条 监察机关调查终结的职务犯罪案件，应当事实清楚，证据确实、充分。证据确实、充分，应当符合下列条件：

（一）定罪量刑的事实都有证据证明；

（二）据以定案的证据均经法定程序查证属实；

（三）综合全案证据，对所认定事实已排除合理怀疑。

证据不足的，不得移送人民检察院审查起诉。

第六十四条 严禁以暴力、威胁、引诱、欺骗以及非法限制人身自由等非法方法收集证据，严禁侮辱、打骂、虐待、体罚或者变相体罚被调查人、涉案人员和证人。

第六十五条 对于调查人员采用暴力、威胁以及非法限制人身自由等非法方法收集的被调查人供述、证人证言、被害人陈述，应当依法予以排除。

前款所称暴力的方法，是指采用殴打、违法使用戒具等方法或者变相肉刑的恶劣手段，使人遭受难以忍受的痛苦而违背意愿作出供述、证言、陈述；威胁的方法，是指采用以暴力或者严重损害本人及其近亲属合法权益等进行威胁的方法，使人遭受难以忍受的痛苦而违背意愿作出供述、证言、陈述。

收集物证、书证不符合法定程序，可能严重影响案件公正处理的，应当予以补正或者作出合理解释；不能补正或者作出合理解释的，对该证据应当予以排除。

第六十六条 监察机关监督检查、调查、案件审理、案件监督管理等部门发现监察人员在办理案件中，可能存在以非法方法收集证据情形的，应当依据职责进行调查核实。对于被调查人控告、举报调查人员采用非法方法收集证据，并提供涉嫌非法取证的人员、时间、地点、方式和内容等材料或者线索的，应当受理并进行审核。根据现有材料无法证明证据收集合法性的，应当进行调查核实。

经调查核实，确认或者不能排除以非法方法收集证据的，对

有关证据依法予以排除，不得作为案件定性处置、移送审查起诉的依据。认定调查人员非法取证的，应当依法处理，另行指派调查人员重新调查取证。

监察机关接到对下级监察机关调查人员采用非法方法收集证据的控告、举报，可以直接进行调查核实，也可以交由下级监察机关调查核实。交由下级监察机关调查核实的，下级监察机关应当及时将调查结果报告上级监察机关。

第六十七条　对收集的证据材料及扣押的财物应当妥善保管，严格履行交接、调用手续，定期对账核实，不得违规使用、调换、损毁或者自行处理。

第六十八条　监察机关对行政机关在行政执法和查办案件中收集的物证、书证、视听资料、电子数据，勘验、检查等笔录，以及鉴定意见等证据材料，经审查符合法定要求的，可以作为证据使用。

根据法律、行政法规规定行使国家行政管理职权的组织在行政执法和查办案件中收集的证据材料，视为行政机关收集的证据材料。

第六十九条　监察机关对人民法院、人民检察院、公安机关、国家安全机关等在刑事诉讼中收集的物证、书证、视听资料、电子数据，勘验、检查、辨认、侦查实验等笔录，以及鉴定意见等证据材料，经审查符合法定要求的，可以作为证据使用。

监察机关办理职务违法案件，对于人民法院生效刑事判决、裁定和人民检察院不起诉决定采信的证据材料，可以直接作为证据使用。

第三节　谈　　话

第七十条　监察机关在问题线索处置、初步核实和立案调查中，可以依法对涉嫌职务违法的监察对象进行谈话，要求其如实

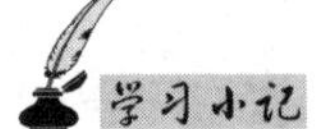

说明情况或者作出陈述。

谈话应当个别进行。负责谈话的人员不得少于二人。

第七十一条 对一般性问题线索的处置，可以采取谈话方式进行，对监察对象给予警示、批评、教育。谈话应当在工作地点等场所进行，明确告知谈话事项，注重谈清问题、取得教育效果。

第七十二条 采取谈话方式处置问题线索的，经审批可以由监察人员或者委托被谈话人所在单位主要负责人等进行谈话。

监察机关谈话应当形成谈话笔录或者记录。谈话结束后，可以根据需要要求被谈话人在十五个工作日以内作出书面说明。被谈话人应当在书面说明每页签名，修改的地方也应当签名。

委托谈话的，受委托人应当在收到委托函后的十五个工作日以内进行谈话。谈话结束后及时形成谈话情况材料报送监察机关，必要时附被谈话人的书面说明。

第七十三条 监察机关开展初步核实工作，一般不与被核查人接触；确有需要与被核查人谈话的，应当按规定报批。

第七十四条 监察机关对涉嫌职务违法的被调查人立案后，可以依法进行谈话。

与被调查人首次谈话时，应当出示《被调查人权利义务告知书》，由其签名、捺指印。被调查人拒绝签名、捺指印的，调查人员应当在文书上记明。对于被调查人未被限制人身自由的，应当在首次谈话时出具《谈话通知书》。

与涉嫌严重职务违法的被调查人进行谈话的，应当全程同步录音录像，并告知被调查人。告知情况应当在录音录像中予以反映，并在笔录中记明。

第七十五条 立案后，与未被限制人身自由的被调查人谈话的，应当在具备安全保障条件的场所进行。

调查人员按规定通知被调查人所在单位派员或者被调查人家

属陪同被调查人到指定场所的，应当与陪同人员办理交接手续，填写《陪送交接单》。

第七十六条 调查人员与被留置的被调查人谈话的，按照法定程序在留置场所进行。

与在押的犯罪嫌疑人、被告人谈话的，应当持以监察机关名义出具的介绍信、工作证件，商请有关案件主管机关依法协助办理。

与在看守所、监狱服刑的人员谈话的，应当持以监察机关名义出具的介绍信、工作证件办理。

第七十七条 与被调查人进行谈话，应当合理安排时间、控制时长，保证其饮食和必要的休息时间。

第七十八条 谈话笔录应当在谈话现场制作。笔录应当详细具体，如实反映谈话情况。笔录制作完成后，应当交给被调查人核对。被调查人没有阅读能力的，应当向其宣读。

笔录记载有遗漏或者差错的，应当补充或者更正，由被调查人在补充或者更正处捺指印。被调查人核对无误后，应当在笔录中逐页签名、捺指印。被调查人拒绝签名、捺指印的，调查人员应当在笔录中记明。调查人员也应当在笔录中签名。

第七十九条 被调查人请求自行书写说明材料的，应当准许。必要时，调查人员可以要求被调查人自行书写说明材料。

被调查人应当在说明材料上逐页签名、捺指印，在末页写明日期。对说明材料有修改的，在修改之处应当捺指印。说明材料应当由二名调查人员接收，在首页记明接收的日期并签名。

第八十条 本条例第七十四条至第七十九条的规定，也适用于在初步核实中开展的谈话。

第四节 讯 问

第八十一条 监察机关对涉嫌职务犯罪的被调查人，可以依

学习小记

法进行讯问，要求其如实供述涉嫌犯罪的情况。

第八十二条 讯问被留置的被调查人，应当在留置场所进行。

第八十三条 讯问应当个别进行，调查人员不得少于二人。

首次讯问时，应当向被讯问人出示《被调查人权利义务告知书》，由其签名、捺指印。被讯问人拒绝签名、捺指印的，调查人员应当在文书上记明。被讯问人未被限制人身自由的，应当在首次讯问时向其出具《讯问通知书》。

讯问一般按照下列顺序进行：

（一）核实被讯问人的基本情况，包括姓名、曾用名、出生年月日、户籍地、身份证件号码、民族、职业、政治面貌、文化程度、工作单位及职务、住所、家庭情况、社会经历，是否属于党代表大会代表、人大代表、政协委员，是否受到过党纪政务处分，是否受到过刑事处罚等；

（二）告知被讯问人如实供述自己罪行可以依法从宽处理和认罪认罚的法律规定；

（三）讯问被讯问人是否有犯罪行为，让其陈述有罪的事实或者无罪的辩解，应当允许其连贯陈述。

调查人员的提问应当与调查的案件相关。被讯问人对调查人员的提问应当如实回答。调查人员对被讯问人的辩解，应当如实记录，认真查核。

讯问时，应当告知被讯问人将进行全程同步录音录像。告知情况应当在录音录像中予以反映，并在笔录中记明。

第八十四条 本条例第七十五条至第七十九条的要求，也适用于讯问。

第五节 询　　问

第八十五条 监察机关按规定报批后，可以依法对证人、被害人等人员进行询问，了解核实有关问题或者案件情况。

第八十六条 证人未被限制人身自由的，可以在其工作地点、住所或者其提出的地点进行询问，也可以通知其到指定地点接受询问。到证人提出的地点或者调查人员指定的地点进行询问的，应当在笔录中记明。

调查人员认为有必要或者证人提出需要由所在单位派员或者其家属陪同到询问地点的，应当办理交接手续并填写《陪送交接单》。

第八十七条 询问应当个别进行。负责询问的调查人员不得少于二人。

首次询问时，应当向证人出示《证人权利义务告知书》，由其签名、捺指印。证人拒绝签名、捺指印的，调查人员应当在文书上记明。证人未被限制人身自由的，应当在首次询问时向其出具《询问通知书》。

询问时，应当核实证人身份，问明证人的基本情况，告知证人应当如实提供证据、证言，以及作伪证或者隐匿证据应当承担的法律责任。不得向证人泄露案情，不得采用非法方法获取证言。

询问重大或者有社会影响案件的重要证人，应当对询问过程全程同步录音录像，并告知证人。告知情况应当在录音录像中予以反映，并在笔录中记明。

第八十八条 询问未成年人，应当通知其法定代理人到场。无法通知或者法定代理人不能到场的，应当通知未成年人的其他成年亲属或者所在学校、居住地基层组织的代表等有关人员到场。询问结束后，由法定代理人或者有关人员在笔录中签名。调查人员应当将到场情况记录在案。

询问聋、哑人，应当有通晓聋、哑手势的人员参加。调查人员应当在笔录中记明证人的聋、哑情况，以及翻译人员的姓名、工作单位和职业。询问不通晓当地通用语言、文字的证人，应当有翻译人员。询问结束后，由翻译人员在笔录中签名。

学习小记

第八十九条 凡是知道案件情况的人，都有如实作证的义务。对故意提供虚假证言的证人，应当依法追究法律责任。

证人或者其他任何人不得帮助被调查人隐匿、毁灭、伪造证据或者串供，不得实施其他干扰调查活动的行为。

第九十条 证人、鉴定人、被害人因作证，本人或者近亲属人身安全面临危险，向监察机关请求保护的，监察机关应当受理并及时进行审查；对于确实存在人身安全危险的，监察机关应当采取必要的保护措施。监察机关发现存在上述情形的，应当主动采取保护措施。

监察机关可以采取下列一项或者多项保护措施：

（一）不公开真实姓名、住址和工作单位等个人信息；

（二）禁止特定的人员接触证人、鉴定人、被害人及其近亲属；

（三）对人身和住宅采取专门性保护措施；

（四）其他必要的保护措施。

依法决定不公开证人、鉴定人、被害人的真实姓名、住址和工作单位等个人信息的，可以在询问笔录等法律文书、证据材料中使用化名。但是应当另行书面说明使用化名的情况并标明密级，单独成卷。

监察机关采取保护措施需要协助的，可以提请公安机关等有关单位和要求有关个人依法予以协助。

第九十一条 本条例第七十六条至第七十九条的要求，也适用于询问。询问重要涉案人员，根据情况适用本条例第七十五条的规定。

询问被害人，适用询问证人的规定。

第六节 留　　置

第九十二条 监察机关调查严重职务违法或者职务犯罪，对

于符合监察法第二十二条第一款规定的，经依法审批，可以对被调查人采取留置措施。

监察法第二十二条第一款规定的严重职务违法，是指根据监察机关已经掌握的事实及证据，被调查人涉嫌的职务违法行为情节严重，可能被给予撤职以上政务处分；重要问题，是指对被调查人涉嫌的职务违法或者职务犯罪，在定性处置、定罪量刑等方面有重要影响的事实、情节及证据。

监察法第二十二条第一款规定的已经掌握其部分违法犯罪事实及证据，是指同时具备下列情形：

（一）有证据证明发生了违法犯罪事实；

（二）有证据证明该违法犯罪事实是被调查人实施；

（三）证明被调查人实施违法犯罪行为的证据已经查证属实。

部分违法犯罪事实，既可以是单一违法犯罪行为的事实，也可以是数个违法犯罪行为中任何一个违法犯罪行为的事实。

第九十三条 被调查人具有下列情形之一的，可以认定为监察法第二十二条第一款第二项所规定的可能逃跑、自杀：

（一）着手准备自杀、自残或者逃跑的；

（二）曾经有自杀、自残或者逃跑行为的；

（三）有自杀、自残或者逃跑意图的；

（四）其他可能逃跑、自杀的情形。

第九十四条 被调查人具有下列情形之一的，可以认定为监察法第二十二条第一款第三项所规定的可能串供或者伪造、隐匿、毁灭证据：

（一）曾经或者企图串供，伪造、隐匿、毁灭、转移证据的；

（二）曾经或者企图威逼、恐吓、利诱、收买证人，干扰证人作证的；

（三）有同案人或者与被调查人存在密切关联违法犯罪的涉案人员在逃，重要证据尚未收集完成的；

学习小记

（四）其他可能串供或者伪造、隐匿、毁灭证据的情形。

第九十五条 被调查人具有下列情形之一的，可以认定为监察法第二十二条第一款第四项所规定的可能有其他妨碍调查行为：

（一）可能继续实施违法犯罪行为的；

（二）有危害国家安全、公共安全等现实危险的；

（三）可能对举报人、控告人、被害人、证人、鉴定人等相关人员实施打击报复的；

（四）无正当理由拒不到案，严重影响调查的；

（五）其他可能妨碍调查的行为。

第九十六条 对下列人员不得采取留置措施：

（一）患有严重疾病、生活不能自理的；

（二）怀孕或者正在哺乳自己婴儿的妇女；

（三）系生活不能自理的人的唯一扶养人。

上述情形消除后，根据调查需要可以对相关人员采取留置措施。

第九十七条 采取留置措施时，调查人员不得少于二人，应当向被留置人员宣布《留置决定书》，告知被留置人员权利义务，要求其在《留置决定书》上签名、捺指印。被留置人员拒绝签名、捺指印的，调查人员应当在文书上记明。

第九十八条 采取留置措施后，应当在二十四小时以内通知被留置人员所在单位和家属。当面通知的，由有关人员在《留置通知书》上签名。无法当面通知的，可以先以电话等方式通知，并通过邮寄、转交等方式送达《留置通知书》，要求有关人员在《留置通知书》上签名。

因可能毁灭、伪造证据，干扰证人作证或者串供等有碍调查情形而不宜通知的，应当按规定报批，记录在案。有碍调查的情形消失后，应当立即通知被留置人员所在单位和家属。

第九十九条 县级以上监察机关需要提请公安机关协助采取

留置措施的，应当按规定报批，请同级公安机关依法予以协助。提请协助时，应当出具《提请协助采取留置措施函》，列明提请协助的具体事项和建议，协助采取措施的时间、地点等内容，附《留置决定书》复印件。

因保密需要，不适合在采取留置措施前向公安机关告知留置对象姓名的，可以作出说明，进行保密处理。

需要提请异地公安机关协助采取留置措施的，应当按规定报批，向协作地同级监察机关出具协作函件和相关文书，由协作地监察机关提请当地公安机关依法予以协助。

第一百条 留置过程中，应当保障被留置人员的合法权益，尊重其人格和民族习俗，保障饮食、休息和安全，提供医疗服务。

第一百零一条 留置时间不得超过三个月，自向被留置人员宣布之日起算。具有下列情形之一的，经审批可以延长一次，延长时间不得超过三个月：

（一）案情重大，严重危害国家利益或者公共利益的；

（二）案情复杂，涉案人员多、金额巨大，涉及范围广的；

（三）重要证据尚未收集完成，或者重要涉案人员尚未到案，导致违法犯罪的主要事实仍须继续调查的；

（四）其他需要延长留置时间的情形。

省级以下监察机关采取留置措施的，延长留置时间应当报上一级监察机关批准。

延长留置时间的，应当在留置期满前向被留置人员宣布延长留置时间的决定，要求其在《延长留置时间决定书》上签名、捺指印。被留置人员拒绝签名、捺指印的，调查人员应当在文书上记明。

延长留置时间的，应当通知被留置人员家属。

第一百零二条 对被留置人员不需要继续采取留置措施的，应当按规定报批，及时解除留置。

学习小记

调查人员应当向被留置人员宣布解除留置措施的决定，由其在《解除留置决定书》上签名、捺指印。被留置人员拒绝签名、捺指印的，调查人员应当在文书上记明。

解除留置措施的，应当及时通知被留置人员所在单位或者家属。调查人员应当与交接人办理交接手续，并由其在《解除留置通知书》上签名。无法通知或者有关人员拒绝签名的，调查人员应当在文书上记明。

案件依法移送人民检察院审查起诉的，留置措施自犯罪嫌疑人被执行拘留时自动解除，不再办理解除法律手续。

第一百零三条 留置场所应当建立健全保密、消防、医疗、餐饮及安保等安全工作责任制，制定紧急突发事件处置预案，采取安全防范措施。

留置期间发生被留置人员死亡、伤残、脱逃等办案安全事故、事件的，应当及时做好处置工作。相关情况应当立即报告监察机关主要负责人，并在二十四小时以内逐级上报至国家监察委员会。

第七节 查询、冻结

第一百零四条 监察机关调查严重职务违法或者职务犯罪，根据工作需要，按规定报批后，可以依法查询、冻结涉案单位和个人的存款、汇款、债券、股票、基金份额等财产。

第一百零五条 查询、冻结财产时，调查人员不得少于二人。调查人员应当出具《协助查询财产通知书》或者《协助冻结财产通知书》，送交银行或者其他金融机构、邮政部门等单位执行。有关单位和个人应当予以配合，并严格保密。

查询财产应当在《协助查询财产通知书》中填写查询账号、查询内容等信息。没有具体账号的，应当填写足以确定账户或者权利人的自然人姓名、身份证件号码或者企业法人名称、统一社

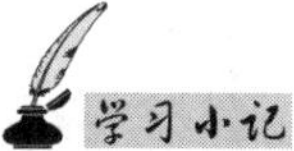

会信用代码等信息。

冻结财产应当在《协助冻结财产通知书》中填写冻结账户名称、冻结账号、冻结数额、冻结期限起止时间等信息。冻结数额应当具体、明确，暂时无法确定具体数额的，应当在《协助冻结财产通知书》上明确写明“只收不付”。冻结证券和交易结算资金时，应当明确冻结的范围是否及于孳息。

冻结财产，应当为被调查人及其所扶养的亲属保留必需的生活费用。

第一百零六条 调查人员可以根据需要对查询结果进行打印、抄录、复制、拍照，要求相关单位在有关材料上加盖证明印章。对查询结果有疑问的，可以要求相关单位进行书面解释并加盖印章。

第一百零七条 监察机关对查询信息应当加强管理，规范信息交接、调阅、使用程序和手续，防止滥用和泄露。

调查人员不得查询与案件调查工作无关的信息。

第一百零八条 冻结财产的期限不得超过六个月。冻结期限到期未办理续冻手续的，冻结自动解除。

有特殊原因需要延长冻结期限的，应当在到期前按原程序报批，办理续冻手续。每次续冻期限不得超过六个月。

第一百零九条 已被冻结的财产可以轮候冻结，不得重复冻结。轮候冻结的，监察机关应当要求有关银行或者其他金融机构等单位在解除冻结或者作出处理前予以通知。

监察机关接受司法机关、其他监察机关等国家机关移送的涉案财物后，该国家机关采取的冻结期限届满，监察机关续行冻结的顺位与该国家机关冻结的顺位相同。

第一百一十条 冻结财产应当通知权利人或者其法定代理人、委托代理人，要求其在《冻结财产告知书》上签名。冻结股票、债券、基金份额等财产，应当告知权利人或者其法定代理

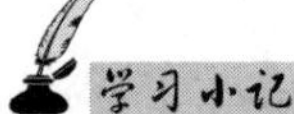

人、委托代理人有权申请出售。

对于被冻结的股票、债券、基金份额等财产，权利人或者其法定代理人、委托代理人申请出售，不损害国家利益、被害人利益，不影响调查正常进行的，经审批可以在案件办结前由相关机构依法出售或者变现。对于被冻结的汇票、本票、支票即将到期的，经审批可以在案件办结前由相关机构依法出售或者变现。出售上述财产的，应当出具《许可出售冻结财产通知书》。

出售或者变现所得价款应当继续冻结在其对应的银行账户中；没有对应的银行账户的，应当存入监察机关指定的专用账户保管，并将存款凭证送监察机关登记。监察机关应当及时向权利人或者其法定代理人、委托代理人出具《出售冻结财产通知书》，并要求其签名。拒绝签名的，调查人员应当在文书上记明。

第一百一十一条 对于冻结的财产，应当及时核查。经查明与案件无关的，经审批，应当在查明后三日以内将《解除冻结财产通知书》送交有关单位执行。解除情况应当告知被冻结财产的权利人或者其法定代理人、委托代理人。

第八节 搜 查

第一百一十二条 监察机关调查职务犯罪案件，为了收集犯罪证据、查获被调查人，按规定报批后，可以依法对被调查人以及可能隐藏被调查人或者犯罪证据的人的身体、物品、住处、工作地点和其他有关地方进行搜查。

第一百一十三条 搜查应当在调查人员主持下进行，调查人员不得少于二人。搜查女性的身体，由女性工作人员进行。

搜查时，应当有被搜查人或者其家属、其所在单位工作人员或者其他见证人在场。监察人员不得作为见证人。调查人员应当向被搜查人或者其家属、见证人出示《搜查证》，要求其签名。被搜查人或者其家属不在场，或者拒绝签名的，调查人员应当在

文书上记明。

第一百一十四条 搜查时，应当要求在场人员予以配合，不得进行阻碍。对以暴力、威胁等方法阻碍搜查的，应当依法制止。对阻碍搜查构成违法犯罪的，依法追究法律责任。

第一百一十五条 县级以上监察机关需要提请公安机关依法协助采取搜查措施的，应当按规定报批，请同级公安机关予以协助。提请协助时，应当出具《提请协助采取搜查措施函》，列明提请协助的具体事项和建议，搜查时间、地点、目的等内容，附《搜查证》复印件。

需要提请异地公安机关协助采取搜查措施的，应当按规定报批，向协作地同级监察机关出具协作函件和相关文书，由协作地监察机关提请当地公安机关予以协助。

第一百一十六条 对搜查取证工作，应当全程同步录音录像。

对搜查情况应当制作《搜查笔录》，由调查人员和被搜查人或者其家属、见证人签名。被搜查人或者其家属不在场，或者拒绝签名的，调查人员应当在笔录中记明。

对于查获的重要物证、书证、视听资料、电子数据及其放置、存储位置应当拍照，并在《搜查笔录》中作出文字说明。

第一百一十七条 搜查时，应当避免未成年人或者其他不适宜在搜查现场的人在场。

搜查人员应当服从指挥、文明执法，不得擅自变更搜查对象和扩大搜查范围。搜查的具体时间、方法，在实施前应当严格保密。

第一百一十八条 在搜查过程中查封、扣押财物和文件的，按照查封、扣押的有关规定办理。

第九节　调　　取

第一百一十九条 监察机关按规定报批后，可以依法向有关

学习小记

单位和个人调取用以证明案件事实的证据材料。

第一百二十条 调取证据材料时，调查人员不得少于二人。调查人员应当依法出具《调取证据通知书》，必要时附《调取证据清单》。

有关单位和个人配合监察机关调取证据，应当严格保密。

第一百二十一条 调取物证应当调取原物。原物不便搬运、保存，或者依法应当返还，或者因保密工作需要不能调取原物的，可以将原物封存，并拍照、录像。对原物拍照或者录像时，应当足以反映原物的外形、内容。

调取书证、视听资料应当调取原件。取得原件确有困难或者因保密工作需要不能调取原件的，可以调取副本或者复制件。

调取物证的照片、录像和书证、视听资料的副本、复制件的，应当书面记明不能调取原物、原件的原因，原物、原件存放地点，制作过程，是否与原物、原件相符，并由调查人员和物证、书证、视听资料原持有人签名或者盖章。持有人无法签名、盖章或者拒绝签名、盖章的，应当在笔录中记明，由见证人签名。

第一百二十二条 调取外文材料作为证据使用的，应当交由具有资质的机构和人员出具中文译本。中文译本应当加盖翻译机构公章。

第一百二十三条 收集、提取电子数据，能够扣押原始存储介质的，应当予以扣押、封存并在笔录中记录封存状态。无法扣押原始存储介质的，可以提取电子数据，但应当在笔录中记明不能扣押的原因、原始存储介质的存放地点或者电子数据的来源等情况。

由于客观原因无法或者不宜采取前款规定方式收集、提取电子数据的，可以采取打印、拍照或者录像等方式固定相关证据，并在笔录中说明原因。

收集、提取的电子数据，足以保证完整性，无删除、修改、

学习小记

增加等情形的，可以作为证据使用。

收集、提取电子数据，应当制作笔录，记录案由、对象、内容，收集、提取电子数据的时间、地点、方法、过程，并附电子数据清单，注明类别、文件格式、完整性校验值等，由调查人员、电子数据持有人（提供人）签名或者盖章；电子数据持有人（提供人）无法签名或者拒绝签名的，应当在笔录中记明，由见证人签名或者盖章。有条件的，应当对相关活动进行录像。

第一百二十四条 调取的物证、书证、视听资料等原件，经查明与案件无关的，经审批，应当在查明后三日以内退还，并办理交接手续。

第十节 查封、扣押

第一百二十五条 监察机关按规定报批后，可以依法查封、扣押用以证明被调查人涉嫌违法犯罪以及情节轻重的财物、文件、电子数据等证据材料。

对于被调查人到案时随身携带的物品，以及被调查人或者其他相关人员主动上交的财物和文件，依法需要扣押的，依照前款规定办理。对于被调查人随身携带的与案件无关的个人用品，应当逐件登记，随案移交或者退还。

第一百二十六条 查封、扣押时，应当出具《查封/扣押通知书》，调查人员不得少于二人。持有人拒绝交出应当查封、扣押的财物和文件的，可以依法强制查封、扣押。

调查人员对于查封、扣押的财物和文件，应当会同在场见证人和被查封、扣押财物持有人进行清点核对，开列《查封/扣押财物、文件清单》，由调查人员、见证人和持有人签名或者盖章。持有人不在场或者拒绝签名、盖章的，调查人员应当在清单上记明。

查封、扣押财物，应当为被调查人及其所扶养的亲属保留必

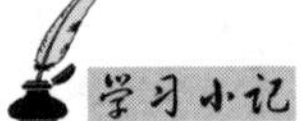

需的生活费用和物品。

第一百二十七条 查封、扣押不动产和置于该不动产上不宜移动的设施、家具和其他相关财物，以及车辆、船舶、航空器和大型机械、设备等财物，必要时可以依法扣押其权利证书，经拍照或者录像后原地封存。调查人员应当在查封清单上记明相关财物的所在地址和特征，已经拍照或者录像及其权利证书被扣押的情况，由调查人员、见证人和持有人签名或者盖章。持有人不在场或者拒绝签名、盖章的，调查人员应当在清单上记明。

查封、扣押前款规定财物的，必要时可以将被查封财物交给持有人或者其近亲属保管。调查人员应当告知保管人妥善保管，不得对被查封财物进行转移、变卖、毁损、抵押、赠予等处理。

调查人员应当将《查封/扣押通知书》送达不动产、生产设备或者车辆、船舶、航空器等财物的登记、管理部门，告知其在查封期间禁止办理抵押、转让、出售等权属关系变更、转移登记手续。相关情况应当在查封清单上记明。被查封、扣押的财物已经办理抵押登记的，监察机关在执行没收、追缴、责令退赔等决定时应当及时通知抵押权人。

第一百二十八条 查封、扣押下列物品，应当依法进行相应的处理：

（一）查封、扣押外币、金银珠宝、文物、名贵字画以及其他不易辨别真伪的贵重物品，具备当场密封条件的，应当当场密封，由二名以上调查人员在密封材料上签名并记明密封时间。不具备当场密封条件的，应当在笔录中记明，以拍照、录像等方法加以保全后进行封存。查封、扣押的贵重物品需要鉴定的，应当及时鉴定。

（二）查封、扣押存折、银行卡、有价证券等支付凭证和具有一定特征能够证明案情的现金，应当记明特征、编号、种类、面值、张数、金额等，当场密封，由二名以上调查人员在密封材料上签名并记明密封时间。

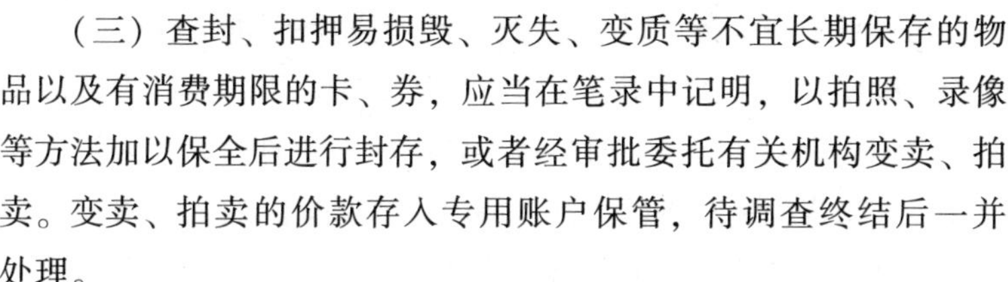

（三）查封、扣押易损毁、灭失、变质等不宜长期保存的物品以及有消费期限的卡、券，应当在笔录中记明，以拍照、录像等方法加以保全后进行封存，或者经审批委托有关机构变卖、拍卖。变卖、拍卖的价款存入专用账户保管，待调查终结后一并处理。

（四）对于可以作为证据使用的录音录像、电子数据存储介质，应当记明案由、对象、内容，录制、复制的时间、地点、规格、类别、应用长度、文件格式及长度等，制作清单。具备查封、扣押条件的电子设备、存储介质应当密封保存。必要时，可以请有关机关协助。

（五）对被调查人使用违法犯罪所得与合法收入共同购置的不可分割的财产，可以先行查封、扣押。对无法分割退还的财产，涉及违法的，可以在结案后委托有关单位拍卖、变卖，退还不属于违法所得的部分及孳息；涉及职务犯罪的，依法移送司法机关处置。

（六）查封、扣押危险品、违禁品，应当及时送交有关部门，或者根据工作需要严格封存保管。

第一百二十九条 对于需要启封的财物和文件，应当由二名以上调查人员共同办理。重新密封时，由二名以上调查人员在密封材料上签名、记明时间。

第一百三十条 查封、扣押涉案财物，应当按规定将涉案财物详细信息、《查封/扣押财物、文件清单》录入并上传监察机关涉案财物信息管理系统。

对于涉案款项，应当在采取措施后十五日以内存入监察机关指定的专用账户。对于涉案物品，应当在采取措施后三十日以内移交涉案财物保管部门保管。因特殊原因不能按时存入专用账户或者移交保管的，应当按规定报批，将保管情况录入涉案财物信

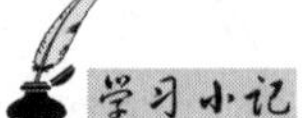

息管理系统，在原因消除后及时存入或者移交。

第一百三十一条 对于已移交涉案财物保管部门保管的涉案财物，根据调查工作需要，经审批可以临时调用，并应当确保完好。调用结束后，应当及时归还。调用和归还时，调查人员、保管人员应当当面清点查验。保管部门应当对调用和归还情况进行登记，全程录像并上传涉案财物信息管理系统。

第一百三十二条 对于被扣押的股票、债券、基金份额等财产，以及即将到期的汇票、本票、支票，依法需要出售或者变现的，按照本条例关于出售冻结财产的规定办理。

第一百三十三条 监察机关接受司法机关、其他监察机关等国家机关移送的涉案财物后，该国家机关采取的查封、扣押期限届满，监察机关续行查封、扣押的顺位与该国家机关查封、扣押的顺位相同。

第一百三十四条 对查封、扣押的财物和文件，应当及时进行核查。经查明与案件无关的，经审批，应当在查明后三日以内解除查封、扣押，予以退还。解除查封、扣押的，应当向有关单位、原持有人或者近亲属送达《解除查封/扣押通知书》，附《解除查封/扣押财物、文件清单》，要求其签名或者盖章。

第一百三十五条 在立案调查之前，对监察对象及相关人员主动上交的涉案财物，经审批可以接收。

接收时，应当由二名以上调查人员，会同持有人和见证人进行清点核对，当场填写《主动上交财物登记表》。调查人员、持有人和见证人应当在登记表上签名或者盖章。

对于主动上交的财物，应当根据立案及调查情况及时决定是否依法查封、扣押。

第十一节 勘验检查

第一百三十六条 监察机关按规定报批后，可以依法对与违

法犯罪有关的场所、物品、人身、尸体、电子数据等进行勘验检查。

第一百三十七条 依法需要勘验检查的，应当制作《勘验检查证》；需要委托勘验检查的，应当出具《委托勘验检查书》，送具有专门知识、勘验检查资格的单位（人员）办理。

第一百三十八条 勘验检查应当由二名以上调查人员主持，邀请与案件无关的见证人在场。勘验检查情况应当制作笔录，并由参加勘验检查人员和见证人签名。

勘验检查现场、拆封电子数据存储介质应当全程同步录音录像。对现场情况应当拍摄现场照片、制作现场图，并由勘验检查人员签名。

第一百三十九条 为了确定被调查人或者相关人员的某些特征、伤害情况或者生理状态，可以依法对其人身进行检查。必要时可以聘请法医或者医师进行人身检查。检查女性身体，应当由女性工作人员或者医师进行。被调查人拒绝检查的，可以依法强制检查。

人身检查不得采用损害被检查人生命、健康或者贬低其名誉、人格的方法。对人身检查过程中知悉的个人隐私，应当严格保密。

对人身检查的情况应当制作笔录，由参加检查的调查人员、检查人员、被检查人员和见证人签名。被检查人员拒绝签名的，调查人员应当在笔录中记明。

第一百四十条 为查明案情，在必要的时候，经审批可以依法进行调查实验。调查实验，可以聘请有关专业人员参加，也可以要求被调查人、被害人、证人参加。

进行调查实验，应当全程同步录音录像，制作调查实验笔录，由参加实验的人签名。进行调查实验，禁止一切足以造成危险、侮辱人格的行为。

学习小记

第一百四十一条 调查人员在必要时，可以依法让被害人、证人和被调查人对与违法犯罪有关的物品、文件、尸体或者场所进行辨认；也可以让被害人、证人对被调查人进行辨认，或者让被调查人对涉案人员进行辨认。

辨认工作应当由二名以上调查人员主持进行。在辨认前，应当向辨认人详细询问辨认对象的具体特征，避免辨认人见到辨认对象，并告知辨认人作虚假辨认应当承担的法律责任。几名辨认人对同一辨认对象进行辨认时，应当由辨认人个别进行。辨认应当形成笔录，并由调查人员、辨认人签名。

第一百四十二条 辨认人员时，被辨认的人数不得少于七人，照片不得少于十张。

辨认人不愿公开进行辨认时，应当在不暴露辨认人的情况下进行辨认，并为其保守秘密。

第一百四十三条 组织辨认物品时一般应当辨认实物。被辨认的物品系名贵字画等贵重物品或者存在不便搬运等情况的，可以对实物照片进行辨认。辨认人进行辨认时，应当在辨认出的实物照片与附纸骑缝上捺指印予以确认，在附纸上写明该实物涉案情况并签名、捺指印。

辨认物品时，同类物品不得少于五件，照片不得少于五张。

对于难以找到相似物品的特定物，可以将该物品照片交由辨认人进行确认后，在照片与附纸骑缝上捺指印，在附纸上写明该物品涉案情况并签名、捺指印。在辨认人确认前，应当向其详细询问物品的具体特征，并对确认过程和结果形成笔录。

第一百四十四条 辨认笔录具有下列情形之一的，不得作为认定案件的依据：

（一）辨认开始前使辨认人见到辨认对象的；

（二）辨认活动没有个别进行的；

（三）辨认对象没有混杂在具有类似特征的其他对象中，或者供辨认的对象数量不符合规定的，但特定辨认对象除外；

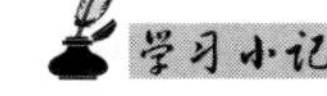

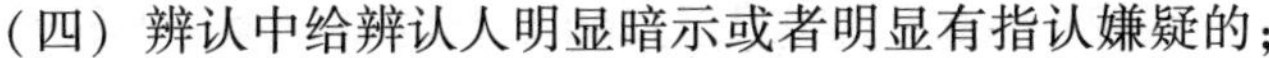

（四）辨认中给辨认人明显暗示或者明显有指认嫌疑的；

（五）辨认不是在调查人员主持下进行的；

（六）违反有关规定，不能确定辨认笔录真实性的其他情形。

辨认笔录存在其他瑕疵的，应当结合全案证据审查其真实性和关联性，作出综合判断。

第十二节　鉴　　定

第一百四十五条　监察机关为解决案件中的专门性问题，按规定报批后，可以依法进行鉴定。

鉴定时应当出具《委托鉴定书》，由二名以上调查人员送交具有鉴定资格的鉴定机构、鉴定人进行鉴定。

第一百四十六条　监察机关可以依法开展下列鉴定：

（一）对笔迹、印刷文件、污损文件、制成时间不明的文件和以其他形式表现的文件等进行鉴定；

（二）对案件中涉及的财务会计资料及相关财物进行会计鉴定；

（三）对被调查人、证人的行为能力进行精神病鉴定；

（四）对人体造成的损害或者死因进行人身伤亡医学鉴定；

（五）对录音录像资料进行鉴定；

（六）对因电子信息技术应用而出现的材料及其派生物进行电子证据鉴定；

（七）其他可以依法进行的专业鉴定。

第一百四十七条　监察机关应当为鉴定提供必要条件，向鉴定人送交有关检材和对比样本等原始材料，介绍与鉴定有关的情况。调查人员应当明确提出要求鉴定事项，但不得暗示或者强迫鉴定人作出某种鉴定意见。

监察机关应当做好检材的保管和送检工作，记明检材送检环

节的责任人，确保检材在流转环节的同一性和不被污染。

第一百四十八条 鉴定人应当在出具的鉴定意见上签名，并附鉴定机构和鉴定人的资质证明或者其他证明文件。多个鉴定人的鉴定意见不一致的，应当在鉴定意见上记明分歧的内容和理由，并且分别签名。

监察机关对于法庭审理中依法决定鉴定人出庭作证的，应当予以协调。

鉴定人故意作虚假鉴定的，应当依法追究法律责任。

第一百四十九条 调查人员应当对鉴定意见进行审查。对经审查作为证据使用的鉴定意见，应当告知被调查人及相关单位、人员，送达《鉴定意见告知书》。

被调查人或者相关单位、人员提出补充鉴定或者重新鉴定申请，经审查符合法定要求的，应当按规定报批，进行补充鉴定或者重新鉴定。

对鉴定意见告知情况可以制作笔录，载明告知内容和被告知人的意见等。

第一百五十条 经审查具有下列情形之一的，应当补充鉴定：

（一）鉴定内容有明显遗漏的；

（二）发现新的有鉴定意义的证物的；

（三）对鉴定证物有新的鉴定要求的；

（四）鉴定意见不完整，委托事项无法确定的；

（五）其他需要补充鉴定的情形。

第一百五十一条 经审查具有下列情形之一的，应当重新鉴定：

（一）鉴定程序违法或者违反相关专业技术要求的；

（二）鉴定机构、鉴定人不具备鉴定资质和条件的；

（三）鉴定人故意作出虚假鉴定或者违反回避规定的；

（四）鉴定意见依据明显不足的；

（五）检材虚假或者被损坏的；

（六）其他应当重新鉴定的情形。

决定重新鉴定的，应当另行确定鉴定机构和鉴定人。

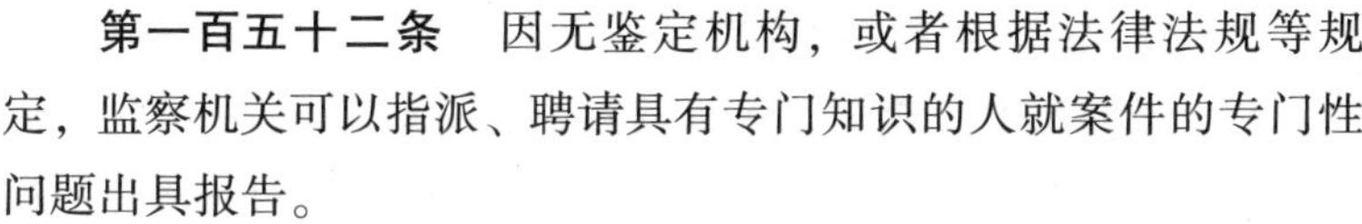

第一百五十二条 因无鉴定机构，或者根据法律法规等规定，监察机关可以指派、聘请具有专门知识的人就案件的专门性问题出具报告。

第十三节 技术调查

第一百五十三条 监察机关根据调查涉嫌重大贪污贿赂等职务犯罪需要，依照规定的权限和程序报经批准，可以依法采取技术调查措施，按照规定交公安机关或者国家有关执法机关依法执行。

前款所称重大贪污贿赂等职务犯罪，是指具有下列情形之一：

（一）案情重大复杂，涉及国家利益或者重大公共利益的；

（二）被调查人可能被判处十年以上有期徒刑、无期徒刑或者死刑的；

（三）案件在全国或者本省、自治区、直辖市范围内有较大影响的。

第一百五十四条 依法采取技术调查措施的，监察机关应当出具《采取技术调查措施委托函》《采取技术调查措施决定书》和《采取技术调查措施适用对象情况表》，送交有关机关执行。其中，设区的市级以下监察机关委托有关执行机关采取技术调查措施，还应当提供《立案决定书》。

第一百五十五条 技术调查措施的期限按照监察法的规定执行，期限届满前未办理延期手续的，到期自动解除。

对于不需要继续采取技术调查措施的，监察机关应当按规定及时报批，将《解除技术调查措施决定书》送交有关机关执行。

需要依法变更技术调查措施种类或者增加适用对象的，监察

学习小记

机关应当重新办理报批和委托手续，依法送交有关机关执行。

第一百五十六条 对于采取技术调查措施收集的信息和材料，依法需要作为刑事诉讼证据使用的，监察机关应当按规定报批，出具《调取技术调查证据材料通知书》向有关执行机关调取。

对于采取技术调查措施收集的物证、书证及其他证据材料，监察机关应当制作书面说明，写明获取证据的时间、地点、数量、特征以及采取技术调查措施的批准机关、种类等。调查人员应当在书面说明上签名。

对于采取技术调查措施获取的证据材料，如果使用该证据材料可能危及有关人员的人身安全，或者可能产生其他严重后果的，应当采取不暴露有关人员身份、技术方法等保护措施。必要时，可以建议由审判人员在庭外进行核实。

第一百五十七条 调查人员对采取技术调查措施过程中知悉的国家秘密、商业秘密、个人隐私，应当严格保密。

采取技术调查措施获取的证据、线索及其他有关材料，只能用于对违法犯罪的调查、起诉和审判，不得用于其他用途。

对采取技术调查措施获取的与案件无关的材料，应当经审批及时销毁。对销毁情况应当制作记录，由调查人员签名。

第十四节 通 缉

第一百五十八条 县级以上监察机关对在逃的应当被留置人员，依法决定在本行政区域内通缉的，应当按规定报批，送交同级公安机关执行。送交执行时，应当出具《通缉决定书》，附《留置决定书》等法律文书和被通缉人员信息，以及承办单位、承办人员等有关情况。

通缉范围超出本行政区域的，应当报有决定权的上级监察机关出具《通缉决定书》，并附《留置决定书》及相关材料，送交同级公安机关执行。

第一百五十九条 国家监察委员会依法需要提请公安部对在逃人员发布公安部通缉令的，应当先提请公安部采取网上追逃措施。如情况紧急，可以向公安部同时出具《通缉决定书》和《提请采取网上追逃措施函》。

省级以下监察机关报请国家监察委员会提请公安部发布公安部通缉令的，应当先提请本地公安机关采取网上追逃措施。

第一百六十条 监察机关接到公安机关抓获被通缉人员的通知后，应当立即核实被抓获人员身份，并在接到通知后二十四小时以内派员办理交接手续。边远或者交通不便地区，至迟不得超过三日。

公安机关在移交前，将被抓获人员送往当地监察机关留置场所临时看管的，当地监察机关应当接收，并保障临时看管期间的安全，对工作信息严格保密。

监察机关需要提请公安机关协助将被抓获人员带回的，应当按规定报批，请本地同级公安机关依法予以协助。提请协助时，应当出具《提请协助采取留置措施函》，附《留置决定书》复印件及相关材料。

第一百六十一条 监察机关对于被通缉人员已经归案、死亡，或者依法撤销留置决定以及发现有其他不需要继续采取通缉措施情形的，应当经审批出具《撤销通缉通知书》，送交协助采取原措施的公安机关执行。

第十五节 限制出境

第一百六十二条 监察机关为防止被调查人及相关人员逃匿境外，按规定报批后，可以依法决定采取限制出境措施，交由移民管理机构依法执行。

第一百六十三条 监察机关采取限制出境措施应当出具有关函件，与《采取限制出境措施决定书》一并送交移民管理机构执

学习小记

行。其中，采取边控措施的，应当附《边控对象通知书》；采取法定不批准出境措施的，应当附《法定不准出境人员报备表》。

第一百六十四条 限制出境措施有效期不超过三个月，到期自动解除。

到期后仍有必要继续采取措施的，应当按原程序报批。承办部门应当出具有关函件，在到期前与《延长限制出境措施期限决定书》一并送交移民管理机构执行。延长期限每次不得超过三个月。

第一百六十五条 监察机关接到口岸移民管理机构查获被决定采取留置措施的边控对象的通知后，应当于二十四小时以内到达口岸办理移交手续。无法及时到达的，应当委托当地监察机关及时前往口岸办理移交手续。当地监察机关应当予以协助。

第一百六十六条 对于不需要继续采取限制出境措施的，应当按规定报批，及时予以解除。承办部门应当出具有关函件，与《解除限制出境措施决定书》一并送交移民管理机构执行。

第一百六十七条 县级以上监察机关在重要紧急情况下，经审批可以依法直接向口岸所在地口岸移民管理机构提请办理临时限制出境措施。

第五章 监察程序

第一节 线索处置

第一百六十八条 监察机关应当对问题线索归口受理、集中管理、分类处置、定期清理。

第一百六十九条 监察机关对于报案或者举报应当依法接受。属于本级监察机关管辖的，依法予以受理；属于其他监察机关管辖的，应当在五个工作日以内予以转送。

监察机关可以向下级监察机关发函交办检举控告，并进行督办，下级监察机关应当按期回复办理结果。

第一百七十条 对于涉嫌职务违法或者职务犯罪的公职人员主动投案的，应当依法接待和办理。

第一百七十一条 监察机关对于执法机关、司法机关等其他机关移送的问题线索，应当及时审核，并按照下列方式办理：

（一）本单位有管辖权的，及时研究提出处置意见；

（二）本单位没有管辖权但其他监察机关有管辖权的，在五个工作日以内转送有管辖权的监察机关；

（三）本单位对部分问题线索有管辖权的，对有管辖权的部分提出处置意见，并及时将其他问题线索转送有管辖权的机关；

（四）监察机关没有管辖权的，及时退回移送机关。

第一百七十二条 信访举报部门归口受理本机关管辖监察对象涉嫌职务违法和职务犯罪问题的检举控告，统一接收有关监察机关以及其他单位移送的相关检举控告，移交本机关监督检查部门或者相关部门，并将移交情况通报案件监督管理部门。

案件监督管理部门统一接收巡视巡察机构和审计机关、执法机关、司法机关等其他机关移送的职务违法和职务犯罪问题线索，按程序移交本机关监督检查部门或者相关部门办理。

监督检查部门、调查部门在工作中发现的相关问题线索，属于本部门受理范围的，应当报送案件监督管理部门备案；属于本机关其他部门受理范围的，经审批后移交案件监督管理部门分办。

第一百七十三条 案件监督管理部门应当对问题线索实行集中管理、动态更新，定期汇总、核对问题线索及处置情况，向监察机关主要负责人报告，并向相关部门通报。

问题线索承办部门应当指定专人负责管理线索，逐件编号登记、建立管理台账。线索管理处置各环节应当由经手人员签名，全程登记备查，及时与案件监督管理部门核对。

学习小记

第一百七十四条 监督检查部门应当结合问题线索所涉及地区、部门、单位总体情况进行综合分析，提出处置意见并制定处置方案，经审批按照谈话、函询、初步核实、暂存待查、予以了结等方式进行处置，或者按照职责移送调查部门处置。

函询应当以监察机关办公厅（室）名义发函给被反映人，并抄送其所在单位和派驻监察机构主要负责人。被函询人应当在收到函件后十五个工作日以内写出说明材料，由其所在单位主要负责人签署意见后发函回复。被函询人为所在单位主要负责人的，或者被函询人所作说明涉及所在单位主要负责人的，应当直接发函回复监察机关。

被函询人已经退休的，按照第二款规定程序办理。

监察机关根据工作需要，经审批可以对谈话、函询情况进行核实。

第一百七十五条 检举控告人使用本人真实姓名或者本单位名称，有电话等具体联系方式的，属于实名检举控告。监察机关对实名检举控告应当优先办理、优先处置，依法给予答复。虽有署名但不是检举控告人真实姓名（单位名称）或者无法验证的检举控告，按照匿名检举控告处理。

信访举报部门对属于本机关受理的实名检举控告，应当在收到检举控告之日起十五个工作日以内按规定告知实名检举控告人受理情况，并做好记录。

调查人员应当将实名检举控告的处理结果在办结之日起十五个工作日以内向检举控告人反馈，并记录反馈情况。对检举控告人提出异议的应当如实记录，并向其进行说明；对提供新证据材料的，应当依法核查处理。

第二节 初步核实

第一百七十六条 监察机关对具有可查性的职务违法和职务

犯罪问题线索，应当按规定报批后，依法开展初步核实工作。

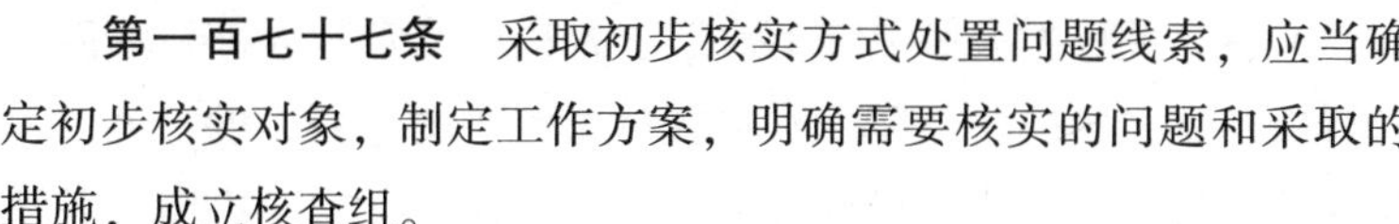

第一百七十七条 采取初步核实方式处置问题线索，应当确定初步核实对象，制定工作方案，明确需要核实的问题和采取的措施，成立核查组。

在初步核实中应当注重收集客观性证据，确保真实性和准确性。

第一百七十八条 在初步核实中发现或者受理被核查人新的具有可查性的问题线索的，应当经审批纳入原初核方案开展核查。

第一百七十九条 核查组在初步核实工作结束后应当撰写初步核实情况报告，列明被核查人基本情况、反映的主要问题、办理依据、初步核实结果、存在疑点、处理建议，由全体人员签名。

承办部门应当综合分析初步核实情况，按照拟立案调查、予以了结、谈话提醒、暂存待查，或者移送有关部门、机关处理等方式提出处置建议，按照批准初步核实的程序报批。

第三节 立　　案

第一百八十条 监察机关经过初步核实，对于已经掌握监察对象涉嫌职务违法或者职务犯罪的部分事实和证据，认为需要追究其法律责任的，应当按规定报批后，依法立案调查。

第一百八十一条 监察机关立案调查职务违法或者职务犯罪案件，需要对涉嫌行贿犯罪、介绍贿赂犯罪或者共同职务犯罪的涉案人员立案调查的，应当一并办理立案手续。需要交由下级监察机关立案的，经审批交由下级监察机关办理立案手续。

对单位涉嫌受贿、行贿等职务犯罪，需要追究法律责任的，依法对该单位办理立案调查手续。对事故（事件）中存在职务违法或者职务犯罪问题，需要追究法律责任，但相关责任人员尚不明确的，可以以事立案。对单位立案或者以事立案后，经调查确

学习小记

定相关责任人员的，按照管理权限报批确定被调查人。

监察机关根据人民法院生效刑事判决、裁定和人民检察院不起诉决定认定的事实，需要对监察对象给予政务处分的，可以由相关监督检查部门依据司法机关的生效判决、裁定、决定及其认定的事实、性质和情节，提出给予政务处分的意见，按程序移送审理。对依法被追究行政法律责任的监察对象，需要给予政务处分的，应当依法办理立案手续。

第一百八十二条 对案情简单、经过初步核实已查清主要职务违法事实，应当追究监察对象法律责任，不再需要开展调查的，立案和移送审理可以一并报批，履行立案程序后再移送审理。

第一百八十三条 上级监察机关需要指定下级监察机关立案调查的，应当按规定报批，向被指定管辖的监察机关出具《指定管辖决定书》，由其办理立案手续。

第一百八十四条 批准立案后，应当由二名以上调查人员出示证件，向被调查人宣布立案决定。宣布立案决定后，应当及时向被调查人所在单位等相关组织送达《立案通知书》，并向被调查人所在单位主要负责人通报。

对涉嫌严重职务违法或者职务犯罪的公职人员立案调查并采取留置措施的，应当按规定通知被调查人家属，并向社会公开发布。

第四节 调　　查

第一百八十五条 监察机关对已经立案的职务违法或者职务犯罪案件应当依法进行调查，收集证据查明违法犯罪事实。

调查职务违法或者职务犯罪案件，对被调查人没有采取留置措施的，应当在立案后一年以内作出处理决定；对被调查人解除留置措施的，应当在解除留置措施后一年以内作出处理决定。案

情重大复杂的案件，经上一级监察机关批准，可以适当延长，但延长期限不得超过六个月。

被调查人在监察机关立案调查以后逃匿的，调查期限自被调查人到案之日起重新计算。

第一百八十六条 案件立案后，监察机关主要负责人应当依照法定程序批准确定调查方案。

监察机关应当组成调查组依法开展调查。调查工作应当严格按照批准的方案执行，不得随意扩大调查范围、变更调查对象和事项，对重要事项应当及时请示报告。调查人员在调查工作期间，未经批准不得单独接触任何涉案人员及其特定关系人，不得擅自采取调查措施。

第一百八十七条 调查组应当将调查认定的涉嫌违法犯罪事实形成书面材料，交给被调查人核对，听取其意见。被调查人应当在书面材料上签署意见。对被调查人签署不同意见或者拒不签署意见的，调查组应当作出说明或者注明情况。对被调查人提出申辩的事实、理由和证据应当进行核实，成立的予以采纳。

调查组对于立案调查的涉嫌行贿犯罪、介绍贿赂犯罪或者共同职务犯罪的涉案人员，在查明其涉嫌犯罪问题后，依照前款规定办理。

对于按照本条例规定，对立案和移送审理一并报批的案件，应当在报批前履行本条第一款规定的程序。

第一百八十八条 调查组在调查工作结束后应当集体讨论，形成调查报告。调查报告应当列明被调查人基本情况、问题线索来源及调查依据、调查过程，涉嫌的主要职务违法或者职务犯罪事实，被调查人的态度和认识，处置建议及法律依据，并由调查组组长以及有关人员签名。

对调查过程中发现的重要问题和形成的意见建议，应当形成专题报告。

学习小记

第一百八十九条 调查组对被调查人涉嫌职务犯罪拟依法移送人民检察院审查起诉的，应当起草《起诉建议书》。《起诉建议书》应当载明被调查人基本情况，调查简况，认罪认罚情况，采取留置措施的时间，涉嫌职务犯罪事实以及证据，对被调查人从重、从轻、减轻或者免除处罚等情节，提出对被调查人移送起诉的理由和法律依据，采取强制措施的建议，并注明移送案卷数及涉案财物等内容。

调查组应当形成被调查人到案经过及量刑情节方面的材料，包括案件来源、到案经过，自动投案、如实供述、立功等量刑情节，认罪悔罪态度、退赃、避免和减少损害结果发生等方面的情况说明及相关材料。被检举揭发的问题已被立案、查破，被检举揭发人已被采取调查措施或者刑事强制措施、起诉或者审判的，还应当附有关法律文书。

第一百九十条 经调查认为被调查人构成职务违法或者职务犯罪的，应当区分不同情况提出相应处理意见，经审批将调查报告、职务违法或者职务犯罪事实材料、涉案财物报告、涉案人员处理意见等材料，连同全部证据和文书手续移送审理。

对涉嫌职务犯罪的案件材料应当按照刑事诉讼要求单独立卷，与《起诉建议书》、涉案财物报告、同步录音录像资料及其自查报告等材料一并移送审理。

调查全过程形成的材料应当案结卷成、事毕归档。

第五节 审　　理

第一百九十一条 案件审理部门收到移送审理的案件后，应当审核材料是否齐全、手续是否完备。对被调查人涉嫌职务犯罪的，还应当审核相关案卷材料是否符合职务犯罪案件立卷要求，是否在调查报告中单独表述已查明的涉嫌犯罪问题，是否形成《起诉建议书》。

经审核符合移送条件的，应当予以受理；不符合移送条件的，经审批可以暂缓受理或者不予受理，并要求调查部门补充完善材料。

第一百九十二条 案件审理部门受理案件后，应当成立由二人以上组成的审理组，全面审理案卷材料。

案件审理部门对于受理的案件，应当以监察法、政务处分法、刑法、《中华人民共和国刑事诉讼法》等法律法规为准绳，对案件事实证据、性质认定、程序手续、涉案财物等进行全面审理。

案件审理部门应当强化监督制约职能，对案件严格审核把关，坚持实事求是、独立审理，依法提出审理意见。坚持调查与审理相分离的原则，案件调查人员不得参与审理。

第一百九十三条 审理工作应当坚持民主集中制原则，经集体审议形成审理意见。

第一百九十四条 审理工作应当在受理之日起一个月以内完成，重大复杂案件经批准可以适当延长。

第一百九十五条 案件审理部门根据案件审理情况，经审批可以与被调查人谈话，告知其在审理阶段的权利义务，核对涉嫌违法犯罪事实，听取其辩解意见，了解有关情况。与被调查人谈话时，案件审理人员不得少于二人。

具有下列情形之一的，一般应当与被调查人谈话：

（一）对被调查人采取留置措施，拟移送起诉的；

（二）可能存在以非法方法收集证据情形的；

（三）被调查人对涉嫌违法犯罪事实材料签署不同意见或者拒不签署意见的；

（四）被调查人要求向案件审理人员当面陈述的；

（五）其他有必要与被调查人进行谈话的情形。

第一百九十六条 经审理认为主要违法犯罪事实不清、证据

学习小记

不足的，应当经审批将案件退回承办部门重新调查。

有下列情形之一，需要补充完善证据的，经审批可以退回补充调查：

（一）部分事实不清、证据不足的；

（二）遗漏违法犯罪事实的；

（三）其他需要进一步查清案件事实的情形。

案件审理部门将案件退回重新调查或者补充调查的，应当出具审核意见，写明调查事项、理由、调查方向、需要补充收集的证据及其证明作用等，连同案卷材料一并送交承办部门。

承办部门补充调查结束后，应当经审批将补证情况报告及相关证据材料，连同案卷材料一并移送案件审理部门；对确实无法查明的事项或者无法补充的证据，应当作出书面说明。重新调查终结后，应当重新形成调查报告，依法移送审理。

重新调查完毕移送审理的，审理期限重新计算。补充调查期间不计入审理期限。

第一百九十七条　审理工作结束后应当形成审理报告，载明被调查人基本情况、调查简况、涉嫌违法或者犯罪事实、被调查人态度和认识、涉案财物处置、承办部门意见、审理意见等内容，提请监察机关集体审议。

对被调查人涉嫌职务犯罪需要追究刑事责任的，应当形成《起诉意见书》，作为审理报告附件。《起诉意见书》应当忠实于事实真象，载明被调查人基本情况，调查简况，采取留置措施的时间，依法查明的犯罪事实和证据，从重、从轻、减轻或者免除处罚等情节，涉案财物情况，涉嫌罪名和法律依据，采取强制措施的建议，以及其他需要说明的情况。

案件审理部门经审理认为现有证据不足以证明被调查人存在违法犯罪行为，且通过退回补充调查仍无法达到证明标准的，应当提出撤销案件的建议。

第一百九十八条 上级监察机关办理下级监察机关管辖案件的，可以经审理后按程序直接进行处置，也可以经审理形成处置意见后，交由下级监察机关办理。

第一百九十九条 被指定管辖的监察机关在调查结束后应当将案件移送审理，提请监察机关集体审议。

上级监察机关将其所管辖的案件指定管辖的，被指定管辖的下级监察机关应当按照前款规定办理后，将案件报上级监察机关依法作出政务处分决定。上级监察机关在作出决定前，应当进行审理。

上级监察机关将下级监察机关管辖的案件指定其他下级监察机关管辖的，被指定管辖的监察机关应当按照第一款规定办理后，将案件送交有管理权限的监察机关依法作出政务处分决定。有管理权限的监察机关应当进行审理，审理意见与被指定管辖的监察机关意见不一致的，双方应当进行沟通；经沟通不能取得一致意见的，报请有权决定的上级监察机关决定。经协商，有管理权限的监察机关在被指定管辖的监察机关审理阶段可以提前阅卷，沟通了解情况。

对于前款规定的重大、复杂案件，被指定管辖的监察机关经集体审议后将处理意见报有权决定的上级监察机关审核同意的，有管理权限的监察机关可以经集体审议后依法处置。

第六节 处　　置

第二百条 监察机关根据监督、调查结果，依据监察法、政务处分法等规定进行处置。

第二百零一条 监察机关对于公职人员有职务违法行为但情节较轻的，可以依法进行谈话提醒、批评教育、责令检查，或者予以诫勉。上述方式可以单独使用，也可以依据规定合并使用。

谈话提醒、批评教育应当由监察机关相关负责人或者承办部

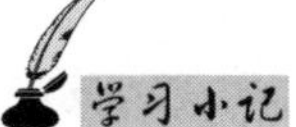

门负责人进行，可以由被谈话提醒、批评教育人所在单位有关负责人陪同；经批准也可以委托其所在单位主要负责人进行。对谈话提醒、批评教育情况应当制作记录。

被责令检查的公职人员应当作出书面检查并进行整改。整改情况在一定范围内通报。

诫勉由监察机关以谈话或者书面方式进行。以谈话方式进行的，应当制作记录。

第二百零二条 对违法的公职人员依法需要给予政务处分的，应当根据情节轻重作出警告、记过、记大过、降级、撤职、开除的政务处分决定，制作政务处分决定书。

第二百零三条 监察机关应当将政务处分决定书在作出后一个月以内送达被处分人和被处分人所在机关、单位，并依法履行宣布、书面告知程序。

政务处分决定自作出之日起生效。有关机关、单位、组织应当依法及时执行处分决定，并将执行情况向监察机关报告。处分决定应当在作出之日起一个月以内执行完毕，特殊情况下经监察机关批准可以适当延长办理期限，最迟不得超过六个月。

第二百零四条 监察机关对不履行或者不正确履行职责造成严重后果或者恶劣影响的领导人员，可以按照管理权限采取通报、诫勉、政务处分等方式进行问责；提出组织处理的建议。

第二百零五条 监察机关依法向监察对象所在单位提出监察建议的，应当经审批制作监察建议书。

监察建议书一般应当包括下列内容：

（一）监督调查情况；

（二）调查中发现的主要问题及其产生的原因；

（三）整改建议、要求和期限；

（四）向监察机关反馈整改情况的要求。

第二百零六条 监察机关经调查，对没有证据证明或者现有

证据不足以证明被调查人存在违法犯罪行为的，应当依法撤销案件。省级以下监察机关撤销案件后，应当在七个工作日以内向上一级监察机关报送备案报告。上一级监察机关监督检查部门负责备案工作。

省级以下监察机关拟撤销上级监察机关指定管辖或者交办案件的，应当将《撤销案件意见书》连同案卷材料，在法定调查期限到期七个工作日前报指定管辖或者交办案件的监察机关审查。对于重大、复杂案件，在法定调查期限到期十个工作日前报指定管辖或者交办案件的监察机关审查。

指定管辖或者交办案件的监察机关由监督检查部门负责审查工作。指定管辖或者交办案件的监察机关同意撤销案件的，下级监察机关应当作出撤销案件决定，制作《撤销案件决定书》；指定管辖或者交办案件的监察机关不同意撤销案件的，下级监察机关应当执行该决定。

监察机关对于撤销案件的决定应当向被调查人宣布，由其在《撤销案件决定书》上签名、捺指印，立即解除留置措施，并通知其所在机关、单位。

撤销案件后又发现重要事实或者有充分证据，认为被调查人有违法犯罪事实需要追究法律责任的，应当重新立案调查。

第二百零七条 对于涉嫌行贿等犯罪的非监察对象，案件调查终结后依法移送起诉。综合考虑行为性质、手段、后果、时间节点、认罪悔罪态度等具体情况，对于情节较轻，经审批不予移送起诉的，应当采取批评教育、责令具结悔过等方式处置；应当给予行政处罚的，依法移送有关行政执法部门。

对于有行贿行为的涉案单位和人员，按规定记入相关信息记录，可以作为信用评价的依据。

对于涉案单位和人员通过行贿等非法手段取得的财物及孳息，应当依法予以没收、追缴或者责令退赔。对于违法取得的其

他不正当利益，依照法律法规及有关规定予以纠正处理。

第二百零八条 对查封、扣押、冻结的涉嫌职务犯罪所得财物及孳息应当妥善保管，并制作《移送司法机关涉案财物清单》随案移送人民检察院。对作为证据使用的实物应当随案移送；对不宜移送的，应当将清单、照片和其他证明文件随案移送。

对于移送人民检察院的涉案财物，价值不明的，应当在移送起诉前委托进行价格认定。在价格认定过程中，需要对涉案财物先行作出真伪鉴定或者出具技术、质量检测报告的，应当委托有关鉴定机构或者检测机构进行真伪鉴定或者技术、质量检测。

对不属于犯罪所得但属于违法取得的财物及孳息，应当依法予以没收、追缴或者责令退赔，并出具有关法律文书。

对经认定不属于违法所得的财物及孳息，应当及时予以返还，并办理签收手续。

第二百零九条 监察机关经调查，对违法取得的财物及孳息决定追缴或者责令退赔的，可以依法要求公安、自然资源、住房城乡建设、市场监管、金融监管等部门以及银行等机构、单位予以协助。

追缴涉案财物以追缴原物为原则，原物已经转化为其他财物的，应当追缴转化后的财物；有证据证明依法应当追缴、没收的涉案财物无法找到、被他人善意取得、价值灭失减损或者与其他合法财产混合且不可分割的，可以依法追缴、没收其他等值财产。

追缴或者责令退赔应当自处置决定作出之日起一个月以内执行完毕。因被调查人的原因逾期执行的除外。

人民检察院、人民法院依法将不认定为犯罪所得的相关涉案财物退回监察机关的，监察机关应当依法处理。

第二百一十条 监察对象对监察机关作出的涉及本人的处理决定不服的，可以在收到处理决定之日起一个月以内，向作出决

定的监察机关申请复审。复审机关应当依法受理，并在受理后一个月以内作出复审决定。监察对象对复审决定仍不服的，可以在收到复审决定之日起一个月以内，向上一级监察机关申请复核。复核机关应当依法受理，并在受理后二个月以内作出复核决定。

上一级监察机关的复核决定和国家监察委员会的复审、复核决定为最终决定。

第二百一十一条 复审、复核机关承办部门应当成立工作组，调阅原案卷宗，必要时可以进行调查取证。承办部门应当集体研究，提出办理意见，经审批作出复审、复核决定。决定应当送达申请人，抄送相关单位，并在一定范围内宣布。

复审、复核期间，不停止原处理决定的执行。复审、复核机关经审查认定处理决定有错误或者不当的，应当依法撤销、变更原处理决定，或者责令原处理机关及时予以纠正。复审、复核机关经审查认定处理决定事实清楚、适用法律正确的，应当予以维持。

坚持复审复核与调查审理分离，原案调查、审理人员不得参与复审复核。

第七节　移送审查起诉

第二百一十二条 监察机关决定对涉嫌职务犯罪的被调查人移送起诉的，应当出具《起诉意见书》，连同案卷材料、证据等，一并移送同级人民检察院。

监察机关案件审理部门负责与人民检察院审查起诉的衔接工作，调查、案件监督管理等部门应当予以协助。

国家监察委员会派驻或者派出的监察机构、监察专员调查的职务犯罪案件，应当依法移送省级人民检察院审查起诉。

第二百一十三条 涉嫌职务犯罪的被调查人和涉案人员符合监察法第三十一条、第三十二条规定情形的，结合其案发前的一贯表现、违法犯罪行为的情节、后果和影响等因素，监察机关经综合研判和集体审议，报上一级监察机关批准，可以在移送人民检察院时依法提出从轻、减轻或者免除处罚等从宽处罚建议。报请批准时，应当一并提供主要证据材料、忏悔反思材料。

上级监察机关相关监督检查部门负责审查工作，重点审核拟认定的从宽处罚情形、提出的从宽处罚建议，经审批在十五个工作日以内作出批复。

第二百一十四条　涉嫌职务犯罪的被调查人有下列情形之一，如实交代自己主要犯罪事实的，可以认定为监察法第三十一条第一项规定的自动投案，真诚悔罪悔过：

（一）职务犯罪问题未被监察机关掌握，向监察机关投案的；

（二）在监察机关谈话、函询过程中，如实交代监察机关未掌握的涉嫌职务犯罪问题的；

（三）在初步核实阶段，尚未受到监察机关谈话时投案的；

（四）职务犯罪问题虽被监察机关立案，但尚未受到讯问或者采取留置措施，向监察机关投案的；

（五）因伤病等客观原因无法前往投案，先委托他人代为表达投案意愿，或者以书信、网络、电话、传真等方式表达投案意愿，后到监察机关接受处理的；

（六）涉嫌职务犯罪潜逃后又投案，包括在被通缉、抓捕过程中投案的；

（七）经查实确已准备去投案，或者正在投案途中被有关机关抓获的；

（八）经他人规劝或者在他人陪同下投案的；

（九）虽未向监察机关投案，但向其所在党组织、单位或者有关负责人员投案，向有关巡视巡察机构投案，以及向公安机关、人民检察院、人民法院投案的；

（十）具有其他应当视为自动投案的情形的。

被调查人自动投案后不能如实交代自己的主要犯罪事实，或者自动投案并如实供述自己的罪行后又翻供的，不能适用前款规定。

第二百一十五条 涉嫌职务犯罪的被调查人有下列情形之一的，可以认定为监察法第三十一条第二项规定的积极配合调查工作，如实供述监察机关还未掌握的违法犯罪行为：

（一）监察机关所掌握线索针对的犯罪事实不成立，在此范围外被调查人主动交代其他罪行的；

（二）主动交代监察机关尚未掌握的犯罪事实，与监察机关已掌握的犯罪事实属不同种罪行的；

（三）主动交代监察机关尚未掌握的犯罪事实，与监察机关已掌握的犯罪事实属同种罪行的；

（四）监察机关掌握的证据不充分，被调查人如实交代有助于收集定案证据的。

前款所称同种罪行和不同种罪行，一般以罪名区分。被调查人如实供述其他罪行的罪名与监察机关已掌握犯罪的罪名不同，但属选择性罪名或者在法律、事实上密切关联的，应当认定为同种罪行。

第二百一十六条 涉嫌职务犯罪的被调查人有下列情形之一的，可以认定为监察法第三十一条第三项规定的积极退赃，减少损失：

（一）全额退赃的；

（二）退赃能力不足，但被调查人及其亲友在监察机关追缴赃款赃物过程中积极配合，且大部分已追缴到位的；

（三）犯罪后主动采取措施避免损失发生，或者积极采取有效措施减少、挽回大部分损失的。

第二百一十七条 涉嫌职务犯罪的被调查人有下列情形之一的，可以认定为监察法第三十一条第四项规定的具有重大立功

表现：

（一）检举揭发他人重大犯罪行为且经查证属实的；

（二）提供其他重大案件的重要线索且经查证属实的；

（三）阻止他人重大犯罪活动的；

（四）协助抓捕其他重大职务犯罪案件被调查人、重大犯罪嫌疑人（包括同案犯）的；

（五）为国家挽回重大损失等对国家和社会有其他重大贡献的。

前款所称重大犯罪一般是指依法可能被判处无期徒刑以上刑罚的犯罪行为；重大案件一般是指在本省、自治区、直辖市或者全国范围内有较大影响的案件；查证属实一般是指有关案件已被监察机关或者司法机关立案调查、侦查，被调查人、犯罪嫌疑人被监察机关采取留置措施或者被司法机关采取强制措施，或者被告人被人民法院作出有罪判决，并结合案件事实、证据进行判断。

监察法第三十一条第四项规定的案件涉及国家重大利益，是指案件涉及国家主权和领土完整、国家安全、外交、社会稳定、经济发展等情形。

第二百一十八条 涉嫌行贿等犯罪的涉案人员有下列情形之一的，可以认定为监察法第三十二条规定的揭发有关被调查人职务违法犯罪行为，查证属实或者提供重要线索，有助于调查其他案件：

（一）揭发所涉案件以外的被调查人职务犯罪行为，经查证属实的；

（二）提供的重要线索指向具体的职务犯罪事实，对调查其他案件起到实质性推动作用的；

（三）提供的重要线索有助于加快其他案件办理进度，或者对其他案件固定关键证据、挽回损失、追逃追赃等起到积极作用的。

第二百一十九条 从宽处罚建议一般应当在移送起诉时作为《起诉意见书》内容一并提出，特殊情况下也可以在案件移送后、人民检察院提起公诉前，单独形成从宽处罚建议书移送人民检察院。对于从宽处罚建议所依据的证据材料，应当一并移送人民检察院。

监察机关对于被调查人在调查阶段认罪认罚，但不符合监察法规定的提出从宽处罚建议条件，在移送起诉时没有提出从宽处罚建议的，应当在《起诉意见书》中写明其自愿认罪认罚的情况。

第二百二十条 监察机关一般应当在正式移送起诉十日前，向拟移送的人民检察院采取书面通知等方式预告移送事宜。对于已采取留置措施的案件，发现被调查人因身体等原因存在不适宜羁押等可能影响刑事强制措施执行情形的，应当通报人民检察院。对于未采取留置措施的案件，可以根据案件具体情况，向人民检察院提出对被调查人采取刑事强制措施的建议。

第二百二十一条 监察机关办理的职务犯罪案件移送起诉，需要指定起诉、审判管辖的，应当与同级人民检察院协商有关程序事宜。需要由同级人民检察院的上级人民检察院指定管辖的，应当商请同级人民检察院办理指定管辖事宜。

监察机关一般应当在移送起诉二十日前，将商请指定管辖函送交同级人民检察院。商请指定管辖函应当附案件基本情况，对于被调查人已被其他机关立案侦查的犯罪认为需要并案审查起诉的，一并进行说明。

派驻或者派出的监察机构、监察专员调查的职务犯罪案件需要指定起诉、审判管辖的，应当报派出机关办理指定管辖手续。

第二百二十二条 上级监察机关指定下级监察机关进行调查，移送起诉时需要人民检察院依法指定管辖的，应当在移送起诉前由上级监察机关与同级人民检察院协商有关程序事宜。

学习小记

第二百二十三条 监察机关对已经移送起诉的职务犯罪案件，发现遗漏被调查人罪行需要补充移送起诉的，应当经审批出具《补充起诉意见书》，连同相关案卷材料、证据等一并移送同级人民检察院。

对于经人民检察院指定管辖的案件需要补充移送起诉的，可以直接移送原受理移送起诉的人民检察院；需要追加犯罪嫌疑人、被告人的，应当再次商请人民检察院办理指定管辖手续。

第二百二十四条 对于涉嫌行贿犯罪、介绍贿赂犯罪或者共同职务犯罪等关联案件的涉案人员，移送起诉时一般应当随主案确定管辖。

主案与关联案件由不同监察机关立案调查的，调查关联案件的监察机关在移送起诉前，应当报告或者通报调查主案的监察机关，由其统一协调案件管辖事宜。因特殊原因，关联案件不宜随主案确定管辖的，调查主案的监察机关应当及时通报和协调有关事项。

第二百二十五条 监察机关对于人民检察院在审查起诉中书面提出的下列要求应当予以配合：

（一）认为可能存在以非法方法收集证据情形，要求监察机关对证据收集的合法性作出说明或者提供相关证明材料的；

（二）排除非法证据后，要求监察机关另行指派调查人员重新取证的；

（三）对物证、书证、视听资料、电子数据及勘验检查、辨认、调查实验等笔录存在疑问，要求调查人员提供获取、制作的有关情况的；

（四）要求监察机关对案件中某些专门性问题进行鉴定，或者对勘验检查进行复验、复查的；

（五）认为主要犯罪事实已经查清，仍有部分证据需要补充完善，要求监察机关补充提供证据的；

（六）人民检察院依法提出的其他工作要求。

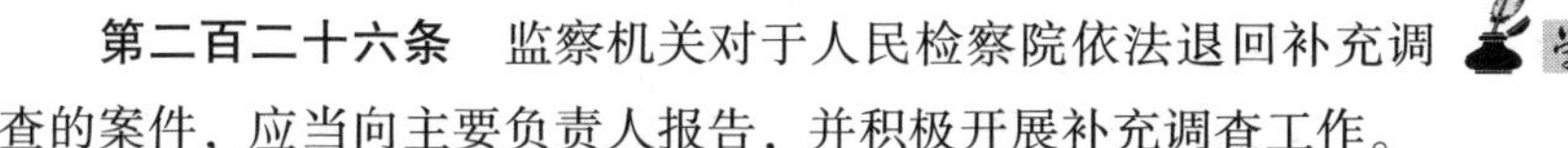

第二百二十六条 监察机关对于人民检察院依法退回补充调查的案件，应当向主要负责人报告，并积极开展补充调查工作。

第二百二十七条 对人民检察院退回补充调查的案件，经审批分别作出下列处理：

（一）认定犯罪事实的证据不够充分的，应当在补充证据后，制作补充调查报告书，连同相关材料一并移送人民检察院审查，对无法补充完善的证据，应当作出书面情况说明，并加盖监察机关或者承办部门公章；

（二）在补充调查中发现新的同案犯或者增加、变更犯罪事实，需要追究刑事责任的，应当重新提出处理意见，移送人民检察院审查；

（三）犯罪事实的认定出现重大变化，认为不应当追究被调查人刑事责任的，应当重新提出处理意见，将处理结果书面通知人民检察院并说明理由；

（四）认为移送起诉的犯罪事实清楚，证据确实、充分的，应当说明理由，移送人民检察院依法审查。

第二百二十八条 人民检察院在审查起诉过程中发现新的职务违法或者职务犯罪问题线索并移送监察机关的，监察机关应当依法处置。

第二百二十九条 在案件审判过程中，人民检察院书面要求监察机关补充提供证据，对证据进行补正、解释，或者协助人民检察院补充侦查的，监察机关应当予以配合。监察机关不能提供有关证据材料的，应当书面说明情况。

人民法院在审判过程中就证据收集合法性问题要求有关调查人员出庭说明情况时，监察机关应当依法予以配合。

第二百三十条 监察机关认为人民检察院不起诉决定有错误的，应当在收到不起诉决定书后三十日以内，依法向其上一级人

学习小记

民检察院提请复议。监察机关应当将上述情况及时向上一级监察机关书面报告。

第二百三十一条 对于监察机关移送起诉的案件，人民检察院作出不起诉决定，人民法院作出无罪判决，或者监察机关经人民检察院退回补充调查后不再移送起诉，涉及对被调查人已生效政务处分事实认定的，监察机关应当依法对政务处分决定进行审核。认为原政务处分决定认定事实清楚、适用法律正确的，不再改变；认为原政务处分决定确有错误或者不当的，依法予以撤销或者变更。

第二百三十二条 对于贪污贿赂、失职渎职等职务犯罪案件，被调查人逃匿，在通缉一年后不能到案，或者被调查人死亡，依法应当追缴其违法所得及其他涉案财产的，承办部门在调查终结后应当依法移送审理。

监察机关应当经集体审议，出具《没收违法所得意见书》，连同案卷材料、证据等，一并移送人民检察院依法提出没收违法所得的申请。

监察机关将《没收违法所得意见书》移送人民检察院后，在逃的被调查人自动投案或者被抓获的，监察机关应当及时通知人民检察院。

第二百三十三条 监察机关立案调查拟适用缺席审判程序的贪污贿赂犯罪案件，应当逐级报送国家监察委员会同意。

监察机关承办部门认为在境外的被调查人犯罪事实已经查清，证据确实、充分，依法应当追究刑事责任的，应当依法移送审理。

监察机关应当经集体审议，出具《起诉意见书》，连同案卷材料、证据等，一并移送人民检察院审查起诉。

在审查起诉或者缺席审判过程中，犯罪嫌疑人、被告人向监察机关自动投案或者被抓获的，监察机关应当立即通知人民检察院、人民法院。

第六章　反腐败国际合作

第一节　工作职责和领导体制

第二百三十四条　国家监察委员会统筹协调与其他国家、地区、国际组织开展反腐败国际交流、合作。

国家监察委员会组织《联合国反腐败公约》等反腐败国际条约的实施以及履约审议等工作，承担《联合国反腐败公约》司法协助中央机关有关工作。

国家监察委员会组织协调有关单位建立集中统一、高效顺畅的反腐败国际追逃追赃和防逃协调机制，统筹协调、督促指导各级监察机关反腐败国际追逃追赃等涉外案件办理工作，具体履行下列职责：

（一）制定反腐败国际追逃追赃和防逃工作计划，研究工作中的重要问题；

（二）组织协调反腐败国际追逃追赃等重大涉外案件办理工作；

（三）办理由国家监察委员会管辖的涉外案件；

（四）指导地方各级监察机关依法开展涉外案件办理工作；

（五）汇总和通报全国职务犯罪外逃案件信息和追逃追赃工作信息；

（六）建立健全反腐败国际追逃追赃和防逃合作网络；

（七）承担监察机关开展国际刑事司法协助的主管机关职责；

（八）承担其他与反腐败国际追逃追赃等涉外案件办理工作相关的职责。

第二百三十五条　地方各级监察机关在国家监察委员会领导下，统筹协调、督促指导本地区反腐败国际追逃追赃等涉外案件

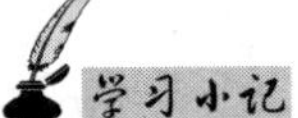

办理工作，具体履行下列职责：

（一）落实上级监察机关关于反腐败国际追逃追赃和防逃工作部署，制定工作计划；

（二）按照管辖权限或者上级监察机关指定管辖，办理涉外案件；

（三）按照上级监察机关要求，协助配合其他监察机关开展涉外案件办理工作；

（四）汇总和通报本地区职务犯罪外逃案件信息和追逃追赃工作信息；

（五）承担本地区其他与反腐败国际追逃追赃等涉外案件办理工作相关的职责。

省级监察委员会应当会同有关单位，建立健全本地区反腐败国际追逃追赃和防逃协调机制。

国家监察委员会派驻或者派出的监察机构、监察专员统筹协调、督促指导本部门反腐败国际追逃追赃等涉外案件办理工作，参照第一款规定执行。

第二百三十六条 国家监察委员会国际合作局归口管理监察机关反腐败国际追逃追赃等涉外案件办理工作。地方各级监察委员会应当明确专责部门，归口管理本地区涉外案件办理工作。

国家监察委员会派驻或者派出的监察机构、监察专员和地方各级监察机关办理涉外案件中有关执法司法国际合作事项，应当逐级报送国家监察委员会审批。由国家监察委员会依法直接或者协调有关单位与有关国家（地区）相关机构沟通，以双方认可的方式实施。

第二百三十七条 监察机关应当建立追逃追赃和防逃工作内部联络机制。承办部门在调查过程中，发现被调查人或者重要涉案人员外逃、违法所得及其他涉案财产被转移到境外的，可以请追逃追赃部门提供工作协助。监察机关将案件移送人民检察院审

查起诉后，仍有重要涉案人员外逃或者未追缴的违法所得及其他涉案财产的，应当由追逃追赃部门继续办理，或者由追逃追赃部门指定协调有关单位办理。

第二节　国（境）内工作

第二百三十八条　监察机关应当将防逃工作纳入日常监督内容，督促相关机关、单位建立健全防逃责任机制。

监察机关在监督、调查工作中，应当根据情况制定对监察对象、重要涉案人员的防逃方案，防范人员外逃和资金外流风险。监察机关应当会同同级组织人事、外事、公安、移民管理等单位健全防逃预警机制，对存在外逃风险的监察对象早发现、早报告、早处置。

第二百三十九条　监察机关应当加强与同级人民银行、公安等单位的沟通协作，推动预防、打击利用离岸公司和地下钱庄等向境外转移违法所得及其他涉案财产，对涉及职务违法和职务犯罪的行为依法进行调查。

第二百四十条　国家监察委员会派驻或者派出的监察机构、监察专员和地方各级监察委员会发现监察对象出逃、失踪、出走，或者违法所得及其他涉案财产被转移至境外的，应当在二十四小时以内将有关信息逐级报送至国家监察委员会国际合作局，并迅速开展相关工作。

第二百四十一条　监察机关追逃追赃部门统一接收巡视巡察机构、审计机关、行政执法部门、司法机关等单位移交的外逃信息。

监察机关对涉嫌职务违法和职务犯罪的外逃人员，应当明确承办部门，建立案件档案。

第二百四十二条　监察机关应当依法全面收集外逃人员涉嫌职务违法和职务犯罪证据。

学习小记

第二百四十三条 开展反腐败国际追逃追赃等涉外案件办理工作，应当把思想教育贯穿始终，落实宽严相济刑事政策，依法适用认罪认罚从宽制度，促使外逃人员回国投案或者配合调查、主动退赃。开展相关工作，应当尊重所在国家（地区）的法律规定。

第二百四十四条 外逃人员归案、违法所得及其他涉案财产被追缴后，承办案件的监察机关应当将情况逐级报送国家监察委员会国际合作局。监察机关应当依法对涉案人员和违法所得及其他涉案财产作出处置，或者请有关单位依法处置。对不需要继续采取相关措施的，应当及时解除或者撤销。

第三节 对外合作

第二百四十五条 监察机关对依法应当留置或者已经决定留置的外逃人员，需要申请发布国际刑警组织红色通报的，应当逐级报送国家监察委员会审核。国家监察委员会审核后，依法通过公安部向国际刑警组织提出申请。

需要延期、暂停、撤销红色通报的，申请发布红色通报的监察机关应当逐级报送国家监察委员会审核，由国家监察委员会依法通过公安部联系国际刑警组织办理。

第二百四十六条 地方各级监察机关通过引渡方式办理相关涉外案件的，应当按照引渡法、相关双边及多边国际条约等规定准备引渡请求书及相关材料，逐级报送国家监察委员会审核。由国家监察委员会依法通过外交等渠道向外国提出引渡请求。

第二百四十七条 地方各级监察机关通过刑事司法协助方式办理相关涉外案件的，应当按照国际刑事司法协助法、相关双边及多边国际条约等规定准备刑事司法协助请求书及相关材料，逐级报送国家监察委员会审核。由国家监察委员会依法直接或者通过对外联系机关等渠道，向外国提出刑事司法协助请求。

国家监察委员会收到外国提出的刑事司法协助请求书及所附材料，经审查认为符合有关规定的，作出决定并交由省级监察机关执行，或者转交其他有关主管机关。省级监察机关应当立即执行，或者交由下级监察机关执行，并将执行结果或者妨碍执行的情形及时报送国家监察委员会。在执行过程中，需要依法采取查询、调取、查封、扣押、冻结等措施或者需要返还涉案财物的，根据我国法律规定和国家监察委员会的执行决定办理有关法律手续。

第二百四十八条　地方各级监察机关通过执法合作方式办理相关涉外案件的，应当将合作事项及相关材料逐级报送国家监察委员会审核。由国家监察委员会依法直接或者协调有关单位，向有关国家（地区）相关机构提交并开展合作。

第二百四十九条　地方各级监察机关通过境外追诉方式办理相关涉外案件的，应当提供外逃人员相关违法线索和证据，逐级报送国家监察委员会审核。由国家监察委员会依法直接或者协调有关单位向有关国家（地区）相关机构提交，请其依法对外逃人员调查、起诉和审判，并商有关国家（地区）遣返外逃人员。

第二百五十条　监察机关对依法应当追缴的境外违法所得及其他涉案财产，应当责令涉案人员以合法方式退赔。涉案人员拒不退赔的，可以依法通过下列方式追缴：

（一）在开展引渡等追逃合作时，随附请求有关国家（地区）移交相关违法所得及其他涉案财产；

（二）依法启动违法所得没收程序，由人民法院对相关违法所得及其他涉案财产作出冻结、没收裁定，请有关国家（地区）承认和执行，并予以返还；

（三）请有关国家（地区）依法追缴相关违法所得及其他涉案财产，并予以返还；

（四）通过其他合法方式追缴。

第七章　对监察机关和监察人员的监督

第二百五十一条　监察机关和监察人员必须自觉坚持党的领导，在党组织的管理、监督下开展工作，依法接受本级人民代表大会及其常务委员会的监督，接受民主监督、司法监督、社会监督、舆论监督，加强内部监督制约机制建设，确保权力受到严格的约束和监督。

第二百五十二条　各级监察委员会应当按照监察法第五十三条第二款规定，由主任在本级人民代表大会常务委员会全体会议上报告专项工作。

在报告专项工作前，应当与本级人民代表大会有关专门委员会沟通协商，并配合开展调查研究等工作。各级人民代表大会常务委员会审议专项工作报告时，本级监察委员会应当根据要求派出领导成员列席相关会议，听取意见。

各级监察委员会应当认真研究办理本级人民代表大会常务委员会反馈的审议意见，并按照要求书面报告办理情况。

第二百五十三条　各级监察委员会应当积极接受、配合本级人民代表大会常务委员会组织的执法检查。对本级人民代表大会常务委员会的执法检查报告，应当认真研究处理，并向其报告处理情况。

第二百五十四条　各级监察委员会在本级人民代表大会常务委员会会议审议与监察工作有关的议案和报告时，应当派相关负责人到会听取意见，回答询问。

监察机关对依法交由监察机关答复的质询案应当按照要求进行答复。口头答复的，由监察机关主要负责人或者委派相关负责人到会答复。书面答复的，由监察机关主要负责人签署。

第二百五十五条　各级监察机关应当通过互联网政务媒体、

报刊、广播、电视等途径，向社会及时准确公开下列监察工作信息：

（一）监察法规；

（二）依法应当向社会公开的案件调查信息；

（三）检举控告地址、电话、网站等信息；

（四）其他依法应当公开的信息。

第二百五十六条 各级监察机关可以根据工作需要，按程序选聘特约监察员履行监督、咨询等职责。特约监察员名单应当向社会公布。

监察机关应当为特约监察员依法开展工作提供必要条件和便利。

第二百五十七条 监察机关实行严格的人员准入制度，严把政治关、品行关、能力关、作风关、廉洁关。监察人员必须忠诚坚定、担当尽责、遵纪守法、清正廉洁。

第二百五十八条 监察机关应当建立监督检查、调查、案件监督管理、案件审理等部门相互协调制约的工作机制。

监督检查和调查部门实行分工协作、相互制约。监督检查部门主要负责联系地区、部门、单位的日常监督检查和对涉嫌一般违法问题线索处置。调查部门主要负责对涉嫌严重职务违法和职务犯罪问题线索进行初步核实和立案调查。

案件监督管理部门负责对监督检查、调查工作全过程进行监督管理，做好线索管理、组织协调、监督检查、督促办理、统计分析等工作。案件监督管理部门发现监察人员在监督检查、调查中有违规办案行为的，及时督促整改；涉嫌违纪违法的，根据管理权限移交相关部门处理。

第二百五十九条 监察机关应当对监察权运行关键环节进行经常性监督检查，适时开展专项督查。案件监督管理、案件审理等部门应当按照各自职责，对问题线索处置、调查措施使用、涉

学习小记

案财物管理等进行监督检查，建立常态化、全覆盖的案件质量评查机制。

第二百六十条 监察机关应当加强对监察人员执行职务和遵纪守法情况的监督，按照管理权限依法对监察人员涉嫌违法犯罪问题进行调查处置。

第二百六十一条 监察机关及其监督检查、调查部门负责人应当定期检查调查期间的录音录像、谈话笔录、涉案财物登记资料，加强对调查全过程的监督，发现问题及时纠正并报告。

第二百六十二条 对监察人员打听案情、过问案件、说情干预的，办理监察事项的监察人员应当及时向上级负责人报告。有关情况应当登记备案。

发现办理监察事项的监察人员未经批准接触被调查人、涉案人员及其特定关系人，或者存在交往情形的，知情的监察人员应当及时向上级负责人报告。有关情况应当登记备案。

第二百六十三条 办理监察事项的监察人员有监察法第五十八条所列情形之一的，应当自行提出回避；没有自行提出回避的，监察机关应当依法决定其回避，监察对象、检举人及其他有关人员也有权要求其回避。

选用借调人员、看护人员、调查场所，应当严格执行回避制度。

第二百六十四条 监察人员自行提出回避，或者监察对象、检举人及其他有关人员要求监察人员回避的，应当书面或者口头提出，并说明理由。口头提出的，应当形成记录。

监察机关主要负责人的回避，由上级监察机关主要负责人决定；其他监察人员的回避，由本级监察机关主要负责人决定。

第二百六十五条 上级监察机关应当通过专项检查、业务考评、开展复查等方式，强化对下级监察机关及监察人员执行职务和遵纪守法情况的监督。

第二百六十六条 监察机关应当对监察人员有计划地进行政治、理论和业务培训。培训应当坚持理论联系实际、按需施教、讲求实效，突出政治机关特色，建设高素质专业化监察队伍。

第二百六十七条 监察机关应当严格执行保密制度，控制监察事项知悉范围和时间。监察人员不准私自留存、隐匿、查阅、摘抄、复制、携带问题线索和涉案资料，严禁泄露监察工作秘密。

监察机关应当建立健全检举控告保密制度，对检举控告人的姓名（单位名称）、工作单位、住址、电话和邮箱等有关情况以及检举控告内容必须严格保密。

第二百六十八条 监察机关涉密人员离岗离职后，应当遵守脱密期管理规定，严格履行保密义务，不得泄露相关秘密。

第二百六十九条 监察人员离任三年以内，不得从事与监察和司法工作相关联且可能发生利益冲突的职业。

监察人员离任后，不得担任原任职监察机关办理案件的诉讼代理人或者辩护人，但是作为当事人的监护人或者近亲属代理诉讼或者进行辩护的除外。

第二百七十条 监察人员应当严格遵守有关规范领导干部配偶、子女及其配偶经商办企业行为的规定。

第二百七十一条 监察机关在履行职责过程中应当依法保护企业产权和自主经营权，严禁利用职权非法干扰企业生产经营。需要企业经营者协助调查的，应当依法保障其合法的人身、财产等权益，避免或者减少对涉案企业正常生产、经营活动的影响。

查封企业厂房、机器设备等生产资料，企业继续使用对该财产价值无重大影响的，可以允许其使用。对于正在运营或者正在用于科技创新、产品研发的设备和技术资料等，一般不予查封、扣押，确需调取违法犯罪证据的，可以采取拍照、复制等方式。

第二百七十二条 被调查人及其近亲属认为监察机关及监察

学习小记

人员存在监察法第六十条第一款规定的有关情形，向监察机关提出申诉的，由监察机关案件监督管理部门依法受理，并按照法定的程序和时限办理。

第二百七十三条 监察机关在维护监督执法调查工作纪律方面失职失责的，依法追究责任。监察人员涉嫌严重职务违法、职务犯罪或者对案件处置出现重大失误的，既应当追究直接责任，还应当严肃追究负有责任的领导人员责任。

监察机关应当建立办案质量责任制，对滥用职权、失职失责造成严重后果的，实行终身责任追究。

第八章 法律责任

第二百七十四条 有关单位拒不执行监察机关依法作出的下列处理决定的，应当由其主管部门、上级机关责令改正，对单位给予通报批评，对负有责任的领导人员和直接责任人员依法给予处理：

（一）政务处分决定；

（二）问责决定；

（三）谈话提醒、批评教育、责令检查，或者予以诫勉的决定；

（四）采取调查措施的决定；

（五）复审、复核决定；

（六）监察机关依法作出的其他处理决定。

第二百七十五条 监察对象对控告人、申诉人、批评人、检举人、证人、监察人员进行打击、压制等报复陷害的，监察机关应当依法给予政务处分。构成犯罪的，依法追究刑事责任。

第二百七十六条 控告人、检举人、证人采取捏造事实、伪造材料等方式诬告陷害的，监察机关应当依法给予政务处分，或者移送有关机关处理。构成犯罪的，依法追究刑事责任。

监察人员因依法履行职责遭受不实举报、诬告陷害、侮辱诽谤，致使名誉受到损害的，监察机关应当会同有关部门及时澄清事实，消除不良影响，并依法追究相关单位或者个人的责任。

第二百七十七条 监察机关应当建立健全办案安全责任制。承办部门主要负责人和调查组组长是调查安全第一责任人。调查组应当指定专人担任安全员。

地方各级监察机关履行管理、监督职责不力发生严重办案安全事故的，或者办案中存在严重违规违纪违法行为的，省级监察机关主要负责人应当向国家监察委员会作出检讨，并予以通报、严肃追责问责。

案件监督管理部门应当对办案安全责任制落实情况组织经常性检查和不定期抽查，发现问题及时报告并督促整改。

第二百七十八条 监察人员在履行职责中有下列行为之一的，依法严肃处理；构成犯罪的，依法追究刑事责任：

（一）贪污贿赂、徇私舞弊的；

（二）不履行或者不正确履行监督职责，应当发现的问题没有发现，或者发现问题不报告、不处置，造成严重影响的；

（三）未经批准、授权处置问题线索，发现重大案情隐瞒不报，或者私自留存、处理涉案材料的；

（四）利用职权或者职务上的影响干预调查工作的；

（五）违法窃取、泄露调查工作信息，或者泄露举报事项、举报受理情况以及举报人信息的；

（六）对被调查人或者涉案人员逼供、诱供，或者侮辱、打骂、虐待、体罚或者变相体罚的；

（七）违反规定处置查封、扣押、冻结的财物的；

（八）违反规定导致发生办案安全事故，或者发生安全事故后隐瞒不报、报告失实、处置不当的；

（九）违反规定采取留置措施的；

（十）违反规定限制他人出境，或者不按规定解除出境限制的；

（十一）其他职务违法和职务犯罪行为。

第二百七十九条 对监察人员在履行职责中存在违法行为的，可以根据情节轻重，依法进行谈话提醒、批评教育、责令检查、诫勉，或者给予政务处分。构成犯罪的，依法追究刑事责任。

第二百八十条 监察机关及其工作人员在行使职权时，有下列情形之一的，受害人可以申请国家赔偿：

（一）采取留置措施后，决定撤销案件的；

（二）违法没收、追缴或者违法查封、扣押、冻结财物造成损害的；

（三）违法行使职权，造成被调查人、涉案人员或者证人身体伤害或者死亡的；

（四）非法剥夺他人人身自由的；

（五）其他侵犯公民、法人和其他组织合法权益造成损害的。

受害人死亡的，其继承人和其他有扶养关系的亲属有权要求赔偿；受害的法人或者其他组织终止的，其权利承受人有权要求赔偿。

第二百八十一条 监察机关及其工作人员违法行使职权侵犯公民、法人和其他组织的合法权益造成损害的，该机关为赔偿义务机关。申请赔偿应当向赔偿义务机关提出，由该机关负责复审复核工作的部门受理。

赔偿以支付赔偿金为主要方式。能够返还财产或者恢复原状的，予以返还财产或者恢复原状。

第九章 附　　则

第二百八十二条 本条例所称监察机关，包括各级监察委员

学习小记

会及其派驻或者派出监察机构、监察专员。

第二百八十三条 本条例所称“近亲属”，是指夫、妻、父、母、子、女、同胞兄弟姊妹。

第二百八十四条 本条例所称以上、以下、以内，包括本级、本数。

第二百八十五条 期间以时、日、月、年计算，期间开始的时和日不算在期间以内。本条例另有规定的除外。

按照年、月计算期间的，到期月的对应日为期间的最后一日；没有对应日的，月末日为期间的最后一日。

期间的最后一日是法定休假日的，以法定休假日结束的次日为期间的最后一日。但被调查人留置期间应当至到期之日为止，不得因法定休假日而延长。

第二百八十六条 本条例由国家监察委员会负责解释。

第二百八十七条 本条例自发布之日起施行。

实体法

中华人民共和国公职人员政务处分法

（2020年6月20日第十三届全国人民代表大会常务委员会第十九次会议通过　2020年6月20日中华人民共和国主席令第46号公布　自2020年7月1日起施行）

第一章　总　　则

第一条　为了规范政务处分，加强对所有行使公权力的公职人员的监督，促进公职人员依法履职、秉公用权、廉洁从政从业、坚持道德操守，根据《中华人民共和国监察法》，制定本法。

第二条　本法适用于监察机关对违法的公职人员给予政务处分的活动。

本法第二章、第三章适用于公职人员任免机关、单位对违法的公职人员给予处分。处分的程序、申诉等适用其他法律、行政法规、国务院部门规章和国家有关规定。

本法所称公职人员，是指《中华人民共和国监察法》第十五条规定的人员。

第三条　监察机关应当按照管理权限，加强对公职人员的监督，依法给予违法的公职人员政务处分。

公职人员任免机关、单位应当按照管理权限，加强对公职人员的教育、管理、监督，依法给予违法的公职人员处分。

监察机关发现公职人员任免机关、单位应当给予处分而未给予，或者给予的处分违法、不当的，应当及时提出监察建议。

学习小记

第四条 给予公职人员政务处分，坚持党管干部原则，集体讨论决定；坚持法律面前一律平等，以事实为根据，以法律为准绳，给予的政务处分与违法行为的性质、情节、危害程度相当；坚持惩戒与教育相结合，宽严相济。

第五条 给予公职人员政务处分，应当事实清楚、证据确凿、定性准确、处理恰当、程序合法、手续完备。

第六条 公职人员依法履行职责受法律保护，非因法定事由、非经法定程序，不受政务处分。

第二章 政务处分的种类和适用

第七条 政务处分的种类为：

（一）警告；

（二）记过；

（三）记大过；

（四）降级；

（五）撤职；

（六）开除。

第八条 政务处分的期间为：

（一）警告，六个月；

（二）记过，十二个月；

（三）记大过，十八个月；

（四）降级、撤职，二十四个月。

政务处分决定自作出之日起生效，政务处分期自政务处分决定生效之日起计算。

第九条 公职人员二人以上共同违法，根据各自在违法行为中所起的作用和应当承担的法律责任，分别给予政务处分。

第十条 有关机关、单位、组织集体作出的决定违法或者实施违法行为的，对负有责任的领导人员和直接责任人员中的公职人员依法给予政务处分。

第十一条 公职人员有下列情形之一的，可以从轻或者减轻给予政务处分：

（一）主动交代本人应当受到政务处分的违法行为的；

（二）配合调查，如实说明本人违法事实的；

（三）检举他人违纪违法行为，经查证属实的；

（四）主动采取措施，有效避免、挽回损失或者消除不良影响的；

（五）在共同违法行为中起次要或者辅助作用的；

（六）主动上交或者退赔违法所得的；

（七）法律、法规规定的其他从轻或者减轻情节。

第十二条 公职人员违法行为情节轻微，且具有本法第十一条规定的情形之一的，可以对其进行谈话提醒、批评教育、责令检查或者予以诫勉，免予或者不予政务处分。

公职人员因不明真相被裹挟或者被胁迫参与违法活动，经批评教育后确有悔改表现的，可以减轻、免予或者不予政务处分。

第十三条 公职人员有下列情形之一的，应当从重给予政务处分：

（一）在政务处分期内再次故意违法，应当受到政务处分的；

（二）阻止他人检举、提供证据的；

（三）串供或者伪造、隐匿、毁灭证据的；

（四）包庇同案人员的；

（五）胁迫、唆使他人实施违法行为的；

（六）拒不上交或者退赔违法所得的；

（七）法律、法规规定的其他从重情节。

第十四条 公职人员犯罪，有下列情形之一的，予以开除：

（一）因故意犯罪被判处管制、拘役或者有期徒刑以上刑罚

（含宣告缓刑）的；

（二）因过失犯罪被判处有期徒刑，刑期超过三年的；

（三）因犯罪被单处或者并处剥夺政治权利的。

因过失犯罪被判处管制、拘役或者三年以下有期徒刑的，一般应当予以开除；案件情况特殊，予以撤职更为适当的，可以不予开除，但是应当报请上一级机关批准。

公职人员因犯罪被单处罚金，或者犯罪情节轻微，人民检察院依法作出不起诉决定或者人民法院依法免予刑事处罚的，予以撤职；造成不良影响的，予以开除。

第十五条 公职人员有两个以上违法行为的，应当分别确定政务处分。应当给予两种以上政务处分的，执行其中最重的政务处分；应当给予撤职以下多个相同政务处分的，可以在一个政务处分期以上、多个政务处分期之和以下确定政务处分期，但是最长不得超过四十八个月。

第十六条 对公职人员的同一违法行为，监察机关和公职人员任免机关、单位不得重复给予政务处分和处分。

第十七条 公职人员有违法行为，有关机关依照规定给予组织处理的，监察机关可以同时给予政务处分。

第十八条 担任领导职务的公职人员有违法行为，被罢免、撤销、免去或者辞去领导职务的，监察机关可以同时给予政务处分。

第十九条 公务员以及参照《中华人民共和国公务员法》管理的人员在政务处分期内，不得晋升职务、职级、衔级和级别；其中，被记过、记大过、降级、撤职的，不得晋升工资档次。被撤职的，按照规定降低职务、职级、衔级和级别，同时降低工资和待遇。

第二十条 法律、法规授权或者受国家机关依法委托管理公共事务的组织中从事公务的人员，以及公办的教育、科研、文

化、医疗卫生、体育等单位中从事管理的人员，在政务处分期内，不得晋升职务、岗位和职员等级、职称；其中，被记过、记大过、降级、撤职的，不得晋升薪酬待遇等级。被撤职的，降低职务、岗位或者职员等级，同时降低薪酬待遇。

第二十一条 国有企业管理人员在政务处分期内，不得晋升职务、岗位等级和职称；其中，被记过、记大过、降级、撤职的，不得晋升薪酬待遇等级。被撤职的，降低职务或者岗位等级，同时降低薪酬待遇。

第二十二条 基层群众性自治组织中从事管理的人员有违法行为的，监察机关可以予以警告、记过、记大过。

基层群众性自治组织中从事管理的人员受到政务处分的，应当由县级或者乡镇人民政府根据具体情况减发或者扣发补贴、奖金。

第二十三条 《中华人民共和国监察法》第十五条第六项规定的人员有违法行为的，监察机关可以予以警告、记过、记大过。情节严重的，由所在单位直接给予或者监察机关建议有关机关、单位给予降低薪酬待遇、调离岗位、解除人事关系或者劳动关系等处理。

《中华人民共和国监察法》第十五条第二项规定的人员，未担任公务员、参照《中华人民共和国公务员法》管理的人员、事业单位工作人员或者国有企业人员职务的，对其违法行为依照前款规定处理。

第二十四条 公职人员被开除，或者依照本法第二十三条规定，受到解除人事关系或者劳动关系处理的，不得录用为公务员以及参照《中华人民共和国公务员法》管理的人员。

第二十五条 公职人员违法取得的财物和用于违法行为的本人财物，除依法应当由其他机关没收、追缴或者责令退赔的，由监察机关没收、追缴或者责令退赔；应当退还原所有人或者原持

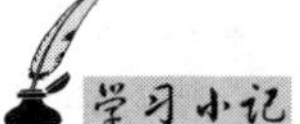

有人的，依法予以退还；属于国家财产或者不应当退还以及无法退还的，上缴国库。

公职人员因违法行为获得的职务、职级、衔级、级别、岗位和职员等级、职称、待遇、资格、学历、学位、荣誉、奖励等其他利益，监察机关应当建议有关机关、单位、组织按规定予以纠正。

第二十六条 公职人员被开除的，自政务处分决定生效之日起，应当解除其与所在机关、单位的人事关系或者劳动关系。

公职人员受到开除以外的政务处分，在政务处分期内有悔改表现，并且没有再发生应当给予政务处分的违法行为的，政务处分期满后自动解除，晋升职务、职级、衔级、级别、岗位和职员等级、职称、薪酬待遇不再受原政务处分影响。但是，解除降级、撤职的，不恢复原职务、职级、衔级、级别、岗位和职员等级、职称、薪酬待遇。

第二十七条 已经退休的公职人员退休前或者退休后有违法行为的，不再给予政务处分，但是可以对其立案调查；依法应当予以降级、撤职、开除的，应当按照规定相应调整其享受的待遇，对其违法取得的财物和用于违法行为的本人财物依照本法第二十五条的规定处理。

已经离职或者死亡的公职人员在履职期间有违法行为的，依照前款规定处理。

第三章 违法行为及其适用的政务处分

第二十八条 有下列行为之一的，予以记过或者记大过；情节较重的，予以降级或者撤职；情节严重的，予以开除：

（一）散布有损宪法权威、中国共产党领导和国家声誉的言论的；

（二）参加旨在反对宪法、中国共产党领导和国家的集会、游行、示威等活动的；

（三）拒不执行或者变相不执行中国共产党和国家的路线方针政策、重大决策部署的；

（四）参加非法组织、非法活动的；

（五）挑拨、破坏民族关系，或者参加民族分裂活动的；

（六）利用宗教活动破坏民族团结和社会稳定的；

（七）在对外交往中损害国家荣誉和利益的。

有前款第二项、第四项、第五项和第六项行为之一的，对策划者、组织者和骨干分子，予以开除。

公开发表反对宪法确立的国家指导思想，反对中国共产党领导，反对社会主义制度，反对改革开放的文章、演说、宣言、声明等的，予以开除。

第二十九条　不按照规定请示、报告重大事项，情节较重的，予以警告、记过或者记大过；情节严重的，予以降级或者撤职。

违反个人有关事项报告规定，隐瞒不报，情节较重的，予以警告、记过或者记大过。

篡改、伪造本人档案资料的，予以记过或者记大过；情节严重的，予以降级或者撤职。

第三十条　有下列行为之一的，予以警告、记过或者记大过；情节严重的，予以降级或者撤职：

（一）违反民主集中制原则，个人或者少数人决定重大事项，或者拒不执行、擅自改变集体作出的重大决定的；

（二）拒不执行或者变相不执行、拖延执行上级依法作出的决定、命令的。

第三十一条　违反规定出境或者办理因私出境证件的，予以记过或者记大过；情节严重的，予以降级或者撤职。

学习小记

违反规定取得外国国籍或者获取境外永久居留资格、长期居留许可的，予以撤职或者开除。

第三十二条 有下列行为之一的，予以警告、记过或者记大过；情节较重的，予以降级或者撤职；情节严重的，予以开除：

（一）在选拔任用、录用、聘用、考核、晋升、评选等干部人事工作中违反有关规定的；

（二）弄虚作假，骗取职务、职级、衔级、级别、岗位和职员等级、职称、待遇、资格、学历、学位、荣誉、奖励或者其他利益的；

（三）对依法行使批评、申诉、控告、检举等权利的行为进行压制或者打击报复的；

（四）诬告陷害，意图使他人受到名誉损害或者责任追究等不良影响的；

（五）以暴力、威胁、贿赂、欺骗等手段破坏选举的。

第三十三条 有下列行为之一的，予以警告、记过或者记大过；情节较重的，予以降级或者撤职；情节严重的，予以开除：

（一）贪污贿赂的；

（二）利用职权或者职务上的影响为本人或者他人谋取私利的；

（三）纵容、默许特定关系人利用本人职权或者职务上的影响谋取私利的。

拒不按照规定纠正特定关系人违规任职、兼职或者从事经营活动，且不服从职务调整的，予以撤职。

第三十四条 收受可能影响公正行使公权力的礼品、礼金、有价证券等财物的，予以警告、记过或者记大过；情节较重的，予以降级或者撤职；情节严重的，予以开除。

向公职人员及其特定关系人赠送可能影响公正行使公权力的礼品、礼金、有价证券等财物，或者接受、提供可能影响公

正行使公权力的宴请、旅游、健身、娱乐等活动安排，情节较重的，予以警告、记过或者记大过；情节严重的，予以降级或者撤职。

第三十五条 有下列行为之一，情节较重的，予以警告、记过或者记大过；情节严重的，予以降级或者撤职：

（一）违反规定设定、发放薪酬或者津贴、补贴、奖金的；

（二）违反规定，在公务接待、公务交通、会议活动、办公用房以及其他工作生活保障等方面超标准、超范围的；

（三）违反规定公款消费的。

第三十六条 违反规定从事或者参与营利性活动，或者违反规定兼任职务、领取报酬的，予以警告、记过或者记大过；情节较重的，予以降级或者撤职；情节严重的，予以开除。

第三十七条 利用宗族或者黑恶势力等欺压群众，或者纵容、包庇黑恶势力活动的，予以撤职；情节严重的，予以开除。

第三十八条 有下列行为之一，情节较重的，予以警告、记过或者记大过；情节严重的，予以降级或者撤职：

（一）违反规定向管理服务对象收取、摊派财物的；

（二）在管理服务活动中故意刁难、吃拿卡要的；

（三）在管理服务活动中态度恶劣粗暴，造成不良后果或者影响的；

（四）不按照规定公开工作信息，侵犯管理服务对象知情权，造成不良后果或者影响的；

（五）其他侵犯管理服务对象利益的行为，造成不良后果或者影响的。

有前款第一项、第二项和第五项行为，情节特别严重的，予以开除。

第三十九条 有下列行为之一，造成不良后果或者影响的，予以警告、记过或者记大过；情节较重的，予以降级或者撤职；

学习小记

情节严重的，予以开除：

（一）滥用职权，危害国家利益、社会公共利益或者侵害公民、法人、其他组织合法权益的；

（二）不履行或者不正确履行职责，玩忽职守，贻误工作的；

（三）工作中有形式主义、官僚主义行为的；

（四）工作中有弄虚作假，误导、欺骗行为的；

（五）泄露国家秘密、工作秘密，或者泄露因履行职责掌握的商业秘密、个人隐私的。

第四十条　有下列行为之一的，予以警告、记过或者记大过；情节较重的，予以降级或者撤职；情节严重的，予以开除：

（一）违背社会公序良俗，在公共场所有不当行为，造成不良影响的；

（二）参与或者支持迷信活动，造成不良影响的；

（三）参与赌博的；

（四）拒不承担赡养、抚养、扶养义务的；

（五）实施家庭暴力，虐待、遗弃家庭成员的；

（六）其他严重违反家庭美德、社会公德的行为。

吸食、注射毒品，组织赌博，组织、支持、参与卖淫、嫖娼、色情淫乱活动的，予以撤职或者开除。

第四十一条　公职人员有其他违法行为，影响公职人员形象，损害国家和人民利益的，可以根据情节轻重给予相应政务处分。

第四章　政务处分的程序

第四十二条　监察机关对涉嫌违法的公职人员进行调查，应当由二名以上工作人员进行。监察机关进行调查时，有权依法向有关单位和个人了解情况，收集、调取证据。有关单位和个人应

当如实提供情况。

严禁以威胁、引诱、欺骗及其他非法方式收集证据。以非法方式收集的证据不得作为给予政务处分的依据。

第四十三条 作出政务处分决定前，监察机关应当将调查认定的违法事实及拟给予政务处分的依据告知被调查人，听取被调查人的陈述和申辩，并对其陈述的事实、理由和证据进行核实，记录在案。被调查人提出的事实、理由和证据成立的，应予采纳。不得因被调查人的申辩而加重政务处分。

第四十四条 调查终结后，监察机关应当根据下列不同情况，分别作出处理：

（一）确有应受政务处分的违法行为的，根据情节轻重，按照政务处分决定权限，履行规定的审批手续后，作出政务处分决定；

（二）违法事实不能成立的，撤销案件；

（三）符合免予、不予政务处分条件的，作出免予、不予政务处分决定；

（四）被调查人涉嫌其他违法或者犯罪行为的，依法移送主管机关处理。

第四十五条 决定给予政务处分的，应当制作政务处分决定书。

政务处分决定书应当载明下列事项：

（一）被处分人的姓名、工作单位和职务；

（二）违法事实和证据；

（三）政务处分的种类和依据；

（四）不服政务处分决定，申请复审、复核的途径和期限；

（五）作出政务处分决定的机关名称和日期。

政务处分决定书应当盖有作出决定的监察机关的印章。

第四十六条 政务处分决定书应当及时送达被处分人和被处

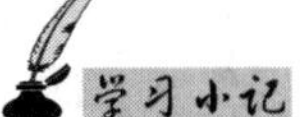

分人所在机关、单位，并在一定范围内宣布。

作出政务处分决定后，监察机关应当根据被处分人的具体身份书面告知相关的机关、单位。

第四十七条 参与公职人员违法案件调查、处理的人员有下列情形之一的，应当自行回避，被调查人、检举人及其他有关人员也有权要求其回避：

（一）是被调查人或者检举人的近亲属的；

（二）担任过本案的证人的；

（三）本人或者其近亲属与调查的案件有利害关系的；

（四）可能影响案件公正调查、处理的其他情形。

第四十八条 监察机关负责人的回避，由上级监察机关决定；其他参与违法案件调查、处理人员的回避，由监察机关负责人决定。

监察机关或者上级监察机关发现参与违法案件调查、处理人员有应当回避情形的，可以直接决定该人员回避。

第四十九条 公职人员依法受到刑事责任追究的，监察机关应当根据司法机关的生效判决、裁定、决定及其认定的事实和情节，依照本法规定给予政务处分。

公职人员依法受到行政处罚，应当给予政务处分的，监察机关可以根据行政处罚决定认定的事实和情节，经立案调查核实后，依照本法给予政务处分。

监察机关根据本条第一款、第二款的规定作出政务处分后，司法机关、行政机关依法改变原生效判决、裁定、决定等，对原政务处分决定产生影响的，监察机关应当根据改变后的判决、裁定、决定等重新作出相应处理。

第五十条 监察机关对经各级人民代表大会、县级以上各级人民代表大会常务委员会选举或者决定任命的公职人员予以撤职、开除的，应当先依法罢免、撤销或者免去其职务，再依法作

学习小记

出政务处分决定。

监察机关对经中国人民政治协商会议各级委员会全体会议或者其常务委员会选举或者决定任命的公职人员予以撤职、开除的，应当先依章程免去其职务，再依法作出政务处分决定。

监察机关对各级人民代表大会代表、中国人民政治协商会议各级委员会委员给予政务处分的，应当向有关的人民代表大会常务委员会，乡、民族乡、镇的人民代表大会主席团或者中国人民政治协商会议委员会常务委员会通报。

第五十一条 下级监察机关根据上级监察机关的指定管辖决定进行调查的案件，调查终结后，对不属于本监察机关管辖范围内的监察对象，应当交有管理权限的监察机关依法作出政务处分决定。

第五十二条 公职人员涉嫌违法，已经被立案调查，不宜继续履行职责的，公职人员任免机关、单位可以决定暂停其履行职务。

公职人员在被立案调查期间，未经监察机关同意，不得出境、辞去公职；被调查公职人员所在机关、单位及上级机关、单位不得对其交流、晋升、奖励、处分或者办理退休手续。

第五十三条 监察机关在调查中发现公职人员受到不实检举、控告或者诬告陷害，造成不良影响的，应当按照规定及时澄清事实，恢复名誉，消除不良影响。

第五十四条 公职人员受到政务处分的，应当将政务处分决定书存入其本人档案。对于受到降级以上政务处分的，应当由人事部门按照管理权限在作出政务处分决定后一个月内办理职务、工资及其他有关待遇等的变更手续；特殊情况下，经批准可以适当延长办理期限，但是最长不得超过六个月。

第五章 复审、复核

第五十五条 公职人员对监察机关作出的涉及本人的政务处分决定不服的，可以依法向作出决定的监察机关申请复审；公职人员对复审决定仍不服的，可以向上一级监察机关申请复核。

监察机关发现本机关或者下级监察机关作出的政务处分决定确有错误的，应当及时予以纠正或者责令下级监察机关及时予以纠正。

第五十六条 复审、复核期间，不停止原政务处分决定的执行。

公职人员不因提出复审、复核而被加重政务处分。

第五十七条 有下列情形之一的，复审、复核机关应当撤销原政务处分决定，重新作出决定或者责令原作出决定的监察机关重新作出决定：

（一）政务处分所依据的违法事实不清或者证据不足的；

（二）违反法定程序，影响案件公正处理的；

（三）超越职权或者滥用职权作出政务处分决定的。

第五十八条 有下列情形之一的，复审、复核机关应当变更原政务处分决定，或者责令原作出决定的监察机关予以变更：

（一）适用法律、法规确有错误的；

（二）对违法行为的情节认定确有错误的；

（三）政务处分不当的。

第五十九条 复审、复核机关认为政务处分决定认定事实清楚，适用法律正确的，应当予以维持。

第六十条 公职人员的政务处分决定被变更，需要调整该公职人员的职务、职级、衔级、级别、岗位和职员等级或者薪酬待遇等的，应当按照规定予以调整。政务处分决定被撤销的，应当

恢复该公职人员的级别、薪酬待遇，按照原职务、职级、衔级、岗位和职员等级安排相应的职务、职级、衔级、岗位和职员等级，并在原政务处分决定公布范围内为其恢复名誉。没收、追缴财物错误的，应当依法予以返还、赔偿。

公职人员因有本法第五十七条、第五十八条规定的情形被撤销政务处分或者减轻政务处分的，应当对其薪酬待遇受到的损失予以补偿。

第六章　法律责任

第六十一条　有关机关、单位无正当理由拒不采纳监察建议的，由其上级机关、主管部门责令改正，对该机关、单位给予通报批评，对负有责任的领导人员和直接责任人员依法给予处理。

第六十二条　有关机关、单位、组织或者人员有下列情形之一的，由其上级机关，主管部门，任免机关、单位或者监察机关责令改正，依法给予处理：

（一）拒不执行政务处分决定的；

（二）拒不配合或者阻碍调查的；

（三）对检举人、证人或者调查人员进行打击报复的；

（四）诬告陷害公职人员的；

（五）其他违反本法规定的情形。

第六十三条　监察机关及其工作人员有下列情形之一的，对负有责任的领导人员和直接责任人员依法给予处理：

（一）违反规定处置问题线索的；

（二）窃取、泄露调查工作信息，或者泄露检举事项、检举受理情况以及检举人信息的；

（三）对被调查人或者涉案人员逼供、诱供，或者侮辱、打骂、虐待、体罚或者变相体罚的；

（四）收受被调查人或者涉案人员的财物以及其他利益的；

（五）违反规定处置涉案财物的；

（六）违反规定采取调查措施的；

（七）利用职权或者职务上的影响干预调查工作、以案谋私的；

（八）违反规定发生办案安全事故，或者发生安全事故后隐瞒不报、报告失实、处置不当的；

（九）违反回避等程序规定，造成不良影响的；

（十）不依法受理和处理公职人员复审、复核的；

（十一）其他滥用职权、玩忽职守、徇私舞弊的行为。

第六十四条 违反本法规定，构成犯罪的，依法追究刑事责任。

第七章 附 则

第六十五条 国务院及其相关主管部门根据本法的原则和精神，结合事业单位、国有企业等的实际情况，对事业单位、国有企业等的违法的公职人员处分事宜作出具体规定。

第六十六条 中央军事委员会可以根据本法制定相关具体规定。

第六十七条 本法施行前，已结案的案件如果需要复审、复核，适用当时的规定。尚未结案的案件，如果行为发生时的规定不认为是违法的，适用当时的规定；如果行为发生时的规定认为是违法的，依照当时的规定处理，但是如果本法不认为是违法或者根据本法处理较轻的，适用本法。

第六十八条 本法自2020年7月1日起施行。

中华人民共和国公务员法（节录）

（2005 年 4 月 27 日第十届全国人民代表大会常务委员会第十五次会议通过　根据 2017 年 9 月 1 日第十二届全国人民代表大会常务委员会第二十九次会议《关于修改〈中华人民共和国法官法〉等八部法律的决定》修正　2018 年 12 月 29 日第十三届全国人民代表大会常务委员会第七次会议修订　2018 年 12 月 29 日中华人民共和国主席令第 20 号公布　自 2019 年 6 月 1 日起施行）

第一章　总　　则

……

第二条　本法所称公务员，是指依法履行公职、纳入国家行政编制、由国家财政负担工资福利的工作人员。

公务员是干部队伍的重要组成部分，是社会主义事业的中坚力量，是人民的公仆。

第三条　公务员的义务、权利和管理，适用本法。

法律对公务员中领导成员的产生、任免、监督以及监察官、法官、检察官等的义务、权利和管理另有规定的，从其规定。

……

第十二条　中央公务员主管部门负责全国公务员的综合管理工作。县级以上地方各级公务员主管部门负责本辖区内公务员的综合管理工作。上级公务员主管部门指导下级公务员主管部门的公务员管理工作。各级公务员主管部门指导同级各机关的公务员管理工作。

第二章　公务员的条件、义务与权利

……

第十四条　公务员应当履行下列义务：

（一）忠于宪法，模范遵守、自觉维护宪法和法律，自觉接受中国共产党领导；

（二）忠于国家，维护国家的安全、荣誉和利益；

（三）忠于人民，全心全意为人民服务，接受人民监督；

（四）忠于职守，勤勉尽责，服从和执行上级依法作出的决定和命令，按照规定的权限和程序履行职责，努力提高工作质量和效率；

（五）保守国家秘密和工作秘密；

（六）带头践行社会主义核心价值观，坚守法治，遵守纪律，恪守职业道德，模范遵守社会公德、家庭美德；

（七）清正廉洁，公道正派；

（八）法律规定的其他义务。

……

第三章　职务、职级与级别

第十六条　国家实行公务员职位分类制度。

公务员职位类别按照公务员职位的性质、特点和管理需要，划分为综合管理类、专业技术类和行政执法类等类别。根据本法，对于具有职位特殊性，需要单独管理的，可以增设其他职位类别。各职位类别的适用范围由国家另行规定。

第十七条　国家实行公务员职务与职级并行制度，根据公务员职位类别和职责设置公务员领导职务、职级序列。

第十八条 公务员领导职务根据宪法、有关法律和机构规格设置。

领导职务层次分为：国家级正职、国家级副职、省部级正职、省部级副职、厅局级正职、厅局级副职、县处级正职、县处级副职、乡科级正职、乡科级副职。

第十九条 公务员职级在厅局级以下设置。

综合管理类公务员职级序列分为：一级巡视员、二级巡视员、一级调研员、二级调研员、三级调研员、四级调研员、一级主任科员、二级主任科员、三级主任科员、四级主任科员、一级科员、二级科员。

综合管理类以外其他职位类别公务员的职级序列，根据本法由国家另行规定。

第二十条 各机关依照确定的职能、规格、编制限额、职数以及结构比例，设置本机关公务员的具体职位，并确定各职位的工作职责和任职资格条件。

第二十一条 公务员的领导职务、职级应当对应相应的级别。公务员领导职务、职级与级别的对应关系，由国家规定。

根据工作需要和领导职务与职级的对应关系，公务员担任的领导职务和职级可以互相转任、兼任；符合规定资格条件的，可以晋升领导职务或者职级。

公务员的级别根据所任领导职务、职级及其德才表现、工作实绩和资历确定。公务员在同一领导职务、职级上，可以按照国家规定晋升级别。

公务员的领导职务、职级与级别是确定公务员工资以及其他待遇的依据。

第二十二条 国家根据人民警察、消防救援人员以及海关、驻外外交机构等公务员的工作特点，设置与其领导职务、职级相对应的衔级。

第四章　录　　用

……

第二十六条　下列人员不得录用为公务员：

（一）因犯罪受过刑事处罚的；

（二）被开除中国共产党党籍的；

（三）被开除公职的；

（四）被依法列为失信联合惩戒对象的；

（五）有法律规定不得录用为公务员的其他情形的。

……

第五章　考　　核

……

第三十八条　定期考核的结果分为优秀、称职、基本称职和不称职四个等次。

定期考核的结果应当以书面形式通知公务员本人。

第三十九条　定期考核的结果作为调整公务员职位、职务、职级、级别、工资以及公务员奖励、培训、辞退的依据。

第六章　职务、职级任免

第四十条　公务员领导职务实行选任制、委任制和聘任制。公务员职级实行委任制和聘任制。

领导成员职务按照国家规定实行任期制。

第四十一条　选任制公务员在选举结果生效时即任当选职务；任期届满不再连任或者任期内辞职、被罢免、被撤职的，其所任职务即终止。

第四十二条　委任制公务员试用期满考核合格，职务、职级发生变化，以及其他情形需要任免职务、职级的，应当按照管理权限和规定的程序任免。

第四十三条　公务员任职应当在规定的编制限额和职数内进行，并有相应的职位空缺。

第四十四条　公务员因工作需要在机关外兼职，应当经有关机关批准，并不得领取兼职报酬。

第七章　职务、职级升降

第四十五条　公务员晋升领导职务，应当具备拟任职务所要求的政治素质、工作能力、文化程度和任职经历等方面的条件和资格。

公务员领导职务应当逐级晋升。特别优秀的或者工作特殊需要的，可以按照规定破格或者越级晋升。

第四十六条　公务员晋升领导职务，按照下列程序办理：

（一）动议；

（二）民主推荐；

（三）确定考察对象，组织考察；

（四）按照管理权限讨论决定；

（五）履行任职手续。

第四十七条　厅局级正职以下领导职务出现空缺且本机关没有合适人选的，可以通过适当方式面向社会选拔任职人选。

第四十八条　公务员晋升领导职务的，应当按照有关规定实行任职前公示制度和任职试用期制度。

第四十九条　公务员职级应当逐级晋升，根据个人德才表现、工作实绩和任职资历，参考民主推荐或者民主测评结果确定

人选，经公示后，按照管理权限审批。

第五十条 公务员的职务、职级实行能上能下。对不适宜或者不胜任现任职务、职级的，应当进行调整。

公务员在年度考核中被确定为不称职的，按照规定程序降低一个职务或者职级层次任职。

第八章 奖 励

……

第五十六条 公务员或者公务员集体有下列情形之一的，撤销奖励：

（一）弄虚作假，骗取奖励的；

（二）申报奖励时隐瞒严重错误或者严重违反规定程序的；

（三）有严重违纪违法等行为，影响称号声誉的；

（四）有法律、法规规定应当撤销奖励的其他情形的。

第九章 监督与惩戒

第五十七条 机关应当对公务员的思想政治、履行职责、作风表现、遵纪守法等情况进行监督，开展勤政廉政教育，建立日常管理监督制度。

对公务员监督发现问题的，应当区分不同情况，予以谈话提醒、批评教育、责令检查、诫勉、组织调整、处分。

对公务员涉嫌职务违法和职务犯罪的，应当依法移送监察机关处理。

第五十八条 公务员应当自觉接受监督，按照规定请示报告工作、报告个人有关事项。

第五十九条 公务员应当遵纪守法，不得有下列行为：

（一）散布有损宪法权威、中国共产党和国家声誉的言论，组织或者参加旨在反对宪法、中国共产党领导和国家的集会、游行、示威等活动；

（二）组织或者参加非法组织，组织或者参加罢工；

（三）挑拨、破坏民族关系，参加民族分裂活动或者组织、利用宗教活动破坏民族团结和社会稳定；

（四）不担当，不作为，玩忽职守，贻误工作；

（五）拒绝执行上级依法作出的决定和命令；

（六）对批评、申诉、控告、检举进行压制或者打击报复；

（七）弄虚作假，误导、欺骗领导和公众；

（八）贪污贿赂，利用职务之便为自己或者他人谋取私利；

（九）违反财经纪律，浪费国家资财；

（十）滥用职权，侵害公民、法人或者其他组织的合法权益；

（十一）泄露国家秘密或者工作秘密；

（十二）在对外交往中损害国家荣誉和利益；

（十三）参与或者支持色情、吸毒、赌博、迷信等活动；

（十四）违反职业道德、社会公德和家庭美德；

（十五）违反有关规定参与禁止的网络传播行为或者网络活动；

（十六）违反有关规定从事或者参与营利性活动，在企业或者其他营利性组织中兼任职务；

（十七）旷工或者因公外出、请假期满无正当理由逾期不归；

（十八）违纪违法的其他行为。

第六十条 公务员执行公务时，认为上级的决定或者命令有错误的，可以向上级提出改正或者撤销该决定或者命令的意见；上级不改变该决定或者命令，或者要求立即执行的，公务员应当执行该决定或者命令，执行的后果由上级负责，公务员不承担责任；但是，公务员执行明显违法的决定或者命令的，应当依法承

担相应的责任。

第六十一条 公务员因违纪违法应当承担纪律责任的，依照本法给予处分或者由监察机关依法给予政务处分；违纪违法行为情节轻微，经批评教育后改正的，可以免予处分。

对同一违纪违法行为，监察机关已经作出政务处分决定的，公务员所在机关不再给予处分。

第六十二条 处分分为：警告、记过、记大过、降级、撤职、开除。

第六十三条 对公务员的处分，应当事实清楚、证据确凿、定性准确、处理恰当、程序合法、手续完备。

公务员违纪违法的，应当由处分决定机关决定对公务员违纪违法的情况进行调查，并将调查认定的事实以及拟给予处分的依据告知公务员本人。公务员有权进行陈述和申辩；处分决定机关不得因公务员申辩而加重处分。

处分决定机关认为对公务员应当给予处分的，应当在规定的期限内，按照管理权限和规定的程序作出处分决定。处分决定应当以书面形式通知公务员本人。

第六十四条 公务员在受处分期间不得晋升职务、职级和级别，其中受记过、记大过、降级、撤职处分的，不得晋升工资档次。

受处分的期间为：警告，六个月；记过，十二个月；记大过，十八个月；降级、撤职，二十四个月。

受撤职处分的，按照规定降低级别。

第六十五条 公务员受开除以外的处分，在受处分期间有悔改表现，并且没有再发生违纪违法行为的，处分期满后自动解除。

解除处分后，晋升工资档次、级别和职务、职级不再受原处分的影响。但是，解除降级、撤职处分的，不视为恢复原级别、

原职务、原职级。

……

第十三章　辞职与辞退

第八十五条　公务员辞去公职，应当向任免机关提出书面申请。任免机关应当自接到申请之日起三十日内予以审批，其中对领导成员辞去公职的申请，应当自接到申请之日起九十日内予以审批。

第八十六条　公务员有下列情形之一的，不得辞去公职：

（一）未满国家规定的最低服务年限的；

（二）在涉及国家秘密等特殊职位任职或者离开上述职位不满国家规定的脱密期限的；

（三）重要公务尚未处理完毕，且须由本人继续处理的；

（四）正在接受审计、纪律审查、监察调查，或者涉嫌犯罪，司法程序尚未终结的；

（五）法律、行政法规规定的其他不得辞去公职的情形。

第八十七条　担任领导职务的公务员，因工作变动依照法律规定需要辞去现任职务的，应当履行辞职手续。

担任领导职务的公务员，因个人或者其他原因，可以自愿提出辞去领导职务。

领导成员因工作严重失误、失职造成重大损失或者恶劣社会影响的，或者对重大事故负有领导责任的，应当引咎辞去领导职务。

领导成员因其他原因不再适合担任现任领导职务的，或者应当引咎辞职本人不提出辞职的，应当责令其辞去领导职务。

第八十八条　公务员有下列情形之一的，予以辞退：

（一）在年度考核中，连续两年被确定为不称职的；

（二）不胜任现职工作，又不接受其他安排的；

（三）因所在机关调整、撤销、合并或者缩减编制员额需要调整工作，本人拒绝合理安排的；

（四）不履行公务员义务，不遵守法律和公务员纪律，经教育仍无转变，不适合继续在机关工作，又不宜给予开除处分的；

（五）旷工或者因公外出、请假期满无正当理由逾期不归连续超过十五天，或者一年内累计超过三十天的。

第八十九条　对有下列情形之一的公务员，不得辞退：

（一）因公致残，被确认丧失或者部分丧失工作能力的；

（二）患病或者负伤，在规定的医疗期内的；

（三）女性公务员在孕期、产假、哺乳期内的；

（四）法律、行政法规规定的其他不得辞退的情形。

……

第十四章　退　　休

第九十二条　公务员达到国家规定的退休年龄或者完全丧失工作能力的，应当退休。

第九十三条　公务员符合下列条件之一的，本人自愿提出申请，经任免机关批准，可以提前退休：

（一）工作年限满三十年的；

（二）距国家规定的退休年龄不足五年，且工作年限满二十年的；

（三）符合国家规定的可以提前退休的其他情形的。

第九十四条　公务员退休后，享受国家规定的养老金和其他待遇，国家为其生活和健康提供必要的服务和帮助，鼓励发挥个人专长，参与社会发展。

学习小记

第十五章　申诉与控告

第九十五条　公务员对涉及本人的下列人事处理不服的，可以自知道该人事处理之日起三十日内向原处理机关申请复核；对复核结果不服的，可以自接到复核决定之日起十五日内，按照规定向同级公务员主管部门或者作出该人事处理的机关的上一级机关提出申诉；也可以不经复核，自知道该人事处理之日起三十日内直接提出申诉：

（一）处分；

（二）辞退或者取消录用；

（三）降职；

（四）定期考核定为不称职；

（五）免职；

（六）申请辞职、提前退休未予批准；

（七）不按照规定确定或者扣减工资、福利、保险待遇；

（八）法律、法规规定可以申诉的其他情形。

对省级以下机关作出的申诉处理决定不服的，可以向作出处理决定的上一级机关提出再申诉。

受理公务员申诉的机关应当组成公务员申诉公正委员会，负责受理和审理公务员的申诉案件。

公务员对监察机关作出的涉及本人的处理决定不服向监察机关申请复审、复核的，按照有关规定办理。

第九十六条　原处理机关应当自接到复核申请书后的三十日内作出复核决定，并以书面形式告知申请人。受理公务员申诉的机关应当自受理之日起六十日内作出处理决定；案情复杂的，可以适当延长，但是延长时间不得超过三十日。

复核、申诉期间不停止人事处理的执行。

公务员不因申请复核、提出申诉而被加重处理。

第九十七条 公务员申诉的受理机关审查认定人事处理有错误的，原处理机关应当及时予以纠正。

第九十八条 公务员认为机关及其领导人员侵犯其合法权益的，可以依法向上级机关或者监察机关提出控告。受理控告的机关应当按照规定及时处理。

第九十九条 公务员提出申诉、控告，应当尊重事实，不得捏造事实，诬告、陷害他人。对捏造事实，诬告、陷害他人的，依法追究法律责任。

……

第十七章 法律责任

第一百零六条 对有下列违反本法规定情形的，由县级以上领导机关或者公务员主管部门按照管理权限，区别不同情况，分别予以责令纠正或者宣布无效；对负有责任的领导人员和直接责任人员，根据情节轻重，给予批评教育、责令检查、诫勉、组织调整、处分；构成犯罪的，依法追究刑事责任：

（一）不按照编制限额、职数或者任职资格条件进行公务员录用、调任、转任、聘任和晋升的；

（二）不按照规定条件进行公务员奖惩、回避和办理退休的；

（三）不按照规定程序进行公务员录用、调任、转任、聘任、晋升以及考核、奖惩的；

（四）违反国家规定，更改公务员工资、福利、保险待遇标准的；

（五）在录用、公开遴选等工作中发生泄露试题、违反考场纪律以及其他严重影响公开、公正行为的；

（六）不按照规定受理和处理公务员申诉、控告的；

（七）违反本法规定的其他情形的。

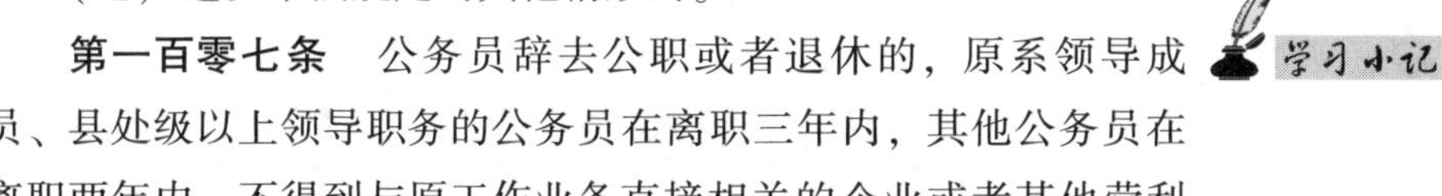

第一百零七条 公务员辞去公职或者退休的，原系领导成员、县处级以上领导职务的公务员在离职三年内，其他公务员在离职两年内，不得到与原工作业务直接相关的企业或者其他营利性组织任职，不得从事与原工作业务直接相关的营利性活动。

公务员辞去公职或者退休后有违反前款规定行为的，由其原所在机关的同级公务员主管部门责令限期改正；逾期不改正的，由县级以上市场监管部门没收该人员从业期间的违法所得，责令接收单位将该人员予以清退，并根据情节轻重，对接收单位处以被处罚人员违法所得一倍以上五倍以下的罚款。

第一百零八条 公务员主管部门的工作人员，违反本法规定，滥用职权、玩忽职守、徇私舞弊，构成犯罪的，依法追究刑事责任；尚不构成犯罪的，给予处分或者由监察机关依法给予政务处分。

……

第一百一十条 机关因错误的人事处理对公务员造成名誉损害的，应当赔礼道歉、恢复名誉、消除影响；造成经济损失的，应当依法给予赔偿。

第十八章　附　　则

第一百一十一条 本法所称领导成员，是指机关的领导人员，不包括机关内设机构担任领导职务的人员。

第一百一十二条 法律、法规授权的具有公共事务管理职能的事业单位中除工勤人员以外的工作人员，经批准参照本法进行管理。

第一百一十三条 本法自2019年6月1日起施行。

行政机关公务员处分条例

（2007年4月4日国务院第173次常务会议通过　2007年4月22日中华人民共和国国务院令第495号公布　自2007年6月1日起施行）

第一章　总　　则

第一条　为了严肃行政机关纪律，规范行政机关公务员的行为，保证行政机关及其公务员依法履行职责，根据《中华人民共和国公务员法》和《中华人民共和国行政监察法》，制定本条例。

第二条　行政机关公务员违反法律、法规、规章以及行政机关的决定和命令，应当承担纪律责任的，依照本条例给予处分。

法律、其他行政法规、国务院决定对行政机关公务员处分有规定的，依照该法律、行政法规、国务院决定的规定执行；法律、其他行政法规、国务院决定对行政机关公务员应当受到处分的违法违纪行为做了规定，但是未对处分幅度做规定的，适用本条例第三章与其最相类似的条款有关处分幅度的规定。

地方性法规、部门规章、地方政府规章可以补充规定本条例第三章未作规定的应当给予处分的违法违纪行为以及相应的处分幅度。除国务院监察机关、国务院人事部门外，国务院其他部门制定处分规章，应当与国务院监察机关、国务院人事部门联合制定。

除法律、法规、规章以及国务院决定外，行政机关不得以其他形式设定行政机关公务员处分事项。

第三条　行政机关公务员依法履行职务的行为受法律保护，

非因法定事由，非经法定程序，不受处分。

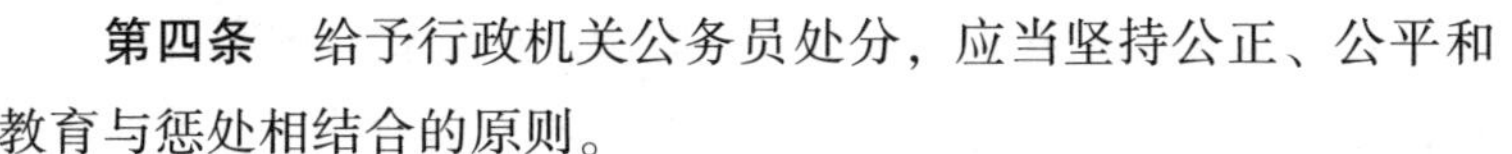

第四条 给予行政机关公务员处分，应当坚持公正、公平和教育与惩处相结合的原则。

给予行政机关公务员处分，应当与其违法违纪行为的性质、情节、危害程度相适应。

给予行政机关公务员处分，应当事实清楚、证据确凿、定性准确、处理恰当、程序合法、手续完备。

第五条 行政机关公务员违法违纪涉嫌犯罪的，应当移送司法机关依法追究刑事责任。

第二章 处分的种类和适用

第六条 行政机关公务员处分的种类为：

（一）警告；

（二）记过；

（三）记大过；

（四）降级；

（五）撤职；

（六）开除。

第七条 行政机关公务员受处分的期间为：

（一）警告，6个月；

（二）记过，12个月；

（三）记大过，18个月；

（四）降级、撤职，24个月。

第八条 行政机关公务员在受处分期间不得晋升职务和级别，其中，受记过、记大过、降级、撤职处分的，不得晋升工资档次；受撤职处分的，应当按照规定降低级别。

第九条 行政机关公务员受开除处分的，自处分决定生效之

日起，解除其与单位的人事关系，不得再担任公务员职务。

行政机关公务员受开除以外的处分，在受处分期间有悔改表现，并且没有再发生违法违纪行为的，处分期满后，应当解除处分。解除处分后，晋升工资档次、级别和职务不再受原处分的影响。但是，解除降级、撤职处分的，不视为恢复原级别、原职务。

第十条 行政机关公务员同时有两种以上需要给予处分的行为的，应当分别确定其处分。应当给予的处分种类不同的，执行其中最重的处分；应当给予撤职以下多个相同种类处分的，执行该处分，并在一个处分期以上、多个处分期之和以下，决定处分期。

行政机关公务员在受处分期间受到新的处分的，其处分期为原处分期尚未执行的期限与新处分期限之和。

处分期最长不得超过 48 个月。

第十一条 行政机关公务员 2 人以上共同违法违纪，需要给予处分的，根据各自应当承担的纪律责任，分别给予处分。

第十二条 有下列情形之一的，应当从重处分：

（一）在 2 人以上的共同违法违纪行为中起主要作用的；

（二）隐匿、伪造、销毁证据的；

（三）串供或者阻止他人揭发检举、提供证据材料的；

（四）包庇同案人员的；

（五）法律、法规、规章规定的其他从重情节。

第十三条 有下列情形之一的，应当从轻处分：

（一）主动交代违法违纪行为的；

（二）主动采取措施，有效避免或者挽回损失的；

（三）检举他人重大违法违纪行为，情况属实的。

第十四条 行政机关公务员主动交代违法违纪行为，并主动采取措施有效避免或者挽回损失的，应当减轻处分。

行政机关公务员违纪行为情节轻微，经过批评教育后改正的，可以免予处分。

第十五条　行政机关公务员有本条例第十二条、第十三条规定情形之一的，应当在本条例第三章规定的处分幅度以内从重或者从轻给予处分。

行政机关公务员有本条例第十四条第一款规定情形的，应当在本条例第三章规定的处分幅度以外，减轻一个处分的档次给予处分。应当给予警告处分，又有减轻处分的情形的，免予处分。

第十六条　行政机关经人民法院、监察机关、行政复议机关或者上级行政机关依法认定有行政违法行为或者其他违法违纪行为，需要追究纪律责任的，对负有责任的领导人员和直接责任人员给予处分。

第十七条　违法违纪的行政机关公务员在行政机关对其作出处分决定前，已经依法被判处刑罚、罢免、免职或者已经辞去领导职务，依法应当给予处分的，由行政机关根据其违法违纪事实，给予处分。

行政机关公务员依法被判处刑罚的，给予开除处分。

第三章　违法违纪行为及其适用的处分

第十八条　有下列行为之一的，给予记大过处分；情节较重的，给予降级或者撤职处分；情节严重的，给予开除处分：

（一）散布有损国家声誉的言论，组织或者参加旨在反对国家的集会、游行、示威等活动的；

（二）组织或者参加非法组织，组织或者参加罢工的；

（三）违反国家的民族宗教政策，造成不良后果的；

（四）以暴力、威胁、贿赂、欺骗等手段，破坏选举的；

（五）在对外交往中损害国家荣誉和利益的；

（六）非法出境，或者违反规定滞留境外不归的；

（七）未经批准获取境外永久居留资格，或者取得外国国籍的；

（八）其他违反政治纪律的行为。

有前款第（六）项规定行为的，给予开除处分；有前款第（一）项、第（二）项或者第（三）项规定的行为，属于不明真相被裹挟参加，经批评教育后确有悔改表现的，可以减轻或者免予处分。

第十九条 有下列行为之一的，给予警告、记过或者记大过处分；情节较重的，给予降级或者撤职处分；情节严重的，给予开除处分：

（一）负有领导责任的公务员违反议事规则，个人或者少数人决定重大事项，或者改变集体作出的重大决定的；

（二）拒绝执行上级依法作出的决定、命令的；

（三）拒不执行机关的交流决定的；

（四）拒不执行人民法院对行政案件的判决、裁定或者监察机关、审计机关、行政复议机关作出的决定的；

（五）违反规定应当回避而不回避，影响公正执行公务，造成不良后果的；

（六）离任、辞职或者被辞退时，拒不办理公务交接手续或者拒不接受审计的；

（七）旷工或者因公外出、请假期满无正当理由逾期不归，造成不良影响的；

（八）其他违反组织纪律的行为。

第二十条 有下列行为之一的，给予记过、记大过处分；情节较重的，给予降级或者撤职处分；情节严重的，给予开除处分：

（一）不依法履行职责，致使可以避免的爆炸、火灾、传染

病传播流行、严重环境污染、严重人员伤亡等重大事故或者群体性事件发生的；

（二）发生重大事故、灾害、事件或者重大刑事案件、治安案件，不按规定报告、处理的；

（三）对救灾、抢险、防汛、防疫、优抚、扶贫、移民、救济、社会保险、征地补偿等专项款物疏于管理，致使款物被贪污、挪用，或者毁损、灭失的；

（四）其他玩忽职守、贻误工作的行为。

第二十一条 有下列行为之一的，给予警告或者记过处分；情节较重的，给予记大过或者降级处分；情节严重的，给予撤职处分：

（一）在行政许可工作中违反法定权限、条件和程序设定或者实施行政许可的；

（二）违法设定或者实施行政强制措施的；

（三）违法设定或者实施行政处罚的；

（四）违反法律、法规规定进行行政委托的；

（五）对需要政府、政府部门决定的招标投标、征收征用、城市房屋拆迁、拍卖等事项违反规定办理的。

第二十二条 弄虚作假，误导、欺骗领导和公众，造成不良后果的，给予警告、记过或者记大过处分；情节较重的，给予降级或者撤职处分；情节严重的，给予开除处分。

第二十三条 有贪污、索贿、受贿、行贿、介绍贿赂、挪用公款、利用职务之便为自己或者他人谋取私利、巨额财产来源不明等违反廉政纪律行为的，给予记过或者记大过处分；情节较重的，给予降级或者撤职处分；情节严重的，给予开除处分。

第二十四条 违反财经纪律，挥霍浪费国家资财的，给予警告处分；情节较重的，给予记过或者记大过处分；情节严重的，给予降级或者撤职处分。

学习小记

第二十五条 有下列行为之一的，给予记过或者记大过处分；情节较重的，给予降级或者撤职处分；情节严重的，给予开除处分：

（一）以殴打、体罚、非法拘禁等方式侵犯公民人身权利的；

（二）压制批评，打击报复，扣压、销毁举报信件，或者向被举报人透露举报情况的；

（三）违反规定向公民、法人或者其他组织摊派或者收取财物的；

（四）妨碍执行公务或者违反规定干预执行公务的；

（五）其他滥用职权，侵害公民、法人或者其他组织合法权益的行为。

第二十六条 泄露国家秘密、工作秘密，或者泄露因履行职责掌握的商业秘密、个人隐私，造成不良后果的，给予警告、记过或者记大过处分；情节较重的，给予降级或者撤职处分；情节严重的，给予开除处分。

第二十七条 从事或者参与营利性活动，在企业或者其他营利性组织中兼任职务的，给予记过或者记大过处分；情节较重的，给予降级或者撤职处分；情节严重的，给予开除处分。

第二十八条 严重违反公务员职业道德，工作作风懈怠、工作态度恶劣，造成不良影响的，给予警告、记过或者记大过处分。

第二十九条 有下列行为之一的，给予警告、记过或者记大过处分；情节较重的，给予降级或者撤职处分；情节严重的，给予开除处分：

（一）拒不承担赡养、抚养、扶养义务的；

（二）虐待、遗弃家庭成员的；

（三）包养情人的；

（四）严重违反社会公德的行为。

有前款第（三）项行为的，给予撤职或者开除处分。

第三十条 参与迷信活动，造成不良影响的，给予警告、记过或者记大过处分；组织迷信活动的，给予降级或者撤职处分，情节严重的，给予开除处分。

第三十一条 吸食、注射毒品或者组织、支持、参与卖淫、嫖娼、色情淫乱活动的，给予撤职或者开除处分。

第三十二条 参与赌博的，给予警告或者记过处分；情节较重的，给予记大过或者降级处分；情节严重的，给予撤职或者开除处分。

为赌博活动提供场所或者其他便利条件的，给予警告、记过或者记大过处分；情节严重的，给予撤职或者开除处分。

在工作时间赌博的，给予记过、记大过或者降级处分；屡教不改的，给予撤职或者开除处分。

挪用公款赌博的，给予撤职或者开除处分。

利用赌博索贿、受贿或者行贿的，依照本条例第二十三条的规定给予处分。

第三十三条 违反规定超计划生育的，给予降级或者撤职处分；情节严重的，给予开除处分。

第四章 处分的权限

第三十四条 对行政机关公务员给予处分，由任免机关或者监察机关（以下统称处分决定机关）按照管理权限决定。

第三十五条 对经全国人民代表大会及其常务委员会决定任命的国务院组成人员给予处分，由国务院决定。其中，拟给予撤职、开除处分的，由国务院向全国人民代表大会提出罢免建议，或者向全国人民代表大会常务委员会提出免职建议。罢免或者免职前，国务院可以决定暂停其履行职务。

学习小记

第三十六条 对经地方各级人民代表大会及其常务委员会选举或者决定任命的地方各级人民政府领导人员给予处分，由上一级人民政府决定。

拟给予经县级以上地方人民代表大会及其常务委员会选举或者决定任命的县级以上地方人民政府领导人员撤职、开除处分的，应当先由本级人民政府向同级人民代表大会提出罢免建议。其中，拟给予县级以上地方人民政府副职领导人员撤职、开除处分的，也可以向同级人民代表大会常务委员会提出撤销职务的建议。拟给予乡镇人民政府领导人员撤职、开除处分的，应当先由本级人民政府向同级人民代表大会提出罢免建议。罢免或者撤销职务前，上级人民政府可以决定暂停其履行职务；遇有特殊紧急情况，省级以上人民政府认为必要时，也可以对其作出撤职或者开除的处分，同时报告同级人民代表大会常务委员会，并通报下级人民代表大会常务委员会。

第三十七条 对地方各级人民政府工作部门正职领导人员给予处分，由本级人民政府决定。其中，拟给予撤职、开除处分的，由本级人民政府向同级人民代表大会常务委员会提出免职建议。免去职务前，本级人民政府或者上级人民政府可以决定暂停其履行职务。

第三十八条 行政机关公务员违法违纪，已经被立案调查，不宜继续履行职责的，任免机关可以决定暂停其履行职务。

被调查的公务员在违法违纪案件立案调查期间，不得交流、出境、辞去公职或者办理退休手续。

第五章 处分的程序

第三十九条 任免机关对涉嫌违法违纪的行政机关公务员的调查、处理，按照下列程序办理：

（一）经任免机关负责人同意，由任免机关有关部门对需要调查处理的事项进行初步调查；

（二）任免机关有关部门经初步调查认为该公务员涉嫌违法违纪，需要进一步查证的，报任免机关负责人批准后立案；

（三）任免机关有关部门负责对该公务员违法违纪事实做进一步调查，包括收集、查证有关证据材料，听取被调查的公务员所在单位的领导成员、有关工作人员以及所在单位监察机构的意见，向其他有关单位和人员了解情况，并形成书面调查材料，向任免机关负责人报告；

（四）任免机关有关部门将调查认定的事实及拟给予处分的依据告知被调查的公务员本人，听取其陈述和申辩，并对其所提出的事实、理由和证据进行复核，记录在案。被调查的公务员提出的事实、理由和证据成立的，应予采信；

（五）经任免机关领导成员集体讨论，作出对该公务员给予处分、免予处分或者撤销案件的决定；

（六）任免机关应当将处分决定以书面形式通知受处分的公务员本人，并在一定范围内宣布；

（七）任免机关有关部门应当将处分决定归入受处分的公务员本人档案，同时汇集有关材料形成该处分案件的工作档案。

受处分的行政机关公务员处分期满解除处分的程序，参照前款第（五）项、第（六）项和第（七）项的规定办理。

任免机关应当按照管理权限，及时将处分决定或者解除处分决定报公务员主管部门备案。

第四十条　监察机关对违法违纪的行政机关公务员的调查、处理，依照《中华人民共和国行政监察法》规定的程序办理。

第四十一条　对行政机关公务员违法违纪案件进行调查，应当由 2 名以上办案人员进行；接受调查的单位和个人应当如实提供情况。

学习小记

严禁以暴力、威胁、引诱、欺骗等非法方式收集证据；非法收集的证据不得作为定案的依据。

第四十二条 参与行政机关公务员违法违纪案件调查、处理的人员有下列情形之一的，应当提出回避申请；被调查的公务员以及与案件有利害关系的公民、法人或者其他组织有权要求其回避：

（一）与被调查的公务员是近亲属关系的；

（二）与被调查的案件有利害关系的；

（三）与被调查的公务员有其他关系，可能影响案件公正处理的。

第四十三条 处分决定机关负责人的回避，由处分决定机关的上一级行政机关负责人决定；其他违法违纪案件调查、处理人员的回避，由处分决定机关负责人决定。

处分决定机关或者处分决定机关的上一级行政机关，发现违法违纪案件调查、处理人员有应当回避的情形，可以直接决定该人员回避。

第四十四条 给予行政机关公务员处分，应当自批准立案之日起6个月内作出决定；案情复杂或者遇有其他特殊情形的，办案期限可以延长，但是最长不得超过12个月。

第四十五条 处分决定应当包括下列内容：

（一）被处分人员的姓名、职务、级别、工作单位等基本情况；

（二）经查证的违法违纪事实；

（三）处分的种类和依据；

（四）不服处分决定的申诉途径和期限；

（五）处分决定机关的名称、印章和作出决定的日期。

解除处分决定除包括前款第（一）项、第（二）项和第（五）项规定的内容外，还应当包括原处分的种类和解除处分的

依据，以及受处分的行政机关公务员在受处分期间的表现情况。

第四十六条 处分决定、解除处分决定自作出之日起生效。

第四十七条 行政机关公务员受到开除处分后，有新工作单位的，其本人档案转由新工作单位管理；没有新工作单位的，其本人档案转由其户籍所在地人事部门所属的人才服务机构管理。

第六章 不服处分的申诉

第四十八条 受到处分的行政机关公务员对处分决定不服的，依照《中华人民共和国公务员法》和《中华人民共和国行政监察法》的有关规定，可以申请复核或者申诉。

复核、申诉期间不停止处分的执行。

行政机关公务员不因提出复核、申诉而被加重处分。

第四十九条 有下列情形之一的，受理公务员复核、申诉的机关应当撤销处分决定，重新作出决定或者责令原处分决定机关重新作出决定：

（一）处分所依据的违法违纪事实证据不足的；

（二）违反法定程序，影响案件公正处理的；

（三）作出处分决定超越职权或者滥用职权的。

第五十条 有下列情形之一的，受理公务员复核、申诉的机关应当变更处分决定，或者责令原处分决定机关变更处分决定：

（一）适用法律、法规、规章或者国务院决定错误的；

（二）对违法违纪行为的情节认定有误的；

（三）处分不当的。

第五十一条 行政机关公务员的处分决定被变更，需要调整该公务员的职务、级别或者工资档次的，应当按照规定予以调整；行政机关公务员的处分决定被撤销的，应当恢复该公务员的级别、工资档次，按照原职务安排相应的职务，并在适当范围内

为其恢复名誉。

被撤销处分或者被减轻处分的行政机关公务员工资福利受到损失的，应当予以补偿。

第七章　附　　则

第五十二条　有违法违纪行为应当受到处分的行政机关公务员，在处分决定机关作出处分决定前已经退休的，不再给予处分；但是，依法应当给予降级、撤职、开除处分的，应当按照规定相应降低或者取消其享受的待遇。

第五十三条　行政机关公务员违法违纪取得的财物和用于违法违纪的财物，除依法应当由其他机关没收、追缴或者责令退赔的，由处分决定机关没收、追缴或者责令退赔。违法违纪取得的财物应当退还原所有人或者原持有人的，退还原所有人或者原持有人；属于国家财产以及不应当退还或者无法退还原所有人或者原持有人的，上缴国库。

第五十四条　对法律、法规授权的具有公共事务管理职能的事业单位中经批准参照《中华人民共和国公务员法》管理的工作人员给予处分，参照本条例的有关规定办理。

第五十五条　本条例自 2007 年 6 月 1 日起施行。1988 年 9 月 13 日国务院发布的《国家行政机关工作人员贪污贿赂行政处分暂行规定》同时废止。

关于党的机关、人大机关、政协机关、各民主党派和工商联机关公务员参照执行《行政机关公务员处分条例》的通知

（2013 年 5 月 25 日）

各省、自治区、直辖市纪委、党委组织部、政府人力资源社会保障厅（局）、公务员局，中央和国家机关各部委、各人民团体纪检监察机构、组织人事部门：

为了严肃公务员纪律，规范中国共产党的机关、人大机关、政协机关、各民主党派和工商联机关公务员行为，保证中国共产党的机关、人大机关、政协机关、各民主党派和工商联机关公务员依法履行职责，根据《中华人民共和国公务员法》，现通知如下。

在国家有关公务员处分的统一规定出台之前，中国共产党的机关、人大机关、政协机关、各民主党派和工商联机关公务员有违法违纪行为应当追究政纪责任的，应当按照《中华人民共和国公务员法》有关规定，结合各自机关实际，参照《行政机关公务员处分条例》执行。

在参照《行政机关公务员处分条例》执行过程中发现问题，请及时向中央纪委、中央组织部、人力资源社会保障部报告。

本通知自发布之日起执行。

监察部、人力资源和社会保障部关于企业中由行政机关任命的人员参照执行《行政机关公务员处分条例》的通知

（2008 年 5 月 9 日　监发〔2008〕3 号）

各省、自治区、直辖市监察厅（局、委）、人事厅（局）、劳动保障厅（局），新疆生产建设兵团监察局、人事局、劳动保障局，监察部各派驻监察局、监察专员办公室，国务院各部委、各直属机构人事劳动部门：

2008 年 1 月 15 日，国务院发布的《关于废止部分行政法规的决定》（第 516 号令）将《企业职工奖惩条例》（国发〔1982〕59 号）予以废止。由于《行政监察法》对企业中由行政机关任命的人员给予处分的权限、程序和种类只有原则性规定，没有关于企业中由行政机关任命的人员贪污、行贿受贿、玩忽职守、渎职等违法违纪行为的实体处分规定，《企业职工奖惩条例》被废止后，监察机关或者任免机关对上述人员给予处分缺乏统一的实体处分依据。一些地方和部门来电来文请示，给予企业中由行政机关任命人员的处分能否适用《行政机关公务员处分条例》。经研究，通知如下：

目前，在国务院对企业中由行政机关任命的人员的专门处分规定出台前，给予违法违纪的行政机关任命的企业人员处分参照《行政机关公务员处分条例》执行。

事业单位人事管理条例（节录）

（2014年2月26日国务院第40次常务会议通过　2014年4月25日中华人民共和国国务院令第652号公布　自2014年7月1日起施行）

第一章　总　　则

……

第三条　中央事业单位人事综合管理部门负责全国事业单位人事综合管理工作。

县级以上地方各级事业单位人事综合管理部门负责本辖区事业单位人事综合管理工作。

事业单位主管部门具体负责所属事业单位人事管理工作。

第四条　事业单位应当建立健全人事管理制度。

事业单位制定或者修改人事管理制度，应当通过职工代表大会或者其他形式听取工作人员意见。

……

第四章　聘用合同

第十二条　事业单位与工作人员订立的聘用合同，期限一般不低于3年。

第十三条　初次就业的工作人员与事业单位订立的聘用合同期限3年以上的，试用期为12个月。

第十四条　事业单位工作人员在本单位连续工作满10年且

学习小记

距法定退休年龄不足10年，提出订立聘用至退休的合同的，事业单位应当与其订立聘用至退休的合同。

第十五条 事业单位工作人员连续旷工超过15个工作日，或者1年内累计旷工超过30个工作日的，事业单位可以解除聘用合同。

第十六条 事业单位工作人员年度考核不合格且不同意调整工作岗位，或者连续两年年度考核不合格的，事业单位提前30日书面通知，可以解除聘用合同。

第十七条 事业单位工作人员提前30日书面通知事业单位，可以解除聘用合同。但是，双方对解除聘用合同另有约定的除外。

第十八条 事业单位工作人员受到开除处分的，解除聘用合同。

第十九条 自聘用合同依法解除、终止之日起，事业单位与被解除、终止聘用合同人员的人事关系终止。

第五章 考核和培训

第二十条 事业单位应当根据聘用合同规定的岗位职责任务，全面考核工作人员的表现，重点考核工作绩效。考核应当听取服务对象的意见和评价。

第二十一条 考核分为平时考核、年度考核和聘期考核。

年度考核的结果可以分为优秀、合格、基本合格和不合格等档次，聘期考核的结果可以分为合格和不合格等档次。

第二十二条 考核结果作为调整事业单位工作人员岗位、工资以及续订聘用合同的依据。

……

第六章　奖励和处分

第二十五条　事业单位工作人员或者集体有下列情形之一的，给予奖励：

（一）长期服务基层，爱岗敬业，表现突出的；

（二）在执行国家重要任务、应对重大突发事件中表现突出的；

（三）在工作中有重大发明创造、技术革新的；

（四）在培养人才、传播先进文化中作出突出贡献的；

（五）有其他突出贡献的。

第二十六条　奖励坚持精神奖励与物质奖励相结合、以精神奖励为主的原则。

第二十七条　奖励分为嘉奖、记功、记大功、授予荣誉称号。

第二十八条　事业单位工作人员有下列行为之一的，给予处分：

（一）损害国家声誉和利益的；

（二）失职渎职的；

（三）利用工作之便谋取不正当利益的；

（四）挥霍、浪费国家资财的；

（五）严重违反职业道德、社会公德的；

（六）其他严重违反纪律的。

第二十九条　处分分为警告、记过、降低岗位等级或者撤职、开除。

受处分的期间为：警告，6 个月；记过，12 个月；降低岗位等级或者撤职，24 个月。

第三十条　给予工作人员处分，应当事实清楚、证据确凿、

学习小记

定性准确、处理恰当、程序合法、手续完备。

第三十一条 工作人员受开除以外的处分，在受处分期间没有再发生违纪行为的，处分期满后，由处分决定单位解除处分并以书面形式通知本人。

……

第八章 人事争议处理

第三十七条 事业单位工作人员与所在单位发生人事争议的，依照《中华人民共和国劳动争议调解仲裁法》等有关规定处理。

第三十八条 事业单位工作人员对涉及本人的考核结果、处分决定等不服的，可以按照国家有关规定申请复核、提出申诉。

第三十九条 负有事业单位聘用、考核、奖励、处分、人事争议处理等职责的人员履行职责，有下列情形之一的，应当回避：

（一）与本人有利害关系的；

（二）与本人近亲属有利害关系的；

（三）其他可能影响公正履行职责的。

第四十条 对事业单位人事管理工作中的违法违纪行为，任何单位或者个人可以向事业单位人事综合管理部门、主管部门或者监察机关投诉、举报，有关部门和机关应当及时调查处理。

第九章 法律责任

第四十一条 事业单位违反本条例规定的，由县级以上事业单位人事综合管理部门或者主管部门责令限期改正；逾期不改正的，对直接负责的主管人员和其他直接责任人员依法给予处分。

第四十二条　对事业单位工作人员的人事处理违反本条例规定给当事人造成名誉损害的，应当赔礼道歉、恢复名誉、消除影响；造成经济损失的，依法给予赔偿。

第四十三条　事业单位人事综合管理部门和主管部门的工作人员在事业单位人事管理工作中滥用职权、玩忽职守、徇私舞弊的，依法给予处分；构成犯罪的，依法追究刑事责任。

第十章　附　　则

第四十四条　本条例自 2014 年 7 月 1 日起施行。

事业单位工作人员处分暂行规定

（2012年8月22日人力资源和社会保障部、监察部令第18号公布　自2012年9月1日起施行）

第一章　总　　则

第一条　为严肃事业单位纪律，规范事业单位工作人员行为，保证事业单位及其工作人员依法履行职责，制定本规定。

第二条　事业单位工作人员违法违纪，应当承担纪律责任的，依照本规定给予处分。

对法律、法规授权的具有公共事务管理职能的事业单位中经批准参照《中华人民共和国公务员法》管理的工作人员给予处分，参照《行政机关公务员处分条例》的有关规定办理。

对行政机关任命的事业单位工作人员，法律、法规授权的具有公共事务管理职能的事业单位中不参照《中华人民共和国公务员法》管理的工作人员，国家行政机关依法委托从事公共事务管理活动的事业单位工作人员给予处分，适用本规定；但监察机关对上述人员违法违纪行为进行调查处理的程序和作出处分决定的权限，以及作为监察对象的事业单位工作人员对处分决定不服向监察机关提出申诉的，依照《中华人民共和国行政监察法》及其实施条例办理。

第三条　给予事业单位工作人员处分，应当坚持公正、公平和教育与惩处相结合的原则。

给予事业单位工作人员处分，应当与其违法违纪行为的性质、情节、危害程度相适应。

给予事业单位工作人员处分，应当事实清楚、证据确凿、定性准确、处理恰当、程序合法、手续完备。

第四条 事业单位工作人员涉嫌犯罪的，应当移送司法机关依法追究刑事责任。

第二章 处分的种类和适用

第五条 处分的种类为：

（一）警告；

（二）记过；

（三）降低岗位等级或者撤职；

（四）开除。

其中，撤职处分适用于行政机关任命的事业单位工作人员。

第六条 受处分的期间为：

（一）警告，6个月；

（二）记过，12个月；

（三）降低岗位等级或者撤职，24个月。

第七条 事业单位工作人员受到警告处分的，在受处分期间，不得聘用到高于现聘岗位等级的岗位；在作出处分决定的当年，年度考核不能确定为优秀等次。

事业单位工作人员受到记过处分的，在受处分期间，不得聘用到高于现聘岗位等级的岗位，年度考核不得确定为合格及以上等次。

事业单位工作人员受到降低岗位等级处分的，自处分决定生效之日起降低一个以上岗位等级聘用，按照事业单位收入分配有关规定确定其工资待遇；在受处分期间，不得聘用到高于受处分后所聘岗位等级的岗位，年度考核不得确定为基本合格及以上等次。

学习小记

行政机关任命的事业单位工作人员在受处分期间的任命、考核、工资待遇按照干部人事管理权限，参照本条第一款、第二款、第三款规定执行。

事业单位工作人员受到开除处分的，自处分决定生效之日起，终止其与事业单位的人事关系。

第八条 事业单位工作人员受到记过以上处分的，在受处分期间不得参加本专业（技术、技能）领域专业技术职务任职资格或者工勤技能人员技术等级考试（评审）。应当取消专业技术职务任职资格或者职业资格的，按照有关规定办理。

第九条 事业单位工作人员同时有两种以上需要给予处分的行为的，应当分别确定其处分。应当给予的处分种类不同的，执行其中最重的处分；应当给予开除以外多个相同种类处分的，执行该处分，但处分期应当按照一个处分期以上、两个处分期之和以下确定。

事业单位工作人员在受处分期间受到新的处分的，其处分期为原处分期尚未执行的期限与新处分期限之和，但是最长不得超过48个月。

第十条 事业单位工作人员两人以上共同违法违纪，需要给予处分的，按照各自应当承担的责任，分别给予相应的处分。

第十一条 有下列情形之一的，应当从重处分：

（一）在两人以上的共同违法违纪行为中起主要作用的；

（二）隐匿、伪造、销毁证据的；

（三）串供或者阻止他人揭发检举、提供证据材料的；

（四）包庇同案人员的；

（五）法律、法规、规章规定的其他从重情节。

第十二条 有下列情形之一的，应当从轻处分：

（一）主动交代违法违纪行为的；

（二）主动采取措施，有效避免或者挽回损失的；

学习小记

（三）检举他人重大违法违纪行为，情况属实的。

第十三条 事业单位工作人员主动交代违法违纪行为，并主动采取措施有效避免或者挽回损失的，应当减轻处分或者免予处分。

事业单位工作人员违法违纪行为情节轻微，经过批评教育后改正的，可以免予处分。

第十四条 事业单位工作人员有本规定第十一条、第十二条规定情形之一的，应当在本规定第三章规定的处分幅度以内从重或者从轻给予处分。

事业单位工作人员有本规定第十三条第一款规定情形的，应当在本规定第三章规定的处分幅度以外，减轻一个处分的档次给予处分。应当给予警告处分，又有减轻处分的情形的，免予处分。

第十五条 事业单位有违法违纪行为，应当追究纪律责任的，依法对负有责任的领导人员和直接责任人员给予处分。

第三章 违法违纪行为及其适用的处分

第十六条 有下列行为之一的，给予记过处分；情节较重的，给予降低岗位等级或者撤职处分；情节严重的，给予开除处分：

（一）散布损害国家声誉的言论，组织或者参加旨在损害国家利益的集会、游行、示威等活动的；

（二）组织或者参加非法组织的；

（三）接受境外资助从事损害国家利益或者危害国家安全活动的；

（四）接受损害国家荣誉和利益的境外邀请、奖励，经批评教育拒不改正的；

（五）违反国家民族宗教法规和政策，造成不良后果的；

学习小记

（六）非法出境、未经批准获取境外永久居留资格或者取得外国国籍的；

（七）携带含有依法禁止内容的书刊、音像制品、电子读物进入国（境）内的；

（八）其他违反政治纪律的行为。

有前款第（一）项至第（三）项规定的行为，但属于不明真相被裹挟参加、经批评教育后确有悔改表现的，可以减轻或者免予处分。

第十七条 有下列行为之一的，给予警告或者记过处分；情节较重的，给予降低岗位等级或者撤职处分；情节严重的，给予开除处分：

（一）在执行国家重要任务、应对公共突发事件中，不服从指挥、调遣或者消极对抗的；

（二）破坏正常工作秩序，给国家或者公共利益造成损失的；

（三）违章指挥、违规操作，致使人民生命财产遭受损失的；

（四）发生重大事故、灾害、事件，擅离职守或者不按规定报告、不采取措施处置或者处置不力的；

（五）在项目评估评审、产品认证、设备检测检验等工作中徇私舞弊，或者违反规定造成不良影响的；

（六）泄露国家秘密的；

（七）泄露因工作掌握的内幕信息，造成不良后果的；

（八）采取不正当手段为本人或者他人谋取岗位，或者在事业单位公开招聘等人事管理工作中有其他违反组织人事纪律行为的；

（九）其他违反工作纪律失职渎职的行为。

有前款第（六）项规定行为的，给予记过以上处分。

第十八条 有下列行为之一的，给予警告或者记过处分；情节较重的，给予降低岗位等级或者撤职处分；情节严重的，给予开除处分：

（一）贪污、索贿、受贿、行贿、介绍贿赂、挪用公款的；

（二）利用工作之便为本人或者他人谋取不正当利益的；

（三）在公务活动或者工作中接受礼金、各种有价证券、支付凭证的；

（四）利用知悉或者掌握的内幕信息谋取利益的；

（五）用公款旅游或者变相用公款旅游的；

（六）违反国家规定，从事、参与营利性活动或者兼任职务领取报酬的；

（七）其他违反廉洁从业纪律的行为。

有前款第（一）项规定行为的，给予记过以上处分。

第十九条 有下列行为之一的，给予警告或者记过处分；情节较重的，给予降低岗位等级或者撤职处分；情节严重的，给予开除处分：

（一）违反国家财政收入上缴有关规定的；

（二）违反规定使用、骗取财政资金或者社会保险基金的；

（三）擅自设定收费项目或者擅自改变收费项目的范围、标准和对象的；

（四）挥霍、浪费国家资财或者造成国有资产流失的；

（五）违反国有资产管理规定，擅自占有、使用、处置国有资产的；

（六）在招标投标和物资采购工作中违反有关规定，造成不良影响或者损失的；

（七）其他违反财经纪律的行为。

第二十条 有下列行为之一的，给予警告或者记过处分；情节较重的，给予降低岗位等级或者撤职处分；情节严重的，给予开除处分：

（一）利用专业技术或者技能实施违法违纪行为的；

学习小记

学习小记

（二）有抄袭、剽窃、侵吞他人学术成果，伪造、篡改数据文献，或者捏造事实等学术不端行为的；

（三）利用职业身份进行利诱、威胁或者误导，损害他人合法权益的；

（四）利用权威、地位或者掌控的资源，压制不同观点，限制学术自由，造成重大损失或者不良影响的；

（五）在申报岗位、项目、荣誉等过程中弄虚作假的；

（六）工作态度恶劣，造成不良社会影响的；

（七）其他严重违反职业道德的行为。

有前款第（一）项规定行为的，给予记过以上处分。

第二十一条 有下列行为之一的，给予警告或者记过处分；情节较重的，给予降低岗位等级或者撤职处分；情节严重的，给予开除处分：

（一）制造、传播违法违禁物品及信息的；

（二）组织、参与卖淫、嫖娼等色情活动的；

（三）吸食毒品或者组织、参与赌博活动的；

（四）违反规定超计划生育的；

（五）包养情人的；

（六）有虐待、遗弃家庭成员，或者拒不承担赡养、抚养、扶养义务等的；

（七）其他严重违反公共秩序、社会公德的行为。

有前款第（二）项、第（三）项、第（四）项、第（五）项规定行为的，给予降低岗位等级或者撤职以上处分。

第二十二条 事业单位工作人员被依法判处刑罚的，给予降低岗位等级或者撤职以上处分。其中，被依法判处有期徒刑以上刑罚的，给予开除处分。

行政机关任命的事业单位工作人员，被依法判处刑罚的，给予开除处分。

学习小记

第四章　处分的权限和程序

第二十三条　对事业单位工作人员的处分，按照以下权限决定：

（一）警告、记过、降低岗位等级或者撤职处分，按照干部人事管理权限，由事业单位或者事业单位主管部门决定。其中，由事业单位决定的，应当报事业单位主管部门备案。

（二）开除处分由事业单位主管部门决定，并报同级事业单位人事综合管理部门备案。

对中央和地方直属事业单位工作人员的处分，按照干部人事管理权限，由本单位或者有关部门决定；其中，由本单位作出开除处分决定的，报同级事业单位人事综合管理部门备案。

第二十四条　对事业单位工作人员的处分，按照以下程序办理：

（一）对事业单位工作人员违法违纪行为初步调查后，需要进一步查证的，应当按照干部人事管理权限，经事业单位负责人批准或者有关部门同意后立案；

（二）对被调查的事业单位工作人员的违法违纪行为作进一步调查，收集、查证有关证据材料，并形成书面调查报告；

（三）将调查认定的事实及拟给予处分的依据告知被调查的事业单位工作人员，听取其陈述和申辩，并对其所提出的事实、理由和证据进行复核，记录在案。被调查的事业单位工作人员提出的事实、理由和证据成立的，应予采信；

（四）按照处分决定权限，作出对该事业单位工作人员给予处分、免予处分或者撤销案件的决定；

（五）处分决定单位印发处分决定；

（六）将处分决定以书面形式通知受处分事业单位工作人员

学习小记

本人和有关单位，并在一定范围内宣布；

（七）将处分决定存入受处分事业单位工作人员的档案。

处分决定自作出之日起生效。

第二十五条 事业单位工作人员涉嫌违法违纪，已经被立案调查，不宜继续履行职责的，可以按照干部人事管理权限，由事业单位或者有关部门暂停其职责。

被调查的事业单位工作人员在违法违纪案件立案调查期间，不得解除聘用合同、出国（境）或者办理退休手续。

第二十六条 对事业单位工作人员违法违纪案件进行调查，应当由两名以上办案人员进行；接受调查的单位和个人应当如实提供情况。

以暴力、威胁、引诱、欺骗等非法方式收集的证据不得作为定案的根据。

第二十七条 参与事业单位工作人员违法违纪案件调查、处理的人员有下列情形之一的，应当提出回避申请；被调查的事业单位工作人员以及与案件有利害关系的公民、法人或者其他组织有权要求其回避：

（一）与被调查的事业单位工作人员有夫妻关系、直系血亲、三代以内旁系血亲关系或者近姻亲关系的；

（二）与被调查的案件有利害关系的；

（三）与被调查的事业单位工作人员有其他关系，可能影响案件公正处理的。

第二十八条 处分决定单位负责人的回避，按照干部人事管理权限决定；其他参与违法违纪案件调查、处理的人员的回避，由处分决定单位负责人决定。

处分决定单位发现参与违法违纪案件调查、处理的人员有应当回避情形的，可以直接决定该人员回避。

第二十九条 给予事业单位工作人员处分，应当自批准立案

之日起6个月内作出决定；案情复杂或者遇有其他特殊情形的可以延长，但是办案期限最长不得超过12个月。

第三十条 处分决定应当包括下列内容：

（一）受处分事业单位工作人员的姓名、工作单位、原所聘岗位（所任职务）名称及等级等基本情况；

（二）经查证的违法违纪事实；

（三）处分的种类、受处分的期间和依据；

（四）不服处分决定的申诉途径和期限；

（五）处分决定单位的名称、印章和作出决定的日期。

第三十一条 事业单位工作人员受到开除处分后，事业单位应当及时办理档案和社会保险关系转移手续，具体办法按照有关规定执行。

第五章 处分的解除

第三十二条 事业单位工作人员受开除以外的处分，在受处分期间有悔改表现，并且没有再出现违法违纪情形的，处分期满，经原处分决定单位批准后解除处分。

事业单位工作人员在受处分期间终止或解除聘用合同的，处分期满后，自然解除处分。受处分事业单位工作人员要求原处分决定单位提供解除处分相关证明的，原处分决定单位应当予以提供。

第三十三条 事业单位工作人员在受处分期间有重大立功表现，按照有关规定给予个人记功以上奖励的，经批准后可以提前解除处分。

第三十四条 事业单位工作人员处分的解除或者提前解除，按照以下程序办理：

（一）按照干部人事管理权限，事业单位或者有关部门对受

处分事业单位工作人员在受处分期间的表现情况，进行全面了解，并形成书面报告；

（二）按照处分决定权限，作出解除或者提前解除处分的决定；

（三）印发解除或者提前解除处分的决定；

（四）将解除或者提前解除处分的决定以书面形式通知本人，并在原宣布处分的范围内宣布；

（五）将解除或者提前解除处分的决定存入该工作人员的档案。

解除处分决定自作出之日起生效。

第三十五条 事业单位工作人员处分的解除或者提前解除按照本规定第二十七条、第二十八条的规定执行回避。

第三十六条 解除或者提前解除处分的决定应当包括原处分的种类和解除或者提前解除处分的依据，以及该工作人员在受处分期间的表现情况等内容。

第三十七条 处分解除后，考核、竞聘上岗和晋升工资按照国家有关规定执行，不再受原处分的影响。但是，受到降低岗位等级或者撤职处分的，不视为恢复受处分前的岗位等级和工资待遇。

第三十八条 解除处分的决定应当在处分期满后一个月内作出。

第六章　复核和申诉

第三十九条 受到处分的事业单位工作人员对处分决定不服的，可以自知道或者应当知道该处分决定之日起三十日内向原处分决定单位申请复核。对复核结果不服的，可以自接到复核决定之日起三十日内，按照规定向原处分决定单位的主管部门或者同

级事业单位人事综合管理部门提出申诉。

受到处分的中央和地方直属事业单位工作人员的申诉，按照干部人事管理权限，由同级事业单位人事综合管理部门受理。

第四十条 原处分决定单位应当自接到复核申请后的三十日内作出复核决定。受理申诉的单位应当自受理之日起六十日内作出处理决定；案情复杂的，可以适当延长，但是延长期限最多不超过三十日。

复核、申诉期间不停止处分的执行。

事业单位工作人员不因提出复核、申诉而被加重处分。

第四十一条 有下列情形之一的，受理处分复核、申诉的单位应当撤销处分决定，重新作出决定或者责令原处分决定单位重新作出决定：

（一）处分所依据的事实不清、证据不足的；

（二）违反规定程序，影响案件公正处理的；

（三）超越职权或者滥用职权作出处分决定的。

第四十二条 有下列情形之一的，受理复核、申诉的单位应当变更处分决定或者责令原处分决定单位变更处分决定：

（一）适用法律、法规、规章错误的；

（二）对违法违纪行为的情节认定有误的；

（三）处分不当的。

第四十三条 事业单位工作人员的处分决定被变更，需要调整该工作人员的岗位等级或者工资待遇的，应当按照规定予以调整；事业单位工作人员的处分决定被撤销的，应当恢复该工作人员的岗位等级、工资待遇，按照原岗位等级安排相应的岗位，并在适当范围内为其恢复名誉。

被撤销处分或者被减轻处分的事业单位工作人员工资待遇受到损失的，应当予以补偿。

第七章　附　　则

第四十四条　已经退休的事业单位工作人员有违法违纪行为应当受到处分的，不再作出处分决定。但是，应当给予降低岗位等级或者撤职以上处分的，相应降低或者取消其享受的待遇。

第四十五条　对事业单位工作人员处分工作中有滥用职权、玩忽职守、徇私舞弊、收受贿赂等违法违纪行为的工作人员，按照有关规定给予处分；涉嫌犯罪的，移送司法机关依法追究刑事责任。

第四十六条　对机关工勤人员给予处分，参照本规定执行。

第四十七条　教育、医疗卫生、科技、体育等部门，可以依据本规定，结合自身工作的实际情况，与国务院人力资源社会保障部门和国务院监察机关联合制定具体办法。

第四十八条　本规定自 2012 年 9 月 1 日起施行。

人力资源社会保障部关于贯彻执行《事业单位工作人员处分暂行规定》若干问题的意见

（2017年6月21日　人社部规〔2017〕11号）

各省、自治区、直辖市及新疆生产建设兵团人力资源社会保障厅（局），中央和国家机关各部委、各人民团体组织人事部门：

《事业单位工作人员处分暂行规定》（以下简称《处分规定》）颁布施行以来，部分地方和单位提出一些需要进一步明确的问题，为落实中央从严管理干部要求，进一步规范事业单位处分工作，妥善解决实际工作中的问题，经商中央组织部、监察部，现提出如下意见。

一、《处分规定》所称事业单位主管部门，除有特别规定外，均以事业单位法人证书中“举办单位”栏所记载的部门为准。

二、事业单位工作人员被依法判处刑罚的，按照《处分规定》第二十二条的规定执行，不适用第十三条、第十四条关于减轻处分或者免予处分的规定。

三、受降低岗位等级或者撤职处分的事业单位工作人员，已按规定调整岗位且年度考核被确定为不合格档次的，不再以年度考核不合格为由重复处理。

四、事业单位工作人员在受处分期间，不得聘用到其他类别岗位，根据相关规定不得在现类别岗位工作的除外。

五、对同时在管理和专业技术两类岗位任职的事业单位工作人员发生违纪违法行为，给予降低岗位等级或者撤职处分时，应

学习小记

当同时降低两类岗位的等级，并根据违纪违法的情形与岗位性质的关联度确定降低岗位类别的主次。

六、对被判处刑罚事业单位工作人员的处分决定，应当在判决生效后一个月内作出。

七、事业单位工作人员存在违纪违法行为，有关单位不处分或者不按规定处理的，应当根据《处分规定》第四十五条规定追究相关人员责任。因上述情形造成办案期限超过 12 个月的，由事业单位人事综合管理部门或者主管部门责令相关单位或部门在 1 个月内依法作出处分决定。

八、处分期满后，原处分决定单位批准解除处分的，应当自处分期满之日起一个月内作出，处分解除时间自处分期满之日起计算，并在解除处分决定中注明。

九、事业单位工作人员在受处分期间交流到其他事业单位工作或者原处分决定单位出现合并、分立等情形的，由与其建立人事关系的新单位执行原处分决定。

十、公务员在受处分期间交流到事业单位的，原处分决定继续执行。处分期满后，由所在事业单位商原处分决定单位按照有关规定解除处分决定。

十一、事业单位工作人员受到降低岗位等级处分，无岗位等级可降而降低薪级工资的，处分解除后，不视为恢复受处分前的薪级工资。

十二、按照《处分规定》第四十四条规定，已经退休的事业单位工作人员涉嫌违纪违法的，不再作出处分决定，但应当立案调查并按程序作出调查结论，明确其应受处分的种类。对于应当给予降低岗位等级或者撤职以上处分的，其养老保险等相应待遇按有关规定执行。

十三、本意见自发布之日起执行。

中华人民共和国企业国有资产法（节录）

（2008年10月28日第十一届全国人民代表大会常务委员会第五次会议通过　2008年10月28日中华人民共和国主席令第5号公布　自2009年5月1日起施行）

第一章　总　　则

……

第二条　本法所称企业国有资产（以下称国有资产），是指国家对企业各种形式的出资所形成的权益。

第三条　国有资产属于国家所有即全民所有。国务院代表国家行使国有资产所有权。

第四条　国务院和地方人民政府依照法律、行政法规的规定，分别代表国家对国家出资企业履行出资人职责，享有出资人权益。

国务院确定的关系国民经济命脉和国家安全的大型国家出资企业，重要基础设施和重要自然资源等领域的国家出资企业，由国务院代表国家履行出资人职责。其他的国家出资企业，由地方人民政府代表国家履行出资人职责。

第五条　本法所称国家出资企业，是指国家出资的国有独资企业、国有独资公司，以及国有资本控股公司、国有资本参股公司。

……

第七章　国有资产监督

第六十三条　各级人民代表大会常务委员会通过听取和审议本级人民政府履行出资人职责的情况和国有资产监督管理情况的专项工作报告，组织对本法实施情况的执法检查等，依法行使监督职权。

第六十四条　国务院和地方人民政府应当对其授权履行出资人职责的机构履行职责的情况进行监督。

第六十五条　国务院和地方人民政府审计机关依照《中华人民共和国审计法》的规定，对国有资本经营预算的执行情况和属于审计监督对象的国家出资企业进行审计监督。

第六十六条　国务院和地方人民政府应当依法向社会公布国有资产状况和国有资产监督管理工作情况，接受社会公众的监督。

任何单位和个人有权对造成国有资产损失的行为进行检举和控告。

第六十七条　履行出资人职责的机构根据需要，可以委托会计师事务所对国有独资企业、国有独资公司的年度财务会计报告进行审计，或者通过国有资本控股公司的股东会、股东大会决议，由国有资本控股公司聘请会计师事务所对公司的年度财务会计报告进行审计，维护出资人权益。

第八章　法律责任

第六十八条　履行出资人职责的机构有下列行为之一的，对其直接负责的主管人员和其他直接责任人员依法给予处分：

（一）不按照法定的任职条件，任命或者建议任命国家出资企业管理者的；

（二）侵占、截留、挪用国家出资企业的资金或者应当上缴的国有资本收入的；

（三）违反法定的权限、程序，决定国家出资企业重大事项，造成国有资产损失的；

（四）有其他不依法履行出资人职责的行为，造成国有资产损失的。

第六十九条 履行出资人职责的机构的工作人员玩忽职守、滥用职权、徇私舞弊，尚不构成犯罪的，依法给予处分。

第七十条 履行出资人职责的机构委派的股东代表未按照委派机构的指示履行职责，造成国有资产损失的，依法承担赔偿责任；属于国家工作人员的，并依法给予处分。

第七十一条 国家出资企业的董事、监事、高级管理人员有下列行为之一，造成国有资产损失的，依法承担赔偿责任；属于国家工作人员的，并依法给予处分：

（一）利用职权收受贿赂或者取得其他非法收入和不当利益的；

（二）侵占、挪用企业资产的；

（三）在企业改制、财产转让等过程中，违反法律、行政法规和公平交易规则，将企业财产低价转让、低价折股的；

（四）违反本法规定与本企业进行交易的；

（五）不如实向资产评估机构、会计师事务所提供有关情况和资料，或者与资产评估机构、会计师事务所串通出具虚假资产评估报告、审计报告的；

（六）违反法律、行政法规和企业章程规定的决策程序，决定企业重大事项的；

（七）有其他违反法律、行政法规和企业章程执行职务行为的。

学习小记

国家出资企业的董事、监事、高级管理人员因前款所列行为取得的收入，依法予以追缴或者归国家出资企业所有。

履行出资人职责的机构任命或者建议任命的董事、监事、高级管理人员有本条第一款所列行为之一，造成国有资产重大损失的，由履行出资人职责的机构依法予以免职或者提出免职建议。

第七十二条 在涉及关联方交易、国有资产转让等交易活动中，当事人恶意串通，损害国有资产权益的，该交易行为无效。

第七十三条 国有独资企业、国有独资公司、国有资本控股公司的董事、监事、高级管理人员违反本法规定，造成国有资产重大损失，被免职的，自免职之日起五年内不得担任国有独资企业、国有独资公司、国有资本控股公司的董事、监事、高级管理人员；造成国有资产特别重大损失，或者因贪污、贿赂、侵占财产、挪用财产或者破坏社会主义市场经济秩序被判处刑罚的，终身不得担任国有独资企业、国有独资公司、国有资本控股公司的董事、监事、高级管理人员。

第七十四条 接受委托对国家出资企业进行资产评估、财务审计的资产评估机构、会计师事务所违反法律、行政法规的规定和执业准则，出具虚假的资产评估报告或者审计报告的，依照有关法律、行政法规的规定追究法律责任。

第七十五条 违反本法规定，构成犯罪的，依法追究刑事责任。

第九章　附　　则

第七十六条 金融企业国有资产的管理与监督，法律、行政法规另有规定的，依照其规定。

第七十七条 本法自2009年5月1日起施行。

刑事法规

中华人民共和国刑事诉讼法（节录）

（1979年7月1日第五届全国人民代表大会第二次会议通过　根据1996年3月17日第八届全国人民代表大会第四次会议《关于修改〈中华人民共和国刑事诉讼法〉的决定》第一次修正　根据2012年3月14日第十一届全国人民代表大会第五次会议《关于修改〈中华人民共和国刑事诉讼法〉的决定》第二次修正　根据2018年10月26日第十三届全国人民代表大会常务委员会第六次会议《关于修改〈中华人民共和国刑事诉讼法〉的决定》第三次修正）

第一编　总　　则

第一章　任务和基本原则

……

第十五条　犯罪嫌疑人、被告人自愿如实供述自己的罪行，承认指控的犯罪事实，愿意接受处罚的，可以依法从宽处理。

第十六条　有下列情形之一的，不追究刑事责任，已经追究的，应当撤销案件，或者不起诉，或者终止审理，或者宣告无罪：

（一）情节显著轻微、危害不大，不认为是犯罪的；

（二）犯罪已过追诉时效期限的；

（三）经特赦令免除刑罚的；

（四）依照刑法告诉才处理的犯罪，没有告诉或者撤回告诉的；

（五）犯罪嫌疑人、被告人死亡的；

（六）其他法律规定免予追究刑事责任的。

……

第二章　管　　辖

第十九条　刑事案件的侦查由公安机关进行，法律另有规定的除外。

人民检察院在对诉讼活动实行法律监督中发现的司法工作人员利用职权实施的非法拘禁、刑讯逼供、非法搜查等侵犯公民权利、损害司法公正的犯罪，可以由人民检察院立案侦查。对于公安机关管辖的国家机关工作人员利用职权实施的重大犯罪案件，需要由人民检察院直接受理的时候，经省级以上人民检察院决定，可以由人民检察院立案侦查。

自诉案件，由人民法院直接受理。

第二十条　基层人民法院管辖第一审普通刑事案件，但是依照本法由上级人民法院管辖的除外。

第二十一条　中级人民法院管辖下列第一审刑事案件：

（一）危害国家安全、恐怖活动案件；

（二）可能判处无期徒刑、死刑的案件。

第二十二条　高级人民法院管辖的第一审刑事案件，是全省（自治区、直辖市）性的重大刑事案件。

第二十三条　最高人民法院管辖的第一审刑事案件，是全国性的重大刑事案件。

第二十四条　上级人民法院在必要的时候，可以审判下级人民法院管辖的第一审刑事案件；下级人民法院认为案情重大、复杂需要由上级人民法院审判的第一审刑事案件，可以请求移送上一级人民法院审判。

学习小记

……

第二十七条 上级人民法院可以指定下级人民法院审判管辖不明的案件，也可以指定下级人民法院将案件移送其他人民法院审判。

……

第四章 辩护与代理

……

第三十四条 犯罪嫌疑人自被侦查机关第一次讯问或者采取强制措施之日起，有权委托辩护人；在侦查期间，只能委托律师作为辩护人。被告人有权随时委托辩护人。

侦查机关在第一次讯问犯罪嫌疑人或者对犯罪嫌疑人采取强制措施的时候，应当告知犯罪嫌疑人有权委托辩护人。人民检察院自收到移送审查起诉的案件材料之日起三日以内，应当告知犯罪嫌疑人有权委托辩护人。人民法院自受理案件之日起三日以内，应当告知被告人有权委托辩护人。犯罪嫌疑人、被告人在押期间要求委托辩护人的，人民法院、人民检察院和公安机关应当及时转达其要求。

犯罪嫌疑人、被告人在押的，也可以由其监护人、近亲属代为委托辩护人。

辩护人接受犯罪嫌疑人、被告人委托后，应当及时告知办理案件的机关。

……

第四十条 辩护律师自人民检察院对案件审查起诉之日起，可以查阅、摘抄、复制本案的案卷材料。其他辩护人经人民法院、人民检察院许可，也可以查阅、摘抄、复制上述材料。

第四十一条 辩护人认为在侦查、审查起诉期间公安机关、人民检察院收集的证明犯罪嫌疑人、被告人无罪或者罪轻的证据材料未提交的，有权申请人民检察院、人民法院调取。

……

第四十四条 辩护人或者其他任何人，不得帮助犯罪嫌疑人、被告人隐匿、毁灭、伪造证据或者串供，不得威胁、引诱证人作伪证以及进行其他干扰司法机关诉讼活动的行为。

违反前款规定的，应当依法追究法律责任，辩护人涉嫌犯罪的，应当由办理辩护人所承办案件的侦查机关以外的侦查机关办理。辩护人是律师的，应当及时通知其所在的律师事务所或者所属的律师协会。

……

第五章 证　　据

第五十条 可以用于证明案件事实的材料，都是证据。

证据包括：

（一）物证；

（二）书证；

（三）证人证言；

（四）被害人陈述；

（五）犯罪嫌疑人、被告人供述和辩解；

（六）鉴定意见；

（七）勘验、检查、辨认、侦查实验等笔录；

（八）视听资料、电子数据。

证据必须经过查证属实，才能作为定案的根据。

第五十一条 公诉案件中被告人有罪的举证责任由人民检察院承担，自诉案件中被告人有罪的举证责任由自诉人承担。

第五十二条 审判人员、检察人员、侦查人员必须依照法定

程序，收集能够证实犯罪嫌疑人、被告人有罪或者无罪、犯罪情节轻重的各种证据。严禁刑讯逼供和以威胁、引诱、欺骗以及其他非法方法收集证据，不得强迫任何人证实自己有罪。必须保证一切与案件有关或者了解案情的公民，有客观地充分地提供证据的条件，除特殊情况外，可以吸收他们协助调查。

第五十三条 公安机关提请批准逮捕书、人民检察院起诉书、人民法院判决书，必须忠实于事实真象。故意隐瞒事实真象的，应当追究责任。

第五十四条 人民法院、人民检察院和公安机关有权向有关单位和个人收集、调取证据。有关单位和个人应当如实提供证据。

行政机关在行政执法和查办案件过程中收集的物证、书证、视听资料、电子数据等证据材料，在刑事诉讼中可以作为证据使用。

对涉及国家秘密、商业秘密、个人隐私的证据，应当保密。

凡是伪造证据、隐匿证据或者毁灭证据的，无论属于何方，必须受法律追究。

第五十五条 对一切案件的判处都要重证据，重调查研究，不轻信口供。只有被告人供述，没有其他证据的，不能认定被告人有罪和处以刑罚；没有被告人供述，证据确实、充分的，可以认定被告人有罪和处以刑罚。

证据确实、充分，应当符合以下条件：

（一）定罪量刑的事实都有证据证明；

（二）据以定案的证据均经法定程序查证属实；

（三）综合全案证据，对所认定事实已排除合理怀疑。

第五十六条 采用刑讯逼供等非法方法收集的犯罪嫌疑人、被告人供述和采用暴力、威胁等非法方法收集的证人证言、被害人陈述，应当予以排除。收集物证、书证不符合法定程序，可能严重影响司法公正的，应当予以补正或者作出合理解释；不能补正或者作出合理解释的，对该证据应当予以排除。

学习小记

在侦查、审查起诉、审判时发现有应当排除的证据的，应当依法予以排除，不得作为起诉意见、起诉决定和判决的依据。

第五十七条 人民检察院接到报案、控告、举报或者发现侦查人员以非法方法收集证据的，应当进行调查核实。对于确有以非法方法收集证据情形的，应当提出纠正意见；构成犯罪的，依法追究刑事责任。

第五十八条 法庭审理过程中，审判人员认为可能存在本法第五十六条规定的以非法方法收集证据情形的，应当对证据收集的合法性进行法庭调查。

当事人及其辩护人、诉讼代理人有权申请人民法院对以非法方法收集的证据依法予以排除。申请排除以非法方法收集的证据的，应当提供相关线索或者材料。

第五十九条 在对证据收集的合法性进行法庭调查的过程中，人民检察院应当对证据收集的合法性加以证明。

现有证据材料不能证明证据收集的合法性的，人民检察院可以提请人民法院通知有关侦查人员或者其他人员出庭说明情况；人民法院可以通知有关侦查人员或者其他人员出庭说明情况。有关侦查人员或者其他人员也可以要求出庭说明情况。经人民法院通知，有关人员应当出庭。

第六十条 对于经过法庭审理，确认或者不能排除存在本法第五十六条规定的以非法方法收集证据情形的，对有关证据应当予以排除。

第六十一条 证人证言必须在法庭上经过公诉人、被害人和被告人、辩护人双方质证并且查实以后，才能作为定案的根据。法庭查明证人有意作伪证或者隐匿罪证的时候，应当依法处理。

第六十二条 凡是知道案件情况的人，都有作证的义务。

生理上、精神上有缺陷或者年幼，不能辨别是非、不能正确表达的人，不能作证人。

第六十三条 人民法院、人民检察院和公安机关应当保障证人及其近亲属的安全。

对证人及其近亲属进行威胁、侮辱、殴打或者打击报复，构成犯罪的，依法追究刑事责任；尚不够刑事处罚的，依法给予治安管理处罚。

第六十四条 对于危害国家安全犯罪、恐怖活动犯罪、黑社会性质的组织犯罪、毒品犯罪等案件，证人、鉴定人、被害人因在诉讼中作证，本人或者其近亲属的人身安全面临危险的，人民法院、人民检察院和公安机关应当采取以下一项或者多项保护措施：

（一）不公开真实姓名、住址和工作单位等个人信息；

（二）采取不暴露外貌、真实声音等出庭作证措施；

（三）禁止特定的人员接触证人、鉴定人、被害人及其近亲属；

（四）对人身和住宅采取专门性保护措施；

（五）其他必要的保护措施。

证人、鉴定人、被害人认为因在诉讼中作证，本人或者其近亲属的人身安全面临危险的，可以向人民法院、人民检察院、公安机关请求予以保护。

人民法院、人民检察院、公安机关依法采取保护措施，有关单位和个人应当配合。

第六十五条 证人因履行作证义务而支出的交通、住宿、就餐等费用，应当给予补助。证人作证的补助列入司法机关业务经费，由同级政府财政予以保障。

有工作单位的证人作证，所在单位不得克扣或者变相克扣其工资、奖金及其他福利待遇。

第六章　强制措施

第六十六条 人民法院、人民检察院和公安机关根据案件情

况，对犯罪嫌疑人、被告人可以拘传、取保候审或者监视居住。

第六十七条 人民法院、人民检察院和公安机关对有下列情形之一的犯罪嫌疑人、被告人，可以取保候审：

（一）可能判处管制、拘役或者独立适用附加刑的；

（二）可能判处有期徒刑以上刑罚，采取取保候审不致发生社会危险性的；

（三）患有严重疾病、生活不能自理，怀孕或者正在哺乳自己婴儿的妇女，采取取保候审不致发生社会危险性的；

（四）羁押期限届满，案件尚未办结，需要采取取保候审的。

取保候审由公安机关执行。

……

第七十四条 人民法院、人民检察院和公安机关对符合逮捕条件，有下列情形之一的犯罪嫌疑人、被告人，可以监视居住：

（一）患有严重疾病、生活不能自理的；

（二）怀孕或者正在哺乳自己婴儿的妇女；

（三）系生活不能自理的人的唯一扶养人；

（四）因为案件的特殊情况或者办理案件的需要，采取监视居住措施更为适宜的；

（五）羁押期限届满，案件尚未办结，需要采取监视居住措施的。

对符合取保候审条件，但犯罪嫌疑人、被告人不能提出保证人，也不交纳保证金的，可以监视居住。

监视居住由公安机关执行。

第七十五条 监视居住应当在犯罪嫌疑人、被告人的住处执行；无固定住处的，可以在指定的居所执行。对于涉嫌危害国家安全犯罪、恐怖活动犯罪，在住处执行可能有碍侦查的，经上一级公安机关批准，也可以在指定的居所执行。但是，不得在羁押场所、专门的办案场所执行。

指定居所监视居住的，除无法通知的以外，应当在执行监视居住后二十四小时以内，通知被监视居住人的家属。

被监视居住的犯罪嫌疑人、被告人委托辩护人，适用本法第三十四条的规定。

人民检察院对指定居所监视居住的决定和执行是否合法实行监督。

第七十六条 指定居所监视居住的期限应当折抵刑期。被判处管制的，监视居住一日折抵刑期一日；被判处拘役、有期徒刑的，监视居住二日折抵刑期一日。

……

第七十九条 人民法院、人民检察院和公安机关对犯罪嫌疑人、被告人取保候审最长不得超过十二个月，监视居住最长不得超过六个月。

在取保候审、监视居住期间，不得中断对案件的侦查、起诉和审理。对于发现不应当追究刑事责任或者取保候审、监视居住期限届满的，应当及时解除取保候审、监视居住。解除取保候审、监视居住，应当及时通知被取保候审、监视居住人和有关单位。

第八十条 逮捕犯罪嫌疑人、被告人，必须经过人民检察院批准或者人民法院决定，由公安机关执行。

第八十一条 对有证据证明有犯罪事实，可能判处徒刑以上刑罚的犯罪嫌疑人、被告人，采取取保候审尚不足以防止发生下列社会危险性的，应当予以逮捕：

（一）可能实施新的犯罪的；

（二）有危害国家安全、公共安全或者社会秩序的现实危险的；

（三）可能毁灭、伪造证据，干扰证人作证或者串供的；

（四）可能对被害人、举报人、控告人实施打击报复的；

（五）企图自杀或者逃跑的。

学习小记

批准或者决定逮捕，应当将犯罪嫌疑人、被告人涉嫌犯罪的性质、情节，认罪认罚等情况，作为是否可能发生社会危险性的考虑因素。

对有证据证明有犯罪事实，可能判处十年有期徒刑以上刑罚的，或者有证据证明有犯罪事实，可能判处徒刑以上刑罚，曾经故意犯罪或者身份不明的，应当予以逮捕。

被取保候审、监视居住的犯罪嫌疑人、被告人违反取保候审、监视居住规定，情节严重的，可以予以逮捕。

第八十二条 公安机关对于现行犯或者重大嫌疑分子，如果有下列情形之一的，可以先行拘留：

（一）正在预备犯罪、实行犯罪或者在犯罪后即时被发觉的；

（二）被害人或者在场亲眼看见的人指认他犯罪的；

（三）在身边或者住处发现有犯罪证据的；

（四）犯罪后企图自杀、逃跑或者在逃的；

（五）有毁灭、伪造证据或者串供可能的；

（六）不讲真实姓名、住址，身份不明的；

（七）有流窜作案、多次作案、结伙作案重大嫌疑的。

……

第二编　立案、侦查和提起公诉

第一章　立　　案

第一百零九条 公安机关或者人民检察院发现犯罪事实或者犯罪嫌疑人，应当按照管辖范围，立案侦查。

第一百一十条 任何单位和个人发现有犯罪事实或者犯罪嫌疑人，有权利也有义务向公安机关、人民检察院或者人民法院报案或者举报。

学习小记

被害人对侵犯其人身、财产权利的犯罪事实或者犯罪嫌疑人，有权向公安机关、人民检察院或者人民法院报案或者控告。

公安机关、人民检察院或者人民法院对于报案、控告、举报，都应当接受。对于不属于自己管辖的，应当移送主管机关处理，并且通知报案人、控告人、举报人；对于不属于自己管辖而又必须采取紧急措施的，应当先采取紧急措施，然后移送主管机关。

犯罪人向公安机关、人民检察院或者人民法院自首的，适用第三款规定。

……

第三章 提起公诉

第一百六十九条 凡需要提起公诉的案件，一律由人民检察院审查决定。

第一百七十条 人民检察院对于监察机关移送起诉的案件，依照本法和监察法的有关规定进行审查。人民检察院经审查，认为需要补充核实的，应当退回监察机关补充调查，必要时可以自行补充侦查。

对于监察机关移送起诉的已采取留置措施的案件，人民检察院应当对犯罪嫌疑人先行拘留，留置措施自动解除。人民检察院应当在拘留后的十日以内作出是否逮捕、取保候审或者监视居住的决定。在特殊情况下，决定的时间可以延长一日至四日。人民检察院决定采取强制措施的期间不计入审查起诉期限。

第一百七十一条 人民检察院审查案件的时候，必须查明：

（一）犯罪事实、情节是否清楚，证据是否确实、充分，犯罪性质和罪名的认定是否正确；

（二）有无遗漏罪行和其他应当追究刑事责任的人；

（三）是否属于不应追究刑事责任的；

（四）有无附带民事诉讼；

（五）侦查活动是否合法。

第一百七十二条 人民检察院对于监察机关、公安机关移送起诉的案件，应当在一个月以内作出决定，重大、复杂的案件，可以延长十五日；犯罪嫌疑人认罪认罚，符合速裁程序适用条件的，应当在十日以内作出决定，对可能判处的有期徒刑超过一年的，可以延长至十五日。

人民检察院审查起诉的案件，改变管辖的，从改变后的人民检察院收到案件之日起计算审查起诉期限。

……

第一百七十七条 犯罪嫌疑人没有犯罪事实，或者有本法第十六条规定的情形之一的，人民检察院应当作出不起诉决定。

对于犯罪情节轻微，依照刑法规定不需要判处刑罚或者免除刑罚的，人民检察院可以作出不起诉决定。

人民检察院决定不起诉的案件，应当同时对侦查中查封、扣押、冻结的财物解除查封、扣押、冻结。对被不起诉人需要给予行政处罚、处分或者需要没收其违法所得的，人民检察院应当提出检察意见，移送有关主管机关处理。有关主管机关应当将处理结果及时通知人民检察院。

第一百七十八条 不起诉的决定，应当公开宣布，并且将不起诉决定书送达被不起诉人和他的所在单位。如果被不起诉人在押，应当立即释放。

第一百七十九条 对于公安机关移送起诉的案件，人民检察院决定不起诉的，应当将不起诉决定书送达公安机关。公安机关认为不起诉的决定有错误的时候，可以要求复议，如果意见不被接受，可以向上一级人民检察院提请复核。

第一百八十条 对于有被害人的案件，决定不起诉的，人民检察院应当将不起诉决定书送达被害人。被害人如果不服，可以自收到决定书后七日以内向上一级人民检察院申诉，请求提起公诉。人民检察院应当将复查决定告知被害人。对人民检察院维持不起诉决定的，被害人可以向人民法院起诉。被害人也可以不经申诉，直接向人民法院起诉。人民法院受理案件后，人民检察院应当将有关案件材料移送人民法院。

第一百八十一条 对于人民检察院依照本法第一百七十七条第二款规定作出的不起诉决定，被不起诉人如果不服，可以自收到决定书后七日以内向人民检察院申诉。人民检察院应当作出复查决定，通知被不起诉的人，同时抄送公安机关。

第一百八十二条 犯罪嫌疑人自愿如实供述涉嫌犯罪的事实，有重大立功或者案件涉及国家重大利益的，经最高人民检察院核准，公安机关可以撤销案件，人民检察院可以作出不起诉决定，也可以对涉嫌数罪中的一项或者多项不起诉。

根据前款规定不起诉或者撤销案件的，人民检察院、公安机关应当及时对查封、扣押、冻结的财物及其孳息作出处理。

……

第四章 犯罪嫌疑人、被告人逃匿、死亡案件违法所得的没收程序

第二百九十八条 对于贪污贿赂犯罪、恐怖活动犯罪等重大犯罪案件，犯罪嫌疑人、被告人逃匿，在通缉一年后不能到案，或者犯罪嫌疑人、被告人死亡，依照刑法规定应当追缴其违法所得及其他涉案财产的，人民检察院可以向人民法院提出没收违法所得的申请。

公安机关认为有前款规定情形的，应当写出没收违法所得意

见书，移送人民检察院。

没收违法所得的申请应当提供与犯罪事实、违法所得相关的证据材料，并列明财产的种类、数量、所在地及查封、扣押、冻结的情况。

人民法院在必要的时候，可以查封、扣押、冻结申请没收的财产。

第二百九十九条 没收违法所得的申请，由犯罪地或者犯罪嫌疑人、被告人居住地的中级人民法院组成合议庭进行审理。

人民法院受理没收违法所得的申请后，应当发出公告。公告期间为六个月。犯罪嫌疑人、被告人的近亲属和其他利害关系人有权申请参加诉讼，也可以委托诉讼代理人参加诉讼。

人民法院在公告期满后对没收违法所得的申请进行审理。利害关系人参加诉讼的，人民法院应当开庭审理。

第三百条 人民法院经审理，对经查证属于违法所得及其他涉案财产，除依法返还被害人的以外，应当裁定予以没收；对不属于应当追缴的财产的，应当裁定驳回申请，解除查封、扣押、冻结措施。

对于人民法院依照前款规定作出的裁定，犯罪嫌疑人、被告人的近亲属和其他利害关系人或者人民检察院可以提出上诉、抗诉。

第三百零一条 在审理过程中，在逃的犯罪嫌疑人、被告人自动投案或者被抓获的，人民法院应当终止审理。

没收犯罪嫌疑人、被告人财产确有错误的，应当予以返还、赔偿。

……

人民检察院刑事诉讼规则（节录）

（2019年12月2日最高人民检察院第十三届检察委员会第二十八次会议通过　2019年12月30日最高人民检察院公告公布　自2019年12月30日起施行　高检发释字〔2019〕4号）

第一章　通　　则

……

第八条　对同一刑事案件的审查逮捕、审查起诉、出庭支持公诉和立案监督、侦查监督、审判监督等工作，由同一检察官或者检察官办案组负责，但是审查逮捕、审查起诉由不同人民检察院管辖，或者依照法律、有关规定应当另行指派检察官或者检察官办案组办理的除外。

人民检察院履行审查逮捕和审查起诉职责的办案部门，本规则中统称为负责捕诉的部门。

……

第十一条　犯罪嫌疑人、被告人自愿如实供述自己的罪行，承认指控的犯罪事实，愿意接受处罚的，可以依法从宽处理。

认罪认罚从宽制度适用于所有刑事案件。人民检察院办理刑事案件的各个诉讼环节，都应当做好认罪认罚的相关工作。

……

第二章　管　　辖

第十三条　人民检察院在对诉讼活动实行法律监督中发现的

司法工作人员利用职权实施的非法拘禁、刑讯逼供、非法搜查等侵犯公民权利、损害司法公正的犯罪，可以由人民检察院立案侦查。

对于公安机关管辖的国家机关工作人员利用职权实施的重大犯罪案件，需要由人民检察院直接受理的，经省级以上人民检察院决定，可以由人民检察院立案侦查。

……

第十七条 人民检察院办理直接受理侦查的案件，发现犯罪嫌疑人同时涉嫌监察机关管辖的职务犯罪线索的，应当及时与同级监察机关沟通。

经沟通，认为全案由监察机关管辖更为适宜的，人民检察院应当将案件和相应职务犯罪线索一并移送监察机关；认为由监察机关和人民检察院分别管辖更为适宜的，人民检察院应当将监察机关管辖的相应职务犯罪线索移送监察机关，对依法由人民检察院管辖的犯罪案件继续侦查。

人民检察院应当及时将沟通情况报告上一级人民检察院。沟通期间不得停止对案件的侦查。

……

第十九条 本规则第十三条规定的案件，由犯罪嫌疑人工作单位所在地的人民检察院管辖。如果由其他人民检察院管辖更为适宜的，可以由其他人民检察院管辖。

……

第二十二条 对于下列案件，上级人民检察院可以指定管辖：

（一）管辖有争议的案件；

（二）需要改变管辖的案件；

（三）需要集中管辖的特定类型的案件；

（四）其他需要指定管辖的案件。

对前款案件的审查起诉指定管辖的，人民检察院应当与相应

的人民法院协商一致。对前款第三项案件的审查逮捕指定管辖的，人民检察院应当与相应的公安机关协商一致。

……

第五章　证　　据

第六十一条　人民检察院认定案件事实，应当以证据为根据。

公诉案件中被告人有罪的举证责任由人民检察院承担。人民检察院在提起公诉指控犯罪时，应当提出确实、充分的证据，并运用证据加以证明。

人民检察院提起公诉，应当秉持客观公正立场，对被告人有罪、罪重、罪轻的证据都应当向人民法院提出。

第六十二条　证据的审查认定，应当结合案件的具体情况，从证据与待证事实的关联程度、各证据之间的联系、是否依照法定程序收集等方面进行综合审查判断。

第六十三条　人民检察院侦查终结或者提起公诉的案件，证据应当确实、充分。证据确实、充分，应当符合以下条件：

（一）定罪量刑的事实都有证据证明；

（二）据以定案的证据均经法定程序查证属实；

（三）综合全案证据，对所认定事实已排除合理怀疑。

……

第六十五条　监察机关依照法律规定收集的物证、书证、证人证言、被调查人供述和辩解、视听资料、电子数据等证据材料，在刑事诉讼中可以作为证据使用。

第六十六条　对采用刑讯逼供等非法方法收集的犯罪嫌疑人供述和采用暴力、威胁等非法方法收集的证人证言、被害人陈述，应当依法排除，不得作为移送审查逮捕、批准或者决定逮

捕、移送起诉以及提起公诉的依据。

第六十七条 对采用下列方法收集的犯罪嫌疑人供述，应当予以排除：

（一）采用殴打、违法使用戒具等暴力方法或者变相肉刑的恶劣手段，使犯罪嫌疑人遭受难以忍受的痛苦而违背意愿作出的供述；

（二）采用以暴力或者严重损害本人及其近亲属合法权益等进行威胁的方法，使犯罪嫌疑人遭受难以忍受的痛苦而违背意愿作出的供述；

（三）采用非法拘禁等非法限制人身自由的方法收集的供述。

第六十八条 对采用刑讯逼供方法使犯罪嫌疑人作出供述，之后犯罪嫌疑人受该刑讯逼供行为影响而作出的与该供述相同的重复性供述，应当一并排除，但下列情形除外：

（一）侦查期间，根据控告、举报或者自己发现等，公安机关确认或者不能排除以非法方法收集证据而更换侦查人员，其他侦查人员再次讯问时告知诉讼权利和认罪认罚的法律规定，犯罪嫌疑人自愿供述的；

（二）审查逮捕、审查起诉期间，检察人员讯问时告知诉讼权利和认罪认罚的法律规定，犯罪嫌疑人自愿供述的。

第六十九条 采用暴力、威胁以及非法限制人身自由等非法方法收集的证人证言、被害人陈述，应当予以排除。

第七十条 收集物证、书证不符合法定程序，可能严重影响司法公正的，人民检察院应当及时要求公安机关补正或者作出书面解释；不能补正或者无法作出合理解释的，对该证据应当予以排除。

对公安机关的补正或者解释，人民检察院应当予以审查。经补正或者作出合理解释的，可以作为批准或者决定逮捕、提起公诉的依据。

第七十一条　对重大案件，人民检察院驻看守所检察人员在侦查终结前应当对讯问合法性进行核查并全程同步录音、录像，核查情况应当及时通知本院负责捕诉的部门。

负责捕诉的部门认为确有刑讯逼供等非法取证情形的，应当要求公安机关依法排除非法证据，不得作为提请批准逮捕、移送起诉的依据。

……

第七十三条　人民检察院经审查认定存在非法取证行为的，对该证据应当予以排除，其他证据不能证明犯罪嫌疑人实施犯罪行为的，应当不批准或者决定逮捕。已经移送起诉的，可以依法将案件退回监察机关补充调查或者退回公安机关补充侦查，或者作出不起诉决定。被排除的非法证据应当随案移送，并写明为依法排除的非法证据。

对于侦查人员的非法取证行为，尚未构成犯罪的，应当依法向其所在机关提出纠正意见。对于需要补正或者作出合理解释的，应当提出明确要求。

对于非法取证行为涉嫌犯罪需要追究刑事责任的，应当依法立案侦查。

第七十四条　人民检察院认为可能存在以刑讯逼供等非法方法收集证据情形的，可以书面要求监察机关或者公安机关对证据收集的合法性作出说明。说明应当加盖单位公章，并由调查人员或者侦查人员签名。

……

第七十六条　对于提起公诉的案件，被告人及其辩护人提出审前供述系非法取得，并提供相关线索或者材料的，人民检察院可以将讯问录音、录像连同案卷材料一并移送人民法院。

第七十七条　在法庭审理过程中，被告人或者辩护人对讯问活动合法性提出异议，公诉人可以要求被告人及其辩护人提供相

关线索或者材料。必要时，公诉人可以提请法庭当庭播放相关时段的讯问录音、录像，对有关异议或者事实进行质证。

需要播放的讯问录音、录像中涉及国家秘密、商业秘密、个人隐私或者含有其他不宜公开内容的，公诉人应当建议在法庭组成人员、公诉人、侦查人员、被告人及其辩护人范围内播放。因涉及国家秘密、商业秘密、个人隐私或者其他犯罪线索等内容，人民检察院对讯问录音、录像的相关内容进行技术处理的，公诉人应当向法庭作出说明。

……

第六章 强制措施

……

第二节 取保候审

第八十六条 人民检察院对于具有下列情形之一的犯罪嫌疑人，可以取保候审：

（一）可能判处管制、拘役或者独立适用附加刑的；

（二）可能判处有期徒刑以上刑罚，采取取保候审不致发生社会危险性的；

（三）患有严重疾病、生活不能自理，怀孕或者正在哺乳自己婴儿的妇女，采取取保候审不致发生社会危险性的；

（四）羁押期限届满，案件尚未办结，需要采取取保候审的。

第八十七条 人民检察院对于严重危害社会治安的犯罪嫌疑人，以及其他犯罪性质恶劣、情节严重的犯罪嫌疑人不得取保候审。

……

第八十九条 人民检察院决定对犯罪嫌疑人取保候审，应当

责令犯罪嫌疑人提出保证人或者交纳保证金。

对同一犯罪嫌疑人决定取保候审，不得同时使用保证人保证和保证金保证方式。

对符合取保候审条件，具有下列情形之一的犯罪嫌疑人，人民检察院决定取保候审时，可以责令其提供一至二名保证人：

（一）无力交纳保证金的；

（二）系未成年人或者已满七十五周岁的人；

（三）其他不宜收取保证金的。

……

第一百零一条 犯罪嫌疑人有下列违反取保候审规定的行为，人民检察院应当对犯罪嫌疑人予以逮捕：

（一）故意实施新的犯罪；

（二）企图自杀、逃跑；

（三）实施毁灭、伪造证据，串供或者干扰证人作证，足以影响侦查、审查起诉工作正常进行；

（四）对被害人、证人、鉴定人、举报人、控告人及其他人员实施打击报复。

犯罪嫌疑人有下列违反取保候审规定的行为，人民检察院可以对犯罪嫌疑人予以逮捕：

（一）未经批准，擅自离开所居住的市、县，造成严重后果，或者两次未经批准，擅自离开所居住的市、县；

（二）经传讯不到案，造成严重后果，或者经两次传讯不到案；

（三）住址、工作单位和联系方式发生变动，未在二十四小时以内向公安机关报告，造成严重后果；

（四）违反规定进入特定场所、与特定人员会见或者通信、从事特定活动，严重妨碍诉讼程序正常进行。

有前两款情形，需要对犯罪嫌疑人予以逮捕的，可以先行拘

留；已交纳保证金的，同时书面通知公安机关没收保证金。

第一百零二条 人民检察院决定对犯罪嫌疑人取保候审，最长不得超过十二个月。

……

第一百零四条 在取保候审期间，不得中断对案件的侦查、审查起诉。

……

第三节 监视居住

第一百零七条 人民检察院对于符合逮捕条件，具有下列情形之一的犯罪嫌疑人，可以监视居住：

（一）患有严重疾病、生活不能自理的；

（二）怀孕或者正在哺乳自己婴儿的妇女；

（三）系生活不能自理的人的唯一扶养人；

（四）因为案件的特殊情况或者办理案件的需要，采取监视居住措施更为适宜的；

（五）羁押期限届满，案件尚未办结，需要采取监视居住措施的。

前款第三项中的扶养包括父母、祖父母、外祖父母对子女、孙子女、外孙子女的抚养和子女、孙子女、外孙子女对父母、祖父母、外祖父母的赡养以及配偶、兄弟姐妹之间的相互扶养。

对符合取保候审条件，但犯罪嫌疑人不能提出保证人，也不交纳保证金的，可以监视居住。

……

第一百一十二条 人民检察院决定对犯罪嫌疑人监视居住，最长不得超过六个月。

……

第一百一十四条 在监视居住期间，不得中断对案件的侦

查、审查起诉。

……

第四节　拘　　留

第一百二十一条　人民检察院对于具有下列情形之一的犯罪嫌疑人，可以决定拘留：

（一）犯罪后企图自杀、逃跑或者在逃的；

（二）有毁灭、伪造证据或者串供可能的。

第一百二十二条　人民检察院作出拘留决定后，应当将有关法律文书和案由、犯罪嫌疑人基本情况的材料送交同级公安机关执行。必要时，人民检察院可以协助公安机关执行。

拘留后，应当立即将被拘留人送看守所羁押，至迟不得超过二十四小时。

第一百二十三条　对犯罪嫌疑人拘留后，除无法通知的以外，人民检察院应当在二十四小时以内，通知被拘留人的家属。

无法通知的，应当将原因写明附卷。无法通知的情形消除后，应当立即通知其家属。

第一百二十四条　对被拘留的犯罪嫌疑人，应当在拘留后二十四小时以内进行讯问。

第一百二十五条　对被拘留的犯罪嫌疑人，发现不应当拘留的，应当立即释放；依法可以取保候审或者监视居住的，按照本规则的有关规定办理取保候审或者监视居住手续。

对被拘留的犯罪嫌疑人，需要逮捕的，按照本规则的有关规定办理逮捕手续；决定不予逮捕的，应当及时变更强制措施。

第一百二十六条　人民检察院直接受理侦查的案件，拘留犯罪嫌疑人的羁押期限为十四日，特殊情况下可以延长一日至三日。

……

第五节　逮　　捕

第一百二十八条　人民检察院对有证据证明有犯罪事实，可能判处徒刑以上刑罚的犯罪嫌疑人，采取取保候审尚不足以防止发生下列社会危险性的，应当批准或者决定逮捕：

（一）可能实施新的犯罪的；

（二）有危害国家安全、公共安全或者社会秩序的现实危险的；

（三）可能毁灭、伪造证据，干扰证人作证或者串供的；

（四）可能对被害人、举报人、控告人实施打击报复的；

（五）企图自杀或者逃跑的。

有证据证明有犯罪事实是指同时具备下列情形：

（一）有证据证明发生了犯罪事实；

（二）有证据证明该犯罪事实是犯罪嫌疑人实施的；

（三）证明犯罪嫌疑人实施犯罪行为的证据已经查证属实。

犯罪事实既可以是单一犯罪行为的事实，也可以是数个犯罪行为中任何一个犯罪行为的事实。

……

第一百三十一条　犯罪嫌疑人具有下列情形之一的，可以认定为“可能毁灭、伪造证据，干扰证人作证或者串供”：

（一）曾经或者企图毁灭、伪造、隐匿、转移证据的；

（二）曾经或者企图威逼、恐吓、利诱、收买证人，干扰证人作证的；

（三）有同案犯罪嫌疑人或者与其在事实上存在密切关联犯罪的犯罪嫌疑人在逃，重要证据尚未收集到位的；

（四）其他可能毁灭、伪造证据，干扰证人作证或者串供的情形。

……

第一百三十六条 对有证据证明有犯罪事实，可能判处十年有期徒刑以上刑罚的犯罪嫌疑人，应当批准或者决定逮捕。

对有证据证明有犯罪事实，可能判处徒刑以上刑罚，犯罪嫌疑人曾经故意犯罪或者不讲真实姓名、住址，身份不明的，应当批准或者决定逮捕。

第一百三十七条 人民检察院经审查认为被取保候审、监视居住的犯罪嫌疑人违反取保候审、监视居住规定，依照本规则第一百零一条、第一百一十一条的规定办理。

对于被取保候审、监视居住的可能判处徒刑以下刑罚的犯罪嫌疑人，违反取保候审、监视居住规定，严重影响诉讼活动正常进行的，可以予以逮捕。

第一百三十八条 对实施多个犯罪行为或者共同犯罪案件的犯罪嫌疑人，符合本规则第一百二十八条的规定，具有下列情形之一的，应当批准或者决定逮捕：

（一）有证据证明犯有数罪中的一罪的；

（二）有证据证明实施多次犯罪中的一次犯罪的；

（三）共同犯罪中，已有证据证明有犯罪事实的犯罪嫌疑人。

第一百三十九条 对具有下列情形之一的犯罪嫌疑人，人民检察院应当作出不批准逮捕或者不予逮捕的决定：

（一）不符合本规则规定的逮捕条件的；

（二）具有刑事诉讼法第十六条规定的情形之一的。

第一百四十条 犯罪嫌疑人涉嫌的罪行较轻，且没有其他重大犯罪嫌疑，具有下列情形之一的，可以作出不批准逮捕或者不予逮捕的决定：

（一）属于预备犯、中止犯，或者防卫过当、避险过当的；

（二）主观恶性较小的初犯，共同犯罪中的从犯、胁从犯，犯罪后自首、有立功表现或者积极退赃、赔偿损失、确有悔罪表现的；

学习小记

（三）过失犯罪的犯罪嫌疑人，犯罪后有悔罪表现，有效控制损失或者积极赔偿损失的；

（四）犯罪嫌疑人与被害人双方根据刑事诉讼法的有关规定达成和解协议，经审查，认为和解系自愿、合法且已经履行或者提供担保的；

（五）犯罪嫌疑人认罪认罚的；

（六）犯罪嫌疑人系已满十四周岁未满十八周岁的未成年人或者在校学生，本人有悔罪表现，其家庭、学校或者所在社区、居民委员会、村民委员会具备监护、帮教条件的；

（七）犯罪嫌疑人系已满七十五周岁的人。

第一百四十一条 对符合刑事诉讼法第七十四条第一款规定的犯罪嫌疑人，人民检察院经审查认为不需要逮捕的，可以在作出不批准逮捕决定的同时，向公安机关提出采取监视居住措施的建议。

第六节 监察机关移送案件的强制措施

第一百四十二条 对于监察机关移送起诉的已采取留置措施的案件，人民检察院应当在受理案件后，及时对犯罪嫌疑人作出拘留决定，交公安机关执行。执行拘留后，留置措施自动解除。

第一百四十三条 人民检察院应当在执行拘留后十日以内，作出是否逮捕、取保候审或者监视居住的决定。特殊情况下，决定的时间可以延长一日至四日。

人民检察院决定采取强制措施的期间不计入审查起诉期限。

第一百四十四条 除无法通知的以外，人民检察院应当在公安机关执行拘留、逮捕后二十四小时以内，通知犯罪嫌疑人的家属。

第一百四十五条 人民检察院应当自收到移送起诉的案卷材料之日起三日以内告知犯罪嫌疑人有权委托辩护人。对已经采取留置措施的，应当在执行拘留时告知。

第一百四十六条 对于监察机关移送起诉的未采取留置措施的案件，人民检察院受理后，在审查起诉过程中根据案件情况，可以依照本规则相关规定决定是否采取逮捕、取保候审或者监视居住措施。

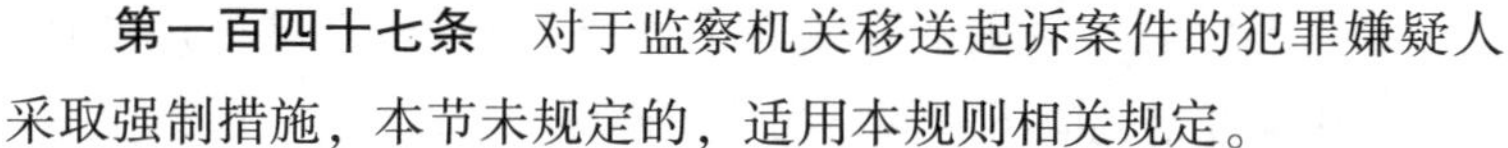

第一百四十七条 对于监察机关移送起诉案件的犯罪嫌疑人采取强制措施，本节未规定的，适用本规则相关规定。

第七节 其他规定

第一百四十八条 人民检察院对担任县级以上各级人民代表大会代表的犯罪嫌疑人决定采取拘传、取保候审、监视居住、拘留、逮捕强制措施的，应当报请该代表所属的人民代表大会主席团或者常务委员会许可。

人民检察院对担任本级人民代表大会代表的犯罪嫌疑人决定采取强制措施的，应当报请本级人民代表大会主席团或者常务委员会许可。

对担任上级人民代表大会代表的犯罪嫌疑人决定采取强制措施的，应当层报该代表所属的人民代表大会同级的人民检察院报请许可。

对担任下级人民代表大会代表的犯罪嫌疑人决定采取强制措施的，可以直接报请该代表所属的人民代表大会主席团或者常务委员会许可，也可以委托该代表所属的人民代表大会同级的人民检察院报请许可。

对担任两级以上的人民代表大会代表的犯罪嫌疑人决定采取强制措施的，分别依照本条第二、三、四款的规定报请许可。

对担任办案单位所在省、市、县（区）以外的其他地区人民代表大会代表的犯罪嫌疑人决定采取强制措施的，应当委托该代表所属的人民代表大会同级的人民检察院报请许可；担任两级以

学习小记

上人民代表大会代表的，应当分别委托该代表所属的人民代表大会同级的人民检察院报请许可。

对于公安机关提请人民检察院批准逮捕的案件，犯罪嫌疑人担任人民代表大会代表的，报请许可手续由公安机关负责办理。

担任县级以上人民代表大会代表的犯罪嫌疑人，经报请该代表所属人民代表大会主席团或者常务委员会许可后被刑事拘留的，适用逮捕措施时不需要再次报请许可。

第一百四十九条 担任县级以上人民代表大会代表的犯罪嫌疑人因现行犯被人民检察院拘留的，人民检察院应当立即向该代表所属的人民代表大会主席团或者常务委员会报告。报告的程序参照本规则第一百四十八条报请许可的程序规定。

对担任乡、民族乡、镇的人民代表大会代表的犯罪嫌疑人决定采取强制措施的，由县级人民检察院向乡、民族乡、镇的人民代表大会报告。

第一百五十条 犯罪嫌疑人及其法定代理人、近亲属或者辩护人认为人民检察院采取强制措施法定期限届满，要求解除、变更强制措施或者释放犯罪嫌疑人的，人民检察院应当在收到申请后三日以内作出决定。

经审查，认为法定期限届满的，应当决定解除、变更强制措施或者释放犯罪嫌疑人，并通知公安机关执行；认为法定期限未满的，书面答复申请人。

第一百五十一条 犯罪嫌疑人及其法定代理人、近亲属或者辩护人向人民检察院提出变更强制措施申请的，人民检察院应当在收到申请后三日以内作出决定。

经审查，同意变更强制措施的，应当在作出决定的同时通知公安机关执行；不同意变更强制措施的，应当书面告知申请人，并说明不同意的理由。

犯罪嫌疑人及其法定代理人、近亲属或者辩护人提出变更强

制措施申请的，应当说明理由，有证据和其他材料的，应当附上相关材料。

第一百五十二条 人民检察院在侦查、审查起诉期间，对犯罪嫌疑人拘留、逮捕后发生依法延长侦查羁押期限、审查起诉期限，重新计算侦查羁押期限、审查起诉期限等期限改变的情形的，应当及时将变更后的期限书面通知看守所。

第一百五十三条 人民检察院决定对涉嫌犯罪的机关事业单位工作人员取保候审、监视居住、拘留、逮捕的，应当在采取或者解除强制措施后五日以内告知其所在单位；决定撤销案件或者不起诉的，应当在作出决定后十日以内告知其所在单位。

第一百五十四条 取保候审变更为监视居住，或者取保候审、监视居住变更为拘留、逮捕的，在变更的同时原强制措施自动解除，不再办理解除法律手续。

第一百五十五条 人民检察院已经对犯罪嫌疑人取保候审、监视居住，案件起诉至人民法院后，人民法院决定取保候审、监视居住或者变更强制措施的，原强制措施自动解除，不再办理解除法律手续。

第七章 案件受理

第一百五十六条 下列案件，由人民检察院负责案件管理的部门统一受理：

（一）公安机关提请批准逮捕、移送起诉、提请批准延长侦查羁押期限、要求复议、提请复核、申请复查、移送申请强制医疗、移送申请没收违法所得的案件；

（二）监察机关移送起诉、提请没收违法所得、对不起诉决定提请复议的案件；

（三）下级人民检察院提出或者提请抗诉、报请指定管辖、报

请核准追诉、报请核准缺席审判或者提请死刑复核监督的案件；

（四）人民法院通知出席第二审法庭或者再审法庭的案件；

（五）其他依照规定由负责案件管理的部门受理的案件。

第一百五十七条 人民检察院负责案件管理的部门受理案件时，应当接收案卷材料，并立即审查下列内容：

（一）依据移送的法律文书载明的内容确定案件是否属于本院管辖；

（二）案卷材料是否齐备、规范，符合有关规定的要求；

（三）移送的款项或者物品与移送清单是否相符；

（四）犯罪嫌疑人是否在案以及采取强制措施的情况；

（五）是否在规定的期限内移送案件。

第一百五十八条 人民检察院负责案件管理的部门对接收的案卷材料审查后，认为具备受理条件的，应当及时进行登记，并立即将案卷材料和案件受理登记表移送办案部门办理。

经审查，认为案卷材料不齐备的，应当及时要求移送案件的单位补送相关材料。对于案卷装订不符合要求的，应当要求移送案件的单位重新装订后移送。

对于移送起诉的案件，犯罪嫌疑人在逃的，应当要求公安机关采取措施保证犯罪嫌疑人到案后再移送起诉。共同犯罪案件中部分犯罪嫌疑人在逃的，对在案犯罪嫌疑人的移送起诉应当受理。

……

第十章 审查逮捕和审查起诉

第一节 一般规定

第二百五十五条 人民检察院办理审查逮捕、审查起诉案件，应当全面审查证明犯罪嫌疑人有罪或者无罪、罪轻或者罪重

的证据。

第二百五十六条 经公安机关商请或者人民检察院认为确有必要时，可以派员适时介入重大、疑难、复杂案件的侦查活动，参加公安机关对于重大案件的讨论，对案件性质、收集证据、适用法律等提出意见，监督侦查活动是否合法。

经监察机关商请，人民检察院可以派员介入监察机关办理的职务犯罪案件。

……

第二百五十八条 人民检察院讯问犯罪嫌疑人时，应当首先查明犯罪嫌疑人的基本情况，依法告知犯罪嫌疑人诉讼权利和义务，以及认罪认罚的法律规定，听取其供述和辩解。犯罪嫌疑人翻供的，应当讯问其原因。犯罪嫌疑人申请排除非法证据的，应当告知其提供相关线索或者材料。犯罪嫌疑人检举揭发他人犯罪的，应当予以记录，并依照有关规定移送有关机关、部门处理。

讯问犯罪嫌疑人应当制作讯问笔录，并交犯罪嫌疑人核对或者向其宣读。经核对无误后逐页签名或者盖章，并捺指印后附卷。犯罪嫌疑人请求自行书写供述的，应当准许，但不得以自行书写的供述代替讯问笔录。

犯罪嫌疑人被羁押的，讯问应当在看守所讯问室进行。

第二百五十九条 办理审查逮捕、审查起诉案件，可以询问证人、被害人、鉴定人等诉讼参与人，并制作笔录附卷。询问时，应当告知其诉讼权利和义务。

询问证人、被害人的地点按照刑事诉讼法第一百二十四条的规定执行。

第二百六十条 讯问犯罪嫌疑人，询问被害人、证人、鉴定人，听取辩护人、被害人及其诉讼代理人的意见，应当由检察人员负责进行。检察人员或者检察人员和书记员不得少于二人。

讯问犯罪嫌疑人，询问证人、鉴定人、被害人，应当个别

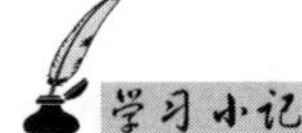

进行。

……

第二百六十三条　对于公安机关提请批准逮捕、移送起诉的案件，检察人员审查时发现存在本规则第七十五条第一款规定情形的，可以调取公安机关讯问犯罪嫌疑人的录音、录像并审查相关的录音、录像。对于重大、疑难、复杂的案件，必要时可以审查全部录音、录像。

对于监察机关移送起诉的案件，认为需要调取有关录音、录像的，可以商监察机关调取。

对于人民检察院直接受理侦查的案件，审查时发现负责侦查的部门未按照本规则第七十五条第三款的规定移送录音、录像或者移送不全的，应当要求其补充移送。对取证合法性或者讯问笔录真实性等产生疑问的，应当有针对性地审查相关的录音、录像。对于重大、疑难、复杂的案件，可以审查全部录音、录像。

第二百六十四条　经审查讯问犯罪嫌疑人录音、录像，发现公安机关、本院负责侦查的部门讯问不规范，讯问过程存在违法行为，录音、录像内容与讯问笔录不一致等情形的，应当逐一列明并向公安机关、本院负责侦查的部门书面提出，要求其予以纠正、补正或者书面作出合理解释。发现讯问笔录与讯问犯罪嫌疑人录音、录像内容有重大实质性差异的，或者公安机关、本院负责侦查的部门不能补正或者作出合理解释的，该讯问笔录不能作为批准或者决定逮捕、提起公诉的依据。

第二百六十五条　犯罪嫌疑人及其辩护人申请排除非法证据，并提供相关线索或者材料的，人民检察院应当调查核实。发现侦查人员以刑讯逼供等非法方法收集证据的，应当依法排除相关证据并提出纠正意见。

审查逮捕期限届满前，经审查无法确定存在非法取证的行为，但也不能排除非法取证可能的，该证据不作为批准逮捕的依

据。检察官应当根据在案的其他证据认定案件事实和决定是否逮捕，并在作出批准或者不批准逮捕的决定后，继续对可能存在的非法取证行为进行调查核实。经调查核实确认存在以刑讯逼供等非法方法收集证据情形的，应当向公安机关提出纠正意见。以非法方法收集的证据，不得作为提起公诉的依据。

第二百六十六条 审查逮捕期间，犯罪嫌疑人申请排除非法证据，但未提交相关线索或者材料，人民检察院经全面审查案件事实、证据，未发现侦查人员存在以非法方法收集证据的情形，认为符合逮捕条件的，可以批准逮捕。

审查起诉期间，犯罪嫌疑人及其辩护人又提出新的线索或者证据，或者人民检察院发现新的证据，经调查核实认为侦查人员存在以刑讯逼供等非法方法收集证据情形的，应当依法排除非法证据，不得作为提起公诉的依据。

排除非法证据后，犯罪嫌疑人不再符合逮捕条件但案件需要继续审查起诉的，应当及时变更强制措施。案件不符合起诉条件的，应当作出不起诉决定。

第二节 认罪认罚从宽案件办理

第二百六十七条 人民检察院办理犯罪嫌疑人认罪认罚案件，应当保障犯罪嫌疑人获得有效法律帮助，确保其了解认罪认罚的性质和法律后果，自愿认罪认罚。

人民检察院受理案件后，应当向犯罪嫌疑人了解其委托辩护人的情况。犯罪嫌疑人自愿认罪认罚、没有辩护人的，在审查逮捕阶段，人民检察院应当要求公安机关通知值班律师为其提供法律帮助；在审查起诉阶段，人民检察院应当通知值班律师为其提供法律帮助。符合通知辩护条件的，应当依法通知法律援助机构指派律师为其提供辩护。

……

学习小记

第二百六十九条 犯罪嫌疑人认罪认罚的，人民检察院应当告知其享有的诉讼权利和认罪认罚的法律规定，听取犯罪嫌疑人、辩护人或者值班律师、被害人及其诉讼代理人对下列事项的意见，并记录在案：

（一）涉嫌的犯罪事实、罪名及适用的法律规定；

（二）从轻、减轻或者免除处罚等从宽处罚的建议；

（三）认罪认罚后案件审理适用的程序；

（四）其他需要听取意见的事项。

依照前款规定听取值班律师意见的，应当提前为值班律师了解案件有关情况提供必要的便利。自人民检察院对案件审查起诉之日起，值班律师可以查阅案卷材料，了解案情。人民检察院应当为值班律师查阅案卷材料提供便利。

人民检察院不采纳辩护人或者值班律师所提意见的，应当向其说明理由。

第二百七十条 批准或者决定逮捕，应当将犯罪嫌疑人涉嫌犯罪的性质、情节，认罪认罚等情况，作为是否可能发生社会危险性的考虑因素。

已经逮捕的犯罪嫌疑人认罪认罚的，人民检察院应当及时对羁押必要性进行审查。经审查，认为没有继续羁押必要的，应当予以释放或者变更强制措施。

第二百七十一条 审查起诉阶段，对于在侦查阶段认罪认罚的案件，人民检察院应当重点审查以下内容：

（一）犯罪嫌疑人是否自愿认罪认罚，有无因受到暴力、威胁、引诱而违背意愿认罪认罚；

（二）犯罪嫌疑人认罪认罚时的认知能力和精神状态是否正常；

（三）犯罪嫌疑人是否理解认罪认罚的性质和可能导致的法律后果；

（四）公安机关是否告知犯罪嫌疑人享有的诉讼权利，如实供述自己罪行可以从宽处理和认罪认罚的法律规定，并听取意见；

（五）起诉意见书中是否写明犯罪嫌疑人认罪认罚情况；

（六）犯罪嫌疑人是否真诚悔罪，是否向被害人赔礼道歉。

经审查，犯罪嫌疑人违背意愿认罪认罚的，人民检察院可以重新开展认罪认罚工作。存在刑讯逼供等非法取证行为的，依照法律规定处理。

第二百七十二条 犯罪嫌疑人自愿认罪认罚，同意量刑建议和程序适用的，应当在辩护人或者值班律师在场的情况下签署认罪认罚具结书。具结书应当包括犯罪嫌疑人如实供述罪行、同意量刑建议和程序适用等内容，由犯罪嫌疑人及其辩护人、值班律师签名。

犯罪嫌疑人具有下列情形之一的，不需要签署认罪认罚具结书：

（一）犯罪嫌疑人是盲、聋、哑人，或者是尚未完全丧失辨认或者控制自己行为能力的精神病人的；

（二）未成年犯罪嫌疑人的法定代理人、辩护人对未成年人认罪认罚有异议的；

（三）其他不需要签署认罪认罚具结书的情形。

有前款情形，犯罪嫌疑人未签署认罪认罚具结书的，不影响认罪认罚从宽制度的适用。

第二百七十三条 犯罪嫌疑人认罪认罚，人民检察院经审查，认为符合速裁程序适用条件的，应当在十日以内作出是否提起公诉的决定，对可能判处的有期徒刑超过一年的，可以延长至十五日；认为不符合速裁程序适用条件的，应当在本规则第三百五十一条规定的期限以内作出是否提起公诉的决定。

对于公安机关建议适用速裁程序办理的案件，人民检察院负

学习小记

责案件管理的部门应当在受理案件的当日将案件移送负责捕诉的部门。

第二百七十四条 认罪认罚案件，人民检察院向人民法院提起公诉的，应当提出量刑建议，在起诉书中写明被告人认罪认罚情况，并移送认罪认罚具结书等材料。量刑建议可以另行制作文书，也可以在起诉书中写明。

第二百七十五条 犯罪嫌疑人认罪认罚的，人民检察院应当就主刑、附加刑、是否适用缓刑等提出量刑建议。量刑建议一般应当为确定刑。对新类型、不常见犯罪案件，量刑情节复杂的重罪案件等，也可以提出幅度刑量刑建议。

第二百七十六条 办理认罪认罚案件，人民检察院应当将犯罪嫌疑人是否与被害方达成和解或者调解协议，或者赔偿被害方损失，取得被害方谅解，或者自愿承担公益损害修复、赔偿责任，作为提出量刑建议的重要考虑因素。

犯罪嫌疑人自愿认罪并且愿意积极赔偿损失，但由于被害方赔偿请求明显不合理，未能达成和解或者调解协议的，一般不影响对犯罪嫌疑人从宽处理。

对于符合当事人和解程序适用条件的公诉案件，犯罪嫌疑人认罪认罚的，人民检察院应当积极促使当事人自愿达成和解。和解协议书和被害方出具的谅解意见应当随案移送。被害方符合司法救助条件的，人民检察院应当积极协调办理。

第二百七十七条 犯罪嫌疑人认罪认罚，人民检察院拟提出适用缓刑或者判处管制的量刑建议，可以委托犯罪嫌疑人居住地的社区矫正机构进行调查评估，也可以自行调查评估。

第二百七十八条 犯罪嫌疑人认罪认罚，人民检察院依照刑事诉讼法第一百七十七条第二款作出不起诉决定后，犯罪嫌疑人反悔的，人民检察院应当进行审查，并区分下列情形依法作出处理：

（一）发现犯罪嫌疑人没有犯罪事实，或者符合刑事诉讼法第十六条规定的情形之一的，应当撤销原不起诉决定，依照刑事诉讼法第一百七十七条第一款的规定重新作出不起诉决定；

（二）犯罪嫌疑人犯罪情节轻微，依照刑法不需要判处刑罚或者免除刑罚的，可以维持原不起诉决定；

（三）排除认罪认罚因素后，符合起诉条件的，应当根据案件具体情况撤销原不起诉决定，依法提起公诉。

第二百七十九条 犯罪嫌疑人自愿如实供述涉嫌犯罪的事实，有重大立功或者案件涉及国家重大利益的，经最高人民检察院核准，公安机关可以撤销案件，人民检察院可以作出不起诉决定，也可以对涉嫌数罪中的一项或者多项不起诉。

前款规定的不起诉，应当由检察长决定。决定不起诉的，人民检察院应当及时对查封、扣押、冻结的财物及其孳息作出处理。

第三节 审查批准逮捕

第二百八十条 人民检察院办理审查逮捕案件，可以讯问犯罪嫌疑人；具有下列情形之一的，应当讯问犯罪嫌疑人：

（一）对是否符合逮捕条件有疑问的；

（二）犯罪嫌疑人要求向检察人员当面陈述的；

（三）侦查活动可能有重大违法行为的；

（四）案情重大、疑难、复杂的；

（五）犯罪嫌疑人认罪认罚的；

（六）犯罪嫌疑人系未成年人的；

（七）犯罪嫌疑人是盲、聋、哑人或者是尚未完全丧失辨认或者控制自己行为能力的精神病人的。

讯问未被拘留的犯罪嫌疑人，讯问前应当听取公安机关的意见。

学习小记

办理审查逮捕案件，对被拘留的犯罪嫌疑人不予讯问的，应当送达听取犯罪嫌疑人意见书，由犯罪嫌疑人填写后及时收回审查并附卷。经审查认为应当讯问犯罪嫌疑人的，应当及时讯问。

第二百八十一条 对有重大影响的案件，可以采取当面听取侦查人员、犯罪嫌疑人及其辩护人等意见的方式进行公开审查。

……

第二百八十六条 人民检察院应当将批准逮捕的决定交公安机关立即执行，并要求公安机关将执行回执及时送达作出批准决定的人民检察院。如果未能执行，也应当要求其将回执及时送达人民检察院，并写明未能执行的原因。对于人民检察院不批准逮捕的，应当要求公安机关在收到不批准逮捕决定书后，立即释放在押的犯罪嫌疑人或者变更强制措施，并将执行回执在收到不批准逮捕决定书后三日以内送达作出不批准逮捕决定的人民检察院。

公安机关在收到不批准逮捕决定书后对在押的犯罪嫌疑人不立即释放或者变更强制措施的，人民检察院应当提出纠正意见。

第二百八十七条 对于没有犯罪事实或者犯罪嫌疑人具有刑事诉讼法第十六条规定情形之一，人民检察院作出不批准逮捕决定的，应当同时告知公安机关撤销案件。

对于有犯罪事实需要追究刑事责任，但不是被立案侦查的犯罪嫌疑人实施，或者共同犯罪案件中部分犯罪嫌疑人不负刑事责任，人民检察院作出不批准逮捕决定的，应当同时告知公安机关对有关犯罪嫌疑人终止侦查。

公安机关在收到不批准逮捕决定书后超过十五日未要求复议、提请复核，也不撤销案件或者终止侦查的，人民检察院应当发出纠正违法通知书。公安机关仍不纠正的，报上一级人民检察院协商同级公安机关处理。

……

第二百八十九条 对已经作出的批准逮捕决定发现确有错误的，人民检察院应当撤销原批准逮捕决定，送达公安机关执行。

对已经作出的不批准逮捕决定发现确有错误，需要批准逮捕的，人民检察院应当撤销原不批准逮捕决定，并重新作出批准逮捕决定，送达公安机关执行。

对因撤销原批准逮捕决定而被释放的犯罪嫌疑人或者逮捕后公安机关变更为取保候审、监视居住的犯罪嫌疑人，又发现需要逮捕的，人民检察院应当重新办理逮捕手续。

……

第四节　审查决定逮捕

第二百九十六条 人民检察院办理直接受理侦查的案件，需要逮捕犯罪嫌疑人的，由负责侦查的部门制作逮捕犯罪嫌疑人意见书，连同案卷材料、讯问犯罪嫌疑人录音、录像一并移送本院负责捕诉的部门审查。犯罪嫌疑人已被拘留的，负责侦查的部门应当在拘留后七日以内将案件移送本院负责捕诉的部门审查。

第二百九十七条 对本院负责侦查的部门移送审查逮捕的案件，犯罪嫌疑人已被拘留的，负责捕诉的部门应当在收到逮捕犯罪嫌疑人意见书后七日以内，报请检察长决定是否逮捕，特殊情况下，决定逮捕的时间可以延长一日至三日；犯罪嫌疑人未被拘留的，负责捕诉的部门应当在收到逮捕犯罪嫌疑人意见书后十五日以内，报请检察长决定是否逮捕，重大、复杂案件，不得超过二十日。

……

第二百九十九条 对犯罪嫌疑人决定不予逮捕的，负责捕诉的部门应当将不予逮捕的决定连同案卷材料、讯问犯罪嫌疑人录音、录像移交负责侦查的部门，并说明理由。需要补充侦查的，应当制作补充侦查提纲。犯罪嫌疑人已被拘留的，负责侦查的部

门应当通知公安机关立即释放。

……

第三百零一条 逮捕犯罪嫌疑人后，应当立即送看守所羁押。除无法通知的以外，负责侦查的部门应当把逮捕的原因和羁押的处所，在二十四小时以内通知其家属。对于无法通知的，在无法通知的情形消除后，应当立即通知其家属。

第三百零二条 对被逮捕的犯罪嫌疑人，应当在逮捕后二十四小时以内进行讯问。

发现不应当逮捕的，应当经检察长批准，撤销逮捕决定或者变更为其他强制措施，并通知公安机关执行，同时通知负责捕诉的部门。

对按照前款规定被释放或者变更强制措施的犯罪嫌疑人，又发现需要逮捕的，应当重新移送审查逮捕。

……

第七节 审查起诉

第三百二十八条 各级人民检察院提起公诉，应当与人民法院审判管辖相适应。负责捕诉的部门收到移送起诉的案件后，经审查认为不属于本院管辖的，应当在发现之日起五日以内经由负责案件管理的部门移送有管辖权的人民检察院。

属于上级人民法院管辖的第一审案件，应当报送上级人民检察院，同时通知移送起诉的公安机关；属于同级其他人民法院管辖的第一审案件，应当移送有管辖权的人民检察院或者报送共同的上级人民检察院指定管辖，同时通知移送起诉的公安机关。

上级人民检察院受理同级公安机关移送起诉的案件，认为属于下级人民法院管辖的，可以交下级人民检察院审查，由下级人民检察院向同级人民法院提起公诉，同时通知移送起诉的公安机关。

一人犯数罪、共同犯罪和其他需要并案审理的案件，只要其中一人或者一罪属于上级人民检察院管辖的，全案由上级人民检察院审查起诉。

公安机关移送起诉的案件，需要依照刑事诉讼法的规定指定审判管辖的，人民检察院应当在公安机关移送起诉前协商同级人民法院办理指定管辖有关事宜。

第三百二十九条 监察机关移送起诉的案件，需要依照刑事诉讼法的规定指定审判管辖的，人民检察院应当在监察机关移送起诉二十日前协商同级人民法院办理指定管辖有关事宜。

第三百三十条 人民检察院审查移送起诉的案件，应当查明：

（一）犯罪嫌疑人身份状况是否清楚，包括姓名、性别、国籍、出生年月日、职业和单位等；单位犯罪的，单位的相关情况是否清楚；

（二）犯罪事实、情节是否清楚；实施犯罪的时间、地点、手段、危害后果是否明确；

（三）认定犯罪性质和罪名的意见是否正确；有无法定的从重、从轻、减轻或者免除处罚情节及酌定从重、从轻情节；共同犯罪案件的犯罪嫌疑人在犯罪活动中的责任认定是否恰当；

（四）犯罪嫌疑人是否认罪认罚；

（五）证明犯罪事实的证据材料是否随案移送；证明相关财产系违法所得的证据材料是否随案移送；不宜移送的证据的清单、复制件、照片或者其他证明文件是否随案移送；

（六）证据是否确实、充分，是否依法收集，有无应当排除非法证据的情形；

（七）采取侦查措施包括技术侦查措施的法律手续和诉讼文书是否完备；

（八）有无遗漏罪行和其他应当追究刑事责任的人；

（九）是否属于不应当追究刑事责任的；

（十）有无附带民事诉讼；对于国家财产、集体财产遭受损失的，是否需要由人民检察院提起附带民事诉讼；对于破坏生态环境和资源保护，食品药品安全领域侵害众多消费者合法权益，侵害英雄烈士的姓名、肖像、名誉、荣誉等损害社会公共利益的行为，是否需要由人民检察院提起附带民事公益诉讼；

（十一）采取的强制措施是否适当，对于已经逮捕的犯罪嫌疑人，有无继续羁押的必要；

（十二）侦查活动是否合法；

（十三）涉案财物是否查封、扣押、冻结并妥善保管，清单是否齐备；对被害人合法财产的返还和对违禁品或者不宜长期保存的物品的处理是否妥当，移送的证明文件是否完备。

第三百三十一条 人民检察院办理审查起诉案件应当讯问犯罪嫌疑人。

第三百三十二条 人民检察院认为需要对案件中某些专门性问题进行鉴定而监察机关或者公安机关没有鉴定的，应当要求监察机关或者公安机关进行鉴定。必要时，也可以由人民检察院进行鉴定，或者由人民检察院聘请有鉴定资格的人进行鉴定。

人民检察院自行进行鉴定的，可以商请监察机关或者公安机关派员参加，必要时可以聘请有鉴定资格或者有专门知识的人参加。

第三百三十三条 在审查起诉中，发现犯罪嫌疑人可能患有精神病的，人民检察院应当依照本规则的有关规定对犯罪嫌疑人进行鉴定。

犯罪嫌疑人的辩护人或者近亲属以犯罪嫌疑人可能患有精神病而申请对犯罪嫌疑人进行鉴定的，人民检察院也可以依照本规则的有关规定对犯罪嫌疑人进行鉴定。鉴定费用由申请方承担。

第三百三十四条 人民检察院对鉴定意见有疑问的，可以询问鉴定人或者有专门知识的人并制作笔录附卷，也可以指派有鉴

定资格的检察技术人员或者聘请其他有鉴定资格的人进行补充鉴定或者重新鉴定。

人民检察院对鉴定意见等技术性证据材料需要进行专门审查的，按照有关规定交检察技术人员或者其他有专门知识的人进行审查并出具审查意见。

第三百三十五条 人民检察院审查案件时，对监察机关或者公安机关的勘验、检查，认为需要复验、复查的，应当要求其复验、复查，人民检察院可以派员参加；也可以自行复验、复查，商请监察机关或者公安机关派员参加，必要时也可以指派检察技术人员或者聘请其他有专门知识的人参加。

第三百三十六条 人民检察院对物证、书证、视听资料、电子数据及勘验、检查、辨认、侦查实验等笔录存在疑问的，可以要求调查人员或者侦查人员提供获取、制作的有关情况，必要时也可以询问提供相关证据材料的人员和见证人并制作笔录附卷，对物证、书证、视听资料、电子数据进行鉴定。

第三百三十七条 人民检察院在审查起诉阶段认为需要逮捕犯罪嫌疑人的，应当经检察长决定。

第三百三十八条 对于人民检察院正在审查起诉的案件，被逮捕的犯罪嫌疑人及其法定代理人、近亲属或者辩护人认为羁押期限届满，向人民检察院提出释放犯罪嫌疑人或者变更强制措施要求的，人民检察院应当在三日以内审查决定。经审查，认为法定期限届满的，应当决定释放或者依法变更强制措施，并通知公安机关执行；认为法定期限未满的，书面答复申请人。

第三百三十九条 人民检察院对案件进行审查后，应当依法作出起诉或者不起诉以及是否提起附带民事诉讼、附带民事公益诉讼的决定。

第三百四十条 人民检察院对监察机关或者公安机关移送的案件进行审查后，在人民法院作出生效判决之前，认为需要补充

提供证据材料的，可以书面要求监察机关或者公安机关提供。

第三百四十一条 人民检察院在审查起诉中发现有应当排除的非法证据，应当依法排除，同时可以要求监察机关或者公安机关另行指派调查人员或者侦查人员重新取证。必要时，人民检察院也可以自行调查取证。

……

第三百四十三条 人民检察院对于监察机关移送起诉的案件，认为需要补充调查的，应当退回监察机关补充调查。必要时，可以自行补充侦查。

需要退回补充调查的案件，人民检察院应当出具补充调查决定书、补充调查提纲，写明补充调查的事项、理由、调查方向、需补充收集的证据及其证明作用等，连同案卷材料一并送交监察机关。

人民检察院决定退回补充调查的案件，犯罪嫌疑人已被采取强制措施的，应当将退回补充调查情况书面通知强制措施执行机关。监察机关需要讯问的，人民检察院应当予以配合。

第三百四十四条 对于监察机关移送起诉的案件，具有下列情形之一的，人民检察院可以自行补充侦查：

（一）证人证言、犯罪嫌疑人供述和辩解、被害人陈述的内容主要情节一致，个别情节不一致的；

（二）物证、书证等证据材料需要补充鉴定的；

（三）其他由人民检察院查证更为便利、更有效率、更有利于查清案件事实的情形。

自行补充侦查完毕后，应当将相关证据材料入卷，同时抄送监察机关。人民检察院自行补充侦查的，可以商请监察机关提供协助。

第三百四十五条 人民检察院负责捕诉的部门对本院负责侦查的部门移送起诉的案件进行审查后，认为犯罪事实不清、证据

不足或者存在遗漏罪行、遗漏同案犯罪嫌疑人等情形需要补充侦查的，应当制作补充侦查提纲，连同案卷材料一并退回负责侦查的部门补充侦查。必要时，也可以自行侦查，可以要求负责侦查的部门予以协助。

第三百四十六条 退回监察机关补充调查、退回公安机关补充侦查的案件，均应当在一个月以内补充调查、补充侦查完毕。

补充调查、补充侦查以二次为限。

补充调查、补充侦查完毕移送起诉后，人民检察院重新计算审查起诉期限。

人民检察院负责捕诉的部门退回本院负责侦查的部门补充侦查的期限、次数按照本条第一款至第三款的规定执行。

……

第三百四十九条 人民检察院对已经退回监察机关二次补充调查或者退回公安机关二次补充侦查的案件，在审查起诉中又发现新的犯罪事实，应当将线索移送监察机关或者公安机关。对已经查清的犯罪事实，应当依法提起公诉。

……

第三百五十一条 人民检察院对于移送起诉的案件，应当在一个月以内作出决定；重大、复杂的案件，一个月以内不能作出决定的，可以延长十五日。

人民检察院审查起诉的案件，改变管辖的，从改变后的人民检察院收到案件之日起计算审查起诉期限。

……

第八节　起　　诉

第三百五十五条 人民检察院认为犯罪嫌疑人的犯罪事实已经查清，证据确实、充分，依法应当追究刑事责任的，应当作出起诉决定。

学习小记

具有下列情形之一的，可以认为犯罪事实已经查清：

（一）属于单一罪行的案件，查清的事实足以定罪量刑或者与定罪量刑有关的事实已经查清，不影响定罪量刑的事实无法查清的；

（二）属于数个罪行的案件，部分罪行已经查清并符合起诉条件，其他罪行无法查清的；

（三）无法查清作案工具、赃物去向，但有其他证据足以对被告人定罪量刑的；

（四）证人证言、犯罪嫌疑人供述和辩解、被害人陈述的内容主要情节一致，个别情节不一致，但不影响定罪的。

对于符合前款第二项情形的，应当以已经查清的罪行起诉。

……

第三百五十七条　人民检察院立案侦查时认为属于直接受理侦查的案件，在审查起诉阶段发现属于监察机关管辖的，应当及时商监察机关办理。属于公安机关管辖，案件事实清楚，证据确实、充分，符合起诉条件的，可以直接起诉；事实不清、证据不足的，应当及时移送有管辖权的机关办理。

在审查起诉阶段，发现公安机关移送起诉的案件属于监察机关管辖，或者监察机关移送起诉的案件属于公安机关管辖，但案件事实清楚，证据确实、充分，符合起诉条件的，经征求监察机关、公安机关意见后，没有不同意见的，可以直接起诉；提出不同意见，或者事实不清、证据不足的，应当将案件退回移送案件的机关并说明理由，建议其移送有管辖权的机关办理。

第三百五十八条　人民检察院决定起诉的，应当制作起诉书。

起诉书的主要内容包括：

（一）被告人的基本情况，包括姓名、性别、出生年月日、出生地和户籍地、公民身份号码、民族、文化程度、职业、工作

单位及职务、住址，是否受过刑事处分及处分的种类和时间，采取强制措施的情况等；如果是单位犯罪，应当写明犯罪单位的名称和组织机构代码、所在地址、联系方式，法定代表人和诉讼代表人的姓名、职务、联系方式；如果还有应当负刑事责任的直接负责的主管人员或其他直接责任人员，应当按上述被告人基本情况的内容叙写；

（二）案由和案件来源；

（三）案件事实，包括犯罪的时间、地点、经过、手段、动机、目的、危害后果等与定罪量刑有关的事实要素。起诉书叙述的指控犯罪事实的必备要素应当明晰、准确。被告人被控有多项犯罪事实的，应当逐一列举，对于犯罪手段相同的同一犯罪可以概括叙写；

（四）起诉的根据和理由，包括被告人触犯的刑法条款、犯罪的性质及认定的罪名、处罚条款、法定从轻、减轻或者从重处罚的情节，共同犯罪各被告人应负的罪责等；

（五）被告人认罪认罚情况，包括认罪认罚的内容、具结书签署情况等。

被告人真实姓名、住址无法查清的，可以按其绰号或者自报的姓名、住址制作起诉书，并在起诉书中注明。被告人自报的姓名可能造成损害他人名誉、败坏道德风俗等不良影响的，可以对被告人编号并按编号制作起诉书，附具被告人的照片，记明足以确定被告人面貌、体格、指纹以及其他反映被告人特征的事项。

起诉书应当附有被告人现在处所，证人、鉴定人、需要出庭的有专门知识的人的名单，需要保护的被害人、证人、鉴定人的化名名单，查封、扣押、冻结的财物及孳息的清单，附带民事诉讼、附带民事公益诉讼情况以及其他需要附注的情况。

证人、鉴定人、有专门知识的人的名单应当列明姓名、性别、年龄、职业、住址、联系方式，并注明证人、鉴定人是否出庭。

第三百五十九条 人民检察院提起公诉的案件，应当向人民法院移送起诉书、案卷材料、证据和认罪认罚具结书等材料。

起诉书应当一式八份，每增加一名被告人增加起诉书五份。

关于被害人姓名、住址、联系方式、被告人被采取强制措施的种类、是否在案及羁押处所等问题，人民检察院应当在起诉书中列明，不再单独移送材料；对于涉及被害人隐私或者为保护证人、鉴定人、被害人人身安全，而不宜公开证人、鉴定人、被害人姓名、住址、工作单位和联系方式等个人信息的，可以在起诉书中使用化名。但是应当另行书面说明使用化名的情况并标明密级，单独成卷。

第三百六十条 人民检察院对于犯罪嫌疑人、被告人或者证人等翻供、翻证的材料以及对犯罪嫌疑人、被告人有利的其他证据材料，应当移送人民法院。

第三百六十一条 人民法院向人民检察院提出书面意见要求补充移送材料，人民检察院认为有必要移送的，应当自收到通知之日起三日以内补送。

第三百六十二条 对提起公诉后，在人民法院宣告判决前补充收集的证据材料，人民检察院应当及时移送人民法院。

第三百六十三条 在审查起诉期间，人民检察院可以根据辩护人的申请，向监察机关、公安机关调取在调查、侦查期间收集的证明犯罪嫌疑人、被告人无罪或者罪轻的证据材料。

第三百六十四条 人民检察院提起公诉的案件，可以向人民法院提出量刑建议。除有减轻处罚或者免除处罚情节外，量刑建议应当在法定量刑幅度内提出。建议判处有期徒刑、管制、拘役的，可以具有一定的幅度，也可以提出具体确定的建议。

提出量刑建议的，可以制作量刑建议书，与起诉书一并移送人民法院。量刑建议书的主要内容应当包括被告人所犯罪行的法定刑、量刑情节、建议人民法院对被告人判处刑罚的种类、刑罚

幅度、可以适用的刑罚执行方式以及提出量刑建议的依据和理由等。

认罪认罚案件的量刑建议，按照本章第二节的规定办理。

第九节　不　起　诉

第三百六十五条　人民检察院对于监察机关或者公安机关移送起诉的案件，发现犯罪嫌疑人没有犯罪事实，或者符合刑事诉讼法第十六条规定的情形之一的，经检察长批准，应当作出不起诉决定。

对于犯罪事实并非犯罪嫌疑人所为，需要重新调查或者侦查的，应当在作出不起诉决定后书面说明理由，将案卷材料退回监察机关或者公安机关并建议重新调查或者侦查。

第三百六十六条　负责捕诉的部门对于本院负责侦查的部门移送起诉的案件，发现具有本规则第三百六十五条第一款规定情形的，应当退回本院负责侦查的部门，建议撤销案件。

第三百六十七条　人民检察院对于二次退回补充调查或者补充侦查的案件，仍然认为证据不足，不符合起诉条件的，经检察长批准，依法作出不起诉决定。

人民检察院对于经过一次退回补充调查或者补充侦查的案件，认为证据不足，不符合起诉条件，且没有再次退回补充调查或者补充侦查必要的，经检察长批准，可以作出不起诉决定。

第三百六十八条　具有下列情形之一，不能确定犯罪嫌疑人构成犯罪和需要追究刑事责任的，属于证据不足，不符合起诉条件：

（一）犯罪构成要件事实缺乏必要的证据予以证明的；

（二）据以定罪的证据存在疑问，无法查证属实的；

（三）据以定罪的证据之间、证据与案件事实之间的矛盾不能合理排除的；

学习小记

（四）根据证据得出的结论具有其他可能性，不能排除合理怀疑的；

（五）根据证据认定案件事实不符合逻辑和经验法则，得出的结论明显不符合常理的。

第三百六十九条 人民检察院根据刑事诉讼法第一百七十五条第四款规定决定不起诉的，在发现新的证据，符合起诉条件时，可以提起公诉。

第三百七十条 人民检察院对于犯罪情节轻微，依照刑法规定不需要判处刑罚或者免除刑罚的，经检察长批准，可以作出不起诉决定。

第三百七十一条 人民检察院直接受理侦查的案件，以及监察机关移送起诉的案件，拟作不起诉决定的，应当报请上一级人民检察院批准。

第三百七十二条 人民检察院决定不起诉的，应当制作不起诉决定书。

不起诉决定书的主要内容包括：

（一）被不起诉人的基本情况，包括姓名、性别、出生年月日、出生地和户籍地、公民身份号码、民族、文化程度、职业、工作单位及职务、住址，是否受过刑事处分，采取强制措施的情况以及羁押处所等；如果是单位犯罪，应当写明犯罪单位的名称和组织机构代码、所在地址、联系方式，法定代表人和诉讼代表人的姓名、职务、联系方式；

（二）案由和案件来源；

（三）案件事实，包括否定或者指控被不起诉人构成犯罪的事实以及作为不起诉决定根据的事实；

（四）不起诉的法律根据和理由，写明作出不起诉决定适用的法律条款；

（五）查封、扣押、冻结的涉案财物的处理情况；

（六）有关告知事项。

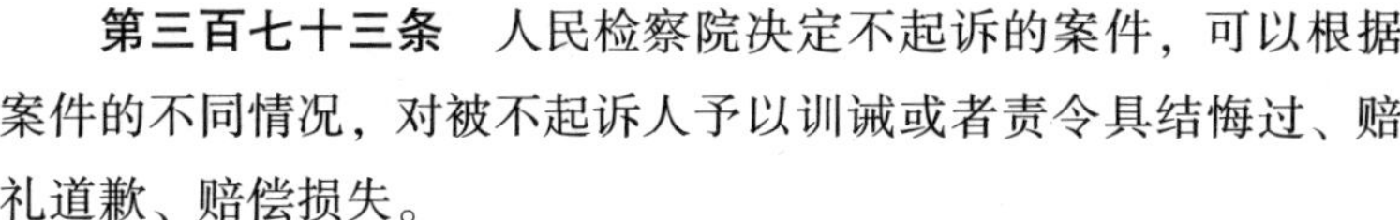

第三百七十三条 人民检察院决定不起诉的案件，可以根据案件的不同情况，对被不起诉人予以训诫或者责令具结悔过、赔礼道歉、赔偿损失。

对被不起诉人需要给予行政处罚、政务处分或者其他处分的，经检察长批准，人民检察院应当提出检察意见，连同不起诉决定书一并移送有关主管机关处理，并要求有关主管机关及时通报处理情况。

第三百七十四条 人民检察院决定不起诉的案件，应当同时书面通知作出查封、扣押、冻结决定的机关或者执行查封、扣押、冻结决定的机关解除查封、扣押、冻结。

第三百七十五条 人民检察院决定不起诉的案件，需要没收违法所得的，经检察长批准，应当提出检察意见，移送有关主管机关处理，并要求有关主管机关及时通报处理情况。具体程序可以参照本规则第二百四十八条的规定办理。

第三百七十六条 不起诉的决定，由人民检察院公开宣布。公开宣布不起诉决定的活动应当记录在案。

不起诉决定书自公开宣布之日起生效。

被不起诉人在押的，应当立即释放；被采取其他强制措施的，应当通知执行机关解除。

……

第三百七十八条 对于监察机关或者公安机关移送起诉的案件，人民检察院决定不起诉的，应当将不起诉决定书送达监察机关或者公安机关。

第三百七十九条 监察机关认为不起诉的决定有错误，向上一级人民检察院提请复议的，上一级人民检察院应当在收到提请复议意见书后三十日以内，经检察长批准，作出复议决定，通知监察机关。

学习小记

公安机关认为不起诉决定有错误要求复议的，人民检察院负责捕诉的部门应当另行指派检察官或者检察官办案组进行审查，并在收到要求复议意见书后三十日以内，经检察长批准，作出复议决定，通知公安机关。

……

第三百八十三条　人民检察院应当将复查决定书送达被害人、被不起诉人和作出不起诉决定的人民检察院。

上级人民检察院经复查作出起诉决定的，应当撤销下级人民检察院的不起诉决定，交由下级人民检察院提起公诉，并将复查决定抄送移送起诉的监察机关或者公安机关。

第三百八十四条　人民检察院收到人民法院受理被害人对被不起诉人起诉的通知后，应当终止复查，将作出不起诉决定所依据的有关案卷材料移送人民法院。

第三百八十五条　对于人民检察院依照刑事诉讼法第一百七十七条第二款规定作出的不起诉决定，被不起诉人不服，在收到不起诉决定书后七日以内提出申诉的，应当由作出决定的人民检察院负责捕诉的部门进行复查；被不起诉人在收到不起诉决定书七日以后提出申诉的，由负责控告申诉检察的部门进行审查。经审查，认为不起诉决定正确的，出具审查结论直接答复申诉人，并做好释法说理工作；认为不起诉决定可能存在错误的，移送负责捕诉的部门复查。

人民检察院应当将复查决定书送达被不起诉人、被害人。复查后，撤销不起诉决定，变更不起诉的事实或者法律依据的，应当同时将复查决定书抄送移送起诉的监察机关或者公安机关。

……

第三百八十八条　人民检察院发现不起诉决定确有错误，符合起诉条件的，应当撤销不起诉决定，提起公诉。

……

第十一章　出席法庭

第一节　出席第一审法庭

第三百九十条　提起公诉的案件，人民检察院应当派员以国家公诉人的身份出席第一审法庭，支持公诉。

公诉人应当由检察官担任。检察官助理可以协助检察官出庭。根据需要可以配备书记员担任记录。

第三百九十一条　对于提起公诉后人民法院改变管辖的案件，提起公诉的人民检察院参照本规则第三百二十八条的规定将案件移送与审判管辖相对应的人民检察院。

接受移送的人民检察院重新对案件进行审查的，根据刑事诉讼法第一百七十二条第二款的规定自收到案件之日起计算审查起诉期限。

……

第四百一十八条　人民检察院向人民法院提出量刑建议的，公诉人应当在发表公诉意见时提出。

对认罪认罚案件，人民法院经审理认为人民检察院的量刑建议明显不当向人民检察院提出的，或者被告人、辩护人对量刑建议提出异议的，人民检察院可以调整量刑建议。

……

第四百二十条　在法庭审判过程中，遇有下列情形之一的，公诉人可以建议法庭延期审理：

（一）发现事实不清、证据不足，或者遗漏罪行、遗漏同案犯罪嫌疑人，需要补充侦查或者补充提供证据的；

（二）被告人揭发他人犯罪行为或者提供重要线索，需要补充侦查进行查证的；

（三）发现遗漏罪行或者遗漏同案犯罪嫌疑人，虽不需要补充侦查和补充提供证据，但需要补充、追加起诉的；

（四）申请人民法院通知证人、鉴定人出庭作证或者有专门知识的人出庭提出意见的；

（五）需要调取新的证据，重新鉴定或者勘验的；

（六）公诉人出示、宣读开庭前移送人民法院的证据以外的证据，或者补充、追加、变更起诉，需要给予被告人、辩护人必要时间进行辩护准备的；

（七）被告人、辩护人向法庭出示公诉人不掌握的与定罪量刑有关的证据，需要调查核实的；

（八）公诉人对证据收集的合法性进行证明，需要调查核实的。

在人民法院开庭审理前发现具有前款情形之一的，人民检察院可以建议人民法院延期审理。

第四百二十一条 法庭宣布延期审理后，人民检察院应当在补充侦查期限内提请人民法院恢复法庭审理或者撤回起诉。

公诉人在法庭审理过程中建议延期审理的次数不得超过两次，每次不得超过一个月。

第四百二十二条 在审判过程中，对于需要补充提供法庭审判所必需的证据或者补充侦查的，人民检察院应当自行收集证据和进行侦查，必要时可以要求监察机关或者公安机关提供协助；也可以书面要求监察机关或者公安机关补充提供证据。

人民检察院补充侦查，适用本规则第六章、第九章、第十章的规定。

补充侦查不得超过一个月。

第四百二十三条 人民法院宣告判决前，人民检察院发现被告人的真实身份或者犯罪事实与起诉书中叙述的身份或者指控犯罪事实不符的，或者事实、证据没有变化，但罪名、适用法律与

起诉书不一致的，可以变更起诉。发现遗漏同案犯罪嫌疑人或者罪行的，应当要求公安机关补充移送起诉或者补充侦查；对于犯罪事实清楚，证据确实、充分的，可以直接追加、补充起诉。

第四百二十四条 人民法院宣告判决前，人民检察院发现具有下列情形之一的，经检察长批准，可以撤回起诉：

（一）不存在犯罪事实的；

（二）犯罪事实并非被告人所为的；

（三）情节显著轻微、危害不大，不认为是犯罪的；

（四）证据不足或证据发生变化，不符合起诉条件的；

（五）被告人因未达到刑事责任年龄，不负刑事责任的；

（六）法律、司法解释发生变化导致不应当追究被告人刑事责任的；

（七）其他不应当追究被告人刑事责任的。

对于撤回起诉的案件，人民检察院应当在撤回起诉后三十日以内作出不起诉决定。需要重新调查或者侦查的，应当在作出不起诉决定后将案卷材料退回监察机关或者公安机关，建议监察机关或者公安机关重新调查或者侦查，并书面说明理由。

对于撤回起诉的案件，没有新的事实或者新的证据，人民检察院不得再行起诉。

新的事实是指原起诉书中未指控的犯罪事实。该犯罪事实触犯的罪名既可以是原指控罪名的同一罪名，也可以是其他罪名。

新的证据是指撤回起诉后收集、调取的足以证明原指控犯罪事实的证据。

……

第四节　出席第二审法庭

第四百四十五条 对提出抗诉的案件或者公诉案件中人民法院决定开庭审理的上诉案件，同级人民检察院应当指派检察官出

学习小记

席第二审法庭。检察官助理可以协助检察官出庭。根据需要可以配备书记员担任记录。

第四百四十六条 检察官出席第二审法庭的任务是：

（一）支持抗诉或者听取上诉意见，对原审人民法院作出的错误判决或者裁定提出纠正意见；

（二）维护原审人民法院正确的判决或者裁定，建议法庭维持原判；

（三）维护诉讼参与人的合法权利；

（四）对法庭审理案件有无违反法律规定诉讼程序的情况记明笔录；

（五）依法从事其他诉讼活动。

第四百四十七条 对抗诉和上诉案件，第二审人民法院的同级人民检察院可以调取下级人民检察院与案件有关的材料。

人民检察院在接到第二审人民法院决定开庭、查阅案卷通知后，可以查阅或者调阅案卷材料。查阅或者调阅案卷材料应当在接到人民法院的通知之日起一个月以内完成。在一个月以内无法完成的，可以商请人民法院延期审理。

第四百四十八条 检察人员应当客观全面地审查原审案卷材料，不受上诉或者抗诉范围的限制。应当审查原审判决认定案件事实、适用法律是否正确，证据是否确实、充分，量刑是否适当，审判活动是否合法，并应当审查下级人民检察院的抗诉书或者上诉人的上诉状，了解抗诉或者上诉的理由是否正确、充分，重点审查有争议的案件事实、证据和法律适用问题，有针对性地做好庭审准备工作。

……

第四百五十条 人民检察院办理死刑上诉、抗诉案件，应当进行下列工作：

（一）讯问原审被告人，听取原审被告人的上诉理由或者

学习小记

辩解；

（二）听取辩护人的意见；

（三）复核主要证据，必要时询问证人；

（四）必要时补充收集证据；

（五）对鉴定意见有疑问的，可以重新鉴定或者补充鉴定；

（六）根据案件情况，可以听取被害人的意见。

……

第十二章　特别程序

……

第三节　缺席审判程序

第五百零五条　对于监察机关移送起诉的贪污贿赂犯罪案件，犯罪嫌疑人、被告人在境外，人民检察院认为犯罪事实已经查清，证据确实、充分，依法应当追究刑事责任的，可以向人民法院提起公诉。

对于公安机关移送起诉的需要及时进行审判的严重危害国家安全犯罪、恐怖活动犯罪案件，犯罪嫌疑人、被告人在境外，人民检察院认为犯罪事实已经查清，证据确实、充分，依法应当追究刑事责任的，经最高人民检察院核准，可以向人民法院提起公诉。

前两款规定的案件，由有管辖权的中级人民法院的同级人民检察院提起公诉。

人民检察院提起公诉的，应当向人民法院提交被告人已出境的证据。

……

第四节　犯罪嫌疑人、被告人逃匿、死亡案件违法所得的没收程序

第五百一十二条　对于贪污贿赂犯罪、恐怖活动犯罪等重大犯罪案件，犯罪嫌疑人、被告人逃匿，在通缉一年后不能到案，依照刑法规定应当追缴其违法所得及其他涉案财产的，人民检察院可以向人民法院提出没收违法所得的申请。

对于犯罪嫌疑人、被告人死亡，依照刑法规定应当追缴其违法所得及其他涉案财产的，人民检察院也可以向人民法院提出没收违法所得的申请。

第五百一十三条　犯罪嫌疑人、被告人为逃避侦查和刑事追究潜逃、隐匿，或者在刑事诉讼过程中脱逃的，应当认定为“逃匿”。

犯罪嫌疑人、被告人因意外事故下落不明满二年，或者因意外事故下落不明，经有关机关证明其不可能生存的，按照前款规定处理。

……

第五百一十五条　犯罪嫌疑人、被告人通过实施犯罪直接或者间接产生、获得的任何财产，应当认定为“违法所得”。

违法所得已经部分或者全部转变、转化为其他财产的，转变、转化后的财产应当视为前款规定的“违法所得”。

来自违法所得转变、转化后的财产收益，或者来自已经与违法所得相混合财产中违法所得相应部分的收益，也应当视为第一款规定的违法所得。

第五百一十六条　犯罪嫌疑人、被告人非法持有的违禁品、供犯罪所用的本人财物，应当认定为“其他涉案财产”。

第五百一十七条　刑事诉讼法第二百九十九条第三款规定的“利害关系人”包括犯罪嫌疑人、被告人的近亲属和其他对申请

没收的财产主张权利的自然人和单位。

刑事诉讼法第二百九十九条第二款、第三百条第二款规定的“其他利害关系人”是指前款规定的“其他对申请没收的财产主张权利的自然人和单位”。

第五百一十八条 人民检察院审查监察机关或者公安机关移送的没收违法所得意见书，向人民法院提出没收违法所得的申请以及对违法所得没收程序中调查活动、审判活动的监督，由负责捕诉的部门办理。

第五百一十九条 没收违法所得的申请，应当由有管辖权的中级人民法院的同级人民检察院提出。

第五百二十条 人民检察院向人民法院提出没收违法所得的申请，应当制作没收违法所得申请书。没收违法所得申请书应当载明以下内容：

（一）犯罪嫌疑人、被告人的基本情况，包括姓名、性别、出生年月日、出生地、户籍地、公民身份号码、民族、文化程度、职业、工作单位及职务、住址等；

（二）案由及案件来源；

（三）犯罪嫌疑人、被告人的犯罪事实及相关证据材料；

（四）犯罪嫌疑人、被告人逃匿、被通缉或者死亡的情况；

（五）申请没收的财产种类、数量、价值、所在地以及查封、扣押、冻结财产清单和相关法律手续；

（六）申请没收的财产属于违法所得及其他涉案财产的相关事实及证据材料；

（七）提出没收违法所得申请的理由和法律依据；

（八）有无近亲属和其他利害关系人以及利害关系人的姓名、身份、住址、联系方式；

（九）其他应当写明的内容。

上述材料需要翻译件的，人民检察院应当随没收违法所得申

学习小记

请书一并移送人民法院。

第五百二十一条 监察机关或者公安机关向人民检察院移送没收违法所得意见书，应当由有管辖权的人民检察院的同级监察机关或者公安机关移送。

第五百二十二条 人民检察院审查监察机关或者公安机关移送的没收违法所得意见书，应当审查下列内容：

（一）是否属于本院管辖；

（二）是否符合刑事诉讼法第二百九十八条第一款规定的条件；

（三）犯罪嫌疑人基本情况，包括姓名、性别、国籍、出生年月日、职业和单位等；

（四）犯罪嫌疑人涉嫌犯罪的事实和相关证据材料；

（五）犯罪嫌疑人逃匿、下落不明、被通缉或者死亡的情况，通缉令或者死亡证明是否随案移送；

（六）违法所得及其他涉案财产的种类、数量、所在地以及查封、扣押、冻结的情况，查封、扣押、冻结的财产清单和相关法律手续是否随案移送；

（七）违法所得及其他涉案财产的相关事实和证据材料；

（八）有无近亲属和其他利害关系人以及利害关系人的姓名、身份、住址、联系方式。

对于与犯罪事实、违法所得及其他涉案财产相关的证据材料，不宜移送的，应当审查证据的清单、复制件、照片或者其他证明文件是否随案移送。

第五百二十三条 人民检察院应当在接到监察机关或者公安机关移送的没收违法所得意见书后三十日以内作出是否提出没收违法所得申请的决定。三十日以内不能作出决定的，可以延长十五日。

对于监察机关或者公安机关移送的没收违法所得案件，经审

查认为不符合刑事诉讼法第二百九十八条第一款规定条件的，应当作出不提出没收违法所得申请的决定，并向监察机关或者公安机关书面说明理由；认为需要补充证据的，应当书面要求监察机关或者公安机关补充证据，必要时也可以自行调查。

监察机关或者公安机关补充证据的时间不计入人民检察院办案期限。

……

第五百二十六条 在审查监察机关或者公安机关移送的没收违法所得意见书的过程中，在逃的犯罪嫌疑人、被告人自动投案或者被抓获的，人民检察院应当终止审查，并将案卷退回监察机关或者公安机关处理。

……

第五百二十八条 在人民检察院审查起诉过程中，犯罪嫌疑人死亡，或者贪污贿赂犯罪、恐怖活动犯罪等重大犯罪案件的犯罪嫌疑人逃匿，在通缉一年后不能到案，依照刑法规定应当追缴其违法所得及其他涉案财产的，人民检察院可以直接提出没收违法所得的申请。

在人民法院审理案件过程中，被告人死亡而裁定终止审理，或者被告人脱逃而裁定中止审理，人民检察院可以依法另行向人民法院提出没收违法所得的申请。

……

第五百三十二条 在审理案件过程中，在逃的犯罪嫌疑人、被告人自动投案或者被抓获，人民法院按照刑事诉讼法第三百零一条第一款的规定终止审理的，人民检察院应当将案卷退回监察机关或者公安机关处理。

……

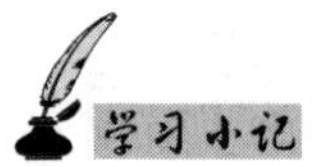

第十三章 刑事诉讼法律监督

……

第五节 羁押必要性审查

第五百七十三条 犯罪嫌疑人、被告人被逮捕后，人民检察院仍应当对羁押的必要性进行审查。

……

第五百七十五条 负责捕诉的部门依法对侦查和审判阶段的羁押必要性进行审查。经审查认为不需要继续羁押的，应当建议公安机关或者人民法院释放犯罪嫌疑人、被告人或者变更强制措施。

审查起诉阶段，负责捕诉的部门经审查认为不需要继续羁押的，应当直接释放犯罪嫌疑人或者变更强制措施。

负责刑事执行检察的部门收到有关材料或者发现不需要继续羁押的，应当及时将有关材料和意见移送负责捕诉的部门。

……

第五百七十八条 人民检察院应当根据犯罪嫌疑人、被告人涉嫌的犯罪事实、主观恶性、悔罪表现、身体状况、案件进展情况、可能判处的刑罚和有无再危害社会的危险等因素，综合评估有无必要继续羁押犯罪嫌疑人、被告人。

第五百七十九条 人民检察院发现犯罪嫌疑人、被告人具有下列情形之一的，应当向办案机关提出释放或者变更强制措施的建议：

（一）案件证据发生重大变化，没有证据证明有犯罪事实或者犯罪行为系犯罪嫌疑人、被告人所为的；

（二）案件事实或者情节发生变化，犯罪嫌疑人、被告人可

能被判处拘役、管制、独立适用附加刑、免予刑事处罚或者判决无罪的；

（三）继续羁押犯罪嫌疑人、被告人，羁押期限将超过依法可能判处的刑期的；

（四）案件事实基本查清，证据已经收集固定，符合取保候审或者监视居住条件的。

……

第六节　刑事判决、裁定监督

第五百八十三条　人民检察院依法对人民法院的判决、裁定是否正确实行法律监督，对人民法院确有错误的判决、裁定，应当依法提出抗诉。

第五百八十四条　人民检察院认为同级人民法院第一审判决、裁定具有下列情形之一的，应当提出抗诉：

（一）认定的事实确有错误或者据以定罪量刑的证据不确实、不充分的；

（二）有确实、充分证据证明有罪判无罪，或者无罪判有罪的；

（三）重罪轻判，轻罪重判，适用刑罚明显不当的；

（四）认定罪名不正确，一罪判数罪、数罪判一罪，影响量刑或者造成严重社会影响的；

（五）免除刑事处罚或者适用缓刑、禁止令、限制减刑等错误的；

（六）人民法院在审理过程中严重违反法律规定的诉讼程序的。

……

第十七章　附　　则

……

第六百八十四条　本规则自 2019 年 12 月 30 日起施行。本规则施行后，《人民检察院刑事诉讼规则（试行）》（高检发释字〔2012〕2 号）同时废止；最高人民检察院以前发布的司法解释和规范性文件与本规则不一致的，以本规则为准。

关于人民检察院立案侦查司法工作人员相关职务犯罪案件若干问题的规定

（2018 年 11 月 24 日　高检发研字〔2018〕28 号）

2018 年 10 月 26 日，第十三届全国人民代表大会常务委员会第六次会议审议通过了《关于修改〈中华人民共和国〉的决定》。修改后的《刑事诉讼法》第十九条第二款规定：“人民检察院在对诉讼活动实行法律监督中发现的司法工作人员利用职权实施的非法拘禁、刑讯逼供、非法搜查等侵犯公民权利、损害司法公正的犯罪，可以由人民检察院立案侦查。”为做好人民检察院与监察委员会案件管辖范围的衔接，对在诉讼监督中发现的司法工作人员利用职权实施的侵犯公民权利、损害司法公正的犯罪依法履行侦查职责，作出如下规定：

一、案件管辖范围

人民检察院在对诉讼活动实行法律监督中，发现司法工作人员涉嫌利用职权实施的下列侵犯公民权利、损害司法公正的犯罪案件，可以立案侦查：

1. 非法拘禁罪（第二百三十八条）（非司法工作人员除外）；

2. 非法搜查罪（刑法第二百四十五条）（非司法工作人员除外）；

3. 刑讯逼供罪（刑法第二百四十七条）；

4. 暴力取证罪（刑法第二百四十七条）；

5. 虐待被监管人罪（刑法第二百四十八条）；

6. 滥用职权罪（刑法第三百九十七条）（非司法工作人员滥用职权侵犯公民权利、损害司法公正的情形除外）；

7. 玩忽职守罪（刑法第三百九十七条）（非司法工作人员玩忽职守侵犯公民权利、损害司法公正的情形除外）；

8. 徇私枉法罪（刑法第三百九十九条第一款）；

9. 民事、行政枉法裁判罪（刑法第三百九十九条第二款）；

10. 执行判决、裁定失职罪（刑法第三百九十九条第三款）；

11. 执行判决、裁定滥用职权罪（刑法第三百九十九条第三款）；

12. 私放在押人员罪（刑法第四百条第一款）；

13. 失职致使在押人员脱逃罪（刑法第四百条第二款）；

14. 徇私舞弊减刑、假释、暂予监外执行罪（刑法第四百零一条）。

二、级别管辖和侦查部门

本规定所列犯罪案件，由设区的市级人民检察院立案侦查。基层人民检察院发现犯罪线索的，应当报设区的市级人民检察院决定立案侦查。设区的市级人民检察院也可以将案件交由基层人民检察院立案侦查，或者由基层人民检察院协助侦查。最高人民检察院、省级人民检察院发现犯罪线索的，可以自行决定立案侦查，也可以将案件线索交由指定的省级人民检察院、设区的市级人民检察院立案侦查。

本规定所列犯罪案件，由人民检察院负责刑事检察工作的专门部门负责侦查。设区的市级以上人民检察院侦查终结的案件，可以交有管辖权的基层人民法院相对应的基层人民检察院提起；需要指定其他基层人民检察院提起公诉的，应当与同级人民法院协商指定管辖；依法应当由中级人民法院管辖的案件，应当由设区的市级人民检察院提起公诉。

三、案件线索的移送和互涉案件的处理

人民检察院立案侦查本规定所列犯罪时，发现同时涉嫌监察委员会管辖的职务犯罪线索的，应当及时与同级监察委员会沟

通，一般应当由监察委员会为主调查，人民检察院予以协助。经沟通，认为全案由监察委员会管辖更为适宜的，人民检察院应当撤销案件，将案件和相应职务犯罪线索一并移送监察委员会；认为由监察委员会和人民检察院分别管辖更为适宜的，人民检察院应当将监察委员会管辖的相应职务犯罪线索移送监察委员会，对依法由人民检察院管辖的犯罪案件继续侦查。人民检察院应当及时将沟通情况报告上一级人民检察院。沟通期间，人民检察院不得停止对案件的侦查。监察委员会和人民检察院分别管辖的案件，调查（侦查）终结前，人民检察院应当就移送审查起诉有关事宜与监察委员会加强沟通，协调一致，由人民检察院依法对全案审查起诉。

人民检察院立案侦查本规定所列犯罪时，发现犯罪嫌疑人同时涉嫌公安机关管辖的犯罪线索的，依照现行有关法律和司法解释的规定办理。

四、办案程序

（一）人民检察院办理本规定所列犯罪案件，不再适用对直接受理立案侦查案件决定立案报上一级人民检察院备案，逮捕犯罪嫌疑人报上一级人民检察院审查决定的规定。

（二）对本规定所列犯罪案件，人民检察院拟作撤销案件、不起诉决定的，应当报上一级人民检察院审查批准。

（三）人民检察院负责刑事检察工作的专门部门办理本规定所列犯罪案件，认为需要逮捕犯罪嫌疑人的，应当由相应的刑事检察部门审查，报检察长或者检察委员会决定。

（四）人民检察院办理本规定所列犯罪案件，应当依法接受人民监督员的监督。

最高人民检察院此前印发的规范性文件与本规定不一致的，以本规定为准。

学习小记

中华人民共和国刑法（节录）①

（1979年7月1日第五届全国人民代表大会第二次会议通过 1997年3月14日第八届全国人民代表大会第五次会议修订 根据1998年12月29日第九届全国人民代表大会常务委员会第六次会议通过的《全国人民代表大会常务委员会关于惩治骗购外汇、逃汇和非法买卖外汇犯罪的决定》、1999年12月25日第九届全国人民代表大会常务委员会第十三次会议通过的《中华人民共和国刑法修正案》、2001年8月31日第九届全国人民代表大会常务委员会第二十三次会议通过的《中华人民共和国刑法修正案（二）》、2001年12月29日第九届全国人民代表大会常务委员会第二十五次会议通过的《中华人民共和国刑法修正案（三）》、2002年12月28日第九届全国人民代表大会常务委员会第三十一次会议通过的《中华人民共和国刑法修正案（四）》、2005年2月28日第十届全国人民代表大会常务委员会第十四次会议通过的《中华人民共和国刑法修正案（五）》、2006年6月29日第十届全国人民代表大会常务委员会第二十二次会议通过的《中华人民共和国刑法修正案（六）》、2009年2月28日第十一届全国人民代表大会常务委员会第七次会议通过的《中华人民共和国刑法修正案（七）》、2009年8月27日第十一届全国人民代表大会常务委员会第十次会议通过的《全国人民代表大会常务委员会关于修改部分法律的决定》、2011年2月25日第十一届全国人民代表

① 根据《中华人民共和国监察法实施条例》的规定，分则部分选取监察委员会管辖的101个罪名相关条文，并附立案标准，相关罪名分类和顺序按照《中华人民共和国监察法实施条例》相关条文的规定予以分类、排序。此外，鉴于监察机关办案实践中会涉及移送公安机关管辖的罪名，为了方便查阅，兼顾收录了工作中经常涉及的“洗钱”等常见的23个罪名。

大会常务委员会第十九次会议通过的《中华人民共和国刑法修正案（八）》、2015年8月29日第十二届全国人民代表大会常务委员会第十六次会议通过的《中华人民共和国刑法修正案（九）》、2017年11月4日第十二届全国人民代表大会常务委员会第三十次会议通过的《中华人民共和国刑法修正案（十）》和2020年12月26日第十三届全国人民代表大会常务委员会第二十四次会议通过的《中华人民共和国刑法修正案（十一）》修正)①

第一编　总　　则

第一章　刑法的任务、基本原则和适用范围

……

第三条　【罪刑法定】法律明文规定为犯罪行为的，依照法律定罪处刑；法律没有明文规定为犯罪行为的，不得定罪处刑。

第四条　【适用刑法人人平等】对任何人犯罪，在适用法律上一律平等。不允许任何人有超越法律的特权。

第五条　【罪责刑相适应】刑罚的轻重，应当与犯罪分子所犯罪行和承担的刑事责任相适应。

第六条　【属地管辖权】凡在中华人民共和国领域内犯罪的，除法律有特别规定的以外，都适用本法。

凡在中华人民共和国船舶或者航空器内犯罪的，也适用本法。

---

① 刑法、历次刑法修正案、涉及修改刑法的决定的施行日期，分别依据各法律所规定的施行日期确定。

另，总则部分条文主旨为编者所加，分则部分条文主旨是根据司法解释确定罪名所加。

学习小记

犯罪的行为或者结果有一项发生在中华人民共和国领域内的，就认为是在中华人民共和国领域内犯罪。

第七条　【属人管辖权】中华人民共和国公民在中华人民共和国领域外犯本法规定之罪的，适用本法，但是按本法规定的最高刑为三年以下有期徒刑的，可以不予追究。

中华人民共和国国家工作人员和军人在中华人民共和国领域外犯本法规定之罪的，适用本法。

……

第十二条　【刑法溯及力】中华人民共和国成立以后本法施行以前的行为，如果当时的法律不认为是犯罪的，适用当时的法律；如果当时的法律认为是犯罪的，依照本法总则第四章第八节的规定应当追诉的，按照当时的法律追究刑事责任，但是如果本法不认为是犯罪或者处刑较轻的，适用本法。

本法施行以前，依照当时的法律已经作出的生效判决，继续有效。

※相关立法解释、司法解释、司法解释性文件

2001年12月16日《最高人民法院、最高人民检察院关于适用刑事司法解释时间效力问题的规定》：

为正确适用司法解释办理案件，现对适用刑事司法解释时间效力问题提出如下意见：

一、司法解释是最高人民法院对审判工作中具体应用法律问题和最高人民检察院对检察工作中具体应用法律问题所作的具有法律效力的解释，自发布或者规定之日起施行，效力适用于法律的施行期间。

二、对于司法解释实施前发生的行为，行为时没有相关司法解释，司法解释施行后尚未处理或者正在处理的案件，依照司法解释的规定办理。

三、对于新的司法解释实施前发生的行为，行为时已有相关司法解

释，依照行为时的司法解释办理，但适用新的司法解释对犯罪嫌疑人、被告人有利的，适用新的司法解释。

四、对于在司法解释施行前已办结的案件，按照当时的法律和司法解释，认定事实和适用法律没有错误的，不再变动。

第二章　犯　　罪

第一节　犯罪和刑事责任

第十三条　【犯罪概念】一切危害国家主权、领土完整和安全，分裂国家、颠覆人民民主专政的政权和推翻社会主义制度，破坏社会秩序和经济秩序，侵犯国有财产或者劳动群众集体所有的财产，侵犯公民私人所有的财产，侵犯公民的人身权利、民主权利和其他权利，以及其他危害社会的行为，依照法律应当受刑罚处罚的，都是犯罪，但是情节显著轻微危害不大的，不认为是犯罪。

第十四条　【故意犯罪】明知自己的行为会发生危害社会的结果，并且希望或者放任这种结果发生，因而构成犯罪的，是故意犯罪。

故意犯罪，应当负刑事责任。

第十五条　【过失犯罪】应当预见自己的行为可能发生危害社会的结果，因为疏忽大意而没有预见，或者已经预见而轻信能够避免，以致发生这种结果的，是过失犯罪。

过失犯罪，法律有规定的才负刑事责任。

第十六条　【不可抗力和意外事件】行为在客观上虽然造成了损害结果，但是不是出于故意或者过失，而是由于不能抗拒或者不能预见的原因所引起的，不是犯罪。

第十七条　【刑事责任年龄】已满十六周岁的人犯罪，应当

负刑事责任。

已满十四周岁不满十六周岁的人，犯故意杀人、故意伤害致人重伤或者死亡、强奸、抢劫、贩卖毒品、放火、爆炸、投放危险物质罪的，应当负刑事责任。

已满十二周岁不满十四周岁的人，犯故意杀人、故意伤害罪，致人死亡或者以特别残忍手段致人重伤造成严重残疾，情节恶劣，经最高人民检察院核准追诉的，应当负刑事责任。

对依照前三款规定追究刑事责任的不满十八周岁的人，应当从轻或者减轻处罚。

因不满十六周岁不予刑事处罚的，责令其父母或者其他监护人加以管教；在必要的时候，依法进行专门矫治教育。

第十七条之一　【已满七十五周岁的人的刑事责任】已满七十五周岁的人故意犯罪的，可以从轻或者减轻处罚；过失犯罪的，应当从轻或者减轻处罚。

第十八条　【特殊人员的刑事责任能力】精神病人在不能辨认或者不能控制自己行为的时候造成危害结果，经法定程序鉴定确认的，不负刑事责任，但是应当责令他的家属或者监护人严加看管和医疗；在必要的时候，由政府强制医疗。

间歇性的精神病人在精神正常的时候犯罪，应当负刑事责任。

尚未完全丧失辨认或者控制自己行为能力的精神病人犯罪的，应当负刑事责任，但是可以从轻或者减轻处罚。

醉酒的人犯罪，应当负刑事责任。

第十九条　【又聋又哑的人或盲人犯罪的刑事责任】又聋又哑的人或者盲人犯罪，可以从轻、减轻或者免除处罚。

第二十条　【正当防卫】为了使国家、公共利益、本人或者他人的人身、财产和其他权利免受正在进行的不法侵害，而采取的制止不法侵害的行为，对不法侵害人造成损害的，属于正当防卫，不负刑事责任。

正当防卫明显超过必要限度造成重大损害的，应当负刑事责任，但是应当减轻或者免除处罚。

对正在进行行凶、杀人、抢劫、强奸、绑架以及其他严重危及人身安全的暴力犯罪，采取防卫行为，造成不法侵害人伤亡的，不属于防卫过当，不负刑事责任。

第二十一条　【紧急避险】为了使国家、公共利益、本人或者他人的人身、财产和其他权利免受正在发生的危险，不得已采取的紧急避险行为，造成损害的，不负刑事责任。

紧急避险超过必要限度造成不应有的损害的，应当负刑事责任，但是应当减轻或者免除处罚。

第一款中关于避免本人危险的规定，不适用于职务上、业务上负有特定责任的人。

第二节　犯罪的预备、未遂和中止

第二十二条　【犯罪预备】为了犯罪，准备工具、制造条件的，是犯罪预备。

对于预备犯，可以比照既遂犯从轻、减轻处罚或者免除处罚。

第二十三条　【犯罪未遂】已经着手实行犯罪，由于犯罪分子意志以外的原因而未得逞的，是犯罪未遂。

对于未遂犯，可以比照既遂犯从轻或者减轻处罚。

第二十四条　【犯罪中止】在犯罪过程中，自动放弃犯罪或者自动有效地防止犯罪结果发生的，是犯罪中止。

对于中止犯，没有造成损害的，应当免除处罚；造成损害的，应当减轻处罚。

第三节　共同犯罪

第二十五条　【共同犯罪概念】共同犯罪是指二人以上共同

故意犯罪。

二人以上共同过失犯罪，不以共同犯罪论处；应当负刑事责任的，按照他们所犯的罪分别处罚。

第二十六条　【主犯】组织、领导犯罪集团进行犯罪活动的或者在共同犯罪中起主要作用的，是主犯。

三人以上为共同实施犯罪而组成的较为固定的犯罪组织，是犯罪集团。

对组织、领导犯罪集团的首要分子，按照集团所犯的全部罪行处罚。

对于第三款规定以外的主犯，应当按照其所参与的或者组织、指挥的全部犯罪处罚。

第二十七条　【从犯】在共同犯罪中起次要或者辅助作用的，是从犯。

对于从犯，应当从轻、减轻处罚或者免除处罚。

第二十八条　【胁从犯】对于被胁迫参加犯罪的，应当按照他的犯罪情节减轻处罚或者免除处罚。

第二十九条　【教唆犯】教唆他人犯罪的，应当按照他在共同犯罪中所起的作用处罚。教唆不满十八周岁的人犯罪的，应当从重处罚。

如果被教唆的人没有犯被教唆的罪，对于教唆犯，可以从轻或者减轻处罚。

第四节　单位犯罪

第三十条　【单位负刑事责任的范围】公司、企业、事业单位、机关、团体实施的危害社会的行为，法律规定为单位犯罪的，应当负刑事责任。

※相关立法解释、司法解释、司法解释性文件

2014年4月24日第十二届全国人民代表大会常务委员会第八次会议通过的《关于〈中华人民共和国刑法〉第三十条的解释》：

全国人民代表大会常务委员会根据司法实践中遇到的情况，讨论了刑法第三十条的含义及公司、企业、事业单位、机关、团体等单位实施刑法规定的危害社会的行为，法律未规定追究单位的刑事责任的，如何适用刑法有关规定的问题，解释如下：

公司、企业、事业单位、机关、团体等单位实施刑法规定的危害社会的行为，刑法分则和其他法律未规定追究单位的刑事责任的，对组织、策划、实施该危害社会行为的人依法追究刑事责任。

1999年6月25日《最高人民法院关于审理单位犯罪案件具体应用法律有关问题的解释》：

第一条 刑法第三十条规定的“公司、企业、事业单位”，既包括国有、集体所有的公司、企业、事业单位，也包括依法设立的合资经营、合作经营企业和具有法人资格的独资、私营等公司、企业、事业单位。

第二条 个人为进行违法犯罪活动而设立的公司、企业、事业单位实施犯罪的，或者公司、企业、事业单位设立后，以实施犯罪为主要活动的，不以单位犯罪论处。

第三条 盗用单位名义实施犯罪，违法所得由实施犯罪的个人私分的，依照刑法有关自然人犯罪的规定定罪处罚。

第三十一条 **【单位犯罪的处罚原则】**单位犯罪的，对单位判处罚金，并对其直接负责的主管人员和其他直接责任人员判处刑罚。本法分则和其他法律另有规定的，依照规定。

第三章 刑 罚

第一节 刑罚的种类

第三十二条 **【主刑和附加刑】**刑罚分为主刑和附加刑。

第三十三条 【主刑种类】主刑的种类如下：

（一）管制；

（二）拘役；

（三）有期徒刑；

（四）无期徒刑；

（五）死刑。

第三十四条 【附加刑种类】附加刑的种类如下：

（一）罚金；

（二）剥夺政治权利；

（三）没收财产。

附加刑也可以独立适用。

第三十五条 【驱逐出境】对于犯罪的外国人，可以独立适用或者附加适用驱逐出境。

第三十六条 【赔偿经济损失与民事优先原则】由于犯罪行为而使被害人遭受经济损失的，对犯罪分子除依法给予刑事处罚外，并应根据情况判处赔偿经济损失。

承担民事赔偿责任的犯罪分子，同时被判处罚金，其财产不足以全部支付的，或者被判处没收财产的，应当先承担对被害人的民事赔偿责任。

第三十七条 【非刑罚性处置措施】对于犯罪情节轻微不需要判处刑罚的，可以免予刑事处罚，但是可以根据案件的不同情况，予以训诫或者责令具结悔过、赔礼道歉、赔偿损失，或者由主管部门予以行政处罚或者行政处分。

第三十七条之一 【利用职业便利实施犯罪的禁业限制】因利用职业便利实施犯罪，或者实施违背职业要求的特定义务的犯罪被判处刑罚的，人民法院可以根据犯罪情况和预防再犯罪的需要，禁止其自刑罚执行完毕之日或者假释之日起从事相关职业，期限为三年至五年。

被禁止从事相关职业的人违反人民法院依照前款规定作出的决定的，由公安机关依法给予处罚；情节严重的，依照本法第三百一十三条的规定定罪处罚。

其他法律、行政法规对其从事相关职业另有禁止或者限制性规定的，从其规定。

第二节 管 制

第三十八条 【管制的期限与执行机关】 管制的期限，为三个月以上二年以下。

判处管制，可以根据犯罪情况，同时禁止犯罪分子在执行期间从事特定活动，进入特定区域、场所，接触特定的人。

对判处管制的犯罪分子，依法实行社区矫正。

违反第二款规定的禁止令的，由公安机关依照《中华人民共和国治安管理处罚法》的规定处罚。

第三十九条 【被管制罪犯的义务与权利】 被判处管制的犯罪分子，在执行期间，应当遵守下列规定：

（一）遵守法律、行政法规，服从监督；

（二）未经执行机关批准，不得行使言论、出版、集会、结社、游行、示威自由的权利；

（三）按照执行机关规定报告自己的活动情况；

（四）遵守执行机关关于会客的规定；

（五）离开所居住的市、县或者迁居，应当报经执行机关批准。

对于被判处管制的犯罪分子，在劳动中应当同工同酬。

第四十条 【管制期满解除】 被判处管制的犯罪分子，管制期满，执行机关应即向本人和其所在单位或者居住地的群众宣布解除管制。

第四十一条 【管制刑期的计算和折抵】 管制的刑期，从判

学习小记

决执行之日起计算；判决执行以前先行羁押的，羁押一日折抵刑期二日。

第三节　拘　　役

第四十二条　【拘役的期限】拘役的期限，为一个月以上六个月以下。

第四十三条　【拘役的执行】被判处拘役的犯罪分子，由公安机关就近执行。

在执行期间，被判处拘役的犯罪分子每月可以回家一天至两天；参加劳动的，可以酌量发给报酬。

第四十四条　【拘役刑期的计算和折抵】拘役的刑期，从判决执行之日起计算；判决执行以前先行羁押的，羁押一日折抵刑期一日。

第四节　有期徒刑、无期徒刑

第四十五条　【有期徒刑的期限】有期徒刑的期限，除本法第五十条、第六十九条规定外，为六个月以上十五年以下。

第四十六条　【有期徒刑与无期徒刑的执行】被判处有期徒刑、无期徒刑的犯罪分子，在监狱或者其他执行场所执行；凡有劳动能力的，都应当参加劳动，接受教育和改造。

第四十七条　【有期徒刑刑期的计算与折抵】有期徒刑的刑期，从判决执行之日起计算；判决执行以前先行羁押的，羁押一日折抵刑期一日。

第五节　死　　刑

第四十八条　【死刑、死缓的适用对象及核准程序】死刑只适用于罪行极其严重的犯罪分子。对于应当判处死刑的犯罪分子，如果不是必须立即执行的，可以判处死刑同时宣告缓期二年

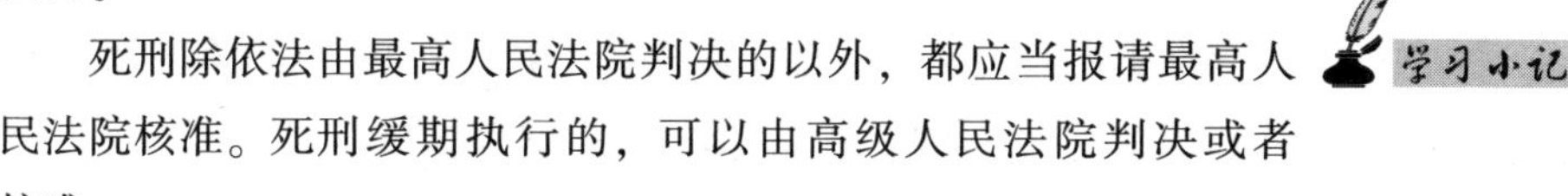

执行。

死刑除依法由最高人民法院判决的以外，都应当报请最高人民法院核准。死刑缓期执行的，可以由高级人民法院判决或者核准。

第四十九条　【死刑适用对象的限制】犯罪的时候不满十八周岁的人和审判的时候怀孕的妇女，不适用死刑。

审判的时候已满七十五周岁的人，不适用死刑，但以特别残忍手段致人死亡的除外。

第五十条　【死缓变更】判处死刑缓期执行的，在死刑缓期执行期间，如果没有故意犯罪，二年期满以后，减为无期徒刑；如果确有重大立功表现，二年期满以后，减为二十五年有期徒刑；如果故意犯罪，情节恶劣的，报请最高人民法院核准后执行死刑；对于故意犯罪未执行死刑的，死刑缓期执行的期间重新计算，并报最高人民法院备案。

对被判处死刑缓期执行的累犯以及因故意杀人、强奸、抢劫、绑架、放火、爆炸、投放危险物质或者有组织的暴力性犯罪被判处死刑缓期执行的犯罪分子，人民法院根据犯罪情节等情况可以同时决定对其限制减刑。

第五十一条　【死缓期间及减为有期徒刑的刑期计算】死刑缓期执行的期间，从判决确定之日起计算。死刑缓期执行减为有期徒刑的刑期，从死刑缓期执行期满之日起计算。

第六节　罚　　金

第五十二条　【罚金数额的裁量】判处罚金，应当根据犯罪情节决定罚金数额。

第五十三条　【罚金的缴纳】罚金在判决指定的期限内一次或者分期缴纳。期满不缴纳的，强制缴纳。对于不能全部缴纳罚金的，人民法院在任何时候发现被执行人有可以执行的财产，应

学习小记

当随时追缴。

由于遭遇不能抗拒的灾祸等原因缴纳确实有困难的，经人民法院裁定，可以延期缴纳、酌情减少或者免除。

第七节　剥夺政治权利

第五十四条　【剥夺政治权利的含义】剥夺政治权利是剥夺下列权利：

（一）选举权和被选举权；

（二）言论、出版、集会、结社、游行、示威自由的权利；

（三）担任国家机关职务的权利；

（四）担任国有公司、企业、事业单位和人民团体领导职务的权利。

第五十五条　【剥夺政治权利的期限】剥夺政治权利的期限，除本法第五十七条规定外，为一年以上五年以下。

判处管制附加剥夺政治权利的，剥夺政治权利的期限与管制的期限相等，同时执行。

第五十六条　【剥夺政治权利的附加、独立适用】对于危害国家安全的犯罪分子应当附加剥夺政治权利；对于故意杀人、强奸、放火、爆炸、投毒、抢劫等严重破坏社会秩序的犯罪分子，可以附加剥夺政治权利。

独立适用剥夺政治权利的，依照本法分则的规定。

第五十七条　【对死刑、无期徒刑犯罪剥夺政治权利的适用】对于被判处死刑、无期徒刑的犯罪分子，应当剥夺政治权利终身。

在死刑缓期执行减为有期徒刑或者无期徒刑减为有期徒刑的时候，应当把附加剥夺政治权利的期限改为三年以上十年以下。

第五十八条　【剥夺政治权利的刑期计算、效力与执行】附加剥夺政治权利的刑期，从徒刑、拘役执行完毕之日或者从假释

之日起计算；剥夺政治权利的效力当然施用于主刑执行期间。

被剥夺政治权利的犯罪分子，在执行期间，应当遵守法律、行政法规和国务院公安部门有关监督管理的规定，服从监督；不得行使本法第五十四条规定的各项权利。

第八节　没 收 财 产

第五十九条　【没收财产的范围】没收财产是没收犯罪分子个人所有财产的一部或者全部。没收全部财产的，应当对犯罪分子个人及其扶养的家属保留必需的生活费用。

在判处没收财产的时候，不得没收属于犯罪分子家属所有或者应有的财产。

第六十条　【以没收的财产偿还债务】没收财产以前犯罪分子所负的正当债务，需要以没收的财产偿还的，经债权人请求，应当偿还。

第四章　刑罚的具体运用

第一节　量　　刑

第六十一条　【量刑的一般原则】对于犯罪分子决定刑罚的时候，应当根据犯罪的事实、犯罪的性质、情节和对于社会的危害程度，依照本法的有关规定判处。

第六十二条　【从重处罚与从轻处罚】犯罪分子具有本法规定的从重处罚、从轻处罚情节的，应当在法定刑的限度以内判处刑罚。

第六十三条　【减轻处罚】犯罪分子具有本法规定的减轻处罚情节的，应当在法定刑以下判处刑罚；本法规定有数个量刑幅度的，应当在法定量刑幅度的下一个量刑幅度内判处刑罚。

学习小记

犯罪分子虽然不具有本法规定的减轻处罚情节，但是根据案件的特殊情况，经最高人民法院核准，也可以在法定刑以下判处刑罚。

第六十四条　【犯罪物品的处理】犯罪分子违法所得的一切财物，应当予以追缴或者责令退赔；对被害人的合法财产，应当及时返还；违禁品和供犯罪所用的本人财物，应当予以没收。没收的财物和罚金，一律上缴国库，不得挪用和自行处理。

第二节　累　　犯

第六十五条　【一般累犯】被判处有期徒刑以上刑罚的犯罪分子，刑罚执行完毕或者赦免以后，在五年以内再犯应当判处有期徒刑以上刑罚之罪的，是累犯，应当从重处罚，但是过失犯罪和不满十八周岁的人犯罪的除外。

前款规定的期限，对于被假释的犯罪分子，从假释期满之日起计算。

第六十六条　【特别累犯】危害国家安全犯罪、恐怖活动犯罪、黑社会性质的组织犯罪的犯罪分子，在刑罚执行完毕或者赦免以后，在任何时候再犯上述任一类罪的，都以累犯论处。

第三节　自首和立功

第六十七条　【自首和坦白】犯罪以后自动投案，如实供述自己的罪行的，是自首。对于自首的犯罪分子，可以从轻或者减轻处罚。其中，犯罪较轻的，可以免除处罚。

被采取强制措施的犯罪嫌疑人、被告人和正在服刑的罪犯，如实供述司法机关还未掌握的本人其他罪行的，以自首论。

犯罪嫌疑人虽不具有前两款规定的自首情节，但是如实供述自己罪行的，可以从轻处罚；因其如实供述自己罪行，避免特别严重后果发生的，可以减轻处罚。

第六十八条　【立功】 犯罪分子有揭发他人犯罪行为，查证属实的，或者提供重要线索，从而得以侦破其他案件等立功表现的，可以从轻或者减轻处罚；有重大立功表现的，可以减轻或者免除处罚。

第四节　数罪并罚

第六十九条　【数罪并罚的一般原则】 判决宣告以前一人犯数罪的，除判处死刑和无期徒刑的以外，应当在总和刑期以下、数刑中最高刑期以上，酌情决定执行的刑期，但是管制最高不能超过三年，拘役最高不能超过一年，有期徒刑总和刑期不满三十五年的，最高不能超过二十年，总和刑期在三十五年以上的，最高不能超过二十五年。

数罪中有判处有期徒刑和拘役的，执行有期徒刑。数罪中有判处有期徒刑和管制，或者拘役和管制的，有期徒刑、拘役执行完毕后，管制仍须执行。

数罪中有判处附加刑的，附加刑仍须执行，其中附加刑种类相同的，合并执行，种类不同的，分别执行。

第七十条　【判决宣告后发现漏罪的并罚】 判决宣告以后，刑罚执行完毕以前，发现被判刑的犯罪分子在判决宣告以前还有其他罪没有判决的，应当对新发现的罪作出判决，把前后两个判决所判处的刑罚，依照本法第六十九条的规定，决定执行的刑罚。已经执行的刑期，应当计算在新判决决定的刑期以内。

第七十一条　【判决宣告后又犯新罪的并罚】 判决宣告以后，刑罚执行完毕以前，被判刑的犯罪分子又犯罪的，应当对新犯的罪作出判决，把前罪没有执行的刑罚和后罪所判处的刑罚，依照本法第六十九条的规定，决定执行的刑罚。

第五节　缓　　刑

第七十二条　【缓刑的适用条件】对于被判处拘役、三年以下有期徒刑的犯罪分子，同时符合下列条件的，可以宣告缓刑，对其中不满十八周岁的人、怀孕的妇女和已满七十五周岁的人，应当宣告缓刑：

（一）犯罪情节较轻；

（二）有悔罪表现；

（三）没有再犯罪的危险；

（四）宣告缓刑对所居住社区没有重大不良影响。

宣告缓刑，可以根据犯罪情况，同时禁止犯罪分子在缓刑考验期限内从事特定活动，进入特定区域、场所，接触特定的人。

被宣告缓刑的犯罪分子，如果被判处附加刑，附加刑仍须执行。

第七十三条　【缓刑的考验期限】拘役的缓刑考验期限为原判刑期以上一年以下，但是不能少于二个月。

有期徒刑的缓刑考验期限为原判刑期以上五年以下，但是不能少于一年。

缓刑考验期限，从判决确定之日起计算。

第七十四条　【累犯不适用缓刑】对于累犯和犯罪集团的首要分子，不适用缓刑。

第七十五条　【缓刑犯应遵守的规定】被宣告缓刑的犯罪分子，应当遵守下列规定：

（一）遵守法律、行政法规，服从监督；

（二）按照考察机关的规定报告自己的活动情况；

（三）遵守考察机关关于会客的规定；

（四）离开所居住的市、县或者迁居，应当报经考察机关批准。

第七十六条　【缓刑的考验及其积极后果】对宣告缓刑的犯

罪分子，在缓刑考验期限内，依法实行社区矫正，如果没有本法第七十七条规定的情形，缓刑考验期满，原判的刑罚就不再执行，并公开予以宣告。

第七十七条　【缓刑的撤销及其处理】 被宣告缓刑的犯罪分子，在缓刑考验期限内犯新罪或者发现判决宣告以前还有其他罪没有判决的，应当撤销缓刑，对新犯的罪或者新发现的罪作出判决，把前罪和后罪所判处的刑罚，依照本法第六十九条的规定，决定执行的刑罚。

被宣告缓刑的犯罪分子，在缓刑考验期限内，违反法律、行政法规或者国务院有关部门关于缓刑的监督管理规定，或者违反人民法院判决中的禁止令，情节严重的，应当撤销缓刑，执行原判刑罚。

第六节　减　　刑

第七十八条　【减刑条件与限度】 被判处管制、拘役、有期徒刑、无期徒刑的犯罪分子，在执行期间，如果认真遵守监规，接受教育改造，确有悔改表现的，或者有立功表现的，可以减刑；有下列重大立功表现之一的，应当减刑：

（一）阻止他人重大犯罪活动的；

（二）检举监狱内外重大犯罪活动，经查证属实的；

（三）有发明创造或者重大技术革新的；

（四）在日常生产、生活中舍己救人的；

（五）在抗御自然灾害或者排除重大事故中，有突出表现的；

（六）对国家和社会有其他重大贡献的。

减刑以后实际执行的刑期不能少于下列期限：

（一）判处管制、拘役、有期徒刑的，不能少于原判刑期的二分之一；

（二）判处无期徒刑的，不能少于十三年；

学习小记

（三）人民法院依照本法第五十条第二款规定限制减刑的死刑缓期执行的犯罪分子，缓期执行期满后依法减为无期徒刑的，不能少于二十五年，缓期执行期满后依法减为二十五年有期徒刑的，不能少于二十年。

第七十九条　【减刑程序】对于犯罪分子的减刑，由执行机关向中级以上人民法院提出减刑建议书。人民法院应当组成合议庭进行审理，对确有悔改或者立功事实的，裁定予以减刑。非经法定程序不得减刑。

第八十条　【无期徒刑减刑的刑期计算】无期徒刑减为有期徒刑的刑期，从裁定减刑之日起计算。

第七节　假　　释

第八十一条　【假释的适用条件】被判处有期徒刑的犯罪分子，执行原判刑期二分之一以上，被判处无期徒刑的犯罪分子，实际执行十三年以上，如果认真遵守监规，接受教育改造，确有悔改表现，没有再犯罪的危险的，可以假释。如果有特殊情况，经最高人民法院核准，可以不受上述执行刑期的限制。

对累犯以及因故意杀人、强奸、抢劫、绑架、放火、爆炸、投放危险物质或者有组织的暴力性犯罪被判处十年以上有期徒刑、无期徒刑的犯罪分子，不得假释。

对犯罪分子决定假释时，应当考虑其假释后对所居住社区的影响。

第八十二条　【假释的程序】对于犯罪分子的假释，依照本法第七十九条规定的程序进行。非经法定程序不得假释。

第八十三条　【假释的考验期限】有期徒刑的假释考验期限，为没有执行完毕的刑期；无期徒刑的假释考验期限为十年。

假释考验期限，从假释之日起计算。

第八十四条　【假释犯应遵守的规定】被宣告假释的犯罪分

子，应当遵守下列规定：

（一）遵守法律、行政法规，服从监督；

（二）按照监督机关的规定报告自己的活动情况；

（三）遵守监督机关关于会客的规定；

（四）离开所居住的市、县或者迁居，应当报经监督机关批准。

第八十五条　【假释考验及其积极后果】对假释的犯罪分子，在假释考验期限内，依法实行社区矫正，如果没有本法第八十六条规定的情形，假释考验期满，就认为原判刑罚已经执行完毕，并公开予以宣告。

第八十六条　【假释的撤销及其处理】被假释的犯罪分子，在假释考验期限内犯新罪，应当撤销假释，依照本法第七十一条的规定实行数罪并罚。

在假释考验期限内，发现被假释的犯罪分子在判决宣告以前还有其他罪没有判决的，应当撤销假释，依照本法第七十条的规定实行数罪并罚。

被假释的犯罪分子，在假释考验期限内，有违反法律、行政法规或者国务院有关部门关于假释的监督管理规定的行为，尚未构成新的犯罪的，应当依照法定程序撤销假释，收监执行未执行完毕的刑罚。

第八节　时　　效

第八十七条　【追诉时效期限】犯罪经过下列期限不再追诉：

（一）法定最高刑为不满五年有期徒刑的，经过五年；

（二）法定最高刑为五年以上不满十年有期徒刑的，经过十年；

（三）法定最高刑为十年以上有期徒刑的，经过十五年；

学习小记

（四）法定最高刑为无期徒刑、死刑的，经过二十年。如果二十年以后认为必须追诉的，须报请最高人民检察院核准。

第八十八条　【不受追诉时效限制】在人民检察院、公安机关、国家安全机关立案侦查或者在人民法院受理案件以后，逃避侦查或者审判的，不受追诉期限的限制。

被害人在追诉期限内提出控告，人民法院、人民检察院、公安机关应当立案而不予立案的，不受追诉期限的限制。

第八十九条　【追诉期限的计算与中断】追诉期限从犯罪之日起计算；犯罪行为有连续或者继续状态的，从犯罪行为终了之日起计算。

在追诉期限以内又犯罪的，前罪追诉的期限从犯后罪之日起计算。

第五章　其他规定

第九十条　【民族自治地方刑法适用的变通】民族自治地方不能全部适用本法规定的，可以由自治区或者省的人民代表大会根据当地民族的政治、经济、文化的特点和本法规定的基本原则，制定变通或者补充的规定，报请全国人民代表大会常务委员会批准施行。

第九十一条　【公共财产的范围】本法所称公共财产，是指下列财产：

（一）国有财产；

（二）劳动群众集体所有的财产；

（三）用于扶贫和其他公益事业的社会捐助或者专项基金的财产。

在国家机关、国有公司、企业、集体企业和人民团体管理、使用或者运输中的私人财产，以公共财产论。

第九十二条　【公民私人所有财产的范围】本法所称公民私人所有的财产，是指下列财产：

（一）公民的合法收入、储蓄、房屋和其他生活资料；

（二）依法归个人、家庭所有的生产资料；

（三）个体户和私营企业的合法财产；

（四）依法归个人所有的股份、股票、债券和其他财产。

第九十三条　【国家工作人员的范围】本法所称国家工作人员，是指国家机关中从事公务的人员。

国有公司、企业、事业单位、人民团体中从事公务的人员和国家机关、国有公司、企业、事业单位委派到非国有公司、企业、事业单位、社会团体从事公务的人员，以及其他依照法律从事公务的人员，以国家工作人员论。

※相关立法解释、司法解释、司法解释性文件

2009年8月27日第十一届全国人民代表大会常务委员会第十次会议修正通过的《关于〈中华人民共和国刑法〉第九十三条第二款的解释》：

全国人民代表大会常务委员会讨论了村民委员会等村基层组织人员在从事哪些工作时属于刑法第九十三条第二款规定的“其他依照法律从事公务的人员”，解释如下：

村民委员会等村基层组织人员协助人民政府从事下列行政管理工作，属于刑法第九十三条第二款规定的“其他依照法律从事公务的人员”：

（一）救灾、抢险、防汛、优抚、扶贫、移民、救济款物的管理；

（二）社会捐助公益事业款物的管理；

（三）国有土地的经营和管理；

（四）土地征收、征用补偿费用的管理；

（五）代征、代缴税款；

（六）有关计划生育、户籍、征兵工作；

（七）协助人民政府从事的其他行政管理工作。

村民委员会等村基层组织人员从事前款规定的公务，利用职务上的

便利，非法占有公共财物、挪用公款、索取他人财物或者非法收受他人财物，构成犯罪的，适用刑法第三百八十二条和第三百八十三条贪污罪、第三百八十四条挪用公款罪、第三百八十五条和第三百八十六条受贿罪的规定。

2000年6月5日《最高人民检察院关于贯彻执行〈全国人民代表大会常务委员会关于《中华人民共和国刑法》第九十三条第二款的解释〉的通知》：

三、各级检察机关在依法查处村民委员会等村基层组织人员贪污、受贿、挪用公款犯罪案件过程中，要根据《解释》和其他有关法律的规定，严格把握界限，准确认定村民委员会等村基层组织人员的职务活动是否属于协助人民政府从事《解释》所规定的行政管理工作，并正确把握刑法第三百八十二条、第三百八十三条贪污罪、第三百八十四条挪用公款罪和第三百八十五条、第三百八十六条受贿罪的构成要件。对村民委员会等村基层组织人员从事属于村民自治范围的经营、管理活动不能适用《解释》的规定。

2000年6月29日《最高人民法院研究室关于国家工作人员在农村合作基金会兼职从事管理工作如何认定身份问题的答复》：

国家工作人员自行到农村合作基金会兼职从事管理工作的，因其兼职工作与国家工作人员身份无关，应认定为农村合作基金会一般从业人员；国家机关、国有公司、企业、事业单位委派到农村合作基金会兼职从事管理工作的人员，以国家工作人员论。

2000年9月28日《最高人民检察院对〈关于中国保险监督管理委员会主体认定的请示〉的答复》：

……对于中国保险监督管理委员会(**编者注：现为国家金融监督管理总局**) 可参照对国家机关的办法进行管理。据此，中国保险监督管理委员会干部应视同国家机关工作人员。

2003年1月13日《最高人民检察院关于佛教协会工作人员能否构成受贿罪或者公司、企业人员受贿罪主体问题的答复》：

佛教协会属于社会团体，其工作人员除刑法第九十三条第二款的规定属于受委托从事公务的人员外，既不属于国家工作人员，也不属于公

司、企业人员。根据刑法的规定，对非受委托从事公务的佛教协会的工作人员利用职务之便收受他人财物，为他人谋取利益的行为，不能按受贿罪或者公司、企业人员受贿罪追究刑事责任。

2003年11月13日《全国法院审理经济犯罪案件工作座谈会纪要》：

一、关于贪污贿赂犯罪和渎职犯罪的主体

（一）国家机关工作人员的认定

刑法中所称的国家机关工作人员，是指在国家机关中从事公务的人员，包括在各级国家权力机关、行政机关、司法机关和军事机关中从事公务的人员。

根据有关立法解释的规定，在依照法律、法规规定行使国家行政管理职权的组织中从事公务的人员，或者在受国家机关委托代表国家行使职权的组织中从事公务的人员、或者虽未列入国家机关人员编制但在国家机关中从事公务的人员，视为国家机关工作人员。在乡（镇）以上中国共产党机关、人民政协机关中从事公务的人员，司法实践中也应当视为国家机关工作人员。

（二）国家机关、国有公司、企业、事业单位委派到非国有公司、企业、事业单位、社会团体从事公务的人员的认定

所谓委派，即委任、派遣，其形式多种多样，如任命、指派、提名、批准等。不论被委派的人身份如何，只要是接受国家机关、国有公司、企业、事业单位委派，代表国家机关、国有公司、企业、事业单位在非国有公司、企业、事业单位、社会团体中从事组织、领导、监督、管理等工作，都可以认定为国家机关、国有公司、企业、事业单位委派到非国有公司、企业、事业单位、社会团体从事公务的人员。如国家机关、国有公司、企业、事业单位委派在国有控股或者参股的股份有限公司从事组织、领导、监督、管理等工作的人员，应当以国家工作人员论。国有公司、企业改制为股份有限公司后，原国有公司、企业的工作人员和股份有限公司新任命的人员中，除代表国有投资主体行使监督、管理职权的人外不以国家工作人员论。

（三）“其他依照法律从事公务的人员”的认定

刑法第九十三条第二款规定的“其他依照法律从事公务的人员”应

当具有两个特征：一是在特定条件下行使国家管理职能；二是依照法律规定从事公务。具体包括：

（1）依法履行职责的各级人民代表大会代表；

（2）依法履行审判职责的人民陪审员；

（3）协助乡镇人民政府、街道办事处从事行政管理工作的村民委员会、居民委员会等农村和城市基层组织人员；

（4）其他由法律授权从事公务的人员。

（四）关于“从事公务”的理解

从事公务，是指代表国家机关、国有公司、企业事业单位、人民团体等履行组织、领导、监督、管理等职责。公务主要表现为与职权相联系的公共事务以及监督、管理国有财产的职务活动。如国家机关工作人员依法履行职责，国有公司的董事、经理、监事、会计、出纳人员等管理、监督国有财产等活动，属于从事公务。那些不具备职权内容的劳务活动、技术服务工作，如售货员、售票员等所从事的工作，一般不认为是公务。

2004年11月3日《最高人民检察院法律政策研究室关于国家机关、国有公司、企业委派到非国有公司、企业从事公务但尚未依照规定程序获取该单位职务的人员是否适用刑法第九十三条第二款问题的答复》：

对于国家机关、国有公司、企业委派到非国有公司、企业从事公务但尚未依照规定程序获取该单位职务的人员，涉嫌职务犯罪的，可以依照刑法第九十三条第二款关于“国家机关、国有公司、企业委派到非国有公司、企业、事业单位、社会团体从事公务的人员”，“以国家工作人员论”的规定追究刑事责任。

第九十四条　【司法工作人员的范围】本法所称司法工作人员，是指有侦查、检察、审判、监管职责的工作人员。

第九十五条　【重伤】本法所称重伤，是指有下列情形之一的伤害：

（一）使人肢体残废或者毁人容貌的；

（二）使人丧失听觉、视觉或者其他器官机能的；

（三）其他对于人身健康有重大伤害的。

第九十六条　【违反国家规定之含义】本法所称违反国家规定，是指违反全国人民代表大会及其常务委员会制定的法律和决定，国务院制定的行政法规、规定的行政措施、发布的决定和命令。

※相关立法解释、司法解释、司法解释性文件

2011年4月8日《最高人民法院关于准确理解和适用刑法中“国家规定”的有关问题的通知》：

日前，国务院法制办就国务院办公厅文件的有关规定是否可以认定为刑法中的“国家规定”予以统一、规范。为切实做好相关刑事案件审判工作，准确把握刑法有关条文规定的“违反国家规定”的认定标准，依法惩治犯罪，统一法律适用，现就有关问题通知如下：

一、根据刑法第九十六的规定，刑法中的“国家规定”是指，全国人民代表大会及其常务委员会制定的法律和决定，国务院制定的行政法规、规定的行政措施、发布的决定和命令。其中，“国务院规定的行政措施”应当由国务院决定，通常以行政法规或者国务院制发文件的形式加以规定。以国务院办公厅名义制发的文件，符合以下条件的，亦应视为刑法中的“国家规定”：（1）有明确的法律依据或者同相关行政法规不相抵触；（2）经国务院常务会议讨论通过或者经国务院批准；（3）在国务院公报上公开发布。

二、各级人民法院在刑事审判工作中，对有关案件所涉及的“违反国家规定”的认定，要依照相关法律、行政法规及司法解释的规定准确把握。对于规定不明确的，要按照本通知的要求审慎认定。对于违反地方性法规、部门规章的行为，不得认定为“违反国家规定”。对被告人的行为是否“违反国家规定”存在争议的，应当作为法律适用问题，逐级向最高人民法院请示。

三、各级人民法院审理非法经营犯罪案件，要依法严格把握刑法第二百二十五条第（四）的适用范围。对被告人的行为是否属于刑法第二

百二十五条第（四）规定的“其它严重扰乱市场秩序的非法经营行为”，有关司法解释未作明确规定的，应当作为法律适用问题，逐级向最高人民法院请示。

第九十七条　【首要分子的范围】本法所称首要分子，是指在犯罪集团或者聚众犯罪中起组织、策划、指挥作用的犯罪分子。

第九十八条　【告诉才处理的含义】本法所称告诉才处理，是指被害人告诉才处理。如果被害人因受强制、威吓无法告诉的，人民检察院和被害人的近亲属也可以告诉。

第九十九条　【以上、以下、以内之界定】本法所称以上、以下、以内，包括本数。

第一百条　【前科报告制度】依法受过刑事处罚的人，在入伍、就业的时候，应当如实向有关单位报告自己曾受过刑事处罚，不得隐瞒。

犯罪的时候不满十八周岁被判处五年有期徒刑以下刑罚的人，免除前款规定的报告义务。

第一百零一条　【总则的效力】本法总则适用于其他有刑罚规定的法律，但是其他法律有特别规定的除外。

第二编　分　　则

Ⅰ贪污贿赂犯罪

【贪污罪】

※相关刑法条文

第三百八十二条　国家工作人员利用职务上的便利，侵吞、窃取、骗取或者以其他手段非法占有公共财物的，是贪污罪。

受国家机关、国有公司、企业、事业单位、人民团体委托管理、经

营国有财产的人员，利用职务上的便利，侵吞、窃取、骗取或者以其他手段非法占有国有财物的，以贪污论。

与前两款所列人员勾结，伙同贪污的，以共犯论处。

第三百八十三条① 对犯贪污罪的，根据情节轻重，分别依照下列规定处罚：

（一）贪污数额较大或者有其他较重情节的，处三年以下有期徒刑或者拘役，并处罚金。

（二）贪污数额巨大或者有其他严重情节的，处三年以上十年以下有期徒刑，并处罚金或者没收财产。

（三）贪污数额特别巨大或者有其他特别严重情节的，处十年以上有期徒刑或者无期徒刑，并处罚金或者没收财产；数额特别巨大，并使国家和人民利益遭受特别重大损失的，处无期徒刑或者死刑，并处没收财产。

对多次贪污未经处理的，按照累计贪污数额处罚。

犯第一款罪，在提起公诉前如实供述自己罪行、真诚悔罪、积极退赃，避免、减少损害结果的发生，有第一项规定情形的，可以从轻、减轻或者免除处罚；有第二项、第三项规定情形的，可以从轻处罚。

犯第一款罪，有第三项规定情形被判处死刑缓期执行的，人民法院根据犯罪情节等情况可以同时决定在其死刑缓期执行二年期满依法减为无期徒刑后，终身监禁，不得减刑、假释。

第三百九十四条 国家工作人员在国内公务活动或者对外交往中接受礼物，依照国家规定应当交公而不交公，数额较大的，依照本法第三百八十二条、第三百八十三条的规定定罪处罚。

第一百八十三条第二款 国有保险公司工作人员和国有保险公司委派到非国有保险公司从事公务的人员有前款行为的**（编者注：即保险公司的工作人员利用职务上的便利，故意编造未曾发生的保险事故进行虚假理赔，骗取保险金归自己所有的行为）**，依照本法第三百八十二条、第三百八十三条的规定定罪处罚。

---

① 该条根据2015年8月29日第十二届全国人民代表大会常务委员会第十六次会议通过的《中华人民共和国刑法修正案（九）》（2015年11月1日起施行）修改。

第二百七十一条第二款 国有公司、企业或者其他国有单位中从事公务的人员和国有公司、企业或者其他国有单位委派到非国有公司、企业以及其他单位从事公务的人员有前款行为的(**编者注:即公司、企业或者其他单位的人员，利用职务上的便利，将本单位财物非法占为己有的行为**)，依照本法第三百八十二条、第三百八十三条的规定定罪处罚。

※刑事立案标准

2016年4月18日《最高人民法院、最高人民检察院关于办理贪污贿赂刑事案件适用法律若干问题的解释》:

1. 贪污数额在3万元以上不满20万元的，应认定为刑法第383条第1款规定的“数额较大”，依法判处3年以下有期徒刑或者拘役，并处罚金。

2. 贪污数额在1万元以上不满3万元，具有下列情形之一的，应当认定为刑法第383条第1款规定的“其他较重情节”，依法判处3年以下有期徒刑或者拘役，并处罚金:

(1) 贪污救灾、抢险、防汛、优抚、扶贫、移民、救济、防疫、社会捐助等特定款物的;(**编者注:根据《最高人民检察院关于贪污养老、医疗等社会保险基金能否适用〈最高人民法院、最高人民检察院关于办理贪污贿赂刑事案件适用法律若干问题的解释〉第一条第二款第一项规定的批复》的规定:养老、医疗、工伤、失业、生育等社会保险基金可以认定为本项规定的“特定款物”。需要注意的是，根据刑法和有关司法解释的规定，贪污罪和挪用公款罪中的“特定款物”的范围有所不同，实践中应注意区分，依法适用**)

(2) 曾因贪污、受贿、挪用公款受过党纪、行政(**编者注:或政务**)处分的;

(3) 曾因故意犯罪受过刑事追究的;

(4) 赃款赃物用于非法活动的;

(5) 拒不交待赃款赃物去向或者拒不配合追缴工作，致使无法追缴的;

(6) 造成恶劣影响或者其他严重后果的。

3. 贪污数额在20万元以上不满300万元的，属于刑法规定的“数额巨大”，依法判处3年以上10年以下有期徒刑，并处罚金或者没收财产。

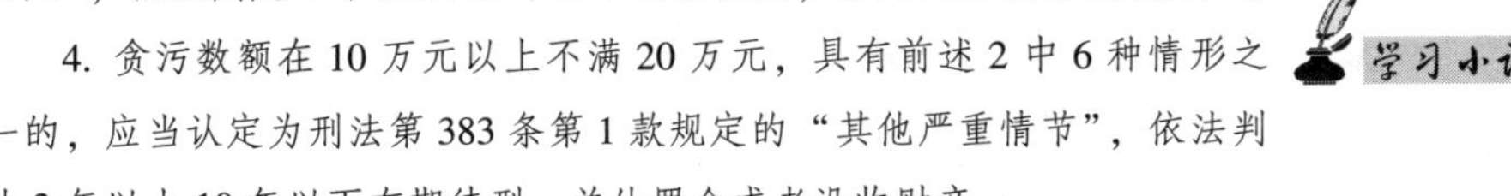

4. 贪污数额在10万元以上不满20万元，具有前述2中6种情形之一的，应当认定为刑法第383条第1款规定的“其他严重情节”，依法判处3年以上10年以下有期徒刑，并处罚金或者没收财产。

5. 贪污数额在300万元以上的，应当认定为刑法第383条第1款规定的“数额特别巨大”，依法判处10年以上有期徒刑、无期徒刑或者死刑，并处罚金或者没收财产。

6. 贪污数额在150万元以上不满300万元，具有前述2中6种情形之一的，应当认定为刑法第383条第1款规定的“其他特别严重情节”，依法判处10年以上有期徒刑、无期徒刑或者死刑，并处罚金或者没收财产。

7. 贪污数额特别巨大，犯罪情节特别严重、社会影响特别恶劣、给国家和人民利益造成特别重大损失的，可以判处死刑。

符合前述规定的情形，但具有自首，立功，如实供述自己罪行、真诚悔罪、积极退赃，或者避免、减少损害结果的发生等情节，不是必须立即执行的，可以判处死刑缓期2年执行。

符合第1款规定情形的，根据犯罪情节等情况可以判处死刑缓期2年执行，同时裁判决定在其死刑缓期执行2年期满依法减为无期徒刑后，终身监禁，不得减刑、假释。

8. 对贪污罪、受贿罪判处3年以下有期徒刑或者拘役的，应当并处10万元以上50万元以下的罚金；判处3年以上10年以下有期徒刑的，应当并处20万元以上犯罪数额2倍以下的罚金或者没收财产；判处10年以上有期徒刑或者无期徒刑的，应当并处50万元以上犯罪数额2倍以下的罚金或者没收财产。

※指导性案例

2012年9月18日最高人民法院《关于发布第三批指导性案例的通知》（指导案例11号·杨延虎等贪污案）

案例适用要点

1. 贪污罪中的“利用职务上的便利”，是指利用职务上主管、管理、

经手公共财物的权力及方便条件，既包括利用本人职务上主管、管理公共财物的职务便利，也包括利用职务上有隶属关系的其他国家工作人员的职务便利。

2. 土地使用权具有财产性利益，属于刑法第三百八十二条第一款规定中的“公共财物”，可以成为贪污的对象。

【挪用公款罪】

※相关刑法条文

第三百八十四条 国家工作人员利用职务上的便利，挪用公款归个人使用（**编者注：根据《全国人民代表大会常务委员会关于〈中华人民共和国刑法〉第三百八十四条第一款的解释》的规定，挪用公款“归个人使用”包括下列情形：（1）将公款供本人、亲友或者其他自然人使用的；（2）以个人名义将公款供其他单位使用的；（3）个人决定以单位名义将公款供其他单位使用，谋取个人利益的**），进行非法活动的，或者挪用公款数额较大、进行营利活动的，或者挪用公款数额较大、超过三个月未还的，是挪用公款罪，处五年以下有期徒刑或者拘役；情节严重的，处五年以上有期徒刑。挪用公款数额巨大不退还的，处十年以上有期徒刑或者无期徒刑。

挪用用于救灾、抢险、防汛、优抚、扶贫、移民、救济款物归个人使用的，从重处罚。

第一百八十五条第二款 国有商业银行、证券交易所、期货交易所、证券公司、期货经纪公司、保险公司或者其他国有金融机构的工作人员和国有商业银行、证券交易所、期货交易所、证券公司、期货经纪公司、保险公司或者其他国有金融机构委派到前款规定中的非国有机构从事公务的人员有前款行为的（**编者注：即商业银行、证券交易所、期货交易所、证券公司、期货经纪公司、保险公司或者其他金融机构的工作人员利用职务上的便利，挪用本单位或者客户资金的行为**），依照本法第三百八十四条的规定定罪处罚。

第二百七十二条第二款 国有公司、企业或者其他国有单位中从事

公务的人员和国有公司、企业或者其他国有单位委派到非国有公司、企业以及其他单位从事公务的人员有前款行为的(**编者注：即国有公司、企业或者其他单位的工作人员，利用职务上的便利，挪用本单位资金归个人使用或者借贷给他人的行为**)，依照本法第三百八十四条的规定定罪处罚。

※刑事立案标准

2016年4月18日《最高人民法院、最高人民检察院关于办理贪污贿赂刑事案件适用法律若干问题的解释》：

1. 挪用公款归个人使用，进行非法活动，数额在3万元以上的，应当以挪用公款罪追究刑事责任。

2. 挪用公款数额在300万元以上的，属于刑法规定的“数额巨大”。

3. 具有下列情形之一的，属于刑法规定的“情节严重”：

（1）挪用公款数额在100万元以上的；

（2）挪用救灾、抢险、防汛、优抚、扶贫、移民、救济特定款物，数额在50万元以上不满100万元的；

（3）挪用公款不退还，数额在50万元以上不满100万元的；

（4）其他严重的情节。

4. 挪用公款归个人使用，进行营利活动或者超过3个月未还，数额在5万元以上的，属于刑法第384条第1款规定的“数额较大”。

5. 数额在500万元以上的，属于刑法第384条第1款规定的“数额巨大”。

6. 具有下列情形之一的，属于刑法第384条第1款规定的“情节严重”：

（1）挪用公款数额在200万元以上的；

（2）挪用救灾、抢险、防汛、优抚、扶贫、移民、救济特定款物，数额在100万元以上不满200万元的；

（3）挪用公款不退还，数额在100万元以上不满200万元的；

（4）其他严重的情节。

【受贿罪】

※相关刑法条文

第三百八十五条 国家工作人员利用职务上的便利，索取他人财物的，或者非法收受他人财物，为他人谋取利益的，是受贿罪。

国家工作人员在经济往来中，违反国家规定，收受各种名义的回扣、手续费，归个人所有的，以受贿论处。

第三百八十六条 对犯受贿罪的，根据受贿所得数额及情节，依照本法第三百八十三条的规定处罚。索贿的从重处罚。

第三百八十八条 国家工作人员利用本人职权或者地位形成的便利条件，通过其他国家工作人员职务上的行为，为请托人谋取不正当利益，索取请托人财物或者收受请托人财物的，以受贿论处。

第一百六十三条第三款 国有公司、企业或者其他国有单位中从事公务的人员和国有公司、企业或者其他国有单位委派到非国有公司、企业以及其他单位从事公务的人员有前两款(**编者注：即利用职务上的便利，索取他人财物或者非法收受他人财物，为他人谋取利益以及在经济往来中，利用职务上的便利，违反国家规定，收受各种名义的回扣、手续费，归个人所有的**)行为的，依照本法第三百八十五条、第三百八十六条的规定定罪处罚。

第一百八十四条第二款 国有金融机构工作人员和国有金融机构委派到非国有金融机构从事公务的人员有前款行为的(**编者注：即银行或者其他金融机构的工作人员在金融业务活动中索取他人财物或者非法收受他人财物，为他人谋取利益的，或者违反国家规定，收受各种名义的回扣、手续费，归个人所有的行为**)，依照本法第三百八十五条、第三百八十六条的规定定罪处罚。

第三百九十九条第四款 司法工作人员收受贿赂，有前三款行为(**编者注：即有徇私枉法罪、民事、行政枉法裁判罪、执行判决、裁定失职罪以及执行判决、裁定滥用职权罪规定的行为**)的，同时又构成本法第三百八十五条规定之罪的，依照处罚较重的规定定罪处罚。

※刑事立案标准

2016年4月18日《最高人民法院、最高人民检察院关于办理贪污贿赂刑事案件适用法律若干问题的解释》：

1. 受贿数额在3万元以上不满20万元的，属于刑法规定的“数额较大”，依法判处3年以下有期徒刑或者拘役，并处罚金。

2. 受贿数额在1万元以上不满3万元，具有下列情形之一的，属于刑法规定的“其他较重情节”，依法判处3年以下有期徒刑或者拘役，并处罚金：

（1）曾因贪污、受贿、挪用公款受过党纪、行政处分的；

（2）曾因故意犯罪受过刑事追究的；

（3）赃款赃物用于非法活动的；

（4）拒不交待赃款赃物去向或者拒不配合追缴工作，致使无法追缴的；

（5）造成恶劣影响或者其他严重后果的；

（6）多次索贿的；

（7）为他人谋取不正当利益，致使公共财产、国家和人民利益遭受损失的；

（8）为他人谋取职务提拔、调整的。

3. 受贿数额在20万元以上不满300万元的，属于刑法规定的“数额巨大”，依法判处3年以上10年以下有期徒刑，并处罚金或者没收财产。

4. 受贿数额在10万元以上不满20万元，具有前述第2点中8种情形之一的，属于刑法规定的“其他严重情节”，依法判处3年以上10年以下有期徒刑，并处罚金或者没收财产。

5. 受贿数额在300万元以上的，属于刑法规定的“数额特别巨大”，依法判处10年以上有期徒刑、无期徒刑或者死刑，并处罚金或者没收财产。

6. 受贿数额在150万元以上不满300万元，具有前述第2点中8种情形之一的，属于刑法规定的“其他特别严重情节”，依法判处10年以上有期徒刑、无期徒刑或者死刑，并处罚金或者没收财产。

7. 受贿数额特别巨大，犯罪情节特别严重、社会影响特别恶劣、给

国家和人民利益造成特别重大损失的，可以判处死刑。

符合前述规定的情形，但具有自首，立功，如实供述自己罪行、真诚悔罪、积极退赃，或者避免、减少损害结果的发生等情节，不是必须立即执行的，可以判处死刑缓期2年执行。

符合可以判处死刑规定情形的，根据犯罪情节等情况可以判处死刑缓期2年执行，同时裁判决定在其死刑缓期执行2年期满依法减为无期徒刑后，终身监禁，不得减刑、假释。

※指导性案例

2011年12月20日《最高人民法院关于发布第一批指导性案例的通知》（指导案例3号·潘玉梅、陈宁受贿案）

案例适用要点

1. 国家工作人员利用职务上的便利为请托人谋取利益，并与请托人以“合办”公司的名义获取“利润”，没有实际出资和参与经营管理的，以受贿论处。

2. 国家工作人员明知他人有请托事项而收受其财物，视为承诺“为他人谋取利益”，是否已实际为他人谋取利益或谋取到利益，不影响受贿的认定。

3. 国家工作人员利用职务上的便利为请托人谋取利益，以明显低于市场的价格向请托人购买房屋等物品的，以受贿论处，受贿数额按照交易时当地市场价格与实际支付价格的差额计算。

4. 国家工作人员收受财物后，因与其受贿有关联的人、事被查处，为掩饰犯罪而退还的，不影响认定受贿罪。

【单位受贿罪】

※相关刑法条文

第三百八十七条 国家机关、国有公司、企业、事业单位、人民团体，索取、非法收受他人财物，为他人谋取利益，情节严重的，对单位判处罚金，并对其直接负责的主管人员和其他直接责任人员，处五年以下有期徒刑或者拘役。

前款所列单位，在经济往来中，在帐外暗中收受各种名义的回扣、手续费的，以受贿论，依照前款的规定处罚。

※刑事立案标准

1999年9月16日《最高人民检察院关于人民检察院直接受理立案侦查案件立案标准的规定（试行）》：

涉嫌下列情形之一的，应予立案：

1. 单位受贿数额在10万元以上的；

2. 单位受贿数额不满10万元(**编者注："不满"是指接近该数额且已达到该数额的80%以上**)，但具有下列情形之一的：

（1）故意刁难、要挟有关单位、个人，造成恶劣影响的；

（2）强行索取财物的；

（3）致使国家或者社会利益遭受重大损失的。

【利用影响力受贿罪】

※相关刑法条文

第三百八十八条之一① 国家工作人员的近亲属(**编者注：刑法中的"近亲属"概念与民法、行政法中的规定不一致，根据《中华人民共和国刑事诉讼法》第一百零六条之规定，此处的"近亲属"是指：夫、妻、父、母、子、女、同胞兄弟姊妹**)或者其他与该国家工作人员关系密切的人(**编者注："关系密切的人"与"特定关系人"并非同一概念，需注意区分**)，通过该国家工作人员职务上的行为，或者利用该国家工作人员职权或者地位形成的便利条件，通过其他国家工作人员职务上的行为，为请托人谋取不正当利益，索取请托人财物或者收受请托人财物，数额较大或者有其他较重情节的，处三年以下有期徒刑或者拘役，并处

① 本条系根据2009年2月28日第十届全国人民代表大会常务委员会第七次会议通过的《中华人民共和国刑法修正案（七）》增加。

罚金；数额巨大或者有其他严重情节的，处三年以上七年以下有期徒刑，并处罚金；数额特别巨大或者有其他特别严重情节的，处七年以上有期徒刑，并处罚金或者没收财产。

离职的国家工作人员或者其近亲属以及其他与其关系密切的人，利用该离职的国家工作人员原职权或者地位形成的便利条件实施前款行为的，依照前款的规定定罪处罚。

※刑事立案标准

2016年4月18日《最高人民法院、最高人民检察院关于办理贪污贿赂刑事案件适用法律若干问题的解释》：

利用影响力受贿罪的定罪量刑适用标准，参照受贿罪的规定执行。

【行贿罪】

※相关刑法条文

第三百八十九条 为谋取不正当利益，给予国家工作人员以财物的，是行贿罪。

在经济往来中，违反国家规定，给予国家工作人员以财物，数额较大的，或者违反国家规定，给予国家工作人员以各种名义的回扣、手续费的，以行贿论处。

因被勒索给予国家工作人员以财物，没有获得不正当利益的，不是行贿。

第三百九十条① 对犯行贿罪的，处五年以下有期徒刑或者拘役，并处罚金；因行贿谋取不正当利益，情节严重的，或者使国家利益遭受重大损失的，处五年以上十年以下有期徒刑，并处罚金；情节特别严重的，或者使国家利益遭受特别重大损失的，处十年以上有期徒刑或者无期徒刑，并处罚金或者没收财产。

---

① 该条是根据2015年8月29日第十二届全国人民代表大会常务委员会第十六次会议通过的《中华人民共和国刑法修正案（九）》修改。

行贿人在被追诉前主动交待行贿行为的，可以从轻或减轻处罚。其中，犯罪较轻的，对侦破重大案件起关键作用的，或者有重大立功表现的，可以减轻或者免除处罚。

※刑事立案标准

2016年4月18日《最高人民法院、最高人民检察院关于办理贪污贿赂刑事案件适用法律若干问题的解释》：

1. 为谋取不正当利益，向国家工作人员行贿，数额在3万元以上的，应当以行贿罪追究刑事责任。

2. 行贿数额在1万元以上不满3万元，具有下列情形之一的，应当以行贿罪追究刑事责任：

（1）向3人以上行贿的；

（2）将违法所得用于行贿的；

（3）通过行贿谋取职务提拔、调整的；

（4）向负有食品、药品、安全生产、环境保护等监督管理职责的国家工作人员行贿，实施非法活动的；

（5）向司法工作人员行贿，影响司法公正的；

（6）造成经济损失数额在50万元以上不满100万元的。

3. 犯行贿罪，具有下列情形之一的，属于刑法规定的“情节严重”：

（1）行贿数额在100万元以上不满500万元的；

（2）行贿数额在50万元以上不满100万元，并具有本解释第7条第2款第1项至第5项规定的情形之一的；

（3）其他严重的情节。

4. 为谋取不正当利益，向国家工作人员行贿，造成经济损失数额在100万元以上不满500万元的，属于刑法规定的“使国家利益遭受重大损失”。

5. 犯行贿罪，具有下列情形之一的，属于刑法规定的“情节特别严重”：

（1）行贿数额在500万元以上的；

（2）行贿数额在250万元以上不满500万元，并具有本解释第7条

第2款第1项至第5项规定的情形之一的；

(3) 其他特别严重的情节。

6. 为谋取不正当利益，向国家工作人员行贿，造成经济损失数额在500万元以上的，属于刑法规定的“使国家利益遭受特别重大损失”。

【对有影响力的人行贿罪】

※相关刑法条文

第三百九十条之一① 为谋取不正当利益，向国家工作人员的近亲属或者其他与该国家工作人员关系密切的人，或者向离职的国家工作人员或者其近亲属以及其他与其关系密切的人行贿的，处三年以下有期徒刑或者拘役，并处罚金；情节严重的，或者使国家利益遭受重大损失的，处三年以上七年以下有期徒刑，并处罚金；情节特别严重的，或者使国家利益遭受特别重大损失的，处七年以上十年以下有期徒刑，并处罚金。

单位犯前款罪的，对单位判处罚金，并对其直接负责的主管人员和其他直接责任人员，处三年有期徒刑或者拘役，并处罚金。

※刑事立案标准

2016年4月18日《最高人民法院、最高人民检察院关于办理贪污贿赂刑事案件适用法律若干问题的解释》：

对有影响力的人行贿罪的定罪量刑适用标准，参照关于行贿罪的规定执行。

【对单位行贿罪】

※相关刑法条文

第三百九十一条② 为谋取不正当利益，给予国家机关、国有公司、

① 本条是根据2015年8月29日第十二届全国人民代表大会常务委员会第十六次会议通过的《中华人民共和国刑法修正案（九）》增加。

② 本条是根据2015年8月29日第十二届全国人民代表大会常务委员会第十六次会议通过的《中华人民共和国刑法修正案（九）》修改，增加了财产刑。

企业、事业单位、人民团体以财物的，或者在经济往来中，违反国家规定，给予各种名义的回扣、手续费的，处三年以下有期徒刑或者拘役。

单位犯前款罪的，对单位判处罚金，并对其直接负责的主管人员和其他直接责任人员，依照前款的规定处罚。

※刑事立案标准

1999年9月16日《最高人民检察院关于人民检察院直接受理立案侦查案件立案标准的规定（试行）》：

涉嫌下列情形之一的，应予立案：

1. 个人行贿数额在10万元以上、单位行贿数额在20万元以上的；

2. 个人行贿数额不满10万元、单位行贿数额在10万元以上不满20万元，但具有下列情形之一的：

（1）为谋取非法利益而行贿的；

（2）向三个以上单位行贿的；

（3）向党政机关、司法机关、行政执法机关行贿的；

（4）致使国家或者社会利益遭受重大损失的。

【介绍贿赂罪】

※相关刑法条文

第三百九十二条　向国家工作人员介绍贿赂，情节严重的，处三年以下有期徒刑或者拘役，并处罚金。

介绍贿赂人在被追诉前主动交待介绍贿赂行为的，可以减轻处罚或者免除处罚。

※刑事立案标准

1999年9月16日《最高人民检察院关于人民检察院直接受理立案侦查案件立案标准的规定（试行）》：

涉嫌下列情形之一的，应予立案：

学习小记

1. 介绍个人向国家工作人员行贿，数额在2万元以上的；介绍单位向国家工作人员行贿，数额在20万元以上的；

2. 介绍贿赂数额不满上述标准，但具有下列情形之一的：

（1）为使行贿人获取非法利益而介绍贿赂的；

（2）三次以上或者为三人以上介绍贿赂的；

（3）向党政领导、司法工作人员、行政执法人员介绍贿赂的；

（4）致使国家或者社会利益遭受重大损失的。

【单位行贿罪】

※相关刑法条文

第三百九十三条 单位为谋取不正当利益而行贿，或者违反国家规定，给予国家工作人员以回扣、手续费，情节严重的，对单位判处罚金，并对其直接负责的主管人员和其他直接责任人员，处五年以下有期徒刑或者拘役，并处罚金。因行贿取得的违法所得归个人所有的，依照本法第三百八十九条、第三百九十条的规定定罪处罚。

※刑事立案标准

1999年9月16日《最高人民检察院关于人民检察院直接受理立案侦查案件立案标准的规定（试行）》：

涉嫌下列情形之一的，应予立案：

1. 单位行贿数额在20万元以上的；

2. 单位为谋取不正当利益而行贿，数额在10万元以上不满20万元，但具有下列情形之一的：

（1）为谋取非法利益而行贿的；

（2）向三人以上行贿的；

（3）向党政领导、司法工作人员、行政执法人员行贿的；

（4）致使国家或者社会利益遭受重大损失的。

【巨额财产来源不明罪】

※相关刑法条文

第三百九十五条第一款① 国家工作人员的财产、支出明显超过合法收入，差额巨大的，可以责令该国家工作人员说明来源，不能说明来源的，差额部分以非法所得论，处五年以下有期徒刑或者拘役；差额特别巨大的，处五年以上十年以下有期徒刑。财产的差额部分予以追缴。

※刑事立案标准

1999年9月16日《最高人民检察院关于人民检察院直接受理立案侦查案件立案标准的规定（试行）》：

涉嫌巨额财产来源不明，数额在30万元以上的，应予立案。

【隐瞒境外存款罪】

※相关刑法条文

第三百九十五条第二款 国家工作人员在境外的存款，应当依照国家规定申报。数额较大、隐瞒不报的，处二年以下有期徒刑或者拘役；情节较轻的，由其所在单位或者上级主管机关酌情给予行政处分。

※刑事立案标准

1999年9月16日《最高人民检察院关于人民检察院直接受理立案侦查案件立案标准的规定（试行）》：

涉嫌隐瞒境外存款，折合人民币数额在30万元以上的，应予立案。

---

① 本条款根据2009年2月28日第十一届全国人民代表大会常务委员会第七次会议通过的《中华人民共和国刑法修正案（七）》修改。

【私分国有资产罪】

※相关刑法条文

第三百九十六条第一款 国家机关、国有公司(**编者注：此处应作限制解释，特指国有独资，不包括国有参股**)、企业、事业单位、人民团体，违反国家规定，以单位名义将国有资产(**编者注："国有资产"，是指国家依法取得和认定的，或者国家以各种形式对企业投资和投资收益、国家向行政事业单位拨款等形成的资产**)集体私分给个人，数额较大的，对其直接负责的主管人员和其他直接责任人员，处三年以下有期徒刑或者拘役，并处或者单处罚金；数额巨大的，处三年以上七年以下有期徒刑，并处罚金。

※刑事立案标准

1999年9月16日《最高人民检察院关于人民检察院直接受理立案侦查案件立案标准的规定（试行）》：

涉嫌私分国有资产，累计数额在10万元以上的，应予立案。

【私分罚没财物罪】

※相关刑法条文

第三百九十六条第二款 司法机关、行政执法机关违反国家规定，将应当上缴国家的罚没财物，以单位名义集体私分给个人的，依照前款的规定处罚。

※刑事立案标准

1999年9月16日《最高人民检察院关于人民检察院直接受理立案侦查案件立案标准的规定（试行）》：

涉嫌私分罚没财物，累计数额在10万元以上，应予立案。

【职务侵占罪】（公职人员在行使公权力过程中实施的）

※相关刑法条文

第二百七十一条第一款 公司、企业或者其他单位的工作人员，利用职务上的便利，将本单位财物非法占为己有，数额较大的，处三年以下有期徒刑或者拘役，并处罚金；数额巨大的，处三年以上十年以下有期徒刑，并处罚金；数额特别巨大的，处十年以上有期徒刑或者无期徒刑，并处罚金。

第一百八十三条第一款 保险公司的工作人员利用职务上的便利，故意编造未曾发生的保险事故进行虚假理赔，骗取保险金归自己所有的，依照本法第二百七十一条的规定定罪处罚。

※刑事立案标准

2022年4月6日**《最高人民检察院、公安部关于公安机关管辖的刑事案件立案追诉标准的规定（二）》**：

公司、企业或者其他单位的人员，利用职务上的便利，将本单位财物非法占为己有，数额在3万元以上的，应予立案追诉。**（编者注：以往该犯罪标准为6万元）**

【挪用资金罪】（公职人员在行使公权力过程中实施的）

※相关刑法条文

第二百七十二条第一款 公司、企业或者其他单位的工作人员，利用职务上的便利，挪用本单位资金归个人使用或者借贷给他人，数额较大、超过三个月未还的，或者虽未超过三个月，但数额较大、进行营利活动的，或者进行非法活动的，处三年以下有期徒刑或者拘役；挪用本单位资金数额巨大的，处三年以上七年以下有期徒刑；数额特别巨大的，处七年以上有期徒刑。

……

第三款 有第一款行为，在提起公诉前将挪用的资金退还的，可以

从轻或者减轻处罚。其中，犯罪较轻的，可以减轻或者免除处罚。

第一百八十五条第一款 商业银行、证券交易所、期货交易所、证券公司、期货经纪公司、保险公司或者其他金融机构的工作人员利用职务上的便利，挪用本单位或者客户资金的，依照本法第二百七十二条的规定定罪处罚。

※刑事立案标准

2022年4月6日《最高人民检察院、公安部关于公安机关管辖的刑事案件立案追诉标准的规定（二）》：（编者注：此前，根据最高人民法院、最高人民检察院《关于办理贪污贿赂刑事案件适用法律若干问题的解释》规定，挪用资金罪的相关数额标准是按照挪用公款罪的标准的二倍执行的。但是根据实践中的做法，挪用资金罪的相关数额标准，应当与挪用公款罪的数额标准一致）

公司、企业或者其他单位的工作人员，利用职务上的便利，挪用本单位资金归个人使用或者借贷给他人，涉嫌下列情形之一的，应予立案追诉：

（一）挪用本单位资金数额在5万元以上，超过3个月未还的；

（二）挪用本单位资金数额在5万元以上，进行营利活动的；

（三）挪用本单位资金数额在3万元以上，进行非法活动的。

具有下列情形之一的，属于本条规定的“归个人使用”：

（一）将本单位资金供本人、亲友或者其他自然人使用的；

（二）以个人名义将本单位资金供其他单位使用的；

（三）个人决定以单位名义将本单位资金供其他单位使用，谋取个人利益的。

【对外国公职人员、国际公共组织官员行贿罪】（公职人员在行使公权力过程中实施的）

※相关刑法条文

第一百六十四条第二款、第三款、第四款 为谋取不正当商业利益，

给予外国公职人员或者国际公共组织官员以财物的，依照前款的规定处罚。

单位犯前两款罪的，对单位判处罚金，并对其直接负责的主管人员和其他直接责任人员，依照第一款的规定处罚。

行贿人在被追诉前主动交待行贿行为的，可以减轻处罚或者免除处罚。

※刑事立案标准

2022年4月6日《最高人民检察院、公安部关于公安机关管辖的刑事案件立案追诉标准的规定（二）》：

个人行贿数额在3万元以上的，单位行贿数额在20万元以上的，应予立案追诉。

【非国家工作人员受贿罪】（公职人员在行使公权力过程中实施的）

※相关刑法条文

第一百六十三条第一款、第二款① 公司、企业或者其他单位的工作人员利用职务上的便利，索取他人财物或者非法收受他人财物，为他人谋取利益，数额较大的，处三年以下有期徒刑或者拘役，并处罚金；数额巨大或者有其他严重情节的，处三年以上十年以下有期徒刑，并处罚金；数额特别巨大或者有其他特别严重情节的，处十年以上有期徒刑或者无期徒刑，并处罚金。

公司、企业或者其他单位的工作人员在经济往来中，利用职务上的便利，违反国家规定，收受各种名义的回扣、手续费，归个人所有的，依照前款的规定处罚。

---

① 本条根据2006年6月29日第十届全国人民代表大会常务委员会第二十二次会议通过的《中华人民共和国刑法修正案（六）》以及2020年12月26日第十三届全国人民代表大会常务委员会第二十四次会议通过的《中华人民共和国刑法修正案（十一）》修改。**（编者注：《刑法修正案（十一）》修改：一是提高了非国家工作人员的法定刑，将法定最高刑提高到无期徒刑，增加罚金刑；二是调整了刑罚档次配置，与贪污受贿犯罪的规定平衡，实现罪责刑相适应）**

学习小记

第一百八十四条第一款　银行或者其他金融机构的工作人员在金融业务活动中索取他人财物或者非法收受他人财物，为他人谋取利益的，或者违反国家规定，收受各种名义的回扣、手续费，归个人所有的，依照本法第一百六十三条的规定定罪处罚。

※刑事立案标准

2022年4月6日《最高人民检察院、公安部关于公安机关管辖的刑事案件立案追诉标准的规定（二）》：

非国家工作人员受贿数额在3万元以上的，应当立案追诉。**（编者注：此前，根据《最高人民法院、最高人民检察院关于办理贪污贿赂刑事案件适用法律若干问题的解释》的规定，非国家工作人员受贿罪中的“数额较大”“数额巨大”的数额起点，按照该解释中关于受贿罪相对应的数额标准规定的2倍、5倍执行，即一般情况下“数额较大”标准为6万元，“数额巨大”标准为100万元。但是根据实践中的做法，非国家工作人员受贿罪的相关数额标准，应当与受贿罪的数额标准一致）**

【对非国家工作人员行贿罪】（公职人员在行使公权力过程中实施的）

※相关刑法条文

第一百六十四条第一款①　为谋取不正当利益，给予公司、企业或者其他单位的工作人员以财物，数额较大的，处三年以下有期徒刑或者拘役，并处罚金；数额巨大的，处三年以上十年以下有期徒刑，并处罚金。

第三款　单位犯前两款罪的，对单位判处罚金，并对其直接负责的主管人员和其他直接责任人员，依照第一款的规定处罚。

---

① 注意本条经历了三次修正，2006年6月29日第十届全国人民代表大会常务委员会第二十二次会议通过的《中华人民共和国刑法修正案（六）》，2011年2月25日第十一届全国人民代表大会常务委员会第十九次会议通过的《中华人民共和国刑法修正案（八）》，2015年8月29日第十二届全国人民代表大会常务委员会第十六次会议通过的《中华人民共和国刑法修正案（九）》分别进行修正。

第四款 行贿人在被追诉前主动交待行贿行为的，可以减轻处罚或者免除处罚。**（编者注：此处规定与行贿罪的规定不同）**

※刑事立案标准

2022年4月6日**《最高人民检察院、公安部关于公安机关管辖的刑事案件立案追诉标准的规定（二）》：**

对非国家工作人员行贿，个人行贿数额在3万元以上的，单位行贿数额在20万元以上的，应当立案追诉。**（编者注：此前，根据《最高人民法院、最高人民检察院关于办理贪污贿赂刑事案件适用法律若干问题的解释》的规定，对非国家工作人员行贿罪中的"数额较大""数额巨大"的数额起点，按照解释第七条、第八条第一款关于行贿罪的数额标准规定的2倍执行。即个人对非国家工作人员行贿罪的数额追诉标准为6万元以上。但是根据实践中的做法，对非国家工作人员行贿罪的相关数额标准，应当与受贿罪的数额标准一致）**

Ⅱ 滥用职权犯罪

【滥用职权罪】（监察机关与检察机关共同管辖罪名）

※相关刑法条文

第三百九十七条 国家机关工作人员滥用职权或者玩忽职守，致使公共财产、国家和人民利益遭受重大损失的，处三年以下有期徒刑或者拘役；情节特别严重的，处三年以上七年以下有期徒刑。本法另有规定的，依照规定。

国家机关工作人员徇私舞弊，犯前款罪的，处五年以下有期徒刑或者拘役；情节特别严重的，处五年以上十年以下有期徒刑。本法另有规定的，依照规定。

※刑事立案标准

2012年12月7日《最高人民法院、最高人民检察院关于办理渎职刑事案件适用法律若干问题的解释（一）》：

1. 国家机关工作人员滥用职权，涉嫌下列情形之一的，属于“致使公共财产、国家和人民利益遭受重大损失”，处3年以下有期徒刑或者拘役：

（1）造成死亡1人以上，或者重伤3人以上，或者轻伤9人以上，或者重伤2人、轻伤3人以上，或者重伤1人、轻伤6人以上的；

（2）造成经济损失30万元以上的；

（3）造成恶劣社会影响的；

（4）其他致使公共财产、国家和人民利益遭受重大损失的情形。

2. 涉嫌下列情形之一的，属于“情节特别严重”，处3年以上7年以下有期徒刑：

（1）造成伤亡达到前款第1项规定人数3倍以上的；

（2）造成经济损失150万元以上的；

（3）造成前款规定的损失后果，不报、迟报、谎报或者授意、指使、强令他人不报、迟报、谎报事故情况，致使损失后果持续、扩大或者抢救工作延误的；

（4）造成特别恶劣社会影响的；

（5）其他特别严重的情节。

2007年5月9日《最高人民法院、最高人民检察院关于办理与盗窃、抢劫、诈骗、抢夺机动车相关刑事案件具体应用法律若干问题的解释》：

国家机关工作人员滥用职权，有下列情形之一，致使盗窃、抢劫、诈骗、抢夺的机动车被办理登记手续，数量达到3辆以上或者价值总额达到30万元以上的，以滥用职权罪定罪，处3年以下有期徒刑或者拘役：

（1）明知是登记手续不全或者不符合规定的机动车而办理登记手续的；

(2) 指使他人为明知是登记手续不全或者不符合规定的机动车办理登记手续的；

(3) 违规或者指使他人违规更改、调换车辆档案的；

(4) 其他滥用职权的行为。

国家机关工作人员实施前款行为，致使盗窃、抢劫、诈骗、抢夺的机动车被办理登记手续，达到前款规定数量、数额标准5倍以上的，或者明知是盗窃、抢劫、诈骗、抢夺的机动车而办理登记手续的，属于“情节特别严重”，处3年以上7年以下有期徒刑。

国家机关工作人员徇私舞弊，实施上述行为，构成犯罪的，依照刑法第397条第2款的规定定罪处罚。

2006年7月26日《最高人民检察院关于渎职侵权犯罪案件立案标准的规定》：

林业主管部门工作人员之外的国家机关工作人员，违反森林法的规定，滥用职权，致使林木被滥伐40立方米以上或者幼树被滥伐2000株以上，或者致使防护林、特种用途林被滥伐10立方米以上或者幼树被滥伐400株以上，或者致使珍贵树木被采伐、毁坏4立方米或者4株以上，或者致使国家重点保护的其他植物被采伐、毁坏后果严重的，或者致使国家严禁采伐的林木被采伐、毁坏情节恶劣的，按照刑法第三百九十七条的规定以滥用职权罪追究刑事责任。

※指导性案例

2012年11月15日《最高人民检察院关于发布第二批指导性案例的通知》（检例第5号·陈某、林某、李甲滥用职权案）

案例适用要点

随着我国城镇建设和社会主义新农村建设逐步深入推进，村民委员会、居民委员会等基层组织协助人民政府管理社会发挥越来越重要的作用。实践中，对村民委员会、居民委员会等基层组织人员协助人民政府从事行政管理工作时，滥用职权、玩忽职守构成犯罪的，应当依照刑法关于渎职罪的规定追究刑事责任。

2012年11月15日《最高人民检察院关于发布第二批指导性案例的通知》(检例第6号·罗甲、罗乙、朱某、罗丙滥用职权案)

案例适用要点

根据刑法规定，滥用职权罪是指国家机关工作人员滥用职权，致使“公共财产、国家和人民利益遭受重大损失”的行为。实践中，对滥用职权“造成恶劣社会影响的”，应当依法认定为“致使公共财产、国家和人民利益遭受重大损失”。

【国有公司、企业、事业单位人员滥用职权罪】

※相关刑法条文

第一百六十八条① 国有公司、企业的工作人员，由于严重不负责任或者滥用职权，造成国有公司、企业破产或者严重损失，致使国家利益遭受重大损失的，处三年以下有期徒刑或者拘役；致使国家利益遭受特别重大损失的，处三年以上七年以下有期徒刑。

国有事业单位的工作人员有前款行为，致使国家利益遭受重大损失的，依照前款的规定处罚。

国有公司、企业、事业单位的工作人员，徇私舞弊，犯前两款罪的，依照第一款的规定从重处罚。

※刑事立案标准

2010年5月7日《最高人民检察院、公安部关于公安机关管辖的刑事案件立案追诉标准的规定（二）》(编者注：该规定已于2022年4月修订删除，但在新标准出台前，仍可作为参考)：

涉嫌下列情形之一的，应予追诉，处3年以下有期徒刑或者拘役：

1. 造成国家直接经济损失数额在30万元以上的；

2. 造成有关单位破产，停业、停产6个月以上，或者被吊销许可证

---

① 本条是根据1999年12月25日第九届全国人民代表大会常务委员会第十三次会议通过的《中华人民共和国刑法修正案》修改。

和营业执照、责令关闭、撤销、解散的；

3. 其他致使国家利益遭受重大损失的情形。

【滥用管理公司、证券职权罪】

※相关刑法条文

第四百零三条 国家有关主管部门的国家机关工作人员，徇私舞弊，滥用职权，对不符合法律规定条件的公司设立、登记申请或者股票、债券发行、上市申请，予以批准或者登记，致使公共财产、国家和人民利益遭受重大损失的，处五年以下有期徒刑或者拘役。

上级部门强令登记机关及其工作人员实施前款行为的，对其直接负责的主管人员，依照前款的规定处罚。

※刑事立案标准

2006年7月26日《最高人民检察院关于渎职侵权犯罪案件立案标准的规定》：

涉嫌下列情形之一的，应予立案：

1. 造成直接经济损失50万元以上的；

2. 工商管理部门的工作人员对不符合法律规定条件的公司设立、登记申请，违法予以批准、登记，严重扰乱市场秩序的；

3. 金融证券管理机构工作人员对不符合法律规定条件的股票、债券发行、上市申请，违法予以批准，严重损害公众利益，或者严重扰乱金融秩序的；

4. 工商管理部门、金融证券管理机构的工作人员对不符合法律规定条件的公司设立、登记申请或者股票、债券发行、上市申请违法予以批准或者登记，致使犯罪行为得逞的；

5. 上级部门、当地政府直接负责的主管人员强令登记机关及其工作人员，对不符合法律规定条件的公司设立、登记申请或者股票、债券发行、上市申请予以批准或者登记，致使公共财产、国家或者人民利益遭受重大损失的；

6. 其他致使公共财产、国家和人民利益遭受重大损失的情形。

【食品、药品监管渎职罪】

※相关刑法条文

第四百零八条之一① 负有食品药品安全监督管理职责的国家机关工作人员，滥用职权或者玩忽职守，有下列情形之一，造成严重后果或者有其他严重情节的，处五年以下有期徒刑或者拘役；造成特别严重后果或者有其他特别严重情节的，处五年以上十年以下有期徒刑：

（一）瞒报、谎报食品安全事故、药品安全事件的；

（二）对发现的严重食品药品安全违法行为未按规定查处的；

（三）在药品和特殊食品审批审评过程中，对不符合条件的申请准予许可的；

（四）依法应当移交司法机关追究刑事责任不移交的；

（五）有其他滥用职权或者玩忽职守行为的。

徇私舞弊犯前款罪的，从重处罚。

※刑事立案标准

目前尚没有具体的关于立案标准的司法解释，可参照玩忽职守罪等相关罪名。

2014年2月20日《最高人民检察院关于发布第四批指导性案例的通知》（检例第15号·胡林贵等人生产、销售有毒、有害食品，行贿；骆梅等人销售伪劣产品；朱伟全等人生产、销售伪劣产品；黎达文等人受贿，食品监管渎职案）

案例适用要点

实施生产、销售有毒、有害食品犯罪，为逃避查处向负有食品安全监管职责的国家工作人员行贿的，应当以生产、销售有毒、有害食品罪和行贿罪实行数罪并罚。

① 本条是根据2020年12月26日第十三届全国人民代表大会常务委员会第二十四次会议通过的《中华人民共和国刑法修正案（十一）》修改。

负有食品安全监督管理职责的国家机关工作人员，滥用职权，向生产、销售有毒、有害食品的犯罪分子通风报信，帮助逃避处罚的，应当认定为食品监管渎职罪；在渎职过程中受贿的，应当以食品监管渎职罪和受贿罪实行数罪并罚。

2014年2月20日《最高人民检察院关于发布第四批指导性案例的通知》（检例第16号·赛跃、韩成武受贿、食品监管渎职案）

案例适用要点

负有食品安全监督管理职责的国家机关工作人员，滥用职权或玩忽职守，导致发生重大食品安全事故或者造成其他严重后果的，应当认定为食品监管渎职罪。在渎职过程中受贿的，应当以食品监管渎职罪和受贿罪实行数罪并罚。

【故意泄露国家秘密罪】

※相关刑法条文

第三百九十八条 国家机关工作人员违反保守国家秘密法的规定，故意或者过失泄露国家秘密，情节严重的，处三年以下有期徒刑或者拘役；情节特别严重的，处三年以上七年以下有期徒刑。

非国家机关工作人员犯前款罪的，依照前款的规定酌情处罚。

第三百零八条之一第二款 有前款行为（**编者注：司法工作人员、辩护人、诉讼代理人或者其他诉讼参与人，泄露依法不公开审理的案件中不应当公开的信息，造成信息公开传播或者其他严重后果的**），泄露国家秘密的，依照本法第三百九十八条的规定定罪处罚。

※刑事立案标准

2006年7月26日《最高人民检察院关于渎职侵权犯罪案件立案标准的规定》：

涉嫌下列情形之一的，应予立案：

1. 泄露绝密级国家秘密1项（件）以上的；
2. 泄露机密级国家秘密2项（件）以上的；

3. 泄露秘密级国家秘密3项（件）以上的；

4. 向非境外机构、组织、人员泄露国家秘密，造成或者可能造成危害社会稳定、经济发展、国防安全或者其他严重危害后果的；

5. 通过口头、书面或者网络等方式向公众散布、传播国家秘密的；

6. 利用职权指使或者强迫他人违反国家保守秘密法的规定泄露国家秘密的；

7. 以牟取私利为目的泄露国家秘密的；

8. 其他情节严重的情形。

【报复陷害罪】

※相关刑法条文

第二百五十四条 国家机关工作人员滥用职权、假公济私，对控告人、申诉人、批评人、举报人实行报复陷害的(**编者注：不包括采取捏造事实的方法诬告陷害他人，意图使他人受刑事追究，此种行为应认定为刑法第二百四十三条规定的诬告陷害罪**)，处二年以下有期徒刑或者拘役；情节严重的，处二年以上七年以下有期徒刑。

※刑事立案标准

2006年7月26日《最高人民检察院关于渎职侵权犯罪案件立案标准的规定》：

涉嫌下列情形之一的，应予立案：

1. 报复陷害，情节严重，导致控告人、申诉人、批评人、举报人或者其近亲属自杀、自残造成重伤、死亡，或者精神失常的；

2. 致使控告人、申诉人、批评人、举报人或者其近亲属的其他合法权利受到严重损害的；

3. 其他报复陷害应予追究刑事责任的情形。

【阻碍解救被拐卖、绑架妇女、儿童罪】

※相关刑法条文

第四百一十六条第二款 负有解救职责的国家机关工作人员利用职

务阻碍解救的，处二年以上七年以下有期徒刑；情节较轻的，处二年以下有期徒刑或者拘役。

※刑事立案标准

2006年7月26日《最高人民检察院关于渎职侵权犯罪案件立案标准的规定》：

涉嫌下列情形之一的，应予立案：

1. 利用职权，禁止、阻止或者妨碍有关部门、人员解救被拐卖、绑架的妇女、儿童的；

2. 利用职务上的便利，向拐卖、绑架者或者收买者通风报信，妨碍解救工作正常进行的；

3. 其他利用职务阻碍解救被拐卖、绑架的妇女、儿童应予追究刑事责任的情形。

【帮助犯罪分子逃避处罚罪】

※相关刑法条文

第四百一十七条　有查禁犯罪活动职责的国家机关工作人员，向犯罪分子通风报信、提供便利，帮助犯罪分子逃避处罚的，处三年以下有期徒刑或者拘役；情节严重的，处三年以上十年以下有期徒刑。

※刑事立案标准

2006年7月26日《最高人民检察院关于渎职侵权犯罪案件立案标准的规定》：

涉嫌下列情形之一的，应予立案：

1. 向犯罪分子泄漏有关部门查禁犯罪活动的部署、人员、措施、时间、地点等情况的；

2. 向犯罪分子提供钱物、交通工具、通讯设备、隐藏处所等便利条件的；

3. 向犯罪分子泄漏案情的；

4. 帮助、示意犯罪分子隐匿、毁灭、伪造证据，或者串供、翻供的；

5. 其他帮助犯罪分子逃避处罚应予追究刑事责任的情形。

【违法发放林木采伐许可证罪】

※相关刑法条文

第四百零七条 林业主管部门的工作人员违反森林法的规定，超过批准的年采伐限额发放林木采伐许可证或者违反规定滥发林木采伐许可证，情节严重，致使森林遭受严重破坏的，处三年以下有期徒刑或者拘役。

※刑事立案标准

2006年7月26日《最高人民检察院关于渎职侵权犯罪案件立案标准的规定》：

涉嫌下列情形之一的，应予立案：

1. 发放林木采伐许可证允许采伐数量累计超过批准的年采伐限额，导致林木被超限额采伐10立方米以上的；

2. 滥发林木采伐许可证，导致林木被滥伐20立方米以上，或者导致幼树被滥伐1000株以上的；

3. 滥发林木采伐许可证，导致防护林、特种用途林被滥伐5立方米以上，或者幼树被滥伐200株以上的；

4. 滥发林木采伐许可证，导致珍贵树木或者国家重点保护的其他树木被滥伐的；

5. 滥发林木采伐许可证，导致国家禁止采伐的林木被采伐的；

6. 其他情节严重，致使森林遭受严重破坏的情形。

（编者注：林业主管部门工作人员之外的国家机关工作人员，违反森林法的规定，滥用职权或者玩忽职守，致使林木被滥伐40立方米以上或者幼树被滥伐2000株以上，或者致使防护林、特种用途林被滥伐10立方米以上或者幼树被滥伐400株以上，或者致使珍贵树木被采伐、毁坏4立方米或者4株以上，或者致使国家重点保护的其他植物被采伐、毁坏后果严重的，或者致使国家严禁采伐的林木被采伐、毁坏情节恶劣的，

按照《刑法》第三百九十七条的规定以滥用职权罪或者玩忽职守罪追究刑事责任）

【办理偷越国（边）境人员出入境证件罪】

※相关刑法条文

第四百一十五条 负责办理护照、签证以及其他出入境证件的国家机关工作人员，对明知是企图偷越国（边）境的人员，予以办理出入境证件的，或者边防、海关等国家机关工作人员，对明知是偷越国（边）境的人员，予以放行的，处三年以下有期徒刑或者拘役；情节严重的，处三年以上七年以下有期徒刑。

※刑事立案标准

2006年7月26日《最高人民检察院关于渎职侵权犯罪案件立案标准的规定》：

负责办理护照、签证以及其他出入境证件的国家机关工作人员涉嫌在办理护照、签证以及其他出入境证件的过程中，对明知是企图偷越国（边）境的人员而予以办理出入境证件的，应予立案。

【放行偷越国（边）境人员罪】

※相关刑法条文

第四百一十五条 负责办理护照、签证以及其他出入境证件的国家机关工作人员，对明知是企图偷越国（边）境的人员，予以办理出入境证件的，或者边防、海关等国家机关工作人员，对明知是偷越国（边）境的人员，予以放行的，处三年以下有期徒刑或者拘役；情节严重的，处三年以上七年以下有期徒刑。

※刑事立案标准

2006 年 7 月 26 日**《最高人民检察院关于渎职侵权犯罪案件立案标准的规定》**：

边防、海关等国家机关工作人员涉嫌在履行职务过程中，对明知是偷越国（边）境的人员而予以放行的，应予立案。

【挪用特定款物罪】

※相关刑法条文

第二百七十三条 挪用用于救灾、抢险、防汛、优抚、扶贫、移民、救济款物（**编者注：特定款物不包括退休职工社会养老保险金，如果挪用该保险金的应根据行为人身份的不同，分别以挪用资金罪或挪用公款罪追究刑事责任**），情节严重，致使国家和人民群众利益遭受重大损害的，对直接责任人员，处三年以下有期徒刑或者拘役；情节特别严重的，处三年以上七年以下有期徒刑。

※刑事立案标准

2010 年 5 月 7 日**《最高人民检察院、公安部关于公安机关管辖的刑事案件立案追诉标准的规定（二）》（编者注：该规定已于 2022 年 4 月修订删除，但在新标准出台前，仍可作为参考）**：

涉嫌下列情形之一的，应予立案：

1. 挪用特定款物数额在 5000 元以上的；
2. 造成国家和人民群众直接经济损失数额在 5 万元以上的；
3. 虽未达到上述数额标准（**编者注：是指接近上述数额标准且已达到该数额的 80%以上的，其中“以上”包括本数**），但多次挪用特定款物的，或者造成人民群众的生产、生活严重困难的；
4. 严重损害国家声誉，或者造成恶劣社会影响的；
5. 其他致使国家和人民群众利益遭受重大损害的情形。

【非法剥夺公民宗教信仰自由罪】

※相关刑法条文

第二百五十一条 国家机关工作人员非法剥夺公民的宗教信仰自由和侵犯少数民族风俗习惯，情节严重的，处二年以下有期徒刑或者拘役。

※刑事立案标准

本条尚无具体的司法解释规定。(**编者注：情节严重，一般是指非法剥夺宗教信仰自由的手段恶劣、后果严重，如造成被害人精神失常或自杀等严重后果的情况等应当立案追究**)

【侵犯少数民族风俗习惯罪】

※相关刑法条文

第二百五十一条 国家机关工作人员非法剥夺公民的宗教信仰自由和侵犯少数民族风俗习惯，情节严重的，处二年以下有期徒刑或者拘役。

※刑事立案标准

本条尚无具体的司法解释规定。(**编者注：情节严重，一般是指多次或多人侵犯、手段恶劣、引起民族纠纷、民族矛盾的，造成骚乱、示威游行或社会秩序严重混乱的，应立案追究**)

【打击报复会计、统计人员罪】

※相关刑法条文

第二百五十五条 公司、企业、事业单位、机关、团体的领导人，对依法履行职责、抵制违反会计法、统计法行为的会计、统计人员实行打击报复，情节恶劣的，处三年以下有期徒刑或者拘役。

※刑事立案标准

目前尚无司法解释明确标准。(**编者注：情节恶劣，一般指多次或对多人进行打击报复，或者打击报复的手段恶劣，或产生恶劣的影响的。具体可参照报复陷害罪的立案标准**)

【非法拘禁罪】(监察机关与检察机关共同管辖罪名)

※相关刑法条文

第二百三十八条 非法拘禁他人或者以其他方法非法剥夺他人人身自由的，处三年以下有期徒刑、拘役、管制或者剥夺政治权利。具有殴打、侮辱情节的，从重处罚。

犯前款罪，致人重伤的，处三年以上十年以下有期徒刑；致人死亡的，处十年以上有期徒刑。使用暴力致人伤残、死亡的，依照本法第二百三十四条(**编者注：故意伤害罪**)、第二百三十二条(**编者注：故意杀人罪**)的规定定罪处罚。

为索取债务非法扣押、拘禁他人的，依照前两款的规定处罚。

国家机关工作人员利用职权犯前三款罪的，依照前三款的规定从重处罚。

※刑事立案标准

2006年7月26日《最高人民检察院关于渎职侵权犯罪案件立案标准的规定》：

国家机关工作人员利用职权非法拘禁，涉嫌下列情形之一的，应予立案：

1. 非法剥夺他人人身自由24小时以上的；

2. 非法剥夺他人人身自由，并使用械具或者捆绑等恶劣手段，或者实施殴打、侮辱、虐待行为的；

3. 非法拘禁，造成被拘禁人轻伤、重伤、死亡的；

4. 非法拘禁，情节严重，导致被拘禁人自杀、自残造成重伤、死亡，

或者精神失常的；

5. 非法拘禁3人次以上的；

6. 司法工作人员对明知是没有违法犯罪事实的人而非法拘禁的；

7. 其他非法拘禁应予追究刑事责任的情形。

【虐待被监管人罪】（监察机关与检察机关共同管辖罪名）

※相关刑法条文

第二百四十八条 监狱、拘留所、看守所等监管机构的监管人员对被监管人进行殴打或者体罚虐待，情节严重的，处三年以下有期徒刑或者拘役；情节特别严重的，处三年以上十年以下有期徒刑。致人伤残、死亡的，依照本法第二百三十四条、第二百三十二条的规定定罪处罚。

监管人员指使被监管人殴打或者体罚虐待其他被监管人的，依照前款的规定处罚。

※刑事立案标准

2006年7月26日《最高人民检察院关于渎职侵权犯罪案件立案标准的规定》：

涉嫌下列情形之一的，应予立案：

1. 以殴打、捆绑、违法使用械具等恶劣手段虐待被监管人的；

2. 以较长时间冻、饿、晒、烤等手段虐待被监管人，严重损害其身体健康的；

3. 虐待造成被监管人轻伤、重伤、死亡的；

4. 虐待被监管人，情节严重，导致被监管人自杀、自残造成重伤、死亡，或者精神失常的；

5. 殴打或者体罚虐待3人次以上的；

6. 指使被监管人殴打、体罚虐待其他被监管人，具有上述情形之一的；

7. 其他情节严重的情形。

【非法搜查罪】（监察机关与检察机关共同管辖罪名）

※相关刑法条文

第二百四十五条　非法搜查他人身体、住宅，或者非法侵入他人住宅的，处三年以下有期徒刑或者拘役。

司法工作人员滥用职权，犯前款罪的，从重处罚。

※刑事立案标准

2006年7月26日《最高人民检察院关于渎职侵权犯罪案件立案标准的规定》：

涉嫌下列情形之一的，应予立案：

1. 非法搜查他人身体、住宅，并实施殴打、侮辱等行为的；
2. 非法搜查，情节严重，导致被搜查人或者其近亲属自杀、自残造成重伤、死亡，或者精神失常的；
3. 非法搜查，造成财物严重损坏的；
4. 非法搜查3人（户）以上的；
5. 司法工作人员对明知是与涉嫌犯罪无关的人身、住宅非法搜查的；
6. 其他非法搜查应予追究刑事责任的情形。

Ⅲ 玩忽职守犯罪

【玩忽职守罪】（监察机关与检察机关共同管辖罪名）

※相关刑法条文

第三百九十七条①　国家机关工作人员滥用职权或者玩忽职守，致

① 《全国人民代表大会常务委员会关于惩治骗购外汇、逃汇和非法买卖外汇犯罪的决定》（1998年12月29日）：六、海关、外汇管理部门的工作人员严重不负责任，造成大量外汇被骗购或者逃汇，致使国家利益遭受重大损失的，依照刑法第三百九十七条的规定定罪处罚。

使公共财产、国家和人民利益遭受重大损失的，处三年以下有期徒刑或者拘役；情节特别严重的，处三年以上七年以下有期徒刑。本法另有规定的，依照规定。

国家机关工作人员徇私舞弊，犯前款罪的，处五年以下有期徒刑或者拘役；情节特别严重的，处五年以上十年以下有期徒刑。本法另有规定的，依照规定。

※刑事立案标准

2012年12月7日《最高人民法院、最高人民检察院关于办理渎职刑事案件适用法律若干问题的解释（一）》：

涉嫌下列情形之一的，应予立案：

1. 国家机关工作人员滥用职权，具有下列情形之一的，应当认定为刑法第三百九十七条规定的“致使公共财产、国家和人民利益遭受重大损失”：

（1）造成死亡1人以上，或者重伤3人以上，或者轻伤9人以上，或者重伤2人、轻伤3人以上，或者重伤1人、轻伤6人以上的；

（2）造成经济损失30万元以上的；

（3）造成恶劣社会影响的；

（4）其他致使公共财产、国家和人民利益遭受重大损失的情形。

2. 具有下列情形之一的，应当认定为刑法第三百九十七条规定的“情节特别严重”：

（1）造成伤亡达到前款第1项规定人数3倍以上的；

（2）造成经济损失150万元以上的；

（3）造成前款规定的损失后果，不报、迟报、谎报或者授意、指使、强令他人不报、迟报、谎报事故情况，致使损失后果持续、扩大或者抢救工作延误的；

（4）造成特别恶劣社会影响的；

（5）其他特别严重的情节。

2007年5月9日《最高人民法院、最高人民检察院关于办理与盗窃、抢劫、诈骗、抢夺机动车相关刑事案件具体应用法律若干问题的解释》：

国家机关工作人员疏于审查或者审查不严，致使盗窃、抢劫、诈骗、抢夺的机动车被办理登记手续，数量达到5辆以上或者价值总额达到50万元以上的，以玩忽职守罪定罪，处3年以下有期徒刑或者拘役。

国家机关工作人员实施前款行为，致使盗窃、抢劫、诈骗、抢夺的机动车被办理登记手续，达到前款规定数量、数额标准5倍以上的，或者明知是盗窃、抢劫、诈骗、抢夺的机动车而办理登记手续的，属于“情节特别严重”，处3年以上7年以下有期徒刑。

国家机关工作人员徇私舞弊，实施上述行为，构成犯罪的，依照刑法第397条第2款的规定定罪处罚。

※指导性案例

2012年11月15日《最高人民检察院关于发布第二批指导性案例的通知》（检例第8号·杨某玩忽职守、徇私枉法、受贿案）

案例适用要点

1. 渎职犯罪因果关系的认定。如果负有监管职责的国家机关工作人员没有认真履行其监管职责，从而未能有效防止危害结果发生，那么，这些对危害结果具有“原因力”的渎职行为，应认定与危害结果之间具有刑法意义上的因果关系。

2. 渎职犯罪同时受贿的处罚原则。对于国家机关工作人员实施渎职犯罪并收受贿赂，同时构成受贿罪的，除刑法第三百九十九条有特别规定的外，以渎职犯罪和受贿罪数罪并罚。

【国有公司、企业、事业单位人员失职罪】

※相关刑法条文

第一百六十八条 国有公司、企业的工作人员，由于严重不负责任或者滥用职权，造成国有公司、企业破产或者严重损失，致使国家利益遭受重大损失的，处三年以下有期徒刑或者拘役；致使国家利益遭受特

别重大损失的，处三年以上七年以下有期徒刑。

国有事业单位的工作人员有前款行为，致使国家利益遭受重大损失的，依照前款的规定处罚。

国有公司、企业、事业单位的工作人员，徇私舞弊，犯前两款罪的，依照第一款的规定从重处罚。

※刑事立案标准

2010年5月7日《最高人民检察院、公安部关于公安机关管辖的刑事案件立案追诉标准的规定（二）》（编者注：该规定已于2022年4月修订删除，但在新标准出台前，仍可作为参考）：

涉嫌下列情形之一的，应予追诉，处三年以下有期徒刑或者拘役：

1. 造成国家直接经济损失数额在50万元以上的；

2. 造成有关单位破产，停业、停产1年以上，或者被吊销许可证和营业执照、责令关闭、撤销、解散的；

3. 其他致使国家利益遭受重大损失的情形。

【签订、履行合同失职被骗罪】

※相关刑法条文

第一百六十七条 国有公司、企业、事业单位直接负责的主管人员，在签订、履行合同过程中，因严重不负责任被诈骗（**编者注：本条规定的“诈骗”，是指对方当事人的行为已经涉嫌诈骗犯罪，不以对方当事人已经被人民法院判决构成诈骗犯罪作为立案追诉的前提**），致使国家利益遭受重大损失的，处三年以下有期徒刑或者拘役；致使国家利益遭受特别重大损失的，处三年以上七年以下有期徒刑。

※刑事立案标准

2010年5月7日《最高人民检察院、公安部关于公安机关管辖的刑事案件立案追诉标准的规定（二）》（编者注：该规定已于2022年4月修订删除，但在新标准出台前，仍可作为参考）：

涉嫌下列情形之一的，应予立案追诉：

1. 造成国家直接经济损失数额在50万元以上的；

2. 造成有关单位破产，停业、停产6个月以上，或者被吊销许可证和营业执照、责令关闭、撤销、解散的；

3. 其他致使国家利益遭受重大损失的情形。

金融机构、从事对外贸易经营活动的公司、企业的工作人员严重不负责任，造成100万美元以上外汇被骗购或者逃汇1000万美元以上的，应予立案追诉。

【国家机关工作人员签订、履行合同失职被骗罪】

※相关刑法条文

第四百零六条 国家机关工作人员在签订、履行合同过程中，因严重不负责任被诈骗，致使国家利益遭受重大损失的，处三年以下有期徒刑或者拘役；致使国家利益遭受特别重大损失的，处三年以上七年以下有期徒刑。

※刑事立案标准

2006年7月26日《最高人民检察院关于渎职侵权犯罪案件立案标准的规定》：

涉嫌下列情形之一的，应予立案：

1. 造成直接经济损失30万元以上，或者直接经济损失不满30万元，但间接经济损失150万元以上的；

2. 其他致使国家利益遭受重大损失的情形。

【环境监管失职罪】

※相关刑法条文

第四百零八条 负有环境保护监督管理职责的国家机关工作人员严重不负责任，导致发生重大环境污染事故，致使公私财产遭受重大损失或者造成人身伤亡的严重后果的，处三年以下有期徒刑或者拘役。

※刑事立案标准

2016年12月23日《最高人民法院、最高人民检察院关于办理环境污染刑事案件适用法律若干问题的解释》：

负有环境保护监督管理职责的国家机关工作人员严重不负责任，不履行或者不认真履行环境保护监管职责导致发生重大环境污染事故，致使公私财产损失30万元以上，或者涉嫌下列情形之一的，属于“致使公私财产遭受重大损失或者造成人身伤亡的严重后果”，应予立案，处3年以下有期徒刑或者拘役：

1. 造成生态环境严重损害的；
2. 致使乡镇以上集中式饮用水水源取水中断12小时以上的；
3. 致使基本农田、防护林地、特种用途林地5亩以上，其他农用地10亩以上，其他土地20亩以上基本功能丧失或者遭受永久性破坏的；
4. 致使森林或者其他林木死亡50立方米以上，或者幼树死亡2500株以上的；
5. 致使疏散、转移群众5000人以上的；
6. 致使30人以上中毒的；
7. 致使3人以上轻伤、轻度残疾或者器官组织损伤导致一般功能障碍的；
8. 致使1人以上重伤、中度残疾或者器官组织损伤导致严重功能障碍的；
9. 其他严重污染环境的情形。

※指导性案例

2012年11月15日《最高人民检察院关于发布第二批指导性案例的通知》（检例第4号·崔某环境监管失职案）

案例适用要点

实践中，一些国有公司、企业和事业单位经合法授权从事具体的管理市场经济和社会生活的工作，拥有一定管理公共事务和社会事务的职

权，这些实际行使国家行政管理职权的公司、企业和事业单位工作人员，符合渎职罪主体要求；对其实施渎职行为构成犯罪的，应当依照刑法关于渎职罪的规定追究刑事责任。

【传染病防治失职罪】

※相关刑法条文

第四百零九条 从事传染病防治的政府卫生行政部门的工作人员严重不负责任，导致传染病传播或者流行，情节严重的，处三年以下有期徒刑或者拘役。

※刑事立案标准

2006年7月26日《最高人民检察院关于渎职侵权犯罪案件立案标准的规定》：

涉嫌下列情形之一的，应予立案：

（1）导致甲类传染病传播的；

（2）导致乙类、丙类传染病流行的；

（3）因传染病传播或者流行，造成人员重伤或者死亡的；

（4）因传染病传播或者流行，严重影响正常的生产、生活秩序的；

（5）在国家对突发传染病疫情等灾害采取预防、控制措施后，对发生突发传染病疫情等灾害的地区或者突发传染病病人、病原携带者、疑似突发传染病病人，未按照预防、控制突发传染病疫情等灾害工作规范的要求做好防疫、检疫、隔离、防护、救治等工作，或者采取的预防、控制措施不当，造成传染范围扩大或者疫情、灾情加重的；

（6）在国家对突发传染病疫情等灾害采取预防、控制措施后，隐瞒、缓报、谎报或者授意、指使、强令他人隐瞒、缓报、谎报疫情、灾情，造成传染范围扩大或者疫情、灾情加重的；

（7）在国家对突发传染病疫情等灾害采取预防、控制措施后，拒不执行突发传染病疫情等灾害应急处理指挥机构的决定、命令，造成传染范围扩大或者疫情、灾情加重的；

（8）其他情节严重的情形。

2003年5月14日《最高人民法院、最高人民检察院关于办理妨害预防、控制突发传染病疫情等灾害的刑事案件具体应用法律若干问题的解释》：

在预防、控制突发传染病疫情等灾害（**编者注：“突发传染病疫情等灾害”，是指突然发生，造成或者可能造成社会公众健康严重损害的重大传染病疫情、群体性不明原因疾病以及其他严重影响公众健康的灾害**）期间，从事传染病防治的政府卫生行政部门的工作人员，或者在受政府卫生行政部门委托代表政府卫生行政部门行使职权的组织中从事公务的人员，或者虽未列入政府卫生行政部门人员编制但在政府卫生行政部门从事公务的人员，在代表政府卫生行政部门行使职权时，严重不负责任，导致传染病传播或者流行，情节严重的，依照刑法第四百零九条的规定，以传染病防治失职罪定罪处罚。

在国家对突发传染病疫情等灾害采取预防、控制措施后，具有下列情形之一的，属于刑法第四百零九条规定的“情节严重”，应予立案，处3年以下有期徒刑或者拘役：

（1）对发生突发传染病疫情等灾害的地区或者突发传染病病人、病原携带者、疑似突发传染病病人，未按照预防、控制突发传染病疫情等灾害工作规范的要求做好防疫、检疫、隔离、防护、救治等工作，或者采取的预防、控制措施不当，造成传染范围扩大或者疫情、灾情加重的；

（2）隐瞒、缓报、谎报或者授意、指使、强令他人隐瞒、缓报、谎报疫情、灾情，造成传染范围扩大或者疫情、灾情加重的；

（3）拒不执行突发传染病疫情等灾害应急处理指挥机构的决定、命令，造成传染范围扩大或者疫情、灾情加重的；

（4）具有其他严重情节的。

【商检失职罪】

※相关刑法条文

第四百一十二条第二款　前款所列人员（**编者注：即国家商检部门、商检机构的工作人员**）严重不负责任，对应当检验的物品不检验，或者

延误检验出证、错误出证，致使国家利益遭受重大损失的，处三年以下有期徒刑或者拘役。

※刑事立案标准

2006年7月26日《最高人民检察院关于渎职侵权犯罪案件立案标准的规定》：

涉嫌下列情形之一的，应予立案：

1. 致使不合格的食品、药品、医疗器械等商品出入境，严重危害生命健康的；

2. 造成个人财产直接经济损失15万元以上，或者直接经济损失不满15万元，但间接经济损失75万元以上的；

3. 造成公共财产、法人或者其他组织财产直接经济损失30万元以上，或者直接经济损失不满30万元，但间接经济损失150万元以上的；

4. 未经检验，出具合格检验结果，致使国家禁止进口的固体废物、液态废物和气态废物等进入境内的；

5. 不检验或者延误检验出证、错误出证，引起国际经济贸易纠纷，严重影响国家对外经贸关系，或者严重损害国家声誉的；

6. 其他致使国家利益遭受重大损失的情形。

【动植物检疫失职罪】

※相关刑法条文

第四百一十三条第二款　前款所列人员（**编者注：即动植物检疫机关的检疫人员**）严重不负责任，对应当检疫的检疫物不检疫，或者延误检疫出证、错误出证，致使国家利益遭受重大损失的，处三年以下有期徒刑或者拘役。

※刑事立案标准

2006年7月26日《最高人民检察院关于渎职侵权犯罪案件立案标准的规定》：

涉嫌下列情形之一的，应予立案：

1. 导致疫情发生，造成人员重伤或者死亡的；

2. 导致重大疫情发生、传播或者流行的；

3. 造成个人财产直接经济损失15万元以上，或者直接经济损失不满15万元，但间接经济损失75万元以上的；

4. 造成公共财产或者法人、其他组织财产直接经济损失30万元以上，或者直接经济损失不满30万元，但间接经济损失150万元以上的；

5. 不检疫或者延误检疫出证、错误出证，引起国际经济贸易纠纷，严重影响国家对外经贸关系，或者严重损害国家声誉的；

6. 其他致使国家利益遭受重大损失的情形。

【不解救被拐卖、绑架妇女、儿童罪】

※相关刑法条文

第四百一十六条第一款 对被拐卖、绑架的妇女、儿童负有解救职责的国家机关工作人员，接到被拐卖、绑架的妇女、儿童及其家属的解救要求或者接到其他人的举报，而对被拐卖、绑架的妇女、儿童不进行解救，造成严重后果的，处五年以下有期徒刑或者拘役。

※刑事立案标准

2006年7月26日《最高人民检察院关于渎职侵权犯罪案件立案标准的规定》：

涉嫌下列情形之一的，应予立案：

1. 导致被拐卖、绑架的妇女、儿童或者其家属重伤、死亡或者精神失常的；

2. 导致被拐卖、绑架的妇女、儿童被转移、隐匿、转卖，不能及时进行解救的；

3. 对被拐卖、绑架的妇女、儿童不进行解救3人次以上的；

4. 对被拐卖、绑架的妇女、儿童不进行解救，造成恶劣社会影响的；

5. 其他造成严重后果的情形。

【失职造成珍贵文物损毁、流失罪】

※相关刑法条文

第四百一十九条 国家机关工作人员严重不负责任，造成珍贵文物损毁或者流失，后果严重的，处三年以下有期徒刑或者拘役。

※刑事立案标准

2006年7月26日《**最高人民检察院关于渎职侵权犯罪案件立案标准的规定**》：

涉嫌下列情形之一的，应予立案：

1. 导致国家一、二、三级珍贵文物损毁或者流失的；

2. 导致全国重点文物保护单位或者省、自治区、直辖市级文物保护单位损毁的；

3. 其他后果严重的情形。

【过失泄露国家秘密罪】

※相关刑法条文

第三百九十八条 国家机关工作人员违反保守国家秘密法的规定，故意或者过失泄露国家秘密，情节严重的，处三年以下有期徒刑或者拘役；情节特别严重的，处三年以上七年以下有期徒刑。

非国家机关工作人员犯前款罪的，依照前款的规定酌情处罚。

第三百零八条之一第二款 有前款行为(**编者注：即司法工作人员、辩护人、诉讼代理人或者其他诉讼参与人，泄露依法不公开审理的案件中不应当公开的信息，造成信息公开传播或者其他严重后果的**)，泄露国家秘密的，依照本法第三百九十八条的规定定罪处罚。

※刑事立案标准

2006年7月26日《最高人民检察院关于渎职侵权犯罪案件立案标准的规定》：

涉嫌下列情形之一的，应予立案：

1. 泄露绝密级国家秘密1项（件）以上的；

2. 泄露机密级国家秘密3项（件）以上的；

3. 泄露秘密级国家秘密4项（件）以上的；

4. 违反保密规定，将涉及国家秘密的计算机或者计算机信息系统与互联网相连接，泄露国家秘密的；

5. 泄露国家秘密或者遗失国家秘密载体，隐瞒不报、不如实提供有关情况或者不采取补救措施的；

6. 其他情节严重的情形。

Ⅳ 徇私舞弊犯罪①

【徇私舞弊低价折股、出售国有资产罪】

※相关刑法条文

第一百六十九条 国有公司、企业或者其上级主管部门直接负责的主管人员，徇私舞弊，将国有资产低价折股或者低价出售，致使国家利益遭受重大损失的，处三年以下有期徒刑或者拘役；致使国家利益遭受特别重大损失的，处三年以上七年以下有期徒刑。

---

① “徇私舞弊”是指为徇私情、私利，故意违背事实和法律，伪造材料，隐瞒情况，弄虚作假的行为。

※刑事立案标准

2010年5月7日《最高人民检察院、公安部关于公安机关管辖的刑事案件立案追诉标准的规定（二）》（编者注：该规定已于2022年4月修订删除，但在新标准出台前，仍可作为参考）：

涉嫌下列情形之一的，应予立案追诉：

1. 造成国家直接经济损失数额在30万元以上的；

2. 造成有关单位破产，停业、停产6个月以上，或者被吊销许可证和营业执照、责令关闭、撤销、解散的；

3. 其他致使国家利益遭受重大损失的情形。

【非法批准征收、征用、占用土地罪】

※相关刑法条文

第四百一十条 国家机关工作人员徇私舞弊，违反土地管理法规，滥用职权，非法批准征收、征用、占用土地，或者非法低价出让国有土地使用权，情节严重的，处三年以下有期徒刑或者拘役；致使国家或者集体利益遭受特别重大损失的，处三年以上七年以下有期徒刑。

※刑事立案标准

2000年6月19日《最高人民法院关于审理破坏土地资源刑事案件具体应用法律若干问题的解释》：

涉嫌下列情形之一的，属于“致使国家或者集体利益遭受特别重大损失”：

（1）非法批准征收、征用、占用基本农田20亩以上的；

（2）非法批准征收、征用、占用基本农田以外的耕地60亩以上的；

（3）非法批准征收、征用、占用其他土地100亩以上的；

（4）非法批准征收、征用、占用土地，造成基本农田5亩以上，其他耕地10亩以上严重毁坏的；

（5）非法批准征收、征用、占用土地造成直接经济损失50万元以上等恶劣情节的。

2006年7月26日《最高人民检察院关于渎职侵权犯罪案件立案标准的规定》：

涉嫌下列情形之一的，属于“情节严重”，应予立案：

1. 非法批准征收、征用、占用基本农田10亩以上的；

2. 非法批准征收、征用、占用基本农田以外的耕地30亩以上的；

3. 非法批准征收、征用、占用其他土地50亩以上的；

4. 虽未达到上述数量标准，但造成有关单位、个人直接经济损失30万元以上，或者造成耕地大量毁坏或者植被遭到严重破坏的；

5. 非法批准征收、征用、占用土地，影响群众生产、生活，引起纠纷，造成恶劣影响或者其他严重后果的；

6. 非法批准征收、征用、占用防护林地、特种用途林地分别或者合计10亩以上的；

7. 非法批准征收、征用、占用其他林地20亩以上的；

8. 非法批准征收、征用、占用林地造成直接经济损失30万元以上，或者造成防护林地、特种用途林地分别或者合计5亩以上或者其他林地10亩以上毁坏的；

9. 其他情节严重的情形。

2012年11月2日《最高人民法院关于审理破坏草原资源刑事案件应用法律若干问题的解释》：

1. 涉嫌下列情形之一的，属于“情节严重”，应予立案：

（1）非法批准征收、征用、占用草原40亩以上的；

（2）非法批准征收、征用、占用草原，造成20亩以上草原被毁坏的；

（3）非法批准征收、征用、占用草原，造成直接经济损失30万元以上，或者具有其他恶劣情节的。

2. 涉嫌下列情形之一的，属于“致使国家或者集体利益遭受特别重大损失”：

（1）非法批准征收、征用、占用草原80亩以上的；

（2）非法批准征收、征用、占用草原，造成40亩以上草原被毁坏的；

(3) 非法批准征收、征用、占用草原，造成直接经济损失60万元以上，或者具有其他特别恶劣情节的。

【非法低价出让国有土地使用权罪】

※相关刑法条文

第四百一十条　国家机关工作人员徇私舞弊，违反土地管理法规，滥用职权，非法批准征收、征用、占用土地，或者非法低价出让国有土地使用权，情节严重的，处三年以下有期徒刑或者拘役；致使国家或者集体利益遭受特别重大损失的，处三年以上七年以下有期徒刑。

※刑事立案标准

2000年6月19日《最高人民法院关于审理破坏土地资源刑事案件具体应用法律若干问题的解释》：

涉嫌下列情形之一的，属于“致使国家或者集体利益遭受特别重大损失”：

(1) 非法低价出让国有土地使用权面积在60亩以上，并且出让价额低于国家规定的最低价额标准的40%的；

(2) 造成国有土地资产流失价额在50万元以上的。

2006年7月26日《最高人民检察院关于渎职侵权犯罪案件立案标准的规定》：

涉嫌下列情形之一的，属于“情节严重”，应予立案：

1. 非法低价出让国有土地30亩以上，并且出让价额低于国家规定的最低价额标准的60%的；

2. 造成国有土地资产流失价额在30万元以上的。

3. 非法低价出让国有土地使用权，影响群众生产、生活，引起纠纷，造成恶劣影响或者其他严重后果的；

4. 非法低价出让林地合计达到30亩以上，并且出让价额低于国家规定的最低价额标准的60%的；

5. 造成国有资产流失30万元以上的；

6. 其他情节严重的情形。

【非法经营同类营业罪】

※相关刑法条文

第一百六十五条 国有公司、企业的董事、经理(**编者注：董事主要指国有独资、全资公司、企业的董事会成员，包括未设董事会的国有独资、全资公司、企业的董事，以及系国家工作人员的国有控股、参股公司、企业的董事会成员，也包括未设董事会的国有控股、参股公司、企业的董事；“经理”与公司法规定的“高级管理人员”的范围一致，是指公司的经理、副经理、财务负责人，上市公司董事会秘书和公司章程规定的其他人员；此处的“经理”既包括国有独资、全资公司、企业的“经理”，也包括国有控股、参股公司、企业中系国家工作人员的“经理”，实践中，包括国家出资企业的部门经理、项目经理等以及下属分支机构领导班子成员中，承担竞业禁止义务，且系国家工作人员的“经理”**）利用职务便利，自己经营或者为他人经营(**编者注：“经营”，指筹划、组织并管理，既包括幕前操作，也包括幕后控制**）与其所任职公司、企业同类的营业(**编者注：“同类的营业”，是指行为人违背竞业禁止义务从事与其所任职国家出资企业实际经营的同一类别的业务**），获取非法利益(**编者注：“非法利益”是指行为人所获取的与其非法经营同类营业行为具有直接对应关系的非法所得，包括货币、物品和可折算为货币的财产性利益**），数额巨大的，处三年以下有期徒刑或者拘役，并处或者单处罚金；数额特别巨大的，处三年以上七年以下有期徒刑，并处罚金。

※刑事立案标准

2010年5月7日《最高人民检察院、公安部关于公安机关管辖的刑事案件立案追诉标准的规定（二）》（编者注：该规定已于2022年4月修订删除，但在新标准出台前，仍可作为参考）：

国有公司、企业的董事、经理利用职务便利，自己经营或者为他人

经营与其所任职公司、企业同类的营业，获取非法利益，数额在 10 万元以上的，应予立案追诉。

【为亲友非法牟利罪】

※相关刑法条文

第一百六十六条 国有公司、企业、事业单位的工作人员，利用职务便利，有下列情形之一，使国家利益遭受重大损失的，处三年以下有期徒刑或者拘役，并处或者单处罚金；致使国家利益遭受特别重大损失的，处三年以上七年以下有期徒刑，并处罚金：

（一）将本单位(**编者注：“本单位”既包括行为人所在的公司、企业，也包括该单位所属分支机构及其投资入股的公司、企业等**）的盈利业务(**编者注：“盈利业务”是指行为人将该业务交由其亲友经营时，根据当时市场环境和经济预期，在正常经营管理条件下，有较大获利可能的业务，将上述盈利业务交由亲友经营后未获利的，不影响“盈利业务”的认定，盈利业务被拆分出的某一具体业务环节，仍属于“盈利业务”**）交由自己的亲友(**编者注：“亲友”包括“亲属”和“朋友”**）进行经营的；

（二）以明显高于市场的价格向自己的亲友经营管理的单位采购商品或者以明显低于市场的价格(**编者注：“市场的价格”，是指商品的合理市场价格，一般可以委托人民政府价格主管部门的价格认定机构进行价格认定。是否“明显低于”，应当以商品的合理市场价格为参照，并根据商业习惯以及社会上的一般观念进行判断**）向自己的亲友经营管理的单位销售商品的；

（三）向自己的亲友经营管理的单位采购不合格商品的。

※刑事立案标准

2010 年 5 月 7 日《最高人民检察院、公安部关于公安机关管辖的刑事案件立案追诉标准的规定（二）》（编者注：该规定已于 2022 年 4 月修订删除，但在新标准出台前，仍可作为参考）：

涉嫌下列情形之一的，应予追诉：

1. 造成国家直接经济损失数额在10万元以上的；

2. 使其亲友非法获利数额在20万元以上的；

3. 致使有关单位破产，停产、停业6个月以上，或者被吊销许可证和营业执照、责令关闭、撤销、解散的；

4. 其他致使国家利益遭受重大损失的情形。

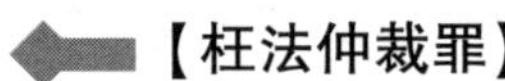

【枉法仲裁罪】

※相关刑法条文

第三百九十九条之一① 依法承担仲裁职责的人员，在仲裁活动中故意违背事实和法律作枉法裁决，情节严重的，处三年以下有期徒刑或者拘役；情节特别严重的，处三年以上七年以下有期徒刑。

※刑事立案标准

目前尚没有具体的关于立案标准的司法解释。(**编者注："情节严重"，一般指在仲裁活动中收受贿赂、给仲裁当事人造成重大财产损失或者造成其他严重后果等，具体可参照滥用职权等相关罪名把握立案标准**)

【徇私舞弊发售发票、抵扣税款、出口退税罪】

※相关刑法条文

第四百零五条第一款 税务机关的工作人员违反法律、行政法规的规定，在办理发售发票、抵扣税款、出口退税工作中，徇私舞弊，致使国家利益遭受重大损失的，处五年以下有期徒刑或者拘役；致使国家利益遭受特别重大损失的，处五年以上有期徒刑。

---

① 本条是根据2006年第十届全国人民代表大会常务委员会第二十二次会议通过的《中华人民共和国刑法修正案（六）》增加。

※刑事立案标准

2006年7月26日《最高人民检察院关于渎职侵权犯罪案件立案标准的规定》：

涉嫌下列情形之一的，应予立案：

1. 徇私舞弊，致使国家税收损失累计达10万元以上的；

2. 徇私舞弊，致使国家税收损失累计不满10万元，但发售增值税专用发票25份以上或者其他发票50份以上或者增值税专用发票与其他发票合计50份以上，或者具有索取、收受贿赂或者其他恶劣情节的；

3. 其他致使国家利益遭受重大损失的情形。

【商检徇私舞弊罪】

※相关刑法条文

第四百一十二条第一款 国家商检部门、商检机构的工作人员徇私舞弊，伪造检验结果的，处五年以下有期徒刑或者拘役；造成严重后果的，处五年以上十年以下有期徒刑。

※刑事立案标准

2006年7月26日《最高人民检察院关于渎职侵权犯罪案件立案标准的规定》：

涉嫌下列情形之一的，应予立案：

1. 采取伪造、变造的手段对报检的商品的单证、印章、标志、封识、质量认证标志等作虚假的证明或者出具不真实的证明结论的；

2. 将送检的合格商品检验为不合格，或者将不合格商品检验为合格的；

3. 对明知是不合格的商品，不检验而出具合格检验结果的；

4. 其他伪造检验结果应予追究刑事责任的情形。

【动植物检疫徇私舞弊罪】

※相关刑法条文

第四百一十三条第一款 动植物检疫机关的检疫人员徇私舞弊，伪造检疫结果的，处五年以下有期徒刑或者拘役；造成严重后果的，处五年以上十年以下有期徒刑。

※刑事立案标准

2006年7月26日**《最高人民检察院关于渎职侵权犯罪案件立案标准的规定》**：

涉嫌下列情形之一的，应予立案：

1. 采取伪造、变造的手段对检疫的单证、印章、标志、封识等作虚假的证明或者出具不真实的结论的；

2. 将送检的合格动植物检疫为不合格，或者将不合格动植物检疫为合格的；

3. 对明知是不合格的动植物，不检疫而出具合格检疫结果的；

4. 其他伪造检疫结果应予追究刑事责任的情形。

【放纵走私罪】

※相关刑法条文

第四百一十一条 海关工作人员徇私舞弊，放纵走私，情节严重的，处五年以下有期徒刑或者拘役；情节特别严重的，处五年以上有期徒刑。

※刑事立案标准

2006年7月26日**《最高人民检察院关于渎职侵权犯罪案件立案标准的规定》**：

涉嫌下列情形之一的，应予立案：

1. 放纵走私犯罪的；

2. 因放纵走私致使国家应收税额损失累计达10万元以上的；

3. 放纵走私行为3起次以上的；

4. 放纵走私行为，具有索取或者收受贿赂情节的；

5. 其他情节严重的情形。

【放纵制售伪劣商品犯罪行为罪】

※相关刑法条文

第四百一十四条　对生产、销售伪劣商品犯罪行为负有追究责任的国家机关工作人员，徇私舞弊，不履行法律规定的追究职责，情节严重的，处五年以下有期徒刑或者拘役。

※刑事立案标准

2006年7月26日《最高人民检察院关于渎职侵权犯罪案件立案标准的规定》：

涉嫌下列情形之一的，应予立案：

1. 放纵生产、销售假药或者有毒、有害食品犯罪行为的；

2. 放纵生产、销售伪劣农药、兽药、化肥、种子犯罪行为的；

3. 放纵依法可能判处3年有期徒刑以上刑罚的生产、销售伪劣商品犯罪行为的；

4. 对生产、销售伪劣商品犯罪行为不履行追究职责，致使生产、销售伪劣商品犯罪行为得以继续的；

5. 3次以上不履行追究职责，或者对3个以上有生产、销售伪劣商品犯罪行为的单位或者个人不履行追究职责的；

6. 其他情节严重的情形。

【招收公务员、学生徇私舞弊罪】

※相关刑法条文

第四百一十八条　国家机关工作人员在招收公务员、学生工作中徇私舞弊，情节严重的，处三年以下有期徒刑或者拘役。

※刑事立案标准

2006年7月26日《最高人民检察院关于渎职侵权犯罪案件立案标准的规定》：

涉嫌下列情形之一的，应予立案：

1. 徇私舞弊，利用职务便利，伪造、变造人事、户口档案、考试成绩或者其他影响招收工作的有关资料，或者明知是伪造、变造的上述材料而予以认可的；

2. 徇私舞弊，利用职务便利，帮助5名以上考生作弊的；

3. 徇私舞弊招收不合格的公务员、学生3人次以上的；

4. 因徇私舞弊招收不合格的公务员、学生，导致被排挤的合格人员或者其近亲属自杀、自残造成重伤、死亡，或者精神失常的；

5. 因徇私舞弊招收公务员、学生，导致该项招收工作重新进行的；

6. 其他情节严重的情形。

【徇私舞弊不移交刑事案件罪】

※相关刑法条文

第四百零二条 行政执法人员徇私舞弊，对依法应当移交司法机关追究刑事责任的不移交，情节严重的，处三年以下有期徒刑或者拘役；造成严重后果的，处三年以上七年以下有期徒刑。

※刑事立案标准

2006年7月26日《最高人民检察院关于渎职侵权犯罪案件立案标准的规定》：

涉嫌下列情形之一的，应予立案：

1. 对依法可能判处3年以上有期徒刑、无期徒刑、死刑的犯罪案件不移交的；

2. 不移交刑事案件涉及3人次以上的；

3. 司法机关提出意见后，无正当理由仍然不予移交的；

4. 以罚代刑，放纵犯罪嫌疑人，致使犯罪嫌疑人继续进行违法犯罪活动的；

5. 行政执法部门主管领导阻止移交的；

6. 隐瞒、毁灭证据，伪造材料，改变刑事案件性质的；

7. 直接负责的主管人员和其他直接责任人员为牟取本单位私利而不移交刑事案件，情节严重的；

8. 其他情节严重的情形。

【违法提供出口退税凭证罪】

※相关刑法条文

第四百零五条第二款 其他国家机关工作人员违反国家规定，在提供出口货物报关单、出口收汇核销单等出口退税凭证的工作中，徇私舞弊，致使国家利益遭受重大损失的，依照前款的规定处罚。(**编者注：即致使国家利益遭受重大损失的，处五年以下有期徒刑或者拘役；致使国家利益遭受特别重大损失的，处五年以上有期徒刑**)

※刑事立案标准

2006年7月26日《最高人民检察院关于渎职侵权犯罪案件立案标准的规定》：

涉嫌下列情形之一的，应予立案：

1. 徇私舞弊，致使国家税收损失累计达10万元以上的；

2. 徇私舞弊，致使国家税收损失累计不满10万元，但具有索取、收受贿赂或者其他恶劣情节的；

3. 其他致使国家利益遭受重大损失的情形。

【徇私舞弊不征、少征税款罪】

※相关刑法条文

第四百零四条 税务机关的工作人员徇私舞弊，不征或者少征应征

税款，致使国家税收遭受重大损失的，处五年以下有期徒刑或者拘役；造成特别重大损失的，处五年以上有期徒刑。

※刑事立案标准

2006年7月26日《最高人民检察院关于渎职侵权犯罪案件立案标准的规定》：

涉嫌下列情形之一的，应予立案：

1. 徇私舞弊不征、少征应征税款，致使国家税收损失累计达10万元以上的；

2. 上级主管部门工作人员指使税务机关工作人员徇私舞弊不征、少征应征税款，致使国家税收损失累计达10万元以上的；

3. 徇私舞弊不征、少征应征税款不满10万元，但具有索取或者收受贿赂或者其他恶劣情节的；

4. 其他致使国家税收遭受重大损失的情形。

Ⅴ 公职人员在行使公权力过程中发生的重大责任事故犯罪

【重大责任事故罪】

※相关刑法条文

第一百三十四条第一款① 在生产、作业中违反有关安全管理的规定，因而发生重大伤亡事故或者造成其他严重后果的，处三年以下有期徒刑或者拘役；情节特别恶劣的，处三年以上七年以下有期徒刑。

---

① 本条是根据2006年6月29日第十届全国人民代表大会常务委员会第二十二次会议通过的《中华人民共和国刑法修正案（六）》修改。

※刑事立案标准

2008年6月25日《**最高人民检察院、公安部关于公安机关管辖的刑事案件立案追诉标准的规定（一）**》：

涉嫌下列情形之一的，应予立案追诉：

1. 造成死亡1人以上，或者重伤3人以上；

2. 造成直接经济损失50万元以上的；

3. 发生矿山生产安全事故，造成直接经济损失100万元以上的；

4. 其他造成严重后果的情形。

【教育设施重大安全事故罪】

※相关刑法条文

第一百三十八条 明知校舍或者教育教学设施有危险，而不采取措施或者不及时报告，致使发生重大伤亡事故的，对直接责任人员，处三年以下有期徒刑或者拘役；后果特别严重的，处三年以上七年以下有期徒刑。

※刑事立案标准

2008年6月25日《**最高人民检察院、公安部关于公安机关管辖的刑事案件立案追诉标准的规定（一）**》：

涉嫌下列情形之一的，应予立案追诉：

1. 造成死亡1人以上、重伤3人以上或者轻伤10人以上的；

2. 其他致使发生重大伤亡事故的情形。

2015年12月14日《**最高人民法院、最高人民检察院关于办理危害生产安全刑事案件适用法律若干问题的解释**》：

实施刑法第一百三十八条规定的行为，因而发生安全事故，具有下列情形的，应当认定为“发生重大伤亡事故”，对直接责任人员，处三年以下有期徒刑或者拘役：

1. 造成死亡1人以上，或者重伤3人以上的；

2. 造成直接经济损失 100 万元以上的；

3. 其他造成严重后果或者重大安全事故的情形。

【消防责任事故罪】

※相关刑法条文

第一百三十九条 违反消防管理法规，经消防监督机构通知采取改正措施而拒绝执行，造成严重后果的，对直接责任人员，处三年以下有期徒刑或者拘役；后果特别严重的，处三年以上七年以下有期徒刑。

※刑事立案标准

2008 年 6 月 25 日《最高人民检察院、公安部关于公安机关管辖的刑事案件立案追诉标准的规定（一）》：

涉嫌下列情形之一的，应予立案追诉：

1. 造成死亡 1 人以上，或者重伤 3 人以上；

2. 造成直接经济损失 50 万元(**编者注：根据 2015 年 12 月 14 日公布的《最高人民法院、最高人民检察院关于办理危害生产安全刑事案件适用法律若干问题的解释》，此处应调整为 100 万元**）以上的；

3. 造成森林火灾，过火有林地面积 2 公顷以上，或者过火疏林地、灌木林地、未成林地、苗圃地面积 4 公顷以上的；

4. 其他造成严重后果的情形。

【重大劳动安全事故罪】

※相关刑法条文

第一百三十五条① 安全生产设施或者安全生产条件不符合国家规定，因而发生重大伤亡事故或者造成其他严重后果的，对直接负责的主

① 本条是根据 2006 年 6 月 29 日第十届全国人民代表大会常务委员会第二十二次会议通过的《中华人民共和国刑法修正案（六）》修改。

管人员和其他直接责任人员，处三年以下有期徒刑或者拘役；情节特别恶劣的，处三年以上七年以下有期徒刑。

※刑事立案标准

2008年6月25日《最高人民检察院、公安部关于公安机关管辖的刑事案件立案追诉标准的规定（一）》：

涉嫌下列情形之一的，应予立案追诉：

1. 造成死亡1人以上，或者重伤3人以上；

2. 造成直接经济损失50万元（**编者注：根据2015年12月14日公布的《最高人民法院、最高人民检察院关于办理危害生产安全刑事案件适用法律若干问题的解释》，此处应调整为100万元**）以上的；

3. 发生矿山生产安全事故，造成直接经济损失100万元以上的；

4. 其他造成严重后果的情形。

【强令、组织他人违章冒险作业罪】

※相关刑法条文

第一百三十四条第二款① 强令他人违章冒险作业，或者明知存在重大事故隐患而不排除，仍冒险组织作业，因而发生重大伤亡事故或者造成其他严重后果的，处五年以下有期徒刑或者拘役；情节特别恶劣的，处五年以上有期徒刑。

※刑事立案标准

2008年6月25日《最高人民检察院、公安部关于公安机关管辖的刑事案件立案追诉标准的规定（一）》：

涉嫌下列情形之一的，应予立案追诉：

1. 造成死亡1人以上，或者重伤3人以上；

---

① 本条是根据2020年12月26日第十三届全国人民代表大会常务委员会第二十四次会议通过的《中华人民共和国刑法修正案（十一）》修改。

2. 造成直接经济损失50万元(**编者注:根据2015年12月14日公布的《最高人民法院、最高人民检察院关于办理危害生产安全刑事案件适用法律若干问题的解释》,此处应调整为100万元**)以上的;

3. 发生矿山生产安全事故,造成直接经济损失100万元以上的;

4. 其他造成严重后果的情形。

【不报、谎报安全事故罪】

※相关刑法条文

第一百三十九条之一 在安全事故发生后,负有报告职责的人员(**编者注:“负有报告职责的人员”,是指负有组织、指挥或者管理职责的负责人、管理人员、实际控制人、投资人,以及其他负有报告职责的人员**)不报或者谎报事故情况,贻误事故抢救,情节严重的,处三年以下有期徒刑或者拘役;情节特别严重的,处三年以上七年以下有期徒刑。

※刑事立案标准

2017年4月27日《最高人民检察院、公安部关于公安机关管辖的刑事案件立案追诉标准的规定(一)的补充规定》:

涉嫌下列情形之一的,应予立案追诉:

1. 导致事故后果扩大,增加死亡1人以上,或者增加重伤3人以上,或者增加直接经济损失100万元以上的;

2. 实施下列行为之一,致使不能及时有效开展事故抢救的:

(1)决定不报、迟报、谎报事故情况或者指使、串通有关人员不报、迟报、谎报事故情况的;

(2)在事故抢救期间擅离职守或者逃匿的;

(3)伪造、破坏事故现场,或者转移、藏匿、毁灭遇难人员尸体,或者转移、藏匿受伤人员的;

(4)毁灭、伪造、隐匿与事故有关的图纸、记录、计算机数据等资料以及其他证据的;

3. 其他不报、谎报安全事故情节严重的情形。

2015年12月14日《最高人民法院、最高人民检察院关于办理危害生产安全刑事案件适用法律若干问题的解释》：

具有下列情形之一的，应当认定为刑法第一百三十九条之一规定的“情节特别严重”：

1. 导致事故后果扩大，增加死亡3人以上，或者增加重伤10人以上，或者增加直接经济损失500万元以上的；

2. 采用暴力、胁迫、命令等方式阻止他人报告事故情况，导致事故后果扩大的；

3. 其他情节特别严重的情形。

【铁路运营安全事故罪】

※相关刑法条文

第一百三十二条 铁路职工违反规章制度，致使发生铁路运营安全事故，造成严重后果的，处三年以下有期徒刑或者拘役；造成特别严重后果的，处三年以上七年以下有期徒刑。

※刑事立案标准

2015年12月14日《最高人民法院、最高人民检察院关于办理危害生产安全刑事案件适用法律若干问题的解释》：

1. 具有下列情形之一的，应当认定为“造成严重后果”：

（1）造成死亡1人以上，或者重伤3人以上的；

（2）造成直接经济损失100万元以上的；

（3）其他造成严重后果或者重大安全事故的情形。

2. 具有下列情形之一的，应当认定为“造成特别严重后果”：

（1）造成死亡3人以上或者重伤10人以上，负事故主要责任的；

（2）造成直接经济损失500万元以上，负事故主要责任的；

（3）其他造成特别严重后果、情节特别恶劣或者后果特别严重的情形。

【重大飞行事故罪】

※相关刑法条文

第一百三十一条 航空人员违反规章制度，致使发生重大飞行事故，造成严重后果的，处三年以下有期徒刑或者拘役；造成飞机坠毁或者人员死亡的，处三年以上七年以下有期徒刑。

※刑事立案标准

目前尚无具体立案标准的司法解释。(**编者注：重大飞行事故，根据民航飞行事故划分标准，是指造成死亡 39 人以下；或者飞机失踪，该机机上人员在 39 人以下；或者飞机迫降到无法运出的地方。所谓严重后果，一般是指飞机等航空器或者其他航空设施受到严重损坏，航空器上人员遭受重伤，公私财产受到严重损失等**)

【大型群众性活动重大安全事故罪】

※相关刑法条文

第一百三十五条之一 举办大型群众性活动违反安全管理规定，因而发生重大伤亡事故或者造成其他严重后果的，对直接负责的主管人员和其他直接责任人员，处三年以下有期徒刑或者拘役；情节特别恶劣的，处三年以上七年以下有期徒刑。

※刑事立案标准

2008 年 6 月 25 日《最高人民检察院、公安部关于公安机关管辖的刑事案件立案追诉标准的规定（一）》：

涉嫌下列情形之一的，应予立案追诉：

1. 造成死亡 1 人以上，或者重伤 3 人以上；

2. 造成直接经济损失 50 万元(**编者注：根据 2015 年 12 月 14 日公布**

的《最高人民法院、最高人民检察院关于办理危害生产安全刑事案件适用法律若干问题的解释》，此处应调整为100万元）以上的；

3. 其他造成严重后果的情形。

2015年12月14日《**最高人民法院、最高人民检察院关于办理危害生产安全刑事案件适用法律若干问题的解释**》：

具有下列情形之一的，应当属于“后果特别严重”：

1. 造成死亡3人以上或者重伤10人以上，负事故主要责任；

2. 造成直接经济损失500万元以上，负事故主要责任；

3. 其他造成特别严重后果、情节特别恶劣或者后果特别严重的情形。

【危险物品肇事罪】

※相关刑法条文

第一百三十六条 违反爆炸性、易燃性、放射性、毒害性、腐蚀性物品的管理规定，在生产、储存、运输、使用中发生重大事故，造成严重后果的，处三年以下有期徒刑或者拘役；后果特别严重的，处三年以上七年以下有期徒刑。

※刑事立案标准

2008年6月25日《**最高人民检察院、公安部关于公安机关管辖的刑事案件立案追诉标准的规定（一）**》：

涉嫌下列情形之一的，应予立案追诉：

1. 造成死亡1人以上，或者重伤3人以上；

2. 造成直接经济损失50万元（**编者注：根据2015年12月14日公布的《最高人民法院、最高人民检察院关于办理危害生产安全刑事案件适用法律若干问题的解释》，此处应调整为100万元**）以上的；

3. 其他造成严重后果的情形。

2015年12月14日《**最高人民法院、最高人民检察院关于办理危害生产安全刑事案件适用法律若干问题的解释**》：

具有下列情形之一的，应当属于“后果特别严重”：

1. 造成死亡3人以上或者重伤10人以上，负事故主要责任；

2. 造成直接经济损失500万元以上，负事故主要责任；

3. 其他造成特别严重后果、情节特别恶劣或者后果特别严重的情形。

【工程重大安全事故罪】

※相关刑法条文

第一百三十七条 建设单位、设计单位、施工单位、工程监理单位违反国家规定，降低工程质量标准，造成重大安全事故的，对直接责任人员，处五年以下有期徒刑或者拘役，并处罚金；后果特别严重的，处五年以上十年以下有期徒刑，并处罚金。

※刑事立案标准

2008年6月25日《最高人民检察院、公安部关于公安机关管辖的刑事案件立案追诉标准的规定（一）》：

涉嫌下列情形之一的，应予立案追诉：

1. 造成死亡1人以上，或者重伤3人以上；

2. 造成直接经济损失50万元（**编者注：根据2015年12月14日公布的《最高人民法院、最高人民检察院关于办理危害生产安全刑事案件适用法律若干问题的解释》，此处应调整为100万元**）以上的；

3. 其他造成严重后果的情形。

2015年12月14日《最高人民法院、最高人民检察院关于办理危害生产安全刑事案件适用法律若干问题的解释》：

具有下列情形之一的，应当属于“后果特别严重”：

1. 造成死亡3人以上或者重伤10人以上，负事故主要责任；

2. 造成直接经济损失500万元以上，负事故主要责任；

3. 其他造成特别严重后果、情节特别恶劣或者后果特别严重的情形。

Ⅵ 公职人员在行使公权力过程中发生的其他犯罪

【破坏选举罪】

※相关刑法条文

第二百五十六条　在选举各级人民代表大会代表和国家机关领导人员时，以暴力、威胁、欺骗、贿赂、伪造选举文件、虚报选举票数等手段破坏选举或者妨害选民和代表自由行使选举权和被选举权，情节严重的，处三年以下有期徒刑、拘役或者剥夺政治权利。

※刑事立案标准

2006 年 7 月 26 日**《最高人民检察院关于渎职侵权犯罪案件立案标准的规定》**：

涉嫌下列情形之一的，属于“情节严重”，应予立案：

1. 以暴力、威胁、欺骗、贿赂等手段，妨害选民、各级人民代表大会代表自由行使选举权和被选举权，致使选举无法正常进行，或者选举无效，或者选举结果不真实的；

2. 以暴力破坏选举场所或者选举设备，致使选举无法正常进行的；

3. 伪造选民证、选票等选举文件，虚报选举票数，产生不真实的选举结果或者强行宣布合法选举无效、非法选举有效的；

4. 聚众冲击选举场所或者故意扰乱选举场所秩序，使选举工作无法进行的；

5. 其他情节严重的情形。

【背信损害上市公司利益罪】

※相关刑法条文

第一百六十九条之一　上市公司的董事、监事、高级管理人员违背

对公司的忠实义务，利用职务便利，操纵上市公司从事下列行为之一，致使上市公司利益遭受重大损失的，处三年以下有期徒刑或者拘役，并处或者单处罚金；致使上市公司利益遭受特别重大损失的，处三年以上七年以下有期徒刑，并处罚金：

（一）无偿向其他单位或者个人提供资金、商品、服务或者其他资产的；

（二）以明显不公平的条件，提供或者接受资金、商品、服务或者其他资产的；

（三）向明显不具有清偿能力的单位或者个人提供资金、商品、服务或者其他资产的；

（四）为明显不具有清偿能力的单位或者个人提供担保，或者无正当理由为其他单位或者个人提供担保的；

（五）无正当理由放弃债权、承担债务的；

（六）采用其他方式损害上市公司利益的。

上市公司的控股股东或者实际控制人，指使上市公司董事、监事、高级管理人员实施前款行为的，依照前款的规定处罚。

犯前款罪的上市公司的控股股东或者实际控制人是单位的，对单位判处罚金，并对其直接负责的主管人员和其他直接责任人员，依照第一款的规定处罚。

※刑事立案标准

2022年4月6日《最高人民检察院、公安部关于公安机关管辖的刑事案件立案追诉标准的规定（二）》：

涉嫌下列情形之一的，应予立案追诉：

1. 无偿向其他单位或者个人提供资金、商品、服务或者其他资产，致使上市公司直接经济损失数额在150万元以上的；

2. 以明显不公平的条件，提供或者接受资金、商品、服务或者其他资产，致使上市公司直接经济损失数额在150万元以上的；

3. 向明显不具有清偿能力的单位或者个人提供资金、商品、服务或

者其他资产，致使上市公司直接经济损失数额在150万元以上的；

4. 为明显不具有清偿能力的单位或者个人提供担保，或者无正当理由为其他单位或者个人提供担保，致使上市公司直接经济损失数额在150万元以上的；

5. 无正当理由放弃债权、承担债务，致使上市公司直接经济损失数额在150万元以上的；

6. 致使公司、企业发行的股票或者公司、企业债券、存托凭证或者国务院依法认定的其他证券被终止上市交易的；

7. 其他致使上市公司利益遭受重大损失的情形。

【金融工作人员购买假币、以假币换取货币罪】

※相关刑法条文

第一百七十一条第二款 银行或者其他金融机构的工作人员购买伪造的货币或者利用职务上的便利，以伪造的货币换取货币的，处三年以上十年以下有期徒刑，并处二万元以上二十万元以下罚金；数额巨大或者有其他严重情节的，处十年以上有期徒刑或者无期徒刑，并处二万元以上二十万元以下罚金或者没收财产；情节较轻的，处三年以下有期徒刑或者拘役，并处或者单处一万元以上十万元以下罚金。

※刑事立案标准

2022年4月6日《最高人民检察院、公安部关于公安机关管辖的刑事案件立案追诉标准的规定（二）》：

银行或者其他金融机构的工作人员购买伪造的货币或者利用职务上的便利，以伪造的货币换取货币，总面额在2000元以上或者币量在200张（枚）以上的，应予立案追诉。

【利用未公开信息交易罪】

※相关刑法条文

第一百八十条第四款 证券交易所、期货交易所、证券公司、期货经纪公司、基金管理公司、商业银行、保险公司等金融机构的从业人员以及有关监管部门或者行业协会的工作人员，利用因职务便利获取的内幕信息以外的其他未公开的信息，违反规定，从事与该信息相关的证券、期货交易活动，或者明示、暗示他人从事相关交易活动，情节严重的，依照第一款的规定处罚。**（编者注：即情节严重的，处5年以下有期徒刑或者拘役，并处或者单处违法所得1倍以上5倍以下罚金；情节特别严重的，处5年以上10年以下有期徒刑，并处违法所得1倍以上5倍以下罚金）**

※刑事立案标准

2022年4月6日《最高人民检察院、公安部关于公安机关管辖的刑事案件立案追诉标准的规定（二）》：

涉嫌下列情形之一的，应予立案追诉：

1. 获利或者避免损失数额在100万元以上的；
2. 2年内3次以上利用未公开信息交易的；
3. 明示、暗示3人以上从事相关交易活动的；
4. 具有其他严重情节的。

利用未公开信息交易，获利或者避免损失数额在50万元以上，或者证券交易成交额在500万元以上，或者期货交易占用保证金数额在100万元以上，同时涉嫌下列情形之一的，应予立案追诉：

1. 以出售或者变相出售未公开信息等方式，明示、暗示他人从事相关交易活动的；
2. 因证券、期货犯罪行为受过刑事追究的；
3. 2年内因证券、期货违法行为受过行政处罚的；
4. 造成其他严重后果的。

学习小记

【诱骗投资者买卖证券、期货合约罪】

※相关刑法条文

第一百八十一条第二款、第三款 证券交易所、期货交易所、证券公司、期货经纪公司的从业人员，证券业协会、期货业协会或者证券期货监督管理部门的工作人员，故意提供虚假信息或者伪造、变造、销毁交易记录，诱骗投资者买卖证券、期货合约，造成严重后果的，处五年以下有期徒刑或者拘役，并处或者单处一万元以上十万元以下罚金；情节特别恶劣的，处五年以上十年以下有期徒刑，并处二万元以上二十万元以下罚金。

单位犯前两款罪的，对单位判处罚金，并对其直接负责的主管人员和其他直接责任人员，处五年以下有期徒刑或者拘役。

※刑事立案标准

2022年4月6日《最高人民检察院、公安部关于公安机关管辖的刑事案件立案追诉标准的规定（二）》：

涉嫌下列情形之一的，应予立案追诉：

1. 获利或者避免损失数额累计在5万元以上的；
2. 造成投资者直接经济损失数额在50万元以上的；
3. 虽未达到上述数额标准，但多次诱骗投资者买卖证券、期货合约的；
4. 致使交易价格或者交易量异常波动的；
5. 造成其他严重后果的。

【背信运用受托财产罪】

※相关刑法条文

第一百八十五条之一第一款 商业银行、证券交易所、期货交易所、证券公司、期货经纪公司、保险公司或者其他金融机构，违背受托义

务，擅自运用客户资金或者其他委托、信托的财产，情节严重的，对单位判处罚金，并对其直接负责的主管人员和其他直接责任人员，处三年以下有期徒刑或者拘役，并处三万元以上三十万元以下罚金；情节特别严重的，处三年以上十年以下有期徒刑，并处五万元以上五十万元以下罚金。

※刑事立案标准

2022年4月6日《最高人民检察院、公安部关于公安机关管辖的刑事案件立案追诉标准的规定（二）》：

涉嫌下列情形之一的，应予立案追诉：

1. 擅自运用客户资金或者其他委托、信托的财产数额在30万元以上的；

2. 虽未达到上述数额标准，但多次擅自运用客户资金或者其他委托、信托的财产，或者擅自运用多个客户资金或者其他委托、信托的财产的；

3. 其他情节严重的情形。

【违法运用资金罪】

※相关刑法条文

第一百八十五条之一第二款 社会保障基金管理机构、住房公积金管理机构等公众资金管理机构，以及保险公司、保险资产管理公司、证券投资基金管理公司，违反国家规定运用资金的，对其直接负责的主管人员和其他直接责任人员，依照前款的规定处罚。

※刑事立案标准

2022年4月6日《最高人民检察院、公安部关于公安机关管辖的刑事案件立案追诉标准的规定（二）》：

涉嫌下列情形之一的，应予立案追诉：

1. 违反国家规定运用资金数额在30万元以上的；

2. 虽未达到上述数额标准，但多次违反国家规定运用资金的；

3. 其他情节严重的情形。

【违法发放贷款罪】

※相关刑法条文

第一百八十六条 银行或者其他金融机构的工作人员违反国家规定**（编者注：目前规范商业银行贷款的只有3部法律，即《人民银行法》《商业银行法》《银行业监督管理法》，属于认定违法发放贷款罪可以援引的“国家规定”，但这些法律规定过于笼统、原则，对于中国人民银行制定的《贷款通则》《商业银行授信工作尽职指引》《流动资金贷款管理暂行办法》等规定，属于贯彻落实《商业银行法》第五十二条的规定，是对上述法律的细化，违反这些部门规章中的规定，可以认定为违反国家规定）**发放贷款，数额巨大或者造成重大损失的，处五年以下有期徒刑或者拘役，并处一万元以上十万元以下罚金；数额特别巨大或者造成特别重大损失的，处五年以上有期徒刑，并处二万元以上二十万元以下罚金。

银行或者其他金融机构的工作人员违反国家规定，向关系人发放贷款的，依照前款的规定从重处罚。

单位犯前两款罪的，对单位判处罚金，并对其直接负责的主管人员和其他直接责任人员，依照前两款的规定处罚。

关系人的范围，依照《中华人民共和国商业银行法》和有关金融法规确定。

※刑事立案标准

2022年4月6日《最高人民检察院、公安部关于公安机关管辖的刑事案件立案追诉标准的规定（二）》：

涉嫌下列情形之一的，应予立案追诉：

1. 违法发放贷款，数额在200万元以上的；

2. 违法发放贷款，造成直接经济损失数额在50万元以上的。

【吸收客户资金不入帐罪】

※相关刑法条文

第一百八十七条 银行或者其他金融机构的工作人员吸收客户资金不入帐，数额巨大或者造成重大损失的，处五年以下有期徒刑或者拘役，并处二万元以上二十万元以下罚金；数额特别巨大或者造成特别重大损失的，处五年以上有期徒刑，并处五万元以上五十万元以下罚金。

单位犯前款罪的，对单位判处罚金，并对其直接负责的主管人员和其他直接责任人员，依照前款的规定处罚。

※刑事立案标准

2022 年 4 月 6 日《最高人民检察院、公安部关于公安机关管辖的刑事案件立案追诉标准的规定（二）》：

涉嫌下列情形之一的，应予立案追诉：

1. 吸收客户资金不入账，数额在 200 万元以上的；
2. 吸收客户资金不入账，造成直接经济损失数额在 50 万元以上的。

【违规出具金融票证罪】

※相关刑法条文

第一百八十八条 银行或者其他金融机构的工作人员违反规定，为他人出具信用证或者其他保函、票据、存单、资信证明，情节严重的，处五年以下有期徒刑或者拘役；情节特别严重的，处五年以上有期徒刑。

单位犯前款罪的，对单位判处罚金，并对其直接负责的主管人员和其他直接责任人员，依照前款的规定处罚。

※刑事立案标准

2022年4月6日《最高人民检察院、公安部关于公安机关管辖的刑事案件立案追诉标准的规定（二）》：

涉嫌下列情形之一的，应予立案追诉：

1. 违反规定为他人出具信用证或者其他保函、票据、存单、资信证明，数额在200万元以上的；

2. 违反规定为他人出具信用证或者其他保函、票据、存单、资信证明，造成直接经济损失数额在50万元以上的；

3. 多次违规出具信用证或者其他保函、票据、存单、资信证明的；

4. 接受贿赂违规出具信用证或者其他保函、票据、存单、资信证明的；

5. 其他情节严重的情形。

【对违法票据承兑、付款、保证罪】

※相关刑法条文

第一百八十九条 银行或者其他金融机构的工作人员在票据业务中，对违反票据法规定的票据予以承兑、付款或者保证，造成重大损失的，处五年以下有期徒刑或者拘役；造成特别重大损失的，处五年以上有期徒刑。

单位犯前款罪的，对单位判处罚金，并对其直接负责的主管人员和其他直接责任人员，依照前款的规定处罚。

※刑事立案标准

2022年4月6日《最高人民检察院、公安部关于公安机关管辖的刑事案件立案追诉标准的规定（二）》：

银行或者其他金融机构及其工作人员在票据业务中，对违反票据法规定的票据予以承兑、付款或者保证，造成直接经济损失数额在50万元以上的，应予立案追诉。

学习小记

【非法转让、倒卖土地使用权罪】

※相关刑法条文

第二百二十八条 以牟利为目的，违反土地管理法规，非法转让、倒卖土地使用权，情节严重的，处三年以下有期徒刑或者拘役，并处或者单处非法转让、倒卖土地使用权价额百分之五以上百分之二十以下罚金；情节特别严重的，处三年以上七年以下有期徒刑，并处非法转让、倒卖土地使用权价额百分之五以上百分之二十以下罚金。

※刑事立案标准

2022年4月6日《最高人民检察院、公安部关于公安机关管辖的刑事案件立案追诉标准的规定（二）》：

涉嫌下列情形之一的，应予立案追诉：

1. 非法转让、倒卖永久基本农田5亩以上的；
2. 非法转让、倒卖永久基本农田以外的耕地10亩以上的；
3. 非法转让、倒卖其他土地20亩以上的；
4. 违法所得数额在50万元以上的；
5. 虽未达到上述数额标准，但因非法转让、倒卖土地使用权受过行政处罚，又非法转让、倒卖土地的；
6. 其他情节严重的情形。

【私自开拆、隐匿、毁弃邮件、电报罪】

※相关刑法条文

第二百五十三条 邮政工作人员私自开拆或者隐匿、毁弃邮件、电报的，处二年以下有期徒刑或者拘役。

犯前款罪而窃取财物的，依照本法第二百六十四条（**编者注：即盗窃罪**）的规定定罪从重处罚。

※刑事立案标准

目前尚无生效的司法解释予以明确标准。(**编者注：可参考已失效的《人民检察院直接受理的侵犯公民民主权利人身权利和渎职案件立案标准的规定》，对具有下列情形之一的，应予立案：(1) 私拆或者隐匿、毁弃邮件、电报、次数较多或数量较大的；(2) 私拆或者隐匿、毁弃邮件，并从中窃取财物的；(3) 私拆或者隐匿、毁弃邮件、电报，虽然次数不多，数量不大，但给国家、集体利益以及公民合法权益造成严重后果的；(4) 私拆或者隐匿、毁弃邮件、电报，造成其他危害后果的**)

【故意延误投递邮件罪】

※相关刑法条文

第三百零四条　邮政工作人员严重不负责任，故意延误投递邮件，致使公共财产、国家和人民利益遭受重大损失的，处二年以下有期徒刑或者拘役。

※刑事立案标准

2008年6月25日**《最高人民检察院、公安部关于公安机关管辖的刑事案件立案追诉标准的规定（一）》：**

涉嫌下列情形之一的，应予立案追诉：

1. 造成直接经济损失2万元以上的；

2. 延误高校录取通知书或者其他重要邮件投递，致使他人失去高校录取资格或者造成其他无法挽回的重大损失的；

3. 严重损害国家声誉或者造成其他恶劣社会影响的；

4. 其他致使公共财产、国家和人民利益遭受重大损失的情形。

【泄露不应公开的案件信息罪】

※相关刑法条文

第三百零八条之一第一款　司法工作人员、辩护人、诉讼代理人或

者其他诉讼参与人，泄露依法不公开审理的案件中不应当公开的信息，造成信息公开传播或者其他严重后果的，处三年以下有期徒刑、拘役或者管制，并处或者单处罚金。

有前款行为，泄露国家秘密的，依照本法第三百九十八条（**编者注：即故意泄露国家秘密罪或过失泄露国家秘密罪**）的规定定罪处罚。

※刑事立案标准

（编者注：造成信息公开传播或者其他严重后果的，即应立案追诉，但目前尚无司法解释等规定具体的立案标准。）

【披露、报道不应公开的案件信息罪】

※相关刑法条文

第三百零八条之一第三款、第四款 公开披露、报道第一款规定的案件信息（**编者注：即依法不公开审理的案件中不应当公开的信息，包括国家秘密、商业秘密、个人隐私等信息。所谓"披露"，是指发表、公布。所谓"报道"，是指通过报纸、杂志、广播、电视或其他形式把信息告诉公众**），情节严重的，依照第一款的规定处罚。

单位犯前款罪的，对单位判处罚金，并对其直接负责的主管人员和其他直接责任人员，依照第一款的规定处罚。

※刑事立案标准

（编者注："情节严重"，应指造成信息公开传播或者因信息泄露而给利益相关者所带来的严重损失，如国家秘密为他人所知悉，将可能造成危害社会稳定、经济发展、国防安全或者其他严重危害后果的；如诉讼参与人的个人隐私为他人所知悉，导致其名誉、人格遭到贬损，甚至引发自伤、自杀等严重后果的；如商业秘密为他人所知悉，给商业秘密所有者带来严重的经济损失的；等等。但目前尚无司法解释等规定具体的立案标准。）

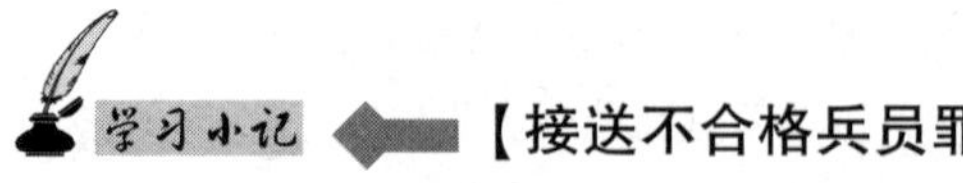

【接送不合格兵员罪】

※相关刑法条文

第三百七十四条 在征兵工作中徇私舞弊，接送不合格兵员，情节严重的，处三年以下有期徒刑或者拘役；造成特别严重后果的，处三年以上七年以下有期徒刑。

※刑事立案标准

2008年6月25日《最高人民检察院、公安部关于公安机关管辖的刑事案件立案追诉标准的规定（一）》：

涉嫌下列情形之一的，应予立案追诉：

1. 接送不合格特种条件兵员1名以上或者普通兵员3名以上的；
2. 发生在战时的；
3. 造成严重后果的；
4. 其他情节严重的情形。

Ⅶ 监察机关与检察机关共同管辖罪名

【刑讯逼供罪】

※相关刑法条文

第二百四十七条 司法工作人员对犯罪嫌疑人、被告人实行刑讯逼供或者使用暴力逼取证人证言的，处三年以下有期徒刑或者拘役。致人伤残、死亡的，依照本法第二百三十四条、第二百三十二条的规定定罪从重处罚。

※刑事立案标准

2006年7月26日《最高人民检察院关于渎职侵权犯罪案件立案标准的规定》：

涉嫌下列情形之一的，应予立案：

1. 以殴打、捆绑、违法使用械具等恶劣手段逼取口供的；

2. 以较长时间冻、饿、晒、烤等手段逼取口供、严重损害犯罪嫌疑人、被告人身体健康的；

3. 刑讯逼供造成犯罪嫌疑人、被告人轻伤、重伤、死亡的；

4. 刑讯逼供，情节严重，导致犯罪嫌疑人、被告人自杀、自残造成重伤、死亡，或者精神失常的；

5. 刑讯逼供，造成错案的；

6. 刑讯逼供3人次以上的；

7. 纵容、授意、指使、强迫他人刑讯逼供，具有上述情形之一的；

8. 其他刑讯逼供应予追究刑事责任的情形。

【暴力取证罪】

※相关刑法条文

第二百四十七条　司法工作人员对犯罪嫌疑人、被告人实行刑讯逼供或者使用暴力逼取证人证言的，处三年以下有期徒刑或者拘役。致人伤残、死亡的，依照本法第二百三十四条、第二百三十二条的规定定罪从重处罚。

※刑事立案标准

2006年7月26日《最高人民检察院关于渎职侵权犯罪案件立案标准的规定》：

涉嫌下列情形之一的，应予立案：

1. 以殴打、捆绑、违法使用械具等恶劣手段逼取证人证言的；

2. 暴力取证造成证人轻伤、重伤、死亡的；

3. 暴力取证，情节严重，导致证人自杀、自残造成重伤、死亡，或者精神失常的；

4. 暴力取证，造成错案的；

5. 暴力取证3人次以上的；

6. 纵容、授意、指使、强迫他人暴力取证，具有上述情形之一的；

7. 其他暴力取证应予追究刑事责任的情形。

【徇私枉法罪】

※相关刑法条文

第三百九十九条第一款 司法工作人员徇私枉法、徇情枉法，对明知是无罪的人而使他受追诉、对明知是有罪的人而故意包庇不使他受追诉，或者在刑事审判活动中故意违背事实和法律作枉法裁判的，处五年以下有期徒刑或者拘役；情节严重的，处五年以上十年以下有期徒刑；情节特别严重的，处十年以上有期徒刑。

※刑事立案标准

2006年7月26日《最高人民检察院关于渎职侵权犯罪案件立案标准的规定》：

涉嫌下列情形之一的，应予立案：

1. 对明知是没有犯罪事实或者其他依法不应当追究刑事责任的人，采取伪造、隐匿、毁灭证据或者其他隐瞒事实、违反法律的手段，以追究刑事责任为目的立案、侦查、起诉、审判的；

2. 对明知是有犯罪事实需要追究刑事责任的人，采取伪造、隐匿、毁灭证据或者其他隐瞒事实、违反法律的手段，故意包庇使其不受立案、侦查、起诉、审判的；

3. 采取伪造、隐匿、毁灭证据或者其他隐瞒事实、违反法律的手段，故意使罪重的人受较轻的追诉，或者使罪轻的人受较重的追诉的；

4. 在立案后，采取伪造、隐匿、毁灭证据或者其他隐瞒事实、违反法律的手段，应当采取强制措施而不采取强制措施，或者虽然采取强制

措施，但中断侦查或者超过法定期限不采取任何措施，实际放任不管，以及违法撤销、变更强制措施，致使犯罪嫌疑人、被告人实际脱离司法机关侦控的；

5. 在刑事审判活动中故意违背事实和法律，作出枉法判决、裁定，即有罪判无罪、无罪判有罪，或者重罪轻判、轻罪重判的；

6. 其他徇私枉法应予追究刑事责任的情形。

【民事、行政枉法裁判罪】

※相关刑法条文

第三百九十九条第二款 在民事、行政审判活动中故意违背事实和法律作枉法裁判，情节严重的，处五年以下有期徒刑或者拘役；情节特别严重的，处五年以上十年以下有期徒刑。

※刑事立案标准

2006年7月26日**《最高人民检察院关于渎职侵权犯罪案件立案标准的规定》**：

涉嫌下列情形之一的，应予立案：

1. 枉法裁判，致使当事人或者其近亲属自杀、自残造成重伤、死亡，或者精神失常的；

2. 枉法裁判，造成个人财产直接经济损失10万元以上，或者直接经济损失不满10万元，但间接经济损失50万元以上的；

3. 枉法裁判，造成法人或者其他组织财产直接经济损失20万元以上，或者直接经济损失不满20万元，但间接经济损失100万元以上的；

4. 伪造、变造有关材料、证据，制造假案枉法裁判的；

5. 串通当事人制造伪证，毁灭证据或者篡改庭审笔录而枉法裁判的；

6. 徇私情、私利，明知是伪造、变造的证据予以采信，或者故意对应当采信的证据不予采信，或者故意违反法定程序，或者故意错误适用法律而枉法裁判的；

7. 其他情节严重的情形。

学习小记

【执行判决、裁定失职罪】

※相关刑法条文

第三百九十九条第三款、第四款 在执行判决、裁定活动中，严重不负责任或者滥用职权，不依法采取诉讼保全措施、不履行法定执行职责，或者违法采取诉讼保全措施、强制执行措施，致使当事人或者其他人的利益遭受重大损失的，处五年以下有期徒刑或者拘役；致使当事人或者其他人的利益遭受特别重大损失的，处五年以上十年以下有期徒刑。

司法工作人员收受贿赂，有前三款行为的，同时又构成本法第三百八十五规定之罪的，依照处罚较重的规定定罪处罚。

※刑事立案标准

2006年7月26日《最高人民检察院关于渎职侵权犯罪案件立案标准的规定》：

涉嫌下列情形之一的，应予立案：

1. 致使当事人或者其近亲属自杀、自残造成重伤、死亡，或者精神失常的；

2. 造成个人财产直接经济损失15万元以上，或者直接经济损失不满15万元，但间接经济损失75万元以上的；

3. 造成法人或者其他组织财产直接经济损失30万元以上，或者直接经济损失不满30万元，但间接经济损失150万元以上的；

4. 造成公司、企业等单位停业、停产1年以上，或者破产的；

5. 其他致使当事人或者其他人的利益遭受重大损失的情形。

【执行判决、裁定滥用职权罪】

※相关刑法条文

第三百九十九条第三款、第四款 在执行判决、裁定活动中，严重不负责任或者滥用职权，不依法采取诉讼保全措施、不履行法定执行职

责，或者违法采取诉讼保全措施、强制执行措施，致使当事人或者其他人的利益遭受重大损失的，处五年以下有期徒刑或者拘役；致使当事人或者其他人的利益遭受特别重大损失的，处五年以上十年以下有期徒刑。

司法工作人员收受贿赂，有前三款行为的，同时又构成本法第三百八十五规定之罪的，依照处罚较重的规定定罪处罚。

※刑事立案标准

2006年7月26日《最高人民检察院关于渎职侵权犯罪案件立案标准的规定》：

涉嫌下列情形之一的，应予立案：

1. 致使当事人或者其近亲属自杀、自残造成重伤、死亡，或者精神失常的；

2. 造成个人财产直接经济损失10万元以上，或者直接经济损失不满10万元，但间接经济损失50万元以上的；

3. 造成法人或者其他组织财产直接经济损失20万元以上，或者直接经济损失不满20万元，但间接经济损失100万元以上的；

4. 造成公司、企业等单位停业、停产6个月以上，或者破产的；

5. 其他致使当事人或者其他人的利益遭受重大损失的情形。

【私放在押人员罪】

※相关刑法条文

第四百条第一款 司法工作人员私放在押的犯罪嫌疑人、被告人或者罪犯的，处五年以下有期徒刑或者拘役；情节严重的，处五年以上十年以下有期徒刑；情节特别严重的，处十年以上有期徒刑。

※刑事立案标准

2006年7月26日《最高人民检察院关于渎职侵权犯罪案件立案标准的规定》：

涉嫌下列情形之一的，应予立案：

1. 私自将在押的犯罪嫌疑人、被告人、罪犯放走，或者授意、指使、强迫他人将在押的犯罪嫌疑人、被告人、罪犯放走的；

2. 伪造、变造有关法律文书、证明材料，以使在押的犯罪嫌疑人、被告人、罪犯逃跑或者被释放的；

3. 为私放在押的犯罪嫌疑人、被告人、罪犯，故意向其通风报信、提供条件，致使该在押的犯罪嫌疑人、被告人、罪犯脱逃的；

4. 其他私放在押的犯罪嫌疑人、被告人、罪犯应予追究刑事责任的情形。

【失职致使在押人员脱逃罪】

※相关刑法条文

第四百条第二款　司法工作人员由于严重不负责任，致使在押的犯罪嫌疑人、被告人或者罪犯脱逃，造成严重后果的，处三年以下有期徒刑或者拘役；造成特别严重后果的，处三年以上十年以下有期徒刑。

※刑事立案标准

2006年7月26日《最高人民检察院关于渎职侵权犯罪案件立案标准的规定》：

涉嫌下列情形之一的，应予立案：

1. 致使依法可能判处或者已经判处10年以上有期徒刑、无期徒刑、死刑的犯罪嫌疑人、被告人、罪犯脱逃的；

2. 致使犯罪嫌疑人、被告人、罪犯脱逃3人次以上的；

3. 犯罪嫌疑人、被告人、罪犯脱逃以后，打击报复报案人、控告人、举报人、被害人、证人和司法工作人员等，或者继续犯罪的；

4. 其他致使在押的犯罪嫌疑人、被告人、罪犯脱逃，造成严重后果的情形。

【徇私舞弊减刑、假释、暂予监外执行罪】

※相关刑法条文

第四百零一条 司法工作人员徇私舞弊，对不符合减刑、假释、暂予监外执行条件的罪犯，予以减刑、假释或者暂予监外执行的，处三年以下有期徒刑或者拘役；情节严重的，处三年以上七年以下有期徒刑。

※刑事立案标准

2006年7月26日《最高人民检察院关于渎职侵权犯罪案件立案标准的规定》：

涉嫌下列情形之一的，应予立案：

1. 刑罚执行机关的工作人员对不符合减刑、假释、暂予监外执行条件的罪犯，捏造事实，伪造材料，违法报请减刑、假释、暂予监外执行的；

2. 审判人员对不符合减刑、假释、暂予监外执行条件的罪犯，徇私舞弊，违法裁定减刑、假释或者违法决定暂予监外执行的；

3. 监狱管理机关、公安机关的工作人员对不符合暂予监外执行条件的罪犯，徇私舞弊，违法批准暂予监外执行的；

4. 不具有报请、裁定、决定或者批准减刑、假释、暂予监外执行权的司法工作人员利用职务上的便利，伪造有关材料，导致不符合减刑、假释、暂予监外执行条件的罪犯被减刑、假释、暂予监外执行的；

5. 其他徇私舞弊减刑、假释、暂予监外执行应予追究刑事责任的情形。

Ⅷ 与监察机关办案实践工作相关的部分常见犯罪罪名

【隐匿、故意销毁会计凭证、会计帐簿、财务会计报告罪】

※相关刑法条文

第一百六十二条之一 隐匿或者故意销毁依法应当保存的会计凭证、会计帐簿、财务会计报告，情节严重的，处五年以下有期徒刑或者拘役，并处或者单处二万元以上二十万元以下罚金。

单位犯前款罪的，对单位判处罚金，并对其直接负责的主管人员和其他直接责任人员，依照前款的规定处罚。

※刑事立案标准

2022年4月6日《最高人民检察院、公安部关于公安机关管辖的刑事案件立案追诉标准的规定（二）》：

涉嫌下列情形之一的，应予立案追诉：

1. 隐匿、故意销毁的会计凭证、会计帐簿、财务会计报告涉及金额在50万元以上的；

2. 依法应当向监察机关、司法机关、行政机关、有关主管部门等提供而隐匿、故意销毁或者拒不交出会计凭证、会计帐簿、财务会计报告的；

3. 其他情节严重的情形。

【高利转贷罪】

※相关刑法条文

第一百七十五条 以转贷牟利为目的，套取金融机构信贷资金高利转贷他人，违法所得数额较大的，处三年以下有期徒刑或者拘役，并处违法所得一倍以上五倍以下罚金；数额巨大的，处三年以上七年以下有期徒刑，并处违法所得一倍以上五倍以下罚金。

单位犯前款罪的，对单位判处罚金，并对其直接负责的主管人员和其他直接责任人员，处三年以下有期徒刑或者拘役。

※刑事立案标准

2022年4月6日《最高人民检察院、公安部关于公安机关管辖的刑事案件立案追诉标准的规定（二）》：

涉嫌下列情形之一的，应予立案追诉：

以转贷牟利为目的，套取金融机构信贷资金高利转贷他人，违法所得数额在50万元以上的，应予立案追诉。

【内幕交易、泄露内幕信息罪】

※相关刑法条文

第一百八十条第一款、第二款、第三款 证券、期货交易内幕信息的知情人员或者非法获取证券、期货交易内幕信息的人员，在涉及证券的发行，证券、期货交易或者其他对证券、期货交易价格有重大影响的信息尚未公开前，买入或者卖出该证券，或者从事与该内幕信息有关的期货交易，或者泄露该信息，或者明示、暗示他人从事上述交易活动，情节严重的，处五年以下有期徒刑或者拘役，并处或者单处违法所得一倍以上五倍以下罚金；情节特别严重的，处五年以上十年以下有期徒刑，并处违法所得一倍以上五倍以下罚金。

单位犯前款罪的，对单位判处罚金，并对其直接负责的主管人员和其他直接责任人员，处五年以下有期徒刑或者拘役。

内幕信息、知情人员的范围，依照法律、行政法规的规定确定。

※刑事立案标准

2022年4月6日《最高人民检察院、公安部关于公安机关管辖的刑事案件立案追诉标准的规定（二）》：

涉嫌下列情形之一的，应予立案追诉：

1. 获利或者避免损失数额在50万元以上的；

2. 证券交易成交额在200万元以上的；

3. 期货交易占用保证金数额在100万元以上的；

4. 2年内3次以上实施内幕交易、泄露内幕信息行为的；

5. 明示、暗示3人以上从事与内幕信息相关的证券、期货交易活动的；

6. 具有其他严重情节的。

内幕交易获利或者避免损失数额在25万元以上，或者证券交易成交额在100万元以上，或者期货交易占用保证金数额在50万元以上，同时涉嫌下列情形之一的，应予立案追诉：

1. 证券法规定的证券交易内幕信息的知情人实施或者与他人共同实施内幕交易行为的；

2. 以出售或者变相出售内幕信息等方式，明示、暗示他人从事与该内幕信息相关的交易活动的；

3. 因证券、期货犯罪行为受过刑事追究的；

4. 2年内因证券、期货违法行为受过行政处罚的；

5. 造成其他严重后果的。

【利用未公开信息交易罪】

※相关刑法条文

第一百八十条第四款 证券交易所、期货交易所、证券公司、期货经纪公司、基金管理公司、商业银行、保险公司等金融机构的从业人员以及有关监管部门或者行业协会的工作人员，利用因职务便利获取的内幕信息以外的其他未公开的信息，违反规定，从事与该信息相关的证券、期货交易活动，或者明示、暗示他人从事相关交易活动，情节严重的，依照第一款的规定处罚。

※刑事立案标准

2022年4月6日《最高人民检察院、公安部关于公安机关管辖的刑事案件立案追诉标准的规定（二）》：

涉嫌下列情形之一的，应予立案追诉：

1. 获利或者避免损失数额在100万元以上的；

2. 2年内3次以上利用未公开信息交易的；

3. 明示、暗示3人以上从事相关交易活动的；

4. 具有其他严重情节的。

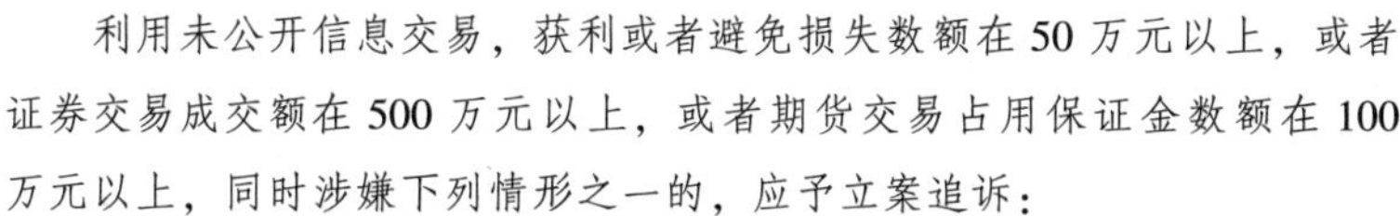

利用未公开信息交易，获利或者避免损失数额在50万元以上，或者证券交易成交额在500万元以上，或者期货交易占用保证金数额在100万元以上，同时涉嫌下列情形之一的，应予立案追诉：

1. 以出售或者变相出售未公开信息等方式，明示、暗示他人从事相关交易活动的；

2. 因证券、期货犯罪行为受过刑事追究的；

3. 2年内因证券、期货违法行为受过行政处罚的；

4. 造成其他严重后果的。

【洗钱罪】

※相关刑法条文

第一百九十一条 为掩饰、隐瞒毒品犯罪、黑社会性质的组织犯罪、恐怖活动犯罪、走私犯罪、贪污贿赂犯罪、破坏金融管理秩序犯罪、金融诈骗犯罪的所得及其产生的收益的来源和性质，有下列行为之一的，没收实施以上犯罪的所得及其产生的收益，处五年以下有期徒刑或者拘役，并处或者单处罚金；情节严重的，处五年以上十年以下有期徒刑，并处罚金：

（一）提供资金帐户的；

（二）将财产转换为现金、金融票据、有价证券的；

（三）通过转帐或者其他支付结算方式转移资金的；

（四）跨境转移资产的；

（五）以其他方法掩饰、隐瞒犯罪所得及其收益的来源和性质的。

单位犯前款罪的，对单位判处罚金，并对其直接负责的主管人员和其他直接责任人员，依照前款的规定处罚。

※刑事立案标准

2022年4月6日《最高人民检察院、公安部关于公安机关管辖的刑事案件立案追诉标准的规定（二）》：

涉嫌下列情形之一的，应予立案追诉：

1. 提供资金帐户的；
2. 将财产转换为现金、金融票据、有价证券的；
3. 通过转帐或者其他支付结算方式转移资金的；
4. 跨境转移资产的；
5. 以其他方法掩饰、隐瞒犯罪所得及其收益的来源和性质的。

【串通投标罪】

※相关刑法条文

第二百二十三条 投标人相互串通投标报价，损害招标人或者其他投标人利益，情节严重的，处三年以下有期徒刑或者拘役，并处或者单处罚金。

投标人与招标人串通投标，损害国家、集体、公民的合法利益的，依照前款的规定处罚。

※刑事立案标准

2022年4月6日《最高人民检察院、公安部关于公安机关管辖的刑事案件立案追诉标准的规定（二）》：

涉嫌下列情形之一的，应予立案追诉：

1. 损害招标人、投标人或者国家、集体、公民的合法利益，造成直接经济损失数额在50万元以上的；
2. 违法所得数额在20万元以上的；
3. 中标项目金额在400万元以上的；
4. 采取威胁、欺骗或者贿赂等非法手段的；
5. 虽未达到上述数额标准，但2年内因串通投标受过2次以上行政

处罚，又串通投标的；

6. 其他情节严重的情形。

【非法经营罪】

※相关刑法条文

第二百二十五条 违反国家规定，有下列非法经营行为之一，扰乱市场秩序，情节严重的，处五年以下有期徒刑或者拘役，并处或者单处违法所得一倍以上五倍以下罚金；情节特别严重的，处五年以上有期徒刑，并处违法所得一倍以上五倍以下罚金或者没收财产：

（一）未经许可经营法律、行政法规规定的专营、专卖物品或者其他限制买卖的物品的；

（二）买卖进出口许可证、进出口原产地证明以及其他法律、行政法规规定的经营许可证或者批准文件的；

（三）未经国家有关主管部门批准非法经营证券、期货、保险业务的，或者非法从事资金支付结算业务的；

（四）其他严重扰乱市场秩序的非法经营行为。

※刑事立案标准

2022年4月6日《最高人民检察院、公安部关于公安机关管辖的刑事案件立案追诉标准的规定（二）》：

涉嫌下列情形之一的，应予立案追诉：

……

（二）未经国家有关主管部门批准，非法经营证券、期货、保险业务，或者非法从事资金支付结算业务，具有下列情形之一的：

1. 非法经营证券、期货、保险业务，数额在100万元以上，或者违法所得数额在10万元以上的；

2. 非法从事资金支付结算业务，数额在500万元以上，或者违法所得数额在10万元以上的；

3. 非法从事资金支付结算业务，数额在250万元以上不满500万元，

或者违法所得数额在5万元以上不满10万元，且具有下列情形之一的：

（1）因非法从事资金支付结算业务犯罪行为受过刑事追究的；

（2）2年内因非法从事资金支付结算业务违法行为受过行政处罚的；

（3）拒不交代涉案资金去向或者拒不配合追缴工作，致使赃款无法追缴的；

（4）造成其他严重后果的。

4. 使用销售点终端机具（POS机）等方法，以虚构交易、虚开价格、现金退货等方式向信用卡持卡人直接支付现金，数额在100万元以上的，或者造成金融机构资金20万元以上逾期未还的，或者造成金融机构经济损失10万元以上的。

（三）实施倒买倒卖外汇或者变相买卖外汇等非法买卖外汇行为，扰乱金融市场秩序，具有下列情形之一的：

1. 非法经营数额在500万元以上的，或者违法所得数额在10万元以上的；

2. 非法经营数额在250万元以上，或者违法所得数额在5万元以上，且具有下列情形之一的：

（1）因非法买卖外汇犯罪行为受过刑事追究的；

（2）2年内因非法买卖外汇违法行为受过行政处罚的；

（3）拒不交代涉案资金去向或者拒不配合追缴工作，致使赃款无法追缴的；

（4）造成其他严重后果的。

3. 公司、企业或者其他单位违反有关外贸代理业务的规定，采用非法手段，或者明知是伪造、变造的凭证、商业单据，为他人向外汇指定银行骗购外汇，数额在500万美元以上或者违法所得数额在50万元以上的；

4. 居间介绍骗购外汇，数额在100万美元以上或者违法所得数额在10万元以上的。

……

（十一）未经监管部门批准，或者超越经营范围，以营利为目的，以超过36%的实际年利率经常性地向社会不特定对象发放贷款，具有下列情形之一的：

1. 个人非法放贷数额累计在200万元以上的，单位非法放贷数额累计在1000万元以上的；

2. 个人违法所得数额累计在80万元以上的，单位违法所得数额累计在400万元以上的；

3. 个人非法放贷对象累计在50人以上的，单位非法放贷对象累计在150人以上的；

4. 造成借款人或者其近亲属自杀、死亡或者精神失常等严重后果的。

5. 虽未达到上述数额标准，但具有下列情形之一的：

（1）2年内因实施非法放贷行为受过2次以上行政处罚的；

（2）以超过72%的实际年利率实施非法放贷行为10次以上的。

黑恶势力非法放贷的，按照第1、2、3项规定的相应数额、数量标准的50%确定。同时具有第5项规定情形的，按照相应数额、数量标准的40%确定。

（十二）从事其他非法经营活动，具有下列情形之一的：

1. 个人非法经营数额在5万元以上，或者违法所得数额在1万元以上的；

2. 单位非法经营数额在50万元以上，或者违法所得数额在10万元以上的；

3. 虽未达到上述数额标准，但2年内因非法经营行为受过2次以上行政处罚，又从事同种非法经营行为的；

4. 其他情节严重的情形。

法律、司法解释对非法经营罪的立案追诉标准另有规定的，依照其规定。

【提供虚假证明文件罪】

※相关刑法条文

第二百二十九条 承担资产评估、验资、验证、会计、审计、法律服务、保荐、安全评价、环境影响评价、环境监测等职责的中介组织的人员故意提供虚假证明文件，情节严重的，处五年以下有期徒刑或者拘

役，并处罚金；有下列情形之一的，处五年以上十年以下有期徒刑，并处罚金：

（一）提供与证券发行相关的虚假的资产评估、会计、审计、法律服务、保荐等证明文件，情节特别严重的；

（二）提供与重大资产交易相关的虚假的资产评估、会计、审计等证明文件，情节特别严重的；

（三）在涉及公共安全的重大工程、项目中提供虚假的安全评价、环境影响评价等证明文件，致使公共财产、国家和人民利益遭受特别重大损失的。

有前款行为，同时索取他人财物或者非法收受他人财物构成犯罪的，依照处罚较重的规定定罪处罚。

第一款规定的人员，严重不负责任，出具的证明文件有重大失实，造成严重后果的，处三年以下有期徒刑或者拘役，并处或者单处罚金。

※刑事立案标准

2022 年 4 月 6 日《最高人民检察院、公安部关于公安机关管辖的刑事案件立案追诉标准的规定（二）》：

涉嫌下列情形之一的，应予立案追诉：

1. 给国家、公众或者其他投资者造成直接经济损失数额在 50 万元以上的；

2. 违法所得数额在 10 万元以上的；

3. 虚假证明文件虚构数额在 100 万元以上且占实际数额 30%以上的；

4. 虽未达到上述数额标准，但 2 年内因提供虚假证明文件受过 2 次以上行政处罚，又提供虚假证明文件的；

5. 其他情节严重的情形。

【出具证明文件重大失实罪】

※相关刑法条文

第二百二十九条第三款 第一款规定的人员（**编者注：即承担资产评**

估、验资、验证、会计、审计、法律服务、保荐、安全评价、环境影响评价、环境监测等职责的中介组织的人员），严重不负责任，出具的证明文件有重大失实，造成严重后果的，处三年以下有期徒刑或者拘役，并处或者单处罚金。

※刑事立案标准

2022年4月6日《最高人民检察院、公安部关于公安机关管辖的刑事案件立案追诉标准的规定（二）》：

涉嫌下列情形之一的，应予立案追诉：

1. 给国家、公众或者其他投资者造成直接经济损失数额在100万元以上的；

2. 其他造成严重后果的情形。

【重婚罪】

※相关刑法条文

第二百五十八条 有配偶而重婚的，或者明知他人有配偶而与之结婚的，处二年以下有期徒刑或者拘役。

※刑事立案标准

暂无相关司法解释明确细化相关立案标准，可以从条文本身予以把握。

【伪造、变造、买卖国家机关公文、证件、印章罪】【盗窃、抢夺、毁灭国家机关公文、证件、印章罪】【伪造公司、企业、事业单位、人民团体印章罪】【伪造、变造、买卖身份证件罪】

※相关刑法条文

第二百八十条 伪造、变造、买卖或者盗窃、抢夺、毁灭国家机关的

公文、证件、印章的，处三年以下有期徒刑、拘役、管制或者剥夺政治权利，并处罚金；情节严重的，处三年以上十年以下有期徒刑，并处罚金。

伪造公司、企业、事业单位、人民团体的印章的，处三年以下有期徒刑、拘役、管制或者剥夺政治权利，并处罚金。

伪造、变造、买卖居民身份证、护照、社会保障卡、驾驶证等依法可以用于证明身份的证件的，处三年以下有期徒刑、拘役、管制或者剥夺政治权利，并处罚金；情节严重的，处三年以上七年以下有期徒刑，并处罚金。

※刑事立案标准

2007年5月9日《最高人民法院、最高人民检察院关于办理与盗窃、抢劫、诈骗、抢夺机动车相关刑事案件具体应用法律若干问题的解释》：

伪造、变造、买卖机动车行驶证、登记证书，累计3本以上的，依照刑法第280条第1款的规定，以伪造、变造、买卖国家机关证件罪定罪，处3年以下有期徒刑、拘役、管制或者剥夺政治权利。

伪造、变造、买卖机动车行驶证、登记证书，累计达到第1款规定数量标准5倍以上的，属于刑法第280条第1款规定中的“情节严重”，处3年以上10年以下有期徒刑。

【使用虚假身份证件、盗用身份证件罪】

※相关刑法条文

第二百八十条之一　在依照国家规定应当提供身份证明的活动中，使用伪造、变造的或者盗用他人的居民身份证、护照、社会保障卡、驾驶证等依法可以用于证明身份的证件，情节严重的，处拘役或者管制，并处或者单处罚金。

有前款行为，同时构成其他犯罪的，依照处罚较重的规定定罪处罚。

※刑事立案标准

暂无相关司法解释明确细化相关立案标准，可以从条文本身予以把握。

【冒名顶替罪】

※相关刑法条文

第二百八十条之二 盗用、冒用他人身份，顶替他人取得的高等学历教育入学资格、公务员录用资格、就业安置待遇的，处三年以下有期徒刑、拘役或者管制，并处罚金。

组织、指使他人实施前款行为的，依照前款的规定从重处罚。

国家工作人员有前两款行为，又构成其他犯罪的，依照数罪并罚的规定处罚。

※刑事立案标准

暂无相关司法解释明确细化相关立案标准，可以从条文本身予以把握。

【包庇、纵容黑社会性质组织罪】

※相关刑法条文

第二百九十四条第三款、第四款 国家机关工作人员包庇黑社会性质的组织，或者纵容黑社会性质的组织进行违法犯罪活动的，处五年以下有期徒刑；情节严重的，处五年以上有期徒刑。

犯前三款罪又有其他犯罪行为的，依照数罪并罚的规定处罚。

※刑事立案标准

2000 年 12 月 5 日《最高人民法院关于审理黑社会性质组织犯罪的案件具体应用法律若干问题的解释》：

有下列情形之一的，属于刑法第 290 条第 4 款规定的“情节严重”：

1. 包庇、纵容黑社会性质组织跨境实施违法犯罪活动的；
2. 包庇、纵容境外黑社会组织在境内实施违法犯罪活动的；
3. 多次实施包庇、纵容行为的；

4. 致使某一区域或者行业的经济、社会生活秩序遭受黑社会性质组织特别严重破坏的；

5. 致使黑社会性质组织的组织者、领导者逃匿，或者致使对黑社会性质组织的查禁工作严重受阻的；

6. 具有其他严重情节的。

【伪证罪】

※相关刑法条文

第三百零五条 在刑事诉讼中，证人、鉴定人、记录人、翻译人对与案件有重要关系的情节，故意作虚假证明、鉴定、记录、翻译，意图陷害他人或者隐匿罪证的，处三年以下有期徒刑或者拘役；情节严重的，处三年以上七年以下有期徒刑。

※刑事立案标准

暂无相关司法解释明确细化相关立案标准，可以从条文本身予以把握。

【妨害作证罪】【帮助毁灭、伪造证据罪】

※相关刑法条文

第三百零七条 以暴力、威胁、贿买等方法阻止证人作证或者指使他人作伪证的，处三年以下有期徒刑或者拘役；情节严重的，处三年以上七年以下有期徒刑。

帮助当事人毁灭、伪造证据，情节严重的，处三年以下有期徒刑或者拘役。

司法工作人员犯前两款罪的，从重处罚。

※刑事立案标准

暂无相关司法解释明确细化相关立案标准，可以从条文本身予以把握。

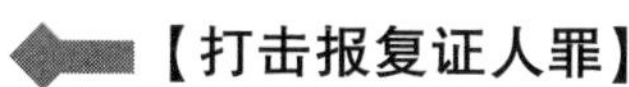

【打击报复证人罪】

※相关刑法条文

第三百零八条 对证人进行打击报复的，处三年以下有期徒刑或者拘役；情节严重的，处三年以上七年以下有期徒刑。

※刑事立案标准

暂无相关司法解释明确细化相关立案标准，可以从条文本身予以把握。

【窝藏、包庇罪】

※相关刑法条文

第三百一十条 明知是犯罪的人而为其提供隐藏处所、财物，帮助其逃匿或者作假证明包庇的，处三年以下有期徒刑、拘役或者管制；情节严重的，处三年以上十年以下有期徒刑。

犯前款罪，事前通谋的，以共同犯罪论处。

※刑事立案标准

暂无相关司法解释明确细化相关立案标准，可以从条文本身予以把握。

【掩饰、隐瞒犯罪所得、犯罪所得收益罪】

※相关刑法条文

第三百一十二条 明知是犯罪所得及其产生的收益而予以窝藏、转移、收购、代为销售或者以其他方法掩饰、隐瞒的，处三年以下有期徒刑、拘役或者管制，并处或者单处罚金；情节严重的，处三年以上七年以下有期徒刑，并处罚金。

单位犯前款罪的，对单位判处罚金，并对其直接负责的主管人员和其他直接责任人员，依照前款的规定处罚。

※刑事立案标准

2021年4月13日《最高人民法院关于审理掩饰、隐瞒犯罪所得、犯罪所得收益刑事案件适用法律若干问题的解释》：

第一条 明知是犯罪所得及其产生的收益而予以窝藏、转移、收购、代为销售或者以其他方法掩饰、隐瞒，具有下列情形之一的，应当依照刑法第三百一十二条第一款的规定，以掩饰、隐瞒犯罪所得、犯罪所得收益罪定罪处罚：

（一）一年内曾因掩饰、隐瞒犯罪所得及其产生的收益行为受过行政处罚，又实施掩饰、隐瞒犯罪所得及其产生的收益行为的；

（二）掩饰、隐瞒的犯罪所得系电力设备、交通设施、广播电视设施、公用电信设施、军事设施或者救灾、抢险、防汛、优抚、扶贫、移民、救济款物的；

（三）掩饰、隐瞒行为致使上游犯罪无法及时查处，并造成公私财物损失无法挽回的；

（四）实施其他掩饰、隐瞒犯罪所得及其产生的收益行为，妨害司法机关对上游犯罪进行追究的。

人民法院审理掩饰、隐瞒犯罪所得、犯罪所得收益刑事案件，应综合考虑上游犯罪的性质、掩饰、隐瞒犯罪所得及其收益的情节、后果及社会危害程度等，依法定罪处罚。

司法解释对掩饰、隐瞒涉及计算机信息系统数据、计算机信息系统控制权的犯罪所得及其产生的收益行为构成犯罪已有规定的，审理此类案件依照该规定。

依照全国人民代表大会常务委员会《关于〈中华人民共和国刑法〉第三百四十一条、第三百一十二条的解释》，明知是非法狩猎的野生动物而收购，数量达到50只以上的，以掩饰、隐瞒犯罪所得罪定罪处罚。

第二条 掩饰、隐瞒犯罪所得及其产生的收益行为符合本解释第一

条的规定，认罪、悔罪并退赃、退赔，且具有下列情形之一的，可以认定为犯罪情节轻微，免予刑事处罚：

（一）具有法定从宽处罚情节的；

（二）为近亲属掩饰、隐瞒犯罪所得及其产生的收益，且系初犯、偶犯的；

（三）有其他情节轻微情形的。

第三条 掩饰、隐瞒犯罪所得及其产生的收益，具有下列情形之一的，应当认定为刑法第三百一十二条第一款规定的“情节严重”：

（一）掩饰、隐瞒犯罪所得及其产生的收益价值总额达到十万元以上的；

（二）掩饰、隐瞒犯罪所得及其产生的收益十次以上，或者三次以上且价值总额达到五万元以上的；

（三）掩饰、隐瞒的犯罪所得系电力设备、交通设施、广播电视设施、公用电信设施、军事设施或者救灾、抢险、防汛、优抚、扶贫、移民、救济款物，价值总额达到五万元以上的；

（四）掩饰、隐瞒行为致使上游犯罪无法及时查处，并造成公私财物重大损失无法挽回或其他严重后果的；

（五）实施其他掩饰、隐瞒犯罪所得及其产生的收益行为，严重妨害司法机关对上游犯罪予以追究的。

司法解释对掩饰、隐瞒涉及机动车、计算机信息系统数据、计算机信息系统控制权的犯罪所得及其产生的收益行为认定“情节严重”已有规定的，审理此类案件依照该规定。

第四条 掩饰、隐瞒犯罪所得及其产生的收益的数额，应当以实施掩饰、隐瞒行为时为准。收购或者代为销售财物的价格高于其实际价值的，以收购或者代为销售的价格计算。

多次实施掩饰、隐瞒犯罪所得及其产生的收益行为，未经行政处罚，依法应当追诉的，犯罪所得、犯罪所得收益的数额应当累计计算。

第五条 事前与盗窃、抢劫、诈骗、抢夺等犯罪分子通谋，掩饰、隐瞒犯罪所得及其产生的收益的，以盗窃、抢劫、诈骗、抢夺等犯罪的共犯论处。

第六条 对犯罪所得及其产生的收益实施盗窃、抢劫、诈骗、抢夺等行为，构成犯罪的，分别以盗窃罪、抢劫罪、诈骗罪、抢夺罪等定罪处罚。

第七条 明知是犯罪所得及其产生的收益而予以掩饰、隐瞒，构成刑法第三百一十二条规定的犯罪，同时构成其他犯罪的，依照处罚较重的规定定罪处罚。

第八条 认定掩饰、隐瞒犯罪所得、犯罪所得收益罪，以上游犯罪事实成立为前提。上游犯罪尚未依法裁判，但查证属实的，不影响掩饰、隐瞒犯罪所得、犯罪所得收益罪的认定。

上游犯罪事实经查证属实，但因行为人未达到刑事责任年龄等原因依法不予追究刑事责任的，不影响掩饰、隐瞒犯罪所得、犯罪所得收益罪的认定。

第九条 盗用单位名义实施掩饰、隐瞒犯罪所得及其产生的收益行为，违法所得由行为人私分的，依照刑法和司法解释有关自然人犯罪的规定定罪处罚。

第十条 通过犯罪直接得到的赃款、赃物，应当认定为刑法第三百一十二条规定的“犯罪所得”。上游犯罪的行为人对犯罪所得进行处理后得到的孳息、租金等，应当认定为刑法第三百一十二条规定的“犯罪所得产生的收益”。

明知是犯罪所得及其产生的收益而采取窝藏、转移、收购、代为销售以外的方法，如居间介绍买卖，收受，持有，使用，加工，提供资金账户，协助将财物转换为现金、金融票据、有价证券，协助将资金转移、汇往境外等，应当认定为刑法第三百一十二条规定的“其他方法”。

第十一条 掩饰、隐瞒犯罪所得、犯罪所得收益罪是选择性罪名，审理此类案件，应当根据具体犯罪行为及其指向的对象，确定适用的罪名。

相关重要刑事立法解释、司法解释及司法解释性文件

全国人民代表大会常务委员会关于《中华人民共和国刑法》第三百八十四条第一款的解释

（2002 年 4 月 28 日第九届全国人民代表大会常务委员会第二十七次会议通过）

全国人民代表大会常务委员会讨论了刑法第三百八十四条第一款规定的国家工作人员利用职务上的便利，挪用公款“归个人使用”的含义问题，解释如下：

有下列情形之一的，属于挪用公款“归个人使用”：

（一）将公款供本人、亲友或者其他自然人使用的；

（二）以个人名义将公款供其他单位使用的；

（三）个人决定以单位名义将公款供其他单位使用，谋取个人利益的。

现予公告。

全国人民代表大会常务委员会关于《中华人民共和国刑法》第九章渎职罪主体适用问题的解释

（2002 年 12 月 28 日第九届全国人民代表大会常务委员会第三十一次会议通过）

全国人大常委会根据司法实践中遇到的情况，讨论了刑法第九章渎职罪主体的适用问题，解释如下：

在依照法律、法规规定行使国家行政管理职权的组织中从事公务的人员，或者在受国家机关委托代表国家机关行使职权的组织中从事公务的人员，或者虽未列入国家机关人员编制但在国家机关中从事公务的人员，在代表国家机关行使职权时，有渎职行为，构成犯罪的，依照刑法关于渎职罪的规定追究刑事责任。

现予公告。

全国人民代表大会常务委员会法制工作委员会刑法室关于挪用资金罪有关问题的答复

（2004年9月8日　法工委刑发〔2004〕第28号）

公安部经济犯罪侦查局：

你局2004年7月19日（公经〔2004〕141号）来函收悉，经研究，答复如下：

刑法第二百七十二条规定的挪用资金罪中的“归个人使用”与刑法第三百八十四条规定的挪用公款罪中的“归个人使用”的含义基本相同。97年修改刑法时，针对当时挪用资金中比较突出的情况，在规定“归个人使用时”的同时，进一步明确了“借贷给他人”属于挪用资金罪的一种表现形式。

最高人民法院关于审理挪用公款案件具体应用法律若干问题的解释

（1998年4月6日最高人民法院审判委员会第972次会议通过　1998年4月29日最高人民法院公告公布　自1998年5月9日起施行　法释〔1998〕9号）

为依法惩处挪用公款犯罪，根据刑法的有关规定，现对办理挪用公款案件具体应用法律的若干问题解释如下：

第一条　刑法第三百八十四条规定的，“挪用公款归个人使用”，包括挪用者本人使用或者给他人使用。

挪用公款给私有公司、私有企业使用的，属于挪用公款归个人使用。

第二条　对挪用公款罪，应区分三种不同情况予以认定：

（一）挪用公款归个人使用，数额较大、超过三个月未还的，构成挪用公款罪。

挪用正在生息或者需要支付利息的公款归个人使用，数额较大，超过三个月但在案发前全部归还本金的，可以从轻处罚或者免除处罚。给国家、集体造成的利息损失应予追缴。挪用公款数额巨大，超过三个月，案发前全部归还的，可以酌情从轻处罚。

（二）挪用公款数额较大，归个人进行营利活动的，构成挪用公款罪，不受挪用时间和是否归还的限制。在案发前部分或者全部归还本息的，可以从轻处罚；情节轻微的，可以免除处罚。

挪用公款存入银行、用于集资、购买股票、国债等，属于挪用公款进行营利活动。所获取的利息、收益等违法所得，应当追缴，但不计入挪用公款的数额。

（三）挪用公款归个人使用，进行赌博、走私等非法活动的，构成挪用公款罪，不受“数额较大”和挪用时间的限制。

挪用公款给他人使用，不知道使用人用公款进行营利活动或者用于非法进行营利活动或者用于非法活动，数额较大、超过三个月未还的，构成挪用公款罪；明知使用人用于营利活动或者非法活动的，应当认定为挪用人挪用公款进行营利活动或者非法活动。

第三条 挪用公款归个人使用，“数额较大、进行营利活动的”，或者“数额较大、超过三个月未还的”，以挪用公款一万元至三万元为“数额较大”的起点，以挪用公款十五万元至二十万元为“数额巨大”的起点。挪用公款“情节严重”，是指挪用公款数额巨大，或者数额虽未达到巨大，但挪用公款手段恶劣；多次挪用公款；因挪用公款严重影响生产、经营，造成严重损失等情形。

“挪用公款归个人使用，进行非法活动的”，以挪用公款五千元至一万元为追究刑事责任的数额起点。挪用公款五万元至十万元以上的，属于挪用公款归个人使用，进行非法活动，“情节严重”的情形之一。挪用公款归个人使用，进行非法活动，情节严重的其他情形，按照本条第一款的规定执行。

各高级人民法院可以根据本地实际情况，按照本解释规定的数额幅度，确定本地区执行的具体数额标准，并报最高人民法院备案。

挪用救灾、抢险、防汛、优抚、扶贫、移民、救济款物归个人使用的数额标准，参照挪用公款归个人使用进行非法活动的数额标准。

第四条 多次挪用公款不还，挪用公款数额累计计算；多次挪用公款，并以后次挪用的公款归还前次挪用的公款，挪用公款数额以案发时未还的实际数额认定。

学习小记

第五条 “挪用公款数额巨大不退还的”，是指挪用公款数额巨大，因客观原因在一审宣判前不能退还的。

第六条 携带挪用的公款潜逃的，依照刑法第三百八十二条、第三百八十三条的规定定罪处罚。

第七条 因挪用公款索取、收受贿赂构成犯罪的，依照数罪并罚的规定处罚。

挪用公款进行非法活动构成其他犯罪的，依照数罪并罚的规定处罚。

第八条 挪用公款给他人使用，使用人与挪用人共谋，指使或者参与策划取得挪用款的，以挪用公款罪的共犯定罪处罚。

全国法院审理金融犯罪案件工作座谈会纪要（节录）

（2001 年 1 月 21 日　法〔2001〕8 号）

……

二

座谈会重点研究讨论了人民法院审理金融犯罪案件中遇到的一些有关适用法律问题。与会同志认为，对于修订后的刑法实施过程中遇到的具体适用法律问题，在最高法院相应的新的司法解释出台前，原有司法解释与现行刑法不相冲突的仍然可以参照执行。对于法律和司法解释没有具体规定或规定不够明确，司法实践中又亟需解决的一些问题，与会同志结合审判实践进行了深入的探讨，并形成了一致意见：

（一）关于单位犯罪问题

根据刑法和《最高人民法院关于单位犯罪案件具体应用法律有关问题的解释》的规定，以单位名义实施犯罪，违法所得归单位所有的，是单位犯罪。

1. 单位的分支机构或者内设机构、部门实施犯罪行为的处理。以单位的分支机构或者内设机构、部门的名义实施犯罪，违法所得亦归分支机构或者内设机构、部门所有的，应认定为单位犯罪。不能因为单位的分支机构或者内设机构、部门没有可供执行罚金的财产，就不将其认定为单位犯罪，而按照个人犯罪处理。

2. 单位犯罪直接负责的主管人员和其他直接责任人员的认

定。直接负责的主管人员，是在单位实施的犯罪中起决定、批准、授意、纵容、指挥等作用的人员，一般是单位的主管负责人，包括法定代表人。其他直接责任人员，是在单位犯罪中具体实施犯罪并起较大作用的人员，既可以是单位的经营管理人员，也可以是单位的职工，包括聘任、雇佣的人员。应当注意的是，在单位犯罪中，对于受单位领导指派或奉命而参与实施了一定犯罪行为的人员，一般不宜作为直接责任人员追究刑事责任。对单位犯罪中的直接负责的主管人员和其他直接责任人员，应根据其在单位犯罪中的地位、作用和犯罪情节，分别处以相应的刑罚，主管人员与直接责任人员，在个案中，不是当然的主、从犯关系，有的案件，主管人员与直接责任人员在实施犯罪行为的主从关系不明显的，可不分主、从犯。但具体案件可以分清主、从犯，且不分清主、从犯，在同一法定刑档次、幅度内量刑无法做到罪刑相适应的，应当分清主、从犯，依法处罚。

3. 对未作为单位犯罪起诉的单位犯罪案件的处理。对于应当认定为单位犯罪的案件，检察机关只作为自然人犯罪案件起诉的，人民法院应及时与检察机关协商，建议检察机关对犯罪单位补充起诉。如检察机关不补充起诉的，人民法院仍应依法审理，对被起诉的自然人根据指控的犯罪事实、证据及庭审查明的事实，依法按单位犯罪中的直接负责的主管人员或者其他直接责任人员追究刑事责任，并应引用刑罚分则关于单位犯罪追究直接负责的主管人员和其他直接责任人员刑事责任的有关条款。

4. 单位共同犯罪的处理。两个以上单位以共同故意实施的犯罪，应根据各单位在共同犯罪中的地位、作用大小，确定犯罪单位的主、从犯。

（二）关于破坏金融管理秩序罪

……

3. 用账外客户资金非法拆借、发放贷款行为的认定和处罚

银行或者其他金融机构及其工作人员以牟利为目的，采取吸收客户资金不入账的方式，将客户资金用于非法拆借、发放贷款，造成重大损失的，构成用账外客户资金非法拆借、发放贷款罪。以牟利为目的，是指金融机构及其工作人员为本单位或者个人牟利，不具有这种目的，不构成该罪。这里的“牟利”，一般是指谋取用账外客户资金非法拆借、发放贷款所产生的非法收益，如利息、差价等。对于用款人为取得贷款而支付的回扣、手续费等，应根据具体情况分别处理：银行或者其他金融机构用账外客户资金非法拆借、发放贷款，收取的回扣、手续费等，应认定为“牟利”；银行或者其他金融机构的工作人员利用职务上的便利，用账外客户资金非法拆借、发放贷款，收取回扣、手续费等，数额较小的，以“牟利”论处；银行或者其他金融机构的工作人员将用款人支付给单位的回扣、手续费秘密占为己有，数额较大的，以贪污罪定罪处罚；银行或者其他金融机构的工作人员利用职务便利，用账外客户资金非法拆借、发放贷款，索取用款人的财物，或者非法收受其他财物，或者收取回扣、手续费等，数额较大的，以受贿罪定罪处罚。吸收客户资金不入账，是指不记入金融机构的法定存款账目，以逃避国家金融监管，至于是否记入法定账目以外设立的账目，不影响该罪成立。

审理银行或者其他金融机构及其工作人员用账外客户资金非法拆借、发放贷款案件，要注意将用账外客户资金非法拆借、发放贷款的行为与挪用公款罪和挪用资金罪区别开来。对于利用职务上的便利，挪用已经记入金融机构法定存款账户的客户资金归个人使用的，或者吸收客户资金不入账，却给客户开具银行存单，客户也认为将款已存入银行，该款却被行为人以个人名义借贷给他人的，均应认定为挪用公款罪或者挪用资金罪。

……

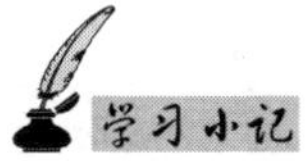

全国法院审理经济犯罪案件工作座谈会纪要

（2003年11月13日　法发〔2003〕167号）

为了进一步加强人民法院审判经济犯罪案件工作，最高人民法院于2002年6月4日至6日在重庆市召开了全国法院审理经济犯罪案件工作座谈会。各省、自治区、直辖市高级人民法院和解放军军事法院主管刑事审判工作的副院长和刑庭庭长参加了座谈会，全国人大常委会法制工作委员会、最高人民检察院、公安部也应邀派员参加了座谈会。座谈会总结了刑法和刑事诉讼法修订实施以来人民法院审理经济犯罪案件工作的情况和经验，分析了审理经济犯罪案件工作面临的形势和任务，对当前和今后一个时期进一步加强人民法院审判经济犯罪案件的工作做了部署。座谈会重点讨论了人民法院在审理贪污贿赂和渎职犯罪案件中遇到的有关适用法律的若干问题，并就其中一些带有普遍性的问题形成了共识。经整理并征求有关部门的意见，纪要如下：

一、关于贪污贿赂犯罪和渎职犯罪的主体

（一）国家机关工作人员的认定

刑法中所称的国家机关工作人员，是指在国家机关中从事公务的人员，包括在各级国家权力机关、行政机关、司法机关和军事机关中从事公务的人员。

根据有关立法解释的规定，在依照法律、法规规定行使国家行政管理职权的组织中从事公务的人员，或者在受国家机关委托代表国家行使职权的组织中从事公务的人员，或者虽未列入国家机关人员编制但在国家机关中从事公务的人员，视为国家机关工

作人员。在乡（镇）以上中国共产党机关、人民政协机关中从事公务的人员，司法实践中也应当视为国家机关工作人员。

（二）国家机关、国有公司、企业、事业单位委派到非国有公司、企业、事业单位、社会团体从事公务的人员的认定

所谓委派，即委任、派遣，其形式多种多样，如任命、指派、提名、批准等。不论被委派的人身份如何，只要是接受国家机关、国有公司、企业、事业单位委派，代表国家机关、国有公司、企业、事业单位在非国有公司、企业、事业单位、社会团体中从事组织、领导、监督、管理等工作，都可以认定为国家机关、国有公司、企业、事业单位委派到非国有公司、企业、事业单位、社会团体从事公务的人员。如国家机关、国有公司、企业、事业单位委派在国有控股或者参股的股份有限公司从事组织、领导、监督、管理等工作的人员，应当以国家工作人员论。国有公司、企业改制为股份有限公司后，原国有公司、企业的工作人员和股份有限公司新任命的人员中，除代表国有投资主体行使监督、管理职权的人外，不以国家工作人员论。

（三）“其他依照法律从事公务的人员”的认定

刑法第九十三条第二款规定的“其他依照法律从事公务的人员”应当具有两个特征：一是在特定条件下行使国家管理职能；二是依照法律规定从事公务。具体包括：

（1）依法履行职责的各级人民代表大会代表；

（2）依法履行审判职责的人民陪审员；

（3）协助乡镇人民政府、街道办事处从事行政管理工作的村民委员会、居民委员会等农村和城市基层组织人员；

（4）其他由法律授权从事公务的人员。

（四）关于“从事公务”的理解

从事公务，是指代表国家机关、国有公司、企业、事业单位、人民团体等履行组织、领导、监督、管理等职责。公务主要

学习小记

表现为与职权相联系的公共事务以及监督、管理国有财产的职务活动。如国家机关工作人员依法履行职责，国有公司的董事、经理、监事、会计、出纳人员等管理、监督国有财产等活动，属于从事公务。那些不具备职权内容的劳务活动、技术服务工作，如售货员、售票员等所从事的工作，一般不认为是公务。

二、关于贪污罪

（一）贪污罪既遂与未遂的认定

贪污罪是一种以非法占有为目的的财产性职务犯罪，与盗窃、诈骗、抢夺等侵犯财产罪一样，应当以行为人是否实际控制财物作为区分贪污罪既遂与未遂的标准。对于行为人利用职务上的便利，实施了虚假平账等贪污行为，但公共财物尚未实际转移，或者尚未被行为人控制就被查获的，应当认定为贪污未遂。行为人控制公共财物后，是否将财物据为已有，不影响贪污既遂的认定。

（二）“受委托管理、经营国有财产”的认定

刑法第三百八十二条第二款规定的“受委托管理、经营国有财产”，是指因承包、租赁、临时聘用等管理、经营国有财产。

（三）国家工作人员与非国家工作人员勾结共同非法占有单位财物行为的认定

对于国家工作人员与他人勾结，共同非法占有单位财物的行为，应当按照《最高人民法院关于审理贪污、职务侵占案件如何认定共同犯罪几个问题的解释》的规定定罪处罚。对于在公司、企业或者其他单位中，非国家工作人员与国家工作人员勾结，分别利用各自的职务便利，共同将本单位财物非法占有的，应当尽量区分主从犯，按照主犯的犯罪性质定罪。司法实践中，如果根据案件的实际情况，各共同犯罪人在共同犯罪中的地位、作用相当，难以区分主从犯的，可以贪污罪定罪处罚。

（四）共同贪污犯罪中“个人贪污数额”的认定

刑法第三百八十三条第一款规定的“个人贪污数额”，在共同贪污犯罪案件中应理解为个人所参与或者组织、指挥共同贪污的数额，不能只按个人实际分得的赃款数额来认定。对共同贪污犯罪中的从犯，应当按照其所参与的共同贪污的数额确定量刑幅度，并依照刑法第二十七条第二款的规定，从轻、减轻处罚或者免除处罚。

三、关于受贿罪

（一）关于“利用职务上的便利”的认定

刑法第三百八十五条第一款规定的“利用职务上的便利”，既包括利用本人职务上主管、负责、承办某项公共事务的职权，也包括利用职务上有隶属、制约关系的其他国家工作人员的职权。担任单位领导职务的国家工作人员通过不属自己主管的下级部门的国家工作人员的职务为他人谋取利益的，应当认定为“利用职务上的便利”为他人谋取利益。

（二）“为他人谋取利益”的认定

为他人谋取利益包括承诺、实施和实现三个阶段的行为。只要具有其中一个阶段的行为，如国家工作人员收受他人财物时，根据他人提出的具体请托事项，承诺为他人谋取利益的，就具备了为他人谋取利益的要件。明知他人有具体请托事项而收受其财物的，视为承诺为他人谋取利益。

（三）“利用职权或地位形成的便利条件”的认定

刑法第三百八十八条规定的“利用本人职权或者地位形成的便利条件”，是指行为人与被其利用的国家工作人员之间在职务上虽然没有隶属、制约关系，但是行为人利用了本人职权或者地位产生的影响和一定的工作联系，如单位内不同部门的国家工作人员之间、上下级单位没有职务上隶属、制约关系的国家工作人员之间、有工作联系的不同单位的国家工作人员之间等。

（四）离职国家工作人员收受财物行为的处理

参照《最高人民法院关于国家工作人员利用职务上的便利为他人谋取利益离退休后收受财物行为如何处理问题的批复》规定的精神，国家工作人员利用职务上的便利为请托人谋取利益，并与请托人事先约定，在其离职后收受请托人财物，构成犯罪的，以受贿罪定罪处罚。

（五）共同受贿犯罪的认定

根据刑法关于共同犯罪的规定，非国家工作人员与国家工作人员勾结，伙同受贿的，应当以受贿罪的共犯追究刑事责任。非国家工作人员是否构成受贿罪共犯，取决于双方有无共同受贿的故意和行为。国家工作人员的近亲属向国家工作人员代为转达请托事项，收受请托人财物并告知该国家工作人员，或者国家工作人员明知其近亲属收受了他人财物，仍按照近亲属的要求利用职权为他人谋取利益的，对该国家工作人员应认定为受贿罪，其近亲属以受贿罪共犯论处。近亲属以外的其他人与国家工作人员通谋，由国家工作人员利用职务上的便利为请托人谋取利益，收受请托人财物后双方共同占有的，构成受贿罪共犯。国家工作人员利用职务上的便利为他人谋取利益，并指定他人将财物送给其他人，构成犯罪的，应以受贿罪定罪处罚。

（六）以借款为名索取或者非法收受财物行为的认定

国家工作人员利用职务上的便利，以借为名向他人索取财物，或者非法收受财物为他人谋取利益的，应当认定为受贿。具体认定时，不能仅仅看是否有书面借款手续，应当根据以下因素综合判定：

（1）有无正当、合理的借款事由；

（2）款项的去向；

（3）双方平时关系如何、有无经济往来；

（4）出借方是否要求国家工作人员利用职务上的便利为其谋取利益；

（5）借款后是否有归还的意思表示及行为；

（6）是否有归还的能力；

（7）未归还的原因；等等。

（七）涉及股票受贿案件的认定

在办理涉及股票的受贿案件时，应当注意：

（1）国家工作人员利用职务上的便利，索取或非法收受股票，没有支付股本金，为他人谋取利益，构成受贿罪的，其受贿数额按照收受股票时的实际价格计算。

（2）行为人支付股本金而购买较有可能升值的股票，由于不是无偿收受请托人财物，不以受贿罪论处。

（3）股票已上市且已升值，行为人仅支付股本金，其“购买”股票时的实际价格与股本金的差价部分应认定为受贿。

四、关于挪用公款罪

（一）单位决定将公款给个人使用行为的认定

经单位领导集体研究决定将公款给个人使用，或者单位负责人为了单位的利益，决定将公款给个人使用的，不以挪用公款罪定罪处罚。上述行为致使单位遭受重大损失，构成其他犯罪的，依照刑法的有关规定对责任人员定罪处罚。

（二）挪用公款供其他单位使用行为的认定

根据全国人大常委会《关于〈中华人民共和国刑法〉第三百八十四条第一款的解释》的规定，“以个人名义将公款供其他单位使用的”、“个人决定以单位名义将公款供其他单位使用，谋取个人利益的”，属于挪用公款“归个人使用”。在司法实践中，对于将公款供其他单位使用的，认定是否属于“以个人名义”，不能只看形式，要从实质上把握。对于行为人逃避财务监管，或者与使用人约定以个人名义进行，或者借款、还款都以个人名义进行，将公款给其他单位使用的，应认定为“以个人名义”。“个人决定”既包括行为人在职权范围内决定，也包括超越职权范围决

学习小记

定。“谋取个人利益”，既包括行为人与使用人事先约定谋取个人利益实际尚未获取的情况，也包括虽未事先约定但实际已获取了个人利益的情况。其中的“个人利益”，既包括不正当利益，也包括正当利益；既包括财产性利益，也包括非财产性利益，但这种非财产性利益应当是具体的实际利益，如升学、就业等。

（三）国有单位领导向其主管的具有法人资格的下级单位借公款归个人使用的认定

国有单位领导利用职务上的便利指令具有法人资格的下级单位将公款供个人使用的，属于挪用公款行为，构成犯罪的，应以挪用公款罪定罪处罚。

（四）挪用有价证券、金融凭证用于质押行为性质的认定

挪用金融凭证、有价证券用于质押，使公款处于风险之中，与挪用公款为他人提供担保没有实质的区别，符合刑法关于挪用公款罪规定的，以挪用公款罪定罪处罚，挪用公款数额以实际或者可能承担的风险数额认定。

（五）挪用公款归还个人欠款行为性质的认定

挪用公款归还个人欠款的，应当根据产生欠款的原因，分别认定属于挪用公款的何种情形。归还个人进行非法活动或者进行营利活动产生的欠款，应当认定为挪用公款进行非法活动或者进行营利活动。

（六）挪用公款用于注册公司、企业行为性质的认定

申报注册资本是为进行生产经营活动作准备，属于成立公司、企业进行营利活动的组成部分。因此。挪用公款归个人用于公司、企业注册资本验资证明的，应当认定为挪用公款进行营利活动。

（七）挪用公款后尚未投入实际使用的行为性质的认定

挪用公款后尚未投入实际使用的，只要同时具备“数额较大”和“超过三个月未还”的构成要件，应当认定为挪用公款

罪，但可以酌情从轻处罚。

（八）挪用公款转化为贪污的认定

挪用公款罪与贪污罪的主要区别在于行为人主观上是否具有非法占有公款的目的。挪用公款是否转化为贪污，应当按照主客观相一致的原则，具体判断和认定行为人主观上是否具有非法占有公款的目的。在司法实践中，具有以下情形之一的，可以认定行为人具有非法占有公款的目的：

1. 根据《最高人民法院关于审理挪用公款案件具体应用法律若干问题的解释》第六条的规定，行为人“携带挪用的公款潜逃的”，对其携带挪用的公款部分，以贪污罪定罪处罚。

2. 行为人挪用公款后采取虚假发票平账、销毁有关账目等手段，使所挪用的公款已难以在单位财务账目上反映出来，且没有归还行为的，应当以贪污罪定罪处罚。

3. 行为人截取单位收入不入账，非法占有，使所占有的公款难以在单位财务账目上反映出来，且没有归还行为的，应当以贪污罪定罪处罚。

4. 有证据证明行为人有能力归还所挪用的公款而拒不归还，并隐瞒挪用的公款去向的，应当以贪污罪定罪处罚。

五、关于巨额财产来源不明罪

（一）行为人不能说明巨额财产来源合法的认定

刑法第三百九十五条第一款规定的“不能说明”，包括以下情况：

（1）行为人拒不说明财产来源；

（2）行为人无法说明财产的具体来源；

（3）行为人所说的财产来源经司法机关查证并不属实；

（4）行为人所说的财产来源因线索不具体等原因，司法机关无法查实，但能排除存在来源合法的可能性和合理性的。

（二）“非法所得”的数额计算

学习小记

刑法第三百九十五条规定的“非法所得”，一般是指行为人的全部财产与能够认定的所有支出的总和减去能够证实的有真实来源的所得。在具体计算时，应注意以下问题：

（1）应把国家工作人员个人财产和与其共同生活的家庭成员的财产、支出等一并计算，而且一并减去他们所有的合法收入以及确属与其共同生活的家庭成员个人的非法收入。

（2）行为人所有的财产包括房产、家具、生活用品、学习用品及股票、债券、存款等动产和不动产；行为人的支出包括合法支出和不合法的支出，包括日常生活、工作、学习费用、罚款及向他人行贿的财物等；行为人的合法收入包括工资、奖金、稿酬、继承等法律和政策允许的各种收入。

（3）为了便于计算犯罪数额，对于行为人的财产和合法收入，一般可以从行为人有比较确定的收入和财产时开始计算。

六、关于渎职罪

（一）渎职犯罪行为造成的公共财产重大损失的认定

根据刑法规定，玩忽职守、滥用职权等渎职犯罪是以致使公共财产、国家和人民利益遭受重大损失为构成要件的。其中，公共财产的重大损失，通常是指渎职行为已经造成的重大经济损失。在司法实践中，有以下情形之一的，虽然公共财产作为债权存在，但已无法实现债权的，可以认定为行为人的渎职行为造成了经济损失：

（1）债务人已经法定程序被宣告破产；

（2）债务人潜逃，去向不明；

（3）因行为人责任，致使超过诉讼时效；

（4）有证据证明债权无法实现的其他情况。

（二）玩忽职守罪的追诉时效

玩忽职守行为造成的重大损失当时没有发生，而是玩忽职守行为之后一定时间发生的，应从危害结果发生之日起计算玩忽职

守罪的追诉期限。

（三）国有公司、企业人员渎职犯罪的法律适用

对于1999年12月24日《中华人民共和国刑法修正案》实施以前发生的国有公司、企业人员渎职行为（不包括徇私舞弊行为），尚未处理或者正在处理的，不能按照刑法修正案追究刑事责任。

（四）关于“徇私”的理解

徇私舞弊型渎职犯罪的“徇私”应理解为徇个人私情、私利。国家机关工作人员为了本单位的利益，实施滥用职权、玩忽职守行为，构成犯罪的，依照刑法第三百九十七条第一款的规定定罪处罚。

最高人民法院、最高人民检察院关于办理受贿刑事案件适用法律若干问题的意见

（2007 年 7 月 8 日　法发〔2007〕22 号）

为依法惩治受贿犯罪活动，根据刑法有关规定，现就办理受贿刑事案件具体适用法律若干问题，提出以下意见：

一、关于以交易形式收受贿赂问题

国家工作人员利用职务上的便利为请托人谋取利益，以下列交易形式收受请托人财物的，以受贿论处：

（1）以明显低于市场的价格向请托人购买房屋、汽车等物品的；

（2）以明显高于市场的价格向请托人出售房屋、汽车等物品的；

（3）以其他交易形式非法收受请托人财物的。

受贿数额按照交易时当地市场价格与实际支付价格的差额计算。

前款所列市场价格包括商品经营者事先设定的不针对特定人的最低优惠价格。根据商品经营者事先设定的各种优惠交易条件，以优惠价格购买商品的，不属于受贿。

二、关于收受干股问题

干股是指未出资而获得的股份。国家工作人员利用职务上的便利为请托人谋取利益，收受请托人提供的干股的，以受贿论处。进行了股权转让登记，或者相关证据证明股份发生了实际转让的，受贿数额按转让行为时股份价值计算，所分红利按受贿孳息处理。股份未实际转让，以股份分红名义获取利益的，实际获

利数额应当认定为受贿数额。

三、关于以开办公司等合作投资名义收受贿赂问题

国家工作人员利用职务上的便利为请托人谋取利益，由请托人出资，“合作”开办公司或者进行其他“合作”投资的，以受贿论处。受贿数额为请托人给国家工作人员的出资额。

国家工作人员利用职务上的便利为请托人谋取利益，以合作开办公司或者其他合作投资的名义获取“利润”，没有实际出资和参与管理、经营的，以受贿论处。

四、关于以委托请托人投资证券、期货或者其他委托理财的名义收受贿赂问题

国家工作人员利用职务上的便利为请托人谋取利益，以委托请托人投资证券、期货或者其他委托理财的名义，未实际出资而获取“收益”，或者虽然实际出资，但获取“收益”明显高于出资应得收益的，以受贿论处。受贿数额，前一情形，以“收益”额计算；后一情形，以“收益”额与出资应得收益额的差额计算。

五、关于以赌博形式收受贿赂的认定问题

根据《最高人民法院、最高人民检察院关于办理赌博刑事案件具体应用法律若干问题的解释》第七条规定，国家工作人员利用职务上的便利为请托人谋取利益，通过赌博方式收受请托人财物的，构成受贿。

实践中应注意区分贿赂与赌博活动、娱乐活动的界限。具体认定时，主要应当结合以下因素进行判断：(1) 赌博的背景、场合、时间、次数；(2) 赌资来源；(3) 其他赌博参与者有无事先通谋；(4) 输赢钱物的具体情况和金额大小。

六、关于特定关系人“挂名”领取薪酬问题

国家工作人员利用职务上的便利为请托人谋取利益，要求或者接受请托人以给特定关系人安排工作为名，使特定关系人不实

际工作却获取所谓薪酬的，以受贿论处。

七、关于由特定关系人收受贿赂问题

国家工作人员利用职务上的便利为请托人谋取利益，授意请托人以本意见所列形式，将有关财物给予特定关系人的，以受贿论处。

特定关系人与国家工作人员通谋，共同实施前款行为的，对特定关系人以受贿罪的共犯论处。特定关系人以外的其他人与国家工作人员通谋，由国家工作人员利用职务上的便利为请托人谋取利益，收受请托人财物后双方共同占有的，以受贿罪的共犯论处。

八、关于收受贿赂物品未办理权属变更问题

国家工作人员利用职务上的便利为请托人谋取利益，收受请托人房屋、汽车等物品，未变更权属登记或者借用他人名义办理权属变更登记的，不影响受贿的认定。

认定以房屋、汽车等物品为对象的受贿，应注意与借用的区分。具体认定时，除双方交代或者书面协议之外，主要应当结合以下因素进行判断：（1）有无借用的合理事由；（2）是否实际使用；（3）借用时间的长短；（4）有无归还的条件；（5）有无归还的意思表示及行为。

九、关于收受财物后退还或者上交问题

国家工作人员收受请托人财物后及时退还或者上交的，不是受贿。

国家工作人员受贿后，因自身或者与其受贿有关联的人、事被查处，为掩饰犯罪而退还或者上交的，不影响认定受贿罪。

十、关于在职时为请托人谋利，离职后收受财物问题

国家工作人员利用职务上的便利为请托人谋取利益之前或者之后，约定在其离职后收受请托人财物，并在离职后收受的，以受贿论处。

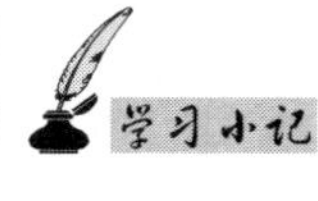

国家工作人员利用职务上的便利为请托人谋取利益，离职前后连续收受请托人财物的，离职前后收受部分均应计入受贿数额。

十一、关于“特定关系人”的范围

本意见所称“特定关系人”，是指与国家工作人员有近亲属、情妇（夫）以及其他共同利益关系的人。

十二、关于正确贯彻宽严相济刑事政策的问题

依照本意见办理受贿刑事案件，要根据刑法关于受贿罪的有关规定和受贿罪权钱交易的本质特征，准确区分罪与非罪、此罪与彼罪的界限，惩处少数，教育多数。在从严惩处受贿犯罪的同时，对于具有自首、立功等情节的，依法从轻、减轻或者免除处罚。

学习小记

最高人民法院、最高人民检察院关于办理商业贿赂刑事案件适用法律若干问题的意见

（2008 年 11 月 20 日　法发〔2008〕33 号）

为依法惩治商业贿赂犯罪，根据刑法有关规定，结合办案工作实际，现就办理商业贿赂刑事案件适用法律的若干问题，提出如下意见：

一、商业贿赂犯罪涉及刑法规定的以下八种罪名：（1）非国家工作人员受贿罪（刑法第一百六十三条）；（2）对非国家工作人员行贿罪（刑法第一百六十四条）；（3）受贿罪（刑法第三百八十五条）；（4）单位受贿罪（刑法第三百八十七条）；（5）行贿罪（刑法第三百八十九条）；（6）对单位行贿罪（刑法第三百九十一条）；（7）介绍贿赂罪（刑法第三百九十二条）；（8）单位行贿罪（刑法第三百九十三条）。

二、刑法第一百六十三条、第一百六十四条规定的“其他单位”，既包括事业单位、社会团体、村民委员会、居民委员会、村民小组等常设性的组织，也包括为组织体育赛事、文艺演出或者其他正当活动而成立的组委会、筹委会、工程承包队等非常设性的组织。

三、刑法第一百六十三条、第一百六十四条规定的“公司、企业或者其他单位的工作人员”，包括国有公司、企业以及其他国有单位中的非国家工作人员。

四、医疗机构中的国家工作人员，在药品、医疗器械、医用

卫生材料等医药产品采购活动中，利用职务上的便利，索取销售方财物，或者非法收受销售方财物，为销售方谋取利益，构成犯罪的，依照刑法第三百八十五条的规定，以受贿罪定罪处罚。

医疗机构中的非国家工作人员，有前款行为，数额较大的，依照刑法第一百六十三条的规定，以非国家工作人员受贿罪定罪处罚。

医疗机构中的医务人员，利用开处方的职务便利，以各种名义非法收受药品、医疗器械、医用卫生材料等医药产品销售方财物，为医药产品销售方谋取利益，数额较大的，依照刑法第一百六十三条的规定，以非国家工作人员受贿罪定罪处罚。

五、学校及其他教育机构中的国家工作人员，在教材、教具、校服或者其他物品的采购等活动中，利用职务上的便利，索取销售方财物，或者非法收受销售方财物，为销售方谋取利益，构成犯罪的，依照刑法第三百八十五条的规定，以受贿罪定罪处罚。

学校及其他教育机构中的非国家工作人员，有前款行为，数额较大的，依照刑法第一百六十三条的规定，以非国家工作人员受贿罪定罪处罚。

学校及其他教育机构中的教师，利用教学活动的职务便利，以各种名义非法收受教材、教具、校服或者其他物品销售方财物，为教材、教具、校服或者其他物品销售方谋取利益，数额较大的，依照刑法第一百六十三条的规定，以非国家工作人员受贿罪定罪处罚。

六、依法组建的评标委员会、竞争性谈判采购中谈判小组、询价采购中询价小组的组成人员，在招标、政府采购等事项的评标或者采购活动中，索取他人财物或者非法收受他人财物，为他人谋取利益，数额较大的，依照刑法第一百六十三条的规定，以非国家工作人员受贿罪定罪处罚。

依法组建的评标委员会、竞争性谈判采购中谈判小组、询价采购中询价小组中国家机关或者其他国有单位的代表有前款行为的，依照刑法第三百八十五条的规定，以受贿罪定罪处罚。

七、商业贿赂中的财物，既包括金钱和实物，也包括可以用金钱计算数额的财产性利益，如提供房屋装修、含有金额的会员卡、代币卡（券）、旅游费用等。具体数额以实际支付的资费为准。

八、收受银行卡的，不论受贿人是否实际取出或者消费，卡内的存款数额一般应全额认定为受贿数额。使用银行卡透支的，如果由给予银行卡的一方承担还款责任，透支数额也应当认定为受贿数额。

九、在行贿犯罪中，“谋取不正当利益”，是指行贿人谋取违反法律、法规、规章或者政策规定的利益，或者要求对方违反法律、法规、规章、政策、行业规范的规定提供帮助或者方便条件。

在招标投标、政府采购等商业活动中，违背公平原则，给予相关人员财物以谋取竞争优势的，属于“谋取不正当利益”。

十、办理商业贿赂犯罪案件，要注意区分贿赂与馈赠的界限。主要应当结合以下因素全面分析、综合判断：（1）发生财物往来的背景，如双方是否存在亲友关系及历史上交往的情形和程度；（2）往来财物的价值；（3）财物往来的缘由、时机和方式，提供财物方对于接受方有无职务上的请托；（4）接受方是否利用职务上的便利为提供方谋取利益。

十一、非国家工作人员与国家工作人员通谋，共同收受他人财物，构成共同犯罪的，根据双方利用职务便利的具体情形分别定罪追究刑事责任：

（1）利用国家工作人员的职务便利为他人谋取利益的，以受贿罪追究刑事责任。

(2) 利用非国家工作人员的职务便利为他人谋取利益的，以非国家工作人员受贿罪追究刑事责任。

(3) 分别利用各自的职务便利为他人谋取利益的，按照主犯的犯罪性质追究刑事责任，不能分清主从犯的，可以受贿罪追究刑事责任。

最高人民法院、最高人民检察院关于办理国家出资企业中职务犯罪案件具体应用法律若干问题的意见

（2010年11月26日　法发〔2010〕49号）

随着企业改制的不断推进，人民法院、人民检察院在办理国家出资企业中的贪污、受贿等职务犯罪案件时遇到了一些新情况、新问题。这些新情况、新问题具有一定的特殊性和复杂性，需要结合企业改制的特定历史条件，依法妥善地进行处理。现根据刑法规定和相关政策精神，就办理此类刑事案件具体应用法律的若干问题，提出以下意见：

一、关于国家出资企业工作人员在改制过程中隐匿公司、企业财产归个人持股的改制后公司、企业所有的行为的处理

国家工作人员或者受国家机关、国有公司、企业、事业单位、人民团体委托管理、经营国有财产的人员利用职务上的便利，在国家出资企业改制过程中故意通过低估资产、隐瞒债权、虚设债务、虚构产权交易等方式隐匿公司、企业财产，转为本人持有股份的改制后公司、企业所有，应当依法追究刑事责任的，依照刑法第三百八十二条、第三百八十三条的规定，以贪污罪定罪处罚。贪污数额一般应当以所隐匿财产全额计算；改制后公司、企业仍有国有股份的，按股份比例扣除归于国有的部分。

所隐匿财产在改制过程中已为行为人实际控制，或者国家出资企业改制已经完成的，以犯罪既遂处理。

第一款规定以外的人员实施该款行为的，依照刑法第二百七

十一条的规定，以职务侵占罪定罪处罚；第一款规定以外的人员与第一款规定的人员共同实施该款行为的，以贪污罪的共犯论处。

在企业改制过程中未采取低估资产、隐瞒债权、虚设债务、虚构产权交易等方式故意隐匿公司、企业财产的，一般不应当认定为贪污；造成国有资产重大损失，依法构成刑法第一百六十八条或者第一百六十九条规定的犯罪的，依照该规定定罪处罚。

二、关于国有公司、企业在改制过程中隐匿公司、企业财产归职工集体持股的改制后公司、企业所有的行为的处理

国有公司、企业违反国家规定，在改制过程中隐匿公司、企业财产，转为职工集体持股的改制后公司、企业所有的，对其直接负责的主管人员和其他直接责任人员，依照刑法第三百九十六条第一款的规定，以私分国有资产罪定罪处罚。

改制后的公司、企业中只有改制前公司、企业的管理人员或者少数职工持股，改制前公司、企业的多数职工未持股的，依照本意见第一条的规定，以贪污罪定罪处罚。

三、关于国家出资企业工作人员使用改制公司、企业的资金担保个人贷款，用于购买改制公司、企业股份的行为的处理

国家出资企业的工作人员在公司、企业改制过程中为购买公司、企业股份，利用职务上的便利，将公司、企业的资金或者金融凭证、有价证券等用于个人贷款担保的，依照刑法第二百七十二条或者第三百八十四条的规定，以挪用资金罪或者挪用公款罪定罪处罚。

行为人在改制前的国家出资企业持有股份的，不影响挪用数额的认定，但量刑时应当酌情考虑。

经有关主管部门批准或者按照有关政策规定，国家出资企业的工作人员为购买改制公司、企业股份实施前款行为的，可以视具体情况不作为犯罪处理。

四、关于国家工作人员在企业改制过程中的渎职行为的处理

国家出资企业中的国家工作人员在公司、企业改制或者国有资产处置过程中严重不负责任或者滥用职权，致使国家利益遭受重大损失的，依照刑法第一百六十八条的规定，以国有公司、企业人员失职罪或者国有公司、企业人员滥用职权罪定罪处罚。

国家出资企业中的国家工作人员在公司、企业改制或者国有资产处置过程中徇私舞弊，将国有资产低价折股或者低价出售给其本人未持有股份的公司、企业或者其他个人，致使国家利益遭受重大损失的，依照刑法第一百六十九条的规定，以徇私舞弊低价折股、出售国有资产罪定罪处罚。

国家出资企业中的国家工作人员在公司、企业改制或者国有资产处置过程中徇私舞弊，将国有资产低价折股或者低价出售给特定关系人持有股份或者本人实际控制的公司、企业，致使国家利益遭受重大损失的，依照刑法第三百八十二条、第三百八十三条的规定，以贪污罪定罪处罚。贪污数额以国有资产的损失数额计算。

国家出资企业中的国家工作人员因实施第一款、第二款行为收受贿赂，同时又构成刑法第三百八十五条规定之罪的，依照处罚较重的规定定罪处罚。

五、关于改制前后主体身份发生变化的犯罪的处理

国家工作人员在国家出资企业改制前利用职务上的便利实施犯罪，在其不再具有国家工作人员身份后又实施同种行为，依法构成不同犯罪的，应当分别定罪，实行数罪并罚。

国家工作人员利用职务上的便利，在国家出资企业改制过程中隐匿公司、企业财产，在其不再具有国家工作人员身份后将所隐匿财产据为己有的，依照刑法第三百八十二条、第三百八十三条的规定，以贪污罪定罪处罚。

国家工作人员在国家出资企业改制过程中利用职务上的便利

为请托人谋取利益，事先约定在其不再具有国家工作人员身份后收受请托人财物，或者在身份变化前后连续收受请托人财物的，依照刑法第三百八十五条、第三百八十六条的规定，以受贿罪定罪处罚。

六、关于国家出资企业中国家工作人员的认定

经国家机关、国有公司、企业、事业单位提名、推荐、任命、批准等，在国有控股、参股公司及其分支机构中从事公务的人员，应当认定为国家工作人员。具体的任命机构和程序，不影响国家工作人员的认定。

经国家出资企业中负有管理、监督国有资产职责的组织批准或者研究决定，代表其在国有控股、参股公司及其分支机构中从事组织、领导、监督、经营、管理工作的人员，应当认定为国家工作人员。

国家出资企业中的国家工作人员，在国家出资企业中持有个人股份或者同时接受非国有股东委托的，不影响其国家工作人员身份的认定。

七、关于国家出资企业的界定

本意见所称“国家出资企业”，包括国家出资的国有独资公司、国有独资企业，以及国有资本控股公司、国有资本参股公司。

是否属于国家出资企业不清楚的，应遵循“谁投资、谁拥有产权”的原则进行界定。企业注册登记中的资金来源与实际出资不符的，应根据实际出资情况确定企业的性质。企业实际出资情况不清楚的，可以综合工商注册、分配形式、经营管理等因素确定企业的性质。

八、关于宽严相济刑事政策的具体贯彻

办理国家出资企业中的职务犯罪案件时，要综合考虑历史条件、企业发展、职工就业、社会稳定等因素，注意具体情况具体

分析，严格把握犯罪与一般违规行为的区分界限。对于主观恶意明显、社会危害严重、群众反映强烈的严重犯罪，要坚决依法从严惩处；对于特定历史条件下、为了顺利完成企业改制而实施的违反国家政策法律规定的行为，行为人无主观恶意或者主观恶意不明显，情节较轻，危害不大的，可以不作为犯罪处理。

对于国家出资企业中的职务犯罪，要加大经济上的惩罚力度，充分重视财产刑的适用和执行，最大限度地挽回国家和人民利益遭受的损失。不能退赃的，在决定刑罚时，应当作为重要情节予以考虑。

最高人民法院、最高人民检察院关于办理行贿刑事案件具体应用法律若干问题的解释

（2012 年 5 月 14 日最高人民法院审判委员会第 1547 次会议、2012 年 8 月 21 日最高人民检察院第十一届检察委员会第 77 次会议通过　2012 年 12 月 26 日最高人民法院、最高人民检察院公告公布　自 2013 年 1 月 1 日起施行　法释〔2012〕22 号）

为依法惩治行贿犯罪活动，根据刑法有关规定，现就办理行贿刑事案件具体应用法律的若干问题解释如下：

第一条　为谋取不正当利益，向国家工作人员行贿，数额在一万元以上的，应当依照刑法第三百九十条的规定追究刑事责任。

第二条　因行贿谋取不正当利益，具有下列情形之一的，应当认定为刑法第三百九十条第一款规定的“情节严重”：

（一）行贿数额在二十万元以上不满一百万元的；

（二）行贿数额在十万元以上不满二十万元，并具有下列情形之一的：

1. 向三人以上行贿的；

2. 将违法所得用于行贿的；

3. 为实施违法犯罪活动，向负有食品、药品、安全生产、环境保护等监督管理职责的国家工作人员行贿，严重危害民生、侵犯公众生命财产安全的；

4. 向行政执法机关、司法机关的国家工作人员行贿，影响行

政执法和司法公正的；

（三）其他情节严重的情形。

第三条 因行贿谋取不正当利益，造成直接经济损失数额在一百万元以上的，应当认定为刑法第三百九十条第一款规定的"使国家利益遭受重大损失"。

第四条 因行贿谋取不正当利益，具有下列情形之一的，应当认定为刑法第三百九十条第一款规定的"情节特别严重"：

（一）行贿数额在一百万元以上的；

（二）行贿数额在五十万元以上不满一百万元，并具有下列情形之一的：

1. 向三人以上行贿的；

2. 将违法所得用于行贿的；

3. 为实施违法犯罪活动，向负有食品、药品、安全生产、环境保护等监督管理职责的国家工作人员行贿，严重危害民生、侵犯公众生命财产安全的；

4. 向行政执法机关、司法机关的国家工作人员行贿，影响行政执法和司法公正的；

（三）造成直接经济损失数额在五百万元以上的；

（四）其他情节特别严重的情形。

第五条 多次行贿未经处理的，按照累计行贿数额处罚。

第六条 行贿人谋取不正当利益的行为构成犯罪的，应当与行贿犯罪实行数罪并罚。

第七条 因行贿人在被追诉前主动交待行贿行为而破获相关受贿案件的，对行贿人不适用刑法第六十八条关于立功的规定，依照刑法第三百九十条第二款的规定，可以减轻或者免除处罚。

单位行贿的，在被追诉前，单位集体决定或者单位负责人决定主动交待单位行贿行为的，依照刑法第三百九十条第二款的规

定，对单位及相关责任人员可以减轻处罚或者免除处罚；受委托直接办理单位行贿事项的直接责任人员在被追诉前主动交待自己知道的单位行贿行为的，对该直接责任人员可以依照刑法第三百九十条第二款的规定减轻处罚或者免除处罚。

第八条 行贿人被追诉后如实供述自己罪行的，依照刑法第六十七条第三款的规定，可以从轻处罚；因其如实供述自己罪行，避免特别严重后果发生的，可以减轻处罚。

第九条 行贿人揭发受贿人与其行贿无关的其他犯罪行为，查证属实的，依照刑法第六十八条关于立功的规定，可以从轻、减轻或者免除处罚。

第十条 实施行贿犯罪，具有下列情形之一的，一般不适用缓刑和免予刑事处罚：

（一）向三人以上行贿的；

（二）因行贿受过行政处罚或者刑事处罚的；

（三）为实施违法犯罪活动而行贿的；

（四）造成严重危害后果的；

（五）其他不适用缓刑和免予刑事处罚的情形。

具有刑法第三百九十条第二款规定的情形的，不受前款规定的限制。

第十一条 行贿犯罪取得的不正当财产性利益应当依照刑法第六十四条的规定予以追缴、责令退赔或者返还被害人。

因行贿犯罪取得财产性利益以外的经营资格、资质或者职务晋升等其他不正当利益，建议有关部门依照相关规定予以处理。

第十二条 行贿犯罪中的“谋取不正当利益”，是指行贿人谋取的利益违反法律、法规、规章、政策规定，或者要求国家工作人员违反法律、法规、规章、政策、行业规范的规定，为自己提供帮助或者方便条件。

违背公平、公正原则，在经济、组织人事管理等活动中，谋

取竞争优势的，应当认定为“谋取不正当利益”。

第十三条 刑法第三百九十条第二款规定的“被追诉前”，是指检察机关对行贿人的行贿行为刑事立案前。

最高人民法院、最高人民检察院关于办理渎职刑事案件适用法律若干问题的解释（一）

（2012年7月9日最高人民法院审判委员会第1552次会议、2012年9月12日最高人民检察院第十一届检察委员会第79次会议通过　2012年12月7日最高人民法院、最高人民检察院公告公布　自2013年1月9日起施行　法释〔2012〕18号）

为依法惩治渎职犯罪，根据刑法有关规定，现就办理渎职刑事案件适用法律的若干问题解释如下：

第一条　国家机关工作人员滥用职权或者玩忽职守，具有下列情形之一的，应当认定为刑法第三百九十七条规定的“致使公共财产、国家和人民利益遭受重大损失”：

（一）造成死亡1人以上，或者重伤3人以上，或者轻伤9人以上，或者重伤2人、轻伤3人以上，或者重伤1人、轻伤6人以上的；

（二）造成经济损失30万元以上的；

（三）造成恶劣社会影响的；

（四）其他致使公共财产、国家和人民利益遭受重大损失的情形。

具有下列情形之一的，应当认定为刑法第三百九十七条规定的“情节特别严重”：

（一）造成伤亡达到前款第（一）项规定人数3倍以上的；

（二）造成经济损失150万元以上的；

学习小记

（三）造成前款规定的损失后果，不报、迟报、谎报或者授意、指使、强令他人不报、迟报、谎报事故情况，致使损失后果持续、扩大或者抢救工作延误的；

（四）造成特别恶劣社会影响的；

（五）其他特别严重的情节。

第二条 国家机关工作人员实施滥用职权或者玩忽职守犯罪行为，触犯刑法分则第九章第三百九十八条至第四百一十九条规定的，依照该规定定罪处罚。

国家机关工作人员滥用职权或者玩忽职守，因不具备徇私舞弊等情形，不符合刑法分则第九章第三百九十八条至第四百一十九条的规定，但依法构成第三百九十七条规定的犯罪的，以滥用职权罪或者玩忽职守罪定罪处罚。

第三条 国家机关工作人员实施渎职犯罪并收受贿赂，同时构成受贿罪的，除刑法另有规定外，以渎职犯罪和受贿罪数罪并罚。

第四条 国家机关工作人员实施渎职行为，放纵他人犯罪或者帮助他人逃避刑事处罚，构成犯罪的，依照渎职罪的规定定罪处罚。

国家机关工作人员与他人共谋，利用其职务行为帮助他人实施其他犯罪行为，同时构成渎职犯罪和共谋实施的其他犯罪共犯的，依照处罚较重的规定定罪处罚。

国家机关工作人员与他人共谋，既利用其职务行为帮助他人实施其他犯罪，又以非职务行为与他人共同实施该其他犯罪行为，同时构成渎职犯罪和其他犯罪的共犯的，依照数罪并罚的规定定罪处罚。

第五条 国家机关负责人员违法决定，或者指使、授意、强令其他国家机关工作人员违法履行职务或者不履行职务，构成刑法分则第九章规定的渎职犯罪的，应当依法追究刑事责任。

以“集体研究”形式实施的渎职犯罪，应当依照刑法分则第九章的规定追究国家机关负有责任的人员的刑事责任。对于具体执行人员，应当在综合认定其行为性质、是否提出反对意见、危害结果大小等情节的基础上决定是否追究刑事责任和应当判处的刑罚。

第六条 以危害结果为条件的渎职犯罪的追诉期限，从危害结果发生之日起计算；有数个危害结果的，从最后一个危害结果发生之日起计算。

第七条 依法或者受委托行使国家行政管理职权的公司、企业、事业单位的工作人员，在行使行政管理职权时滥用职权或者玩忽职守，构成犯罪的，应当依照《全国人民代表大会常务委员会关于〈中华人民共和国刑法〉第九章渎职罪主体适用问题的解释》的规定，适用渎职罪的规定追究刑事责任。

第八条 本解释规定的“经济损失”，是指渎职犯罪或者与渎职犯罪相关联的犯罪立案时已经实际造成的财产损失，包括为挽回渎职犯罪所造成损失而支付的各种开支、费用等。立案后至提起公诉前持续发生的经济损失，应一并计入渎职犯罪造成的经济损失。

债务人经法定程序被宣告破产，债务人潜逃、去向不明，或者因行为人的责任超过诉讼时效等，致使债权已经无法实现的，无法实现的债权部分应当认定为渎职犯罪的经济损失。

渎职犯罪或者与渎职犯罪相关联的犯罪立案后，犯罪分子及其亲友自行挽回的经济损失，司法机关或者犯罪分子所在单位及其上级主管部门挽回的经济损失，或者因客观原因减少的经济损失，不予扣减，但可以作为酌定从轻处罚的情节。

第九条 负有监督管理职责的国家机关工作人员滥用职权或者玩忽职守，致使不符合安全标准的食品、有毒有害食品、假药、劣药等流入社会，对人民群众生命、健康造成严重危害后果

的，依照渎职罪的规定从严惩处。

第十条 最高人民法院、最高人民检察院此前发布的司法解释与本解释不一致的，以本解释为准。

最高人民法院、最高人民检察院关于办理贪污贿赂刑事案件适用法律若干问题的解释

（2016年3月28日最高人民法院审判委员会第1680次会议、2016年3月25日最高人民检察院第十二届检察委员会第50次会议通过　2016年4月18日最高人民法院、最高人民检察院公告公布　自2016年4月18日起施行　法释〔2016〕9号）

为依法惩治贪污贿赂犯罪活动，根据刑法有关规定，现就办理贪污贿赂刑事案件适用法律的若干问题解释如下：

第一条　贪污或者受贿数额在三万元以上不满二十万元的，应当认定为刑法第三百八十三条第一款规定的“数额较大”，依法判处三年以下有期徒刑或者拘役，并处罚金。

贪污数额在一万元以上不满三万元，具有下列情形之一的，应当认定为刑法第三百八十三条第一款规定的“其他较重情节”，依法判处三年以下有期徒刑或者拘役，并处罚金：

（一）贪污救灾、抢险、防汛、优抚、扶贫、移民、救济、防疫、社会捐助等特定款物的；

（二）曾因贪污、受贿、挪用公款受过党纪、行政处分的；

（三）曾因故意犯罪受过刑事追究的；

（四）赃款赃物用于非法活动的；

（五）拒不交待赃款赃物去向或者拒不配合追缴工作，致使无法追缴的；

（六）造成恶劣影响或者其他严重后果的。

学习小记

受贿数额在一万元以上不满三万元，具有前款第二项至第六项规定的情形之一，或者具有下列情形之一的，应当认定为刑法第三百八十三条第一款规定的“其他较重情节”，依法判处三年以下有期徒刑或者拘役，并处罚金：

（一）多次索贿的；

（二）为他人谋取不正当利益，致使公共财产、国家和人民利益遭受损失的；

（三）为他人谋取职务提拔、调整的。

第二条 贪污或者受贿数额在二十万元以上不满三百万元的，应当认定为刑法第三百八十三条第一款规定的“数额巨大”，依法判处三年以上十年以下有期徒刑，并处罚金或者没收财产。

贪污数额在十万元以上不满二十万元，具有本解释第一条第二款规定的情形之一的，应当认定为刑法第三百八十三条第一款规定的“其他严重情节”，依法判处三年以上十年以下有期徒刑，并处罚金或者没收财产。

受贿数额在十万元以上不满二十万元，具有本解释第一条第三款规定的情形之一的，应当认定为刑法第三百八十三条第一款规定的“其他严重情节”，依法判处三年以上十年以下有期徒刑，并处罚金或者没收财产。

第三条 贪污或者受贿数额在三百万元以上的，应当认定为刑法第三百八十三条第一款规定的“数额特别巨大”，依法判处十年以上有期徒刑、无期徒刑或者死刑，并处罚金或者没收财产。

贪污数额在一百五十万元以上不满三百万元，具有本解释第一条第二款规定的情形之一的，应当认定为刑法第三百八十三条第一款规定的“其他特别严重情节”，依法判处十年以上有期徒刑、无期徒刑或者死刑，并处罚金或者没收财产。

受贿数额在一百五十万元以上不满三百万元，具有本解释第

一条第三款规定的情形之一的，应当认定为刑法第三百八十三条第一款规定的“其他特别严重情节”，依法判处十年以上有期徒刑、无期徒刑或者死刑，并处罚金或者没收财产。

第四条 贪污、受贿数额特别巨大，犯罪情节特别严重、社会影响特别恶劣、给国家和人民利益造成特别重大损失的，可以判处死刑。

符合前款规定的情形，但具有自首，立功，如实供述自己罪行、真诚悔罪、积极退赃，或者避免、减少损害结果的发生等情节，不是必须立即执行的，可以判处死刑缓期二年执行。

符合第一款规定情形的，根据犯罪情节等情况可以判处死刑缓期二年执行，同时裁判决定在其死刑缓期执行二年期满依法减为无期徒刑后，终身监禁，不得减刑、假释。

第五条 挪用公款归个人使用，进行非法活动，数额在三万元以上的，应当依照刑法第三百八十四条的规定以挪用公款罪追究刑事责任；数额在三百万元以上的，应当认定为刑法第三百八十四条第一款规定的“数额巨大”。具有下列情形之一的，应当认定为刑法第三百八十四条第一款规定的“情节严重”：

（一）挪用公款数额在一百万元以上的；

（二）挪用救灾、抢险、防汛、优抚、扶贫、移民、救济特定款物，数额在五十万元以上不满一百万元的；

（三）挪用公款不退还，数额在五十万元以上不满一百万元的；

（四）其他严重的情节。

第六条 挪用公款归个人使用，进行营利活动或者超过三个月未还，数额在五万元以上的，应当认定为刑法第三百八十四条第一款规定的“数额较大”；数额在五百万元以上的，应当认定为刑法第三百八十四条第一款规定的“数额巨大”。具有下列情形之一的，应当认定为刑法第三百八十四条第一款规定的“情节严重”：

学习小记

（一）挪用公款数额在二百万元以上的；

（二）挪用救灾、抢险、防汛、优抚、扶贫、移民、救济特定款物，数额在一百万元以上不满二百万元的；

（三）挪用公款不退还，数额在一百万元以上不满二百万元的；

（四）其他严重的情节。

第七条 为谋取不正当利益，向国家工作人员行贿，数额在三万元以上的，应当依照刑法第三百九十条的规定以行贿罪追究刑事责任。

行贿数额在一万元以上不满三万元，具有下列情形之一的，应当依照刑法第三百九十条的规定以行贿罪追究刑事责任：

（一）向三人以上行贿的；

（二）将违法所得用于行贿的；

（三）通过行贿谋取职务提拔、调整的；

（四）向负有食品、药品、安全生产、环境保护等监督管理职责的国家工作人员行贿，实施非法活动的；

（五）向司法工作人员行贿，影响司法公正的；

（六）造成经济损失数额在五十万元以上不满一百万元的。

第八条 犯行贿罪，具有下列情形之一的，应当认定为刑法第三百九十条第一款规定的“情节严重”：

（一）行贿数额在一百万元以上不满五百万元的；

（二）行贿数额在五十万元以上不满一百万元，并具有本解释第七条第二款第一项至第五项规定的情形之一的；

（三）其他严重的情节。

为谋取不正当利益，向国家工作人员行贿，造成经济损失数额在一百万元以上不满五百万元的，应当认定为刑法第三百九十条第一款规定的“使国家利益遭受重大损失”。

第九条 犯行贿罪，具有下列情形之一的，应当认定为刑法

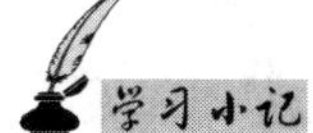

第三百九十条第一款规定的“情节特别严重”：

（一）行贿数额在五百万元以上的；

（二）行贿数额在二百五十万元以上不满五百万元，并具有本解释第七条第二款第一项至第五项规定的情形之一的；

（三）其他特别严重的情节。

为谋取不正当利益，向国家工作人员行贿，造成经济损失数额在五百万元以上的，应当认定为刑法第三百九十条第一款规定的“使国家利益遭受特别重大损失”。

第十条 刑法第三百八十八条之一规定的利用影响力受贿罪的定罪量刑适用标准，参照本解释关于受贿罪的规定执行。

刑法第三百九十条之一规定的对有影响力的人行贿罪的定罪量刑适用标准，参照本解释关于行贿罪的规定执行。

单位对有影响力的人行贿数额在二十万元以上的，应当依照刑法第三百九十条之一的规定以对有影响力的人行贿罪追究刑事责任。

第十一条 刑法第一百六十三条规定的非国家工作人员受贿罪、第二百七十一条规定的职务侵占罪中的“数额较大”“数额巨大”的数额起点，按照本解释关于受贿罪、贪污罪相对应的数额标准规定的二倍、五倍执行。

刑法第二百七十二条规定的挪用资金罪中的“数额较大”“数额巨大”以及“进行非法活动”情形的数额起点，按照本解释关于挪用公款罪“数额较大”“情节严重”以及“进行非法活动”的数额标准规定的二倍执行。

刑法第一百六十四条第一款规定的对非国家工作人员行贿罪中的“数额较大”“数额巨大”的数额起点，按照本解释第七条、第八条第一款关于行贿罪的数额标准规定的二倍执行。

第十二条 贿赂犯罪中的“财物”，包括货币、物品和财产性利益。财产性利益包括可以折算为货币的物质利益如房屋装

修、债务免除等，以及需要支付货币的其他利益如会员服务、旅游等。后者的犯罪数额，以实际支付或者应当支付的数额计算。

第十三条 具有下列情形之一的，应当认定为“为他人谋取利益”，构成犯罪的，应当依照刑法关于受贿犯罪的规定定罪处罚：

（一）实际或者承诺为他人谋取利益的；

（二）明知他人有具体请托事项的；

（三）履职时未被请托，但事后基于该履职事由收受他人财物的。

国家工作人员索取、收受具有上下级关系的下属或者具有行政管理关系的被管理人员的财物价值三万元以上，可能影响职权行使的，视为承诺为他人谋取利益。

第十四条 根据行贿犯罪的事实、情节，可能被判处三年有期徒刑以下刑罚的，可以认定为刑法第三百九十条第二款规定的“犯罪较轻”。

根据犯罪的事实、情节，已经或者可能被判处十年有期徒刑以上刑罚的，或者案件在本省、自治区、直辖市或者全国范围内有较大影响的，可以认定为刑法第三百九十条第二款规定的“重大案件”。

具有下列情形之一的，可以认定为刑法第三百九十条第二款规定的“对侦破重大案件起关键作用”：

（一）主动交待办案机关未掌握的重大案件线索的；

（二）主动交待的犯罪线索不属于重大案件的线索，但该线索对于重大案件侦破有重要作用的；

（三）主动交待行贿事实，对于重大案件的证据收集有重要作用的；

（四）主动交待行贿事实，对于重大案件的追逃、追赃有重要作用的。

第十五条 对多次受贿未经处理的，累计计算受贿数额。

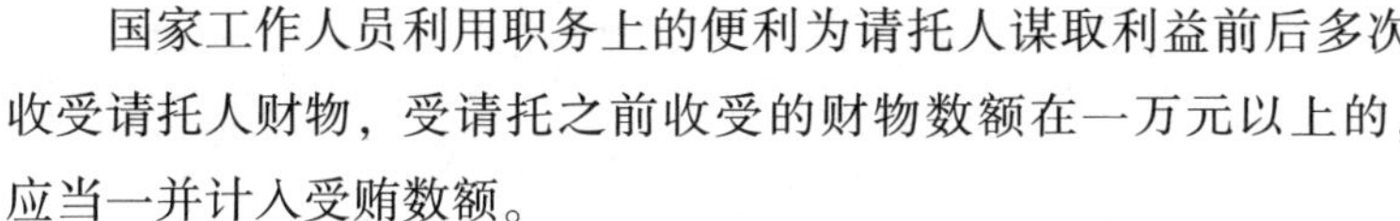

国家工作人员利用职务上的便利为请托人谋取利益前后多次收受请托人财物，受请托之前收受的财物数额在一万元以上的，应当一并计入受贿数额。

第十六条 国家工作人员出于贪污、受贿的故意，非法占有公共财物、收受他人财物之后，将赃款赃物用于单位公务支出或者社会捐赠的，不影响贪污罪、受贿罪的认定，但量刑时可以酌情考虑。

特定关系人索取、收受他人财物，国家工作人员知道后未退还或者上交的，应当认定国家工作人员具有受贿故意。

第十七条 国家工作人员利用职务上的便利，收受他人财物，为他人谋取利益，同时构成受贿罪和刑法分则第三章第三节、第九章规定的渎职犯罪的，除刑法另有规定外，以受贿罪和渎职犯罪数罪并罚。

第十八条 贪污贿赂犯罪分子违法所得的一切财物，应当依照刑法第六十四条的规定予以追缴或者责令退赔，对被害人的合法财产应当及时返还。对尚未追缴到案或者尚未足额退赔的违法所得，应当继续追缴或者责令退赔。

第十九条 对贪污罪、受贿罪判处三年以下有期徒刑或者拘役的，应当并处十万元以上五十万元以下的罚金；判处三年以上十年以下有期徒刑的，应当并处二十万元以上犯罪数额二倍以下的罚金或者没收财产；判处十年以上有期徒刑或者无期徒刑的，应当并处五十万元以上犯罪数额二倍以下的罚金或者没收财产。

对刑法规定并处罚金的其他贪污贿赂犯罪，应当在十万元以上犯罪数额二倍以下判处罚金。

第二十条 本解释自 2016 年 4 月 18 日起施行。最高人民法院、最高人民检察院此前发布的司法解释与本解释不一致的，以本解释为准。

附：相关纪检工作规定

中国共产党问责条例

（2019 年 8 月 25 日）

第一条 为了坚持党的领导，加强党的建设，全面从严治党，保证党的路线方针政策和党中央重大决策部署贯彻落实，规范和强化党的问责工作，根据《中国共产党章程》，制定本条例。

第二条 党的问责工作坚持以马克思列宁主义、毛泽东思想、邓小平理论、“三个代表”重要思想、科学发展观、习近平新时代中国特色社会主义思想为指导，增强“四个意识”，坚定“四个自信”，坚决维护习近平总书记党中央的核心、全党的核心地位，坚决维护党中央权威和集中统一领导，围绕统筹推进“五位一体”总体布局和协调推进“四个全面”战略布局，落实管党治党政治责任，督促各级党组织、党的领导干部负责守责尽责，践行忠诚干净担当。

第三条 党的问责工作应当坚持以下原则：

（一）依规依纪、实事求是；

（二）失责必问、问责必严；

（三）权责一致、错责相当；

（四）严管和厚爱结合、激励和约束并重；

（五）惩前毖后、治病救人；

（六）集体决定、分清责任。

第四条 党委（党组）应当履行全面从严治党主体责任，加强对本地区本部门本单位问责工作的领导，追究在党的建设、党的事业中失职失责党组织和党的领导干部的主体责任、监督责任、领导责任。

学习小记

纪委应当履行监督专责，协助同级党委开展问责工作。纪委派驻（派出）机构按照职责权限开展问责工作。

党的工作机关应当依据职能履行监督职责，实施本机关本系统本领域的问责工作。

第五条 问责对象是党组织、党的领导干部，重点是党委（党组）、党的工作机关及其领导成员，纪委、纪委派驻（派出）机构及其领导成员。

第六条 问责应当分清责任。党组织领导班子在职责范围内负有全面领导责任，领导班子主要负责人和直接主管的班子成员在职责范围内承担主要领导责任，参与决策和工作的班子成员在职责范围内承担重要领导责任。

对党组织问责的，应当同时对该党组织中负有责任的领导班子成员进行问责。

党组织和党的领导干部应当坚持把自己摆进去、把职责摆进去、把工作摆进去，注重从自身找问题、查原因，勇于担当、敢于负责，不得向下级党组织和干部推卸责任。

第七条 党组织、党的领导干部违反党章和其他党内法规，不履行或者不正确履行职责，有下列情形之一，应当予以问责：

（一）党的领导弱化，“四个意识”不强，“两个维护”不力，党的基本理论、基本路线、基本方略没有得到有效贯彻执行，在贯彻新发展理念，推进经济建设、政治建设、文化建设、社会建设、生态文明建设中，出现重大偏差和失误，给党的事业和人民利益造成严重损失，产生恶劣影响的；

（二）党的政治建设抓得不实，在重大原则问题上未能同党中央保持一致，贯彻落实党的路线方针政策和执行党中央重大决策部署不力，不遵守重大事项请示报告制度，有令不行、有禁不止，阳奉阴违、欺上瞒下，团团伙伙、拉帮结派问题突出，党内政治生活不严肃不健康，党的政治建设工作责任制落实不到位，

造成严重后果或者恶劣影响的；

（三）党的思想建设缺失，党性教育特别是理想信念宗旨教育流于形式，意识形态工作责任制落实不到位，造成严重后果或者恶劣影响的；

（四）党的组织建设薄弱，党建工作责任制不落实，严重违反民主集中制原则，不执行领导班子议事决策规则，民主生活会、“三会一课”等党的组织生活制度不执行，领导干部报告个人有关事项制度执行不力，党组织软弱涣散，违规选拔任用干部等问题突出，造成恶劣影响的；

（五）党的作风建设松懈，落实中央八项规定及其实施细则精神不力，“四风”问题得不到有效整治，形式主义、官僚主义问题突出，执行党中央决策部署表态多调门高、行动少落实差，脱离实际、脱离群众，拖沓敷衍、推诿扯皮，造成严重后果的；

（六）党的纪律建设抓得不严，维护党的政治纪律、组织纪律、廉洁纪律、群众纪律、工作纪律、生活纪律不力，导致违规违纪行为多发，造成恶劣影响的；

（七）推进党风廉政建设和反腐败斗争不坚决、不扎实，削减存量、遏制增量不力，特别是对不收敛、不收手，问题线索反映集中、群众反映强烈，政治问题和经济问题交织的腐败案件放任不管，造成恶劣影响的；

（八）全面从严治党主体责任、监督责任落实不到位，对公权力的监督制约不力，好人主义盛行，不负责不担当，党内监督乏力，该发现的问题没有发现，发现问题不报告不处置，领导巡视巡察工作不力，落实巡视巡察整改要求走过场、不到位，该问责不问责，造成严重后果的；

（九）履行管理、监督职责不力，职责范围内发生重特大生产安全事故、群体性事件、公共安全事件，或者发生其他严重事故、事件，造成重大损失或者恶劣影响的；

学习小记

（十）在教育医疗、生态环境保护、食品药品安全、扶贫脱贫、社会保障等涉及人民群众最关心最直接最现实的利益问题上不作为、乱作为、慢作为、假作为，损害和侵占群众利益问题得不到整治，以言代法、以权压法、徇私枉法问题突出，群众身边腐败和作风问题严重，造成恶劣影响的；

（十一）其他应当问责的失职失责情形。

第八条 对党组织的问责，根据危害程度以及具体情况，可以采取以下方式：

（一）检查。责令作出书面检查并切实整改。

（二）通报。责令整改，并在一定范围内通报。

（三）改组。对失职失责，严重违犯党的纪律、本身又不能纠正的，应当予以改组。

对党的领导干部的问责，根据危害程度以及具体情况，可以采取以下方式：

（一）通报。进行严肃批评，责令作出书面检查、切实整改，并在一定范围内通报。

（二）诫勉。以谈话或者书面方式进行诫勉。

（三）组织调整或者组织处理。对失职失责、危害较重，不适宜担任现职的，应当根据情况采取停职检查、调整职务、责令辞职、免职、降职等措施。

（四）纪律处分。对失职失责、危害严重，应当给予纪律处分的，依照《中国共产党纪律处分条例》追究纪律责任。

上述问责方式，可以单独使用，也可以依据规定合并使用。问责方式有影响期的，按照有关规定执行。

第九条 发现有本条例第七条所列问责情形，需要进行问责调查的，有管理权限的党委（党组）、纪委、党的工作机关应当经主要负责人审批，及时启动问责调查程序。其中，纪委、党的工作机关对同级党委直接领导的党组织及其主要负责人启动问责

调查，应当报同级党委主要负责人批准。

应当启动问责调查未及时启动的，上级党组织应当责令有管理权限的党组织启动。根据问题性质或者工作需要，上级党组织可以直接启动问责调查，也可以指定其他党组织启动。

对被立案审查的党组织、党的领导干部问责的，不再另行启动问责调查程序。

第十条 启动问责调查后，应当组成调查组，依规依纪依法开展调查，查明党组织、党的领导干部失职失责问题，综合考虑主客观因素，正确区分贯彻执行党中央或者上级决策部署过程中出现的执行不当、执行不力、不执行等不同情况，精准提出处理意见，做到事实清楚、证据确凿、依据充分、责任分明、程序合规、处理恰当，防止问责不力或者问责泛化、简单化。

第十一条 查明调查对象失职失责问题后，调查组应当撰写事实材料，与调查对象见面，听取其陈述和申辩，并记录在案；对合理意见，应当予以采纳。调查对象应当在事实材料上签署意见，对签署不同意见或者拒不签署意见的，调查组应当作出说明或者注明情况。

调查工作结束后，调查组应当集体讨论，形成调查报告，列明调查对象基本情况、调查依据、调查过程，问责事实，调查对象的态度、认识及其申辩，处理意见以及依据，由调查组组长以及有关人员签名后，履行审批手续。

第十二条 问责决定应当由有管理权限的党组织作出。

对同级党委直接领导的党组织，纪委和党的工作机关报经同级党委或者其主要负责人批准，可以采取检查、通报方式进行问责。采取改组方式问责的，按照党章和有关党内法规规定的权限、程序执行。

对同级党委管理的领导干部，纪委和党的工作机关报经同级党委或者其主要负责人批准，可以采取通报、诫勉方式进行问

学习小记

责；提出组织调整或者组织处理的建议。采取纪律处分方式问责的，按照党章和有关党内法规规定的权限、程序执行。

第十三条 问责决定作出后，应当及时向被问责党组织、被问责领导干部及其所在党组织宣布并督促执行。有关问责情况应当向纪委和组织部门通报，纪委应当将问责决定材料归入被问责领导干部廉政档案，组织部门应当将问责决定材料归入被问责领导干部的人事档案，并报上一级组织部门备案；涉及组织调整或者组织处理的，相应手续应当在1个月内办理完毕。

被问责领导干部应当向作出问责决定的党组织写出书面检讨，并在民主生活会、组织生活会或者党的其他会议上作出深刻检查。建立健全问责典型问题通报曝光制度，采取组织调整或者组织处理、纪律处分方式问责的，应当以适当方式公开。

第十四条 被问责党组织、被问责领导干部及其所在党组织应当深刻汲取教训，明确整改措施。作出问责决定的党组织应当加强督促检查，推动以案促改。

第十五条 需要对问责对象作出政务处分或者其他处理的，作出问责决定的党组织应当通报相关单位，相关单位应当及时处理并将结果通报或者报告作出问责决定的党组织。

第十六条 实行终身问责，对失职失责性质恶劣、后果严重的，不论其责任人是否调离转岗、提拔或者退休等，都应当严肃问责。

第十七条 有下列情形之一的，可以不予问责或者免予问责：

（一）在推进改革中因缺乏经验、先行先试出现的失误，尚无明确限制的探索性试验中的失误，为推动发展的无意过失；

（二）在集体决策中对错误决策提出明确反对意见或者保留意见的；

（三）在决策实施中已经履职尽责，但因不可抗力、难以预

见等因素造成损失的。

对上级错误决定提出改正或者撤销意见未被采纳，而出现本条例第七条所列问责情形的，依照前款规定处理。上级错误决定明显违法违规的，应当承担相应的责任。

第十八条 有下列情形之一，可以从轻或者减轻问责：

（一）及时采取补救措施，有效挽回损失或者消除不良影响的；

（二）积极配合问责调查工作，主动承担责任的；

（三）党内法规规定的其他从轻、减轻情形。

第十九条 有下列情形之一，应当从重或者加重问责：

（一）对党中央、上级党组织三令五申的指示要求，不执行或者执行不力的；

（二）在接受问责调查和处理中，不如实报告情况，敷衍塞责、推卸责任，或者唆使、默许有关部门和人员弄虚作假，阻扰问责工作的；

（三）党内法规规定的其他从重、加重情形。

第二十条 问责对象对问责决定不服的，可以自收到问责决定之日起 1 个月内，向作出问责决定的党组织提出书面申诉。作出问责决定的党组织接到书面申诉后，应当在 1 个月内作出申诉处理决定，并以书面形式告知提出申诉的党组织、领导干部及其所在党组织。

申诉期间，不停止问责决定的执行。

第二十一条 问责决定作出后，发现问责事实认定不清楚、证据不确凿、依据不充分、责任不清晰、程序不合规、处理不恰当，或者存在其他不应当问责、不精准问责情况的，应当及时予以纠正。必要时，上级党组织可以直接纠正或者责令作出问责决定的党组织予以纠正。

党组织、党的领导干部滥用问责，或者在问责工作中严重不

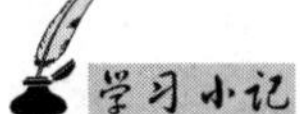

负责任，造成不良影响的，应当严肃追究责任。

第二十二条 正确对待被问责干部，对影响期满、表现好的干部，符合条件的，按照干部选拔任用有关规定正常使用。

第二十三条 本条例所涉及的审批权限均指最低审批权限，工作中根据需要可以按照更高层级的审批权限报批。

第二十四条 纪委派驻（派出）机构除执行本条例外，还应当执行党中央以及中央纪委相关规定。

第二十五条 中央军事委员会可以根据本条例制定相关规定。

第二十六条 本条例由中央纪律检查委员会负责解释。

第二十七条 本条例自2019年9月1日起施行。2016年7月8日中共中央印发的《中国共产党问责条例》同时废止。此前发布的有关问责的规定，凡与本条例不一致的，按照本条例执行。

中国共产党纪律检查机关监督执纪工作规则

（2018 年 11 月 26 日中共中央政治局会议审议批准　2018 年 12 月 28 日中共中央办公厅发布）

第一章　总　　则

第一条　为了加强党对纪律检查和国家监察工作的统一领导，加强党的纪律建设，推进全面从严治党，规范纪检监察机关监督执纪工作，根据《中国共产党章程》和有关法律，结合纪检监察体制改革和监督执纪工作实践，制定本规则。

第二条　坚持以马克思列宁主义、毛泽东思想、邓小平理论、“三个代表”重要思想、科学发展观、习近平新时代中国特色社会主义思想为指导，全面贯彻纪律检查委员会和监察委员会合署办公要求，依规依纪依法严格监督执纪，坚持打铁必须自身硬，把权力关进制度笼子，建设忠诚干净担当的纪检监察干部队伍。

第三条　监督执纪工作应当遵循以下原则：

（一）坚持和加强党的全面领导，牢固树立政治意识、大局意识、核心意识、看齐意识，坚定中国特色社会主义道路自信、理论自信、制度自信、文化自信，坚决维护习近平总书记党中央的核心、全党的核心地位，坚决维护党中央权威和集中统一领导，严守政治纪律和政治规矩，体现监督执纪工作的政治性，构建党统一指挥、全面覆盖、权威高效的监督体系；

（二）坚持纪律检查工作双重领导体制，监督执纪工作以上

学习小记

级纪委领导为主，线索处置、立案审查等在向同级党委报告的同时应当向上级纪委报告；

（三）坚持实事求是，以事实为依据，以党章党规党纪和国家法律法规为准绳，强化监督、严格执纪，把握政策、宽严相济，对主动投案、主动交代问题的宽大处理，对拒不交代、欺瞒组织的从严处理；

（四）坚持信任不能代替监督，执纪者必先守纪，以更高的标准、更严的要求约束自己，严格工作程序，有效管控风险，强化对监督执纪各环节的监督制约，确保监督执纪工作经得起历史和人民的检验。

第四条 坚持惩前毖后、治病救人，把纪律挺在前面，精准有效运用监督执纪“四种形态”，把思想政治工作贯穿监督执纪全过程，严管和厚爱结合，激励和约束并重，注重教育转化，促使党员自觉防止和纠正违纪行为，惩治极少数，教育大多数，实现政治效果、纪法效果和社会效果相统一。

第二章 领导体制

第五条 中央纪律检查委员会在党中央领导下进行工作。地方各级纪律检查委员会和基层纪律检查委员会在同级党的委员会和上级纪律检查委员会双重领导下进行工作。

党委应当定期听取、审议同级纪律检查委员会和监察委员会的工作报告，加强对纪委监委工作的领导、管理和监督。

第六条 党的纪律检查机关和国家监察机关是党和国家自我监督的专责机关，中央纪委和地方各级纪委贯彻党中央关于国家监察工作的决策部署，审议决定监委依法履职中的重要事项，把执纪和执法贯通起来，实现党内监督和国家监察的有机统一。

第七条 监督执纪工作实行分级负责制：

（一）中央纪委国家监委负责监督检查和审查调查中央委员、候补中央委员，中央纪委委员，中央管理的领导干部，党中央工作部门、党中央批准设立的党组（党委），各省、自治区、直辖市党委、纪委等党组织的涉嫌违纪或者职务违法、职务犯罪问题。

（二）地方各级纪委监委负责监督检查和审查调查同级党委委员、候补委员，同级纪委委员，同级党委管理的党员、干部以及监察对象，同级党委工作部门、党委批准设立的党组（党委），下一级党委、纪委等党组织的涉嫌违纪或者职务违法、职务犯罪问题。

（三）基层纪委负责监督检查和审查同级党委管理的党员，同级党委下属的各级党组织的涉嫌违纪问题；未设立纪律检查委员会的党的基层委员会，由该委员会负责监督执纪工作。

地方各级纪委监委依照规定加强对同级党委履行职责、行使权力情况的监督。

第八条 对党的组织关系在地方、干部管理权限在主管部门的党员、干部以及监察对象涉嫌违纪违法问题，应当按照谁主管谁负责的原则进行监督执纪，由设在主管部门、有管辖权的纪检监察机关进行审查调查，主管部门认为有必要的，可以与地方纪检监察机关联合审查调查。地方纪检监察机关接到问题线索反映的，经与主管部门协调，可以对其进行审查调查，也可以与主管部门组成联合审查调查组，审查调查情况及时向对方通报。

第九条 上级纪检监察机关有权指定下级纪检监察机关对其他下级纪检监察机关管辖的党组织和党员、干部以及监察对象涉嫌违纪或者职务违法、职务犯罪问题进行审查调查，必要时也可以直接进行审查调查。上级纪检监察机关可以将其直接管辖的事项指定下级纪检监察机关进行审查调查。

纪检监察机关之间对管辖事项有争议的，由其共同的上级纪

学习小记

检监察机关确定；认为所管辖的事项重大、复杂，需要由上级纪检监察机关管辖的，可以报请上级纪检监察机关管辖。

第十条 纪检监察机关应当严格执行请示报告制度。中央纪委定期向党中央报告工作，研究涉及全局的重大事项、遇有重要问题以及作出立案审查调查决定、给予党纪政务处分等事项应当及时向党中央请示报告，既要报告结果也要报告过程。执行党中央重要决定的情况应当专题报告。

地方各级纪检监察机关对作出立案审查调查决定、给予党纪政务处分等重要事项，应当向同级党委请示汇报并向上级纪委监委报告，形成明确意见后再正式行文请示。遇有重要事项应当及时报告。

纪检监察机关应当坚持民主集中制，对于线索处置、谈话函询、初步核实、立案审查调查、案件审理、处置执行中的重要问题，经集体研究后，报纪检监察机关相关负责人、主要负责人审批。

第十一条 纪检监察机关应当建立监督检查、审查调查、案件监督管理、案件审理相互协调、相互制约的工作机制。市地级以上纪委监委实行监督检查和审查调查部门分设，监督检查部门主要负责联系地区和部门、单位的日常监督检查和对涉嫌一般违纪问题线索处置，审查调查部门主要负责对涉嫌严重违纪或者职务违法、职务犯罪问题线索进行初步核实和立案审查调查；案件监督管理部门负责对监督检查、审查调查工作全过程进行监督管理，案件审理部门负责对需要给予党纪政务处分的案件审核把关。

纪检监察机关在工作中需要协助的，有关组织和机关、单位、个人应当依规依纪依法予以协助。

第十二条 纪检监察机关案件监督管理部门负责对监督执纪工作全过程进行监督管理，做好线索管理、组织协调、监督检

查、督促办理、统计分析等工作。党风政风监督部门应当加强对党风政风建设的综合协调，做好督促检查、通报曝光和综合分析等工作。

第三章　监督检查

第十三条　党委（党组）在党内监督中履行主体责任，纪检监察机关履行监督责任，应当将纪律监督、监察监督、巡视监督、派驻监督结合起来，重点检查遵守、执行党章党规党纪和宪法法律法规，坚定理想信念，增强“四个意识”，坚定“四个自信”，维护习近平总书记核心地位，维护党中央权威和集中统一领导，贯彻执行党和国家的路线方针政策以及重大决策部署，坚持主动作为、真抓实干，落实全面从严治党责任、民主集中制原则、选人用人规定以及中央八项规定精神，巡视巡察整改，依法履职、秉公用权、廉洁从政从业以及恪守社会道德规范等情况，对发现的问题分类处置、督促整改。

第十四条　纪委监委（纪检监察组、纪检监察工委）报请或者会同党委（党组）定期召开专题会议，听取加强党内监督情况专题报告，综合分析所联系的地区、部门、单位政治生态状况，提出加强和改进的意见及工作措施，抓好组织实施和督促检查。

第十五条　纪检监察机关应当结合被监督对象的职责，加强对行使权力情况的日常监督，通过多种方式了解被监督对象的思想、工作、作风、生活情况，发现苗头性、倾向性问题或者轻微违纪问题，应当及时约谈提醒、批评教育、责令检查、诫勉谈话，提高监督的针对性和实效性。

第十六条　纪检监察机关应当畅通来信、来访、来电和网络等举报渠道，建设覆盖纪检监察系统的检举举报平台，及时受理

学习小记

检举控告，发挥党员和群众的监督作用。

第十七条 纪检监察机关应当建立健全党员领导干部廉政档案，主要内容包括：

（一）任免情况、人事档案情况、因不如实报告个人有关事项受到处理的情况等；

（二）巡视巡察、信访、案件监督管理以及其他方面移交的问题线索和处置情况；

（三）开展谈话函询、初步核实、审查调查以及其他工作形成的有关材料；

（四）党风廉政意见回复材料；

（五）其他反映廉政情况的材料。

廉政档案应当动态更新。

第十八条 纪检监察机关应当做好干部选拔任用党风廉政意见回复工作，对反映问题线索认真核查，综合用好巡视巡察等其他监督成果，严把政治关、品行关、作风关、廉洁关。

第十九条 纪检监察机关对监督中发现的突出问题，应当向有关党组织或者单位提出纪律检查建议或者监察建议，通过督促召开专题民主生活会、组织开展专项检查等方式，督查督办，推动整改。

第四章 线索处置

第二十条 纪检监察机关应当加强对问题线索的集中管理、分类处置、定期清理。信访举报部门归口受理同级党委管理的党组织和党员、干部以及监察对象涉嫌违纪或者职务违法、职务犯罪问题的信访举报，统一接收有关纪检监察机关、派驻或者派出机构以及其他单位移交的相关信访举报，移送本机关有关部门，深入分析信访形势，及时反映损害群众最关心、最直接、最现实的利益问题。

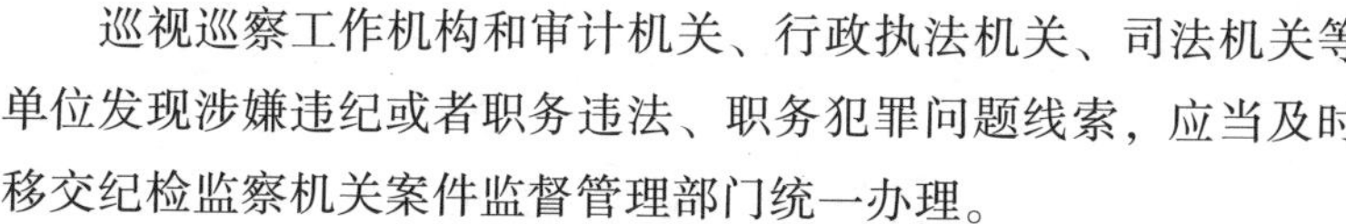

巡视巡察工作机构和审计机关、行政执法机关、司法机关等单位发现涉嫌违纪或者职务违法、职务犯罪问题线索，应当及时移交纪检监察机关案件监督管理部门统一办理。

监督检查部门、审查调查部门、干部监督部门发现的相关问题线索，属于本部门受理范围的，应当送案件监督管理部门备案；不属于本部门受理范围的，经审批后移送案件监督管理部门，由其按程序转交相关监督执纪部门办理。

第二十一条 纪检监察机关应当结合问题线索所涉及地区、部门、单位总体情况，综合分析，按照谈话函询、初步核实、暂存待查、予以了结4类方式进行处置。

线索处置不得拖延和积压，处置意见应当在收到问题线索之日起1个月内提出，并制定处置方案，履行审批手续。

第二十二条 纪检监察机关对反映同级党委委员、候补委员，纪委常委、监委委员，以及所辖地区、部门、单位主要负责人的问题线索和线索处置情况，应当及时向上级纪检监察机关报告。

第二十三条 案件监督管理部门对问题线索实行集中管理、动态更新、定期汇总核对，提出分办意见，报纪检监察机关主要负责人批准，按程序移送承办部门。承办部门应当指定专人负责管理问题线索，逐件编号登记、建立管理台账。线索管理处置各环节应当由经手人员签名，全程登记备查。

第二十四条 纪检监察机关应当根据工作需要，定期召开专题会议，听取问题线索综合情况汇报，进行分析研判，对重要检举事项和反映问题集中的领域深入研究，提出处置要求，做到件件有着落。

第二十五条 承办部门应当做好线索处置归档工作，归档材料齐全完整，载明领导批示和处置过程。案件监督管理部门定期

学习小记

汇总、核对问题线索及处置情况，向纪检监察机关主要负责人报告，并向相关部门通报。

第五章　谈话函询

第二十六条　各级党委（党组）和纪检监察机关应当推动加强和规范党内政治生活，经常拿起批评和自我批评的武器，及时开展谈话提醒、约谈函询，促使党员、干部以及监察对象增强党的观念和纪律意识。

第二十七条　纪检监察机关采取谈话函询方式处置问题线索，应当起草谈话函询报批请示，拟订谈话方案和相关工作预案，按程序报批。需要谈话函询下一级党委（党组）主要负责人的，应当报纪检监察机关主要负责人批准，必要时向同级党委主要负责人报告。

第二十八条　谈话应当由纪检监察机关相关负责人或者承办部门负责人进行，可以由被谈话人所在党委（党组）、纪委监委（纪检监察组、纪检监察工委）有关负责人陪同；经批准也可以委托被谈话人所在党委（党组）主要负责人进行。

谈话应当在具备安全保障条件的场所进行。由纪检监察机关谈话的，应当制作谈话笔录，谈话后可以视情况由被谈话人写出书面说明。

第二十九条　纪检监察机关进行函询应当以办公厅（室）名义发函给被反映人，并抄送其所在党委（党组）和派驻纪检监察组主要负责人。被函询人应当在收到函件后15个工作日内写出说明材料，由其所在党委（党组）主要负责人签署意见后发函回复。

被函询人为党委（党组）主要负责人的，或者被函询人所作说明涉及党委（党组）主要负责人的，应当直接发函回复纪检监察机关。

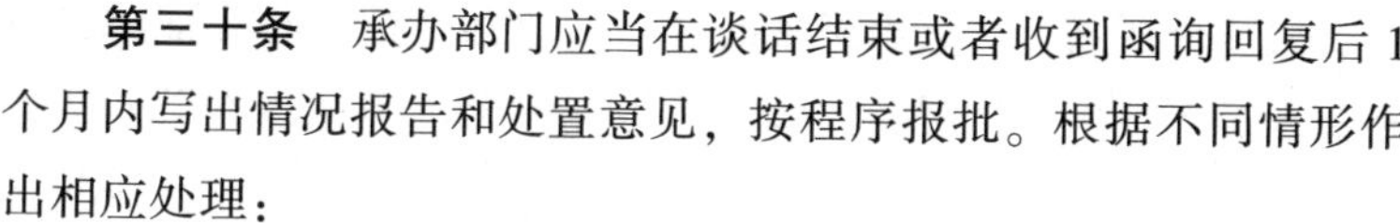

第三十条 承办部门应当在谈话结束或者收到函询回复后1个月内写出情况报告和处置意见，按程序报批。根据不同情形作出相应处理：

（一）反映不实，或者没有证据证明存在问题的，予以采信了结，并向被函询人发函反馈。

（二）问题轻微，不需要追究纪律责任的，采取谈话提醒、批评教育、责令检查、诫勉谈话等方式处理。

（三）反映问题比较具体，但被反映人予以否认且否认理由不充分具体的，或者说明存在明显问题的，一般应当再次谈话或者函询；发现被反映人涉嫌违纪或者职务违法、职务犯罪问题需要追究纪律和法律责任的，应当提出初步核实的建议。

（四）对诬告陷害者，依规依纪依法予以查处。

必要时可以对被反映人谈话函询的说明情况进行抽查核实。

谈话函询材料应当存入廉政档案。

第三十一条 被谈话函询的党员干部应当在民主生活会、组织生活会上就本年度或者上年度谈话函询问题进行说明，讲清组织予以采信了结的情况；存在违纪问题的，应当进行自我批评，作出检讨。

第六章 初步核实

第三十二条 党委（党组）、纪委监委（纪检监察组）应当对具有可查性的涉嫌违纪或者职务违法、职务犯罪问题线索，扎实开展初步核实工作，收集客观性证据，确保真实性和准确性。

第三十三条 纪检监察机关采取初步核实方式处置问题线索，应当制定工作方案，成立核查组，履行审批程序。被核查人为下一级党委（党组）主要负责人的，纪检监察机关应当报同级

党委主要负责人批准。

第三十四条 核查组经批准可以采取必要措施收集证据，与相关人员谈话了解情况，要求相关组织作出说明，调取个人有关事项报告，查阅复制文件、账目、档案等资料，查核资产情况和有关信息，进行鉴定勘验。对被核查人及相关人员主动上交的财物，核查组应当予以暂扣。

需要采取技术调查或者限制出境等措施的，纪检监察机关应当严格履行审批手续，交有关机关执行。

第三十五条 初步核实工作结束后，核查组应当撰写初步核实情况报告，列明被核查人基本情况、反映的主要问题、办理依据以及初步核实结果、存在疑点、处理建议，由核查组全体人员签名备查。

承办部门应当综合分析初步核实情况，按照拟立案审查调查、予以了结、谈话提醒、暂存待查，或者移送有关党组织处理等方式提出处置建议。

初步核实情况报告应当报纪检监察机关主要负责人审批，必要时向同级党委主要负责人报告。

第七章 审查调查

第三十六条 党委（党组）应当按照管理权限，加强对党员、干部以及监察对象涉嫌严重违纪或者职务违法、职务犯罪问题审查调查处置工作，定期听取重大案件情况报告，加强反腐败协调机构的机制建设，坚定不移、精准有序惩治腐败。

第三十七条 纪检监察机关经过初步核实，对党员、干部以及监察对象涉嫌违纪或者职务违法、职务犯罪，需要追究纪律或者法律责任的，应当立案审查调查。

凡报请批准立案的，应当已经掌握部分违纪或者职务违法、职务犯罪事实和证据，具备进行审查调查的条件。

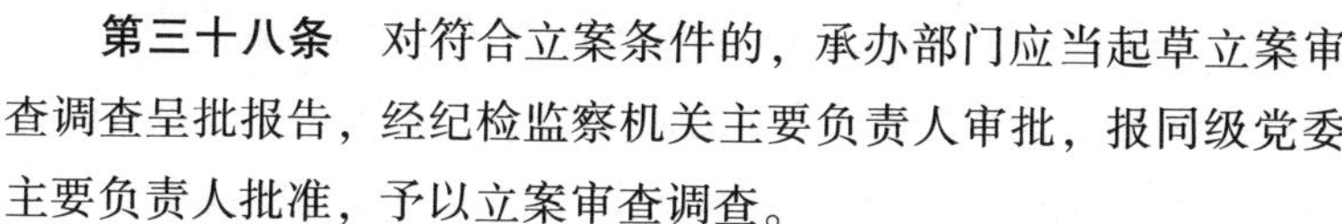

第三十八条 对符合立案条件的，承办部门应当起草立案审查调查呈批报告，经纪检监察机关主要负责人审批，报同级党委主要负责人批准，予以立案审查调查。

立案审查调查决定应当向被审查调查人宣布，并向被审查调查人所在党委（党组）主要负责人通报。

第三十九条 对涉嫌严重违纪或者职务违法、职务犯罪人员立案审查调查，纪检监察机关主要负责人应当主持召开由纪检监察机关相关负责人参加的专题会议，研究批准审查调查方案。

纪检监察机关相关负责人批准成立审查调查组，确定审查调查谈话方案、外查方案，审批重要信息查询、涉案财物查扣等事项。

监督检查、审查调查部门主要负责人组织研究提出审查调查谈话方案、外查方案和处置意见建议，审批一般信息查询，对调查取证审核把关。

审查调查组组长应当严格执行审查调查方案，不得擅自更改；以书面形式报告审查调查进展情况，遇有重要事项及时请示。

第四十条 审查调查组可以依照党章党规和监察法，经审批进行谈话、讯问、询问、留置、查询、冻结、搜查、调取、查封、扣押（暂扣、封存）、勘验检查、鉴定，提请有关机关采取技术调查、通缉、限制出境等措施。

承办部门应当建立台账，记录使用措施情况，向案件监督管理部门定期备案。

案件监督管理部门应当核对检查，定期汇总重要措施使用情况并报告纪委监委领导和上一级纪检监察机关，发现违规违纪违法使用措施的，区分不同情况进行处理，防止擅自扩大范围、延长时限。

学习小记

第四十一条 需要对被审查调查人采取留置措施的，应当依据监察法进行，在24小时内通知其所在单位和家属，并及时向社会公开发布。因可能毁灭、伪造证据，干扰证人作证或者串供等有碍调查情形而不宜通知或者公开的，应当按程序报批并记录在案。有碍调查的情形消失后，应当立即通知被留置人员所在单位和家属。

第四十二条 审查调查工作应当依照规定由两人以上进行，按照规定出示证件，出具书面通知。

第四十三条 立案审查调查方案批准后，应当由纪检监察机关相关负责人或者部门负责人与被审查调查人谈话，宣布立案决定，讲明党的政策和纪律，要求被审查调查人端正态度、配合审查调查。

审查调查应当充分听取被审查调查人陈述，保障其饮食、休息，提供医疗服务，确保安全。严格禁止使用违反党章党规党纪和国家法律的手段，严禁逼供、诱供、侮辱、打骂、虐待、体罚或者变相体罚。

第四十四条 审查调查期间，对被审查调查人以同志相称，安排学习党章党规党纪以及相关法律法规，开展理想信念宗旨教育，通过深入细致的思想政治工作，促使其深刻反省、认识错误、交代问题，写出忏悔反思材料。

第四十五条 外查工作必须严格按照外查方案执行，不得随意扩大审查调查范围、变更审查调查对象和事项，重要事项应当及时请示报告。

外查工作期间，未经批准，监督执纪人员不得单独接触任何涉案人员及其特定关系人，不得擅自采取审查调查措施，不得从事与外查事项无关的活动。

第四十六条 纪检监察机关应当严格依规依纪依法收集、鉴别证据，做到全面、客观，形成相互印证、完整稳定的证据链。

调查取证应当收集原物原件，逐件清点编号，现场登记，由在场人员签字盖章，原物不便搬运、保存或者取得原件确有困难的，可以将原物封存并拍照录像或者调取原件副本、复印件；谈话应当现场制作谈话笔录并由被谈话人阅看后签字。已调取证据必须及时交审查调查组统一保管。

严禁以威胁、引诱、欺骗以及其他违规违纪违法方式收集证据；严禁隐匿、损毁、篡改、伪造证据。

第四十七条 查封、扣押（暂扣、封存）、冻结、移交涉案财物，应当严格履行审批手续。

执行查封、扣押（暂扣、封存）措施，监督执纪人员应当会同原财物持有人或者保管人、见证人，当面逐一拍照、登记、编号，现场填写登记表，由在场人员签名。对价值不明物品应当及时鉴定，专门封存保管。

纪检监察机关应当设立专用账户、专门场所，指定专门人员保管涉案财物，严格履行交接、调取手续，定期对账核实。严禁私自占有、处置涉案财物及其孳息。

第四十八条 对涉嫌严重违纪或者职务违法、职务犯罪问题的审查调查谈话、搜查、查封、扣押（暂扣、封存）涉案财物等重要取证工作应当全过程进行录音录像，并妥善保管，及时归档，案件监督管理部门定期核查。

第四十九条 对涉嫌严重违纪或者职务违法、职务犯罪问题的审查调查，监督执纪人员未经批准并办理相关手续，不得将被审查调查人或者其他重要的谈话、询问对象带离规定的谈话场所，不得在未配置监控设备的场所进行审查调查谈话或者其他重要的谈话、询问，不得在谈话期间关闭录音录像设备。

第五十条 监督检查、审查调查部门主要负责人、分管领导应当定期检查审查调查期间的录音录像、谈话笔录、涉案财物登记资料，发现问题及时纠正并报告。

学习小记

纪检监察机关相关负责人应当通过调取录音录像等方式，加强对审查调查全过程的监督。

第五十一条 查明涉嫌违纪或者职务违法、职务犯罪问题后，审查调查组应当撰写事实材料，与被审查调查人见面，听取意见。被审查调查人应当在事实材料上签署意见，对签署不同意见或者拒不签署意见的，审查调查组应当作出说明或者注明情况。

审查调查工作结束，审查调查组应当集体讨论，形成审查调查报告，列明被审查调查人基本情况、问题线索来源及审查调查依据、审查调查过程，主要违纪或者职务违法、职务犯罪事实，被审查调查人的态度和认识，处理建议及党纪法律依据，并由审查调查组组长以及有关人员签名。

对审查调查过程中发现的重要问题和意见建议，应当形成专题报告。

第五十二条 审查调查报告以及忏悔反思材料，违纪或者职务违法、职务犯罪事实材料，涉案财物报告等，应当按程序报纪检监察机关主要负责人批准，连同全部证据和程序材料，依照规定移送审理。

审查调查全过程形成的材料应当案结卷成、事毕归档。

第八章 审　　理

第五十三条 纪检监察机关应当对涉嫌违纪或者违法、犯罪案件严格依规依纪依法审核把关，提出纪律处理或者处分的意见，做到事实清楚、证据确凿、定性准确、处理恰当、手续完备、程序合规。

纪律处理或者处分必须坚持民主集中制原则，集体讨论决定，不允许任何个人或者少数人决定和批准。

第五十四条 坚持审查调查与审理相分离的原则，审查调查人员不得参与审理。纪检监察机关案件审理部门对涉嫌违纪或者职务违法、职务犯罪问题，依照规定应当给予纪律处理或者处分的案件和复议复查案件进行审核处理。

第五十五条 审理工作按照以下程序进行：

（一）案件审理部门收到审查调查报告后，经审核符合移送条件的予以受理，不符合移送条件的可以暂缓受理或者不予受理。

（二）对于重大、复杂、疑难案件，监督检查、审查调查部门已查清主要违纪或者职务违法、职务犯罪事实并提出倾向性意见的；对涉嫌违纪或者职务违法、职务犯罪行为性质认定分歧较大的，经批准案件审理部门可以提前介入。

（三）案件审理部门受理案件后，应当成立由两人以上组成的审理组，全面审理案卷材料，提出审理意见。

（四）坚持集体审议原则，在民主讨论基础上形成处理意见；对争议较大的应当及时报告，形成一致意见后再作出决定。案件审理部门根据案件审理情况，应当与被审查调查人谈话，核对违纪或者职务违法、职务犯罪事实，听取辩解意见，了解有关情况。

（五）对主要事实不清、证据不足的，经纪检监察机关主要负责人批准，退回监督检查、审查调查部门重新审查调查；需要补充完善证据的，经纪检监察机关相关负责人批准，退回监督检查、审查调查部门补充审查调查。

（六）审理工作结束后应当形成审理报告，内容包括被审查调查人基本情况、审查调查简况、违纪违法或者职务犯罪事实、涉案财物处置、监督检查或者审查调查部门意见、审理意见等。审理报告应当体现党内审查特色，依据《中国共产党纪律处分条例》认定违纪事实性质，分析被审查调查人违反党章、背离党的

学习小记

性质宗旨的错误本质，反映其态度、认识以及思想转变过程。涉嫌职务犯罪需要追究刑事责任的，还应当形成《起诉意见书》，作为审理报告附件。

对给予同级党委委员、候补委员，同级纪委委员、监委委员处分的，在同级党委审议前，应当与上级纪委监委沟通并形成处理意见。

审理工作应当在受理之日起1个月内完成，重大复杂案件经批准可以适当延长。

第五十六条 审理报告报经纪检监察机关主要负责人批准后，提请纪委常委会会议审议。需报同级党委审批的，应当在报批前以纪检监察机关办公厅（室）名义征求同级党委组织部门和被审查调查人所在党委（党组）意见。

处分决定作出后，纪检监察机关应当通知受处分党员所在党委（党组），抄送同级党委组织部门，并依照规定在1个月内向其所在党的基层组织中的全体党员以及本人宣布。处分决定执行情况应当及时报告。

第五十七条 被审查调查人涉嫌职务犯罪的，应当由案件监督管理部门协调办理移送司法机关事宜。对于采取留置措施的案件，在人民检察院对犯罪嫌疑人先行拘留后，留置措施自动解除。

案件移送司法机关后，审查调查部门应当跟踪了解处理情况，发现问题及时报告，不得违规过问、干预处理工作。

审理工作完成后，对涉及的其他问题线索，经批准应当及时移送有关纪检监察机关处置。

第五十八条 对被审查调查人违规违纪违法所得财物，应当依规依纪依法予以收缴、责令退赔或者登记上交。

对涉嫌职务犯罪所得财物，应当随案移送司法机关。

对经认定不属于违规违纪违法所得的，应当在案件审结后依规依纪依法予以返还，并办理签收手续。

（编者注：在审理党员干部违纪案件中，对于涉案款物，一般区分不同情况提出以下处理意见和建议：一是涉嫌犯罪问题及线索所涉款物，随案移送司法机关依法处理；二是属于违纪所得的，由纪检监察机关予以收缴；三是对本人交代的违规收受的礼品礼金，由其作出书面说明，登记上交；四是对本人及其他人员的合法财产，待法院作出生效判决后适时予以退还。其中，对于涉嫌犯罪问题及线索所涉款物移送司法机关处理后，检察机关未指控相关犯罪或者审判机关未认定为违法所得的涉案款物，应依据有关规定，退回纪检监察机关，由纪检监察机关区分不同情形提出处置意见，如审判机关判处财产刑，应配合审判机关依法执行财产刑，剩余部分及时返还）

第五十九条　对不服处分决定的申诉，由批准或者决定处分的党委（党组）或者纪检监察机关受理；需要复议复查的，由纪检监察机关相关负责人批准后受理。

申诉办理部门成立复查组，调阅原案案卷，必要时可以进行取证，经集体研究后，提出办理意见，报纪检监察机关相关负责人批准或者纪委常委会会议研究决定，作出复议复查决定。决定应当告知申诉人，抄送相关单位，并在一定范围内宣布。

坚持复议复查与审查审理分离，原案审查、审理人员不得参与复议复查。

复议复查工作应当在3个月内办结。

第九章　监 督 管 理

第六十条　纪检监察机关应当严格依照党内法规和国家法律，在行使权力上慎之又慎，在自我约束上严之又严，强化自我监督，健全内控机制，自觉接受党内监督、社会监督、群众监督，确保权力受到严格约束，坚决防止“灯下黑”。

纪检监察机关应当加强对监督执纪工作的领导，切实履行自身建设主体责任，严格教育、管理、监督，使纪检监察干部成为严守纪律、改进作风、拒腐防变的表率。

第六十一条 纪检监察机关应当严格干部准入制度，严把政治安全关，纪检监察干部必须忠诚坚定、担当尽责、遵纪守法、清正廉洁，具备履行职责的基本条件。

第六十二条 纪检监察机关应当加强党的政治建设、思想建设、组织建设，突出政治功能，强化政治引领。审查调查组有正式党员3人以上的，应当设立临时党支部，加强对审查调查组成员的教育、管理、监督，开展政策理论学习，做好思想政治工作，及时发现问题、进行批评纠正，发挥战斗堡垒作用。

第六十三条 纪检监察机关应当加强干部队伍作风建设，树立依规依法、纪律严明、作风深入、工作扎实、谦虚谨慎、秉公执纪的良好形象，力戒形式主义、官僚主义，力戒特权思想，力戒口大气粗、颐指气使，不断提高思想政治水平和把握政策能力，建设让党放心、人民信赖的纪检监察干部队伍。

第六十四条 对纪检监察干部打听案情、过问案件、说情干预的，受请托人应当向审查调查组组长和监督检查、审查调查部门主要负责人报告并登记备案。

发现审查调查组成员未经批准接触被审查调查人、涉案人员及其特定关系人，或者存在交往情形的，应当及时向审查调查组组长和监督检查、审查调查部门主要负责人直至纪检监察机关主要负责人报告并登记备案。

第六十五条 严格执行回避制度。审查调查审理人员是被审查调查人或者检举人近亲属、本案证人、利害关系人，或者存在其他可能影响公正审查调查审理情形的，不得参与相关审查调查审理工作，应当主动申请回避，被审查调查人、检举人以及其他

有关人员也有权要求其回避。选用借调人员、看护人员、审查场所，应当严格执行回避制度。

第六十六条 审查调查组需要借调人员的，一般应当从审查调查人才库选用，由纪检监察机关组织部门办理手续，实行一案一借，不得连续多次借调。加强对借调人员的管理监督，借调结束后由审查调查组写出鉴定。借调单位和党员干部不得干预借调人员岗位调整、职务晋升等事项。

第六十七条 监督执纪人员应当严格执行保密制度，控制审查调查工作事项知悉范围和时间，不准私自留存、隐匿、查阅、摘抄、复制、携带问题线索和涉案资料，严禁泄露审查调查工作情况。

审查调查组成员工作期间，应当使用专用手机、电脑、电子设备和存储介质，实行编号管理，审查调查工作结束后收回检查。

汇报案情、传递审查调查材料应当使用加密设施，携带案卷材料应当专人专车、卷不离身。

第六十八条 纪检监察机关相关涉密人员离岗离职后，应当遵守脱密期管理规定，严格履行保密义务，不得泄露相关秘密。

监督执纪人员辞职、退休 3 年内，不得从事与纪检监察和司法工作相关联、可能发生利益冲突的职业。

第六十九条 纪检监察机关开展谈话应当做到全程可控。谈话前做好风险评估、医疗保障、安全防范工作以及应对突发事件的预案；谈话中及时研判谈话内容以及案情变化，发现严重职务违法、职务犯罪，依照监察法需要采取留置措施的，应当及时采取留置措施；谈话结束前做好被谈话人思想工作，谈话后按程序与相关单位或者人员交接，并做好跟踪回访等工作。

第七十条 建立健全安全责任制，监督检查、审查调查部门主要负责人和审查调查组组长是审查调查安全第一责任人，审查

学习小记

调查组应当指定专人担任安全员。被审查调查人发生安全事故的，应当在24小时内逐级上报至中央纪委，及时做好舆论引导。

发生严重安全事故的，或者存在严重违规违纪违法行为的，省级纪检监察机关主要负责人应当向中央纪委作出检讨，并予以通报、严肃问责追责。

案件监督管理部门应当组织开展经常性检查和不定期抽查，发现问题及时报告并督促整改。

第七十一条 对纪检监察干部越权接触相关地区、部门、单位党委（党组）负责人，私存线索、跑风漏气、违反安全保密规定，接受请托、干预审查调查、以案谋私、办人情案，侮辱、打骂、虐待、体罚或者变相体罚被审查调查人，以违规违纪违法方式收集证据，截留挪用、侵占私分涉案财物，接受宴请和财物等行为，依规依纪严肃处理；涉嫌职务违法、职务犯罪的，依法追究法律责任。

第七十二条 纪检监察机关在维护监督执纪工作纪律方面失职失责的，予以严肃问责。

第七十三条 对案件处置出现重大失误，纪检监察干部涉嫌严重违纪或者职务违法、职务犯罪的，开展“一案双查”，既追究直接责任，还应当严肃追究有关领导人员责任。

建立办案质量责任制，对滥用职权、失职失责造成严重后果的，实行终身问责。

第十章 附　则

第七十四条 各省（自治区、直辖市）党委、中央和国家机关工委可以根据本规则，结合工作实际，制定实施细则。

中央军事委员会可以根据本规则，制定相关规定。

第七十五条 纪委监委派驻纪检监察组、纪检监察工委除执

行本规则外，还应当执行党中央以及中央纪委相关规定。

国有企事业单位纪检监察机构结合实际执行本规则。

第七十六条 本规则由中央纪律检查委员会负责解释。

第七十七条 本规则自2019年1月1日起施行。2017年1月15日中央纪委印发的《中国共产党纪律检查机关监督执纪工作规则（试行）》同时废止。此前发布的其他有关纪检监察机关监督执纪工作的规定，凡与本规则不一致的，按照本规则执行。

党组讨论和决定党员处分事项工作程序规定（试行）

（2018年12月16日）

第一条 为了贯彻落实党的十九大精神，规范党组讨论和决定党员处分事项，根据《中国共产党章程》等有关规定，结合工作实际，制定本规定。

第二条 党组（包含党组性质党委，下同）应当认真履行全面从严治党主体责任，纪委监委派驻纪检监察组应当认真履行监督责任。坚持党要管党、全面从严治党，坚持党纪面前一律平等，坚持实事求是，坚持惩前毖后、治病救人，强化监督执纪问责，确保案件处理取得良好政治效果、纪法效果和社会效果，确保案件质量经得起历史和人民的检验。

第三条 党组对其管理的党员干部实施党纪处分，应当按照规定程序经党组集体讨论决定，不允许任何个人或者少数人擅自决定和批准。党纪处分决定以党组名义作出并自党组讨论决定之日起生效。

第四条 中央纪委国家监委派驻纪检监察组（以下简称派驻纪检监察组）按照干部管理权限，对驻在部门（含综合监督单位，下同）党组管理的司局级党员干部涉嫌违纪问题进行立案审查和内部审理，经派驻纪检监察组集体研究，提出党纪处分初步建议，与驻在部门党组沟通并取得一致意见后，将案件移送中央和国家机关纪检监察工委（以下简称纪检监察工委）进行审理。

纪检监察工委对移送的案件应当认真履行审核把关和监督制约职能，形成审理报告并反馈派驻纪检监察组，做到事实清楚、证据确凿、定性准确、处理恰当、手续完备、程序合规。

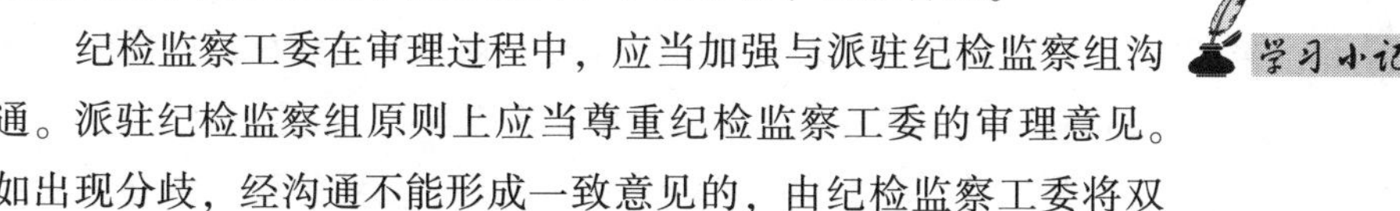

纪检监察工委在审理过程中，应当加强与派驻纪检监察组沟通。派驻纪检监察组原则上应当尊重纪检监察工委的审理意见。如出现分歧，经沟通不能形成一致意见的，由纪检监察工委将双方意见报中央纪委研究决定。

派驻纪检监察组应当加强与有关方面沟通，特别是对驻在部门党组管理的正司局级党员领导干部违纪案件，在驻在部门党组会议召开前，应当与驻在部门党组和中央纪委充分交换意见。

第五条　经纪检监察工委审理后，派驻纪检监察组将党纪处分建议通报驻在部门党组，由党组讨论决定，党纪处分建议与党组的意见不同又不能协商一致的，由中央纪委研究决定。党纪处分决定应当正式通报派驻纪检监察组。

第六条　给予驻在部门的处级及以下党员干部党纪处分，由部门机关党委、机关纪委进行审查和审理，并依据《中国共产党章程》第四十二条规定履行相应程序后，由党组讨论决定。在作出党纪处分决定前，应当征求派驻纪检监察组意见。

根据工作需要，派驻纪检监察组可以直接审查驻在部门的处级及以下党员干部违反党纪的案件。派驻纪检监察组进行审查和审理后，提出党纪处分建议，移交驻在部门机关党委、机关纪委按照规定履行相应程序后，由党组讨论决定。必要时，派驻纪检监察组可以将党纪处分建议直接通报驻在部门党组，由党组讨论决定。

第七条　给予驻在部门党组管理的司局级党员干部党纪处分、给予处级党员干部撤销党内职务及以上党纪处分的，由驻在部门机关纪委在党纪处分决定生效之日起 30 日内，将党纪处分决定及相关材料报纪检监察工委备案。纪检监察工委对备案材料应当认真审核，发现问题及时反馈并督促解决。

纪检监察工委应当每季度向中央纪委、中央和国家机关工委

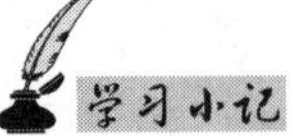

报送备案监督情况专项报告，必要时可以随时报告。

给予向中央备案的党员干部党纪处分的，驻在部门党组应当按照规定将党纪处分决定通报中央组织部。

第八条 对于党的组织关系在地方、干部管理权限在主管部门党组的党员干部违纪案件，凡由派驻纪检监察组查处的，由主管部门党组讨论决定，并向地方党组织通报处理结果。

对于地方纪委首先发现并立案审查，接受上级纪委指定或者与派驻纪检监察组协商后由地方纪委立案审查的上述案件，应当由地方纪委按照程序作出党纪处分决定，并向主管部门党组通报处理结果。在作出立案审查决定及审查处理过程中，地方纪委应当与主管部门党组和派驻纪检监察组加强沟通协调；经沟通不能形成一致意见的，报共同的上级党委或者纪委研究决定。

第九条 纪检监察工委在中央纪委领导下建立健全对中央和国家机关审查处理违纪案件的质量评查机制，对党组讨论决定、派驻纪检监察组审查处理的案件事实证据、性质认定、处分档次、程序手续等进行监督检查，采取通报、约谈等方式反馈评查结果。

第十条 党的工作机关、直属事业单位领导机构讨论和决定党员处分事项，参照本规定执行。

派驻纪检监察组给予驻在部门党组管理的干部政务处分，参照本规定办理，并以派驻纪检监察组名义作出政务处分决定，或者交由其任免机关、单位给予处分。

第十一条 各省、自治区、直辖市党委和纪检监察工委可以根据本规定精神，结合实际情况制定实施细则。

第十二条 本规定由中央纪委负责解释。

第十三条 本规定自 2019 年 1 月 1 日起施行。此前发布的有关规定与本规定不一致的，按照本规定执行。

中国共产党纪律处分条例①

（2003 年 12 月 31 日）

第一编　总　　则

第一章　指导思想、原则和适用范围

第一条　中国共产党纪律处分条例，以马克思列宁主义、毛泽东思想、邓小平理论和“三个代表”重要思想为指导，依据党章和宪法、法律，结合党的建设的实践制定。

第二条　本条例的任务，是维护党的章程和其他党内法规，严肃党的纪律，纯洁党的组织，保障党员民主权利，教育党员遵纪守法，维护党的团结统一，保证党的路线、方针、政策、决议和国家法律、法规的贯彻执行。

第三条　坚持党要管党、从严治党的原则。党的各级组织和全体党员应当遵守和维护党的纪律。对于违犯党纪的党组织和党员，必须严肃处理。

第四条　坚持党员在党纪面前人人平等的原则。党内不允许有任何不受纪律约束的党组织和党员。凡是违犯党纪的行为，都必须受到追究；应当受到党纪处分的，必须给予相应的处分。

第五条　坚持实事求是的原则。对党组织和党员违犯党纪的行为，应当以事实为依据，以党章、其他党内法规和国家法律、

① 2003 年的《中国共产党纪律处分条例》已废止，鉴于本条例在实际监察工作中仍可能适用，本书仍然予以收录。

学习小记

法规为准绳，准确地认定违纪性质，区别不同情况，恰当地予以处理。

第六条 坚持民主集中制的原则。实施党纪处分，应当按照规定程序经党组织集体讨论决定，不允许任何个人或者少数人决定和批准。上级党组织对违犯党纪的党组织和党员作出的处理决定，下级党组织必须执行。

第七条 坚持惩前毖后、治病救人的原则。处理违犯党纪的党组织和党员，应当实行惩戒与教育相结合，做到宽严相济。

第八条 本条例适用于违犯党纪应当受到党纪追究的党组织和党员。

第二章　违纪与纪律处分

第九条 党的纪律是党的各级组织和全体党员必须遵守的行为规则。党组织和党员违反党章和其他党内法规，违反国家法律、法规，违反党和国家政策、社会主义道德，危害党、国家和人民利益的行为，依照规定应当给予党纪处分的，都必须受到追究。

第十条 对党员的纪律处分种类：

（一）警告；

（二）严重警告；

（三）撤销党内职务；

（四）留党察看；

（五）开除党籍。

第十一条 对严重违犯党纪的党组织的纪律处理措施：

（一）改组；

（二）解散。

第十二条 党员受到警告或者严重警告处分，一年内不得在

党内提升职务和向党外组织推荐担任高于其原任职务的党外职务。

第十三条 撤销党内职务处分，是指撤销受处分党员由党内选举或者组织任命的党内各种职务。对于在党内担任两个以上职务的，党组织在作处分决定时，应当明确是撤销其一切职务还是某个职务。如果决定撤销其某个职务，则必须从其担任的最高职务开始依次撤销。对于在党外组织担任职务的，应当建议党外组织依照规定作相应处理。

对于应当受到撤销党内职务处分，但是本人没有担任党内职务的，应当给予其严重警告处分。其中，在党外组织担任职务的，应当建议党外组织撤销其党外职务。

党员受到撤销党内职务处分，二年内不得在党内担任和向党外组织推荐担任与其原任职务相当或者高于其原任职务的职务。

第十四条 留党察看处分，分为留党察看一年、留党察看二年。对于受到留党察看处分一年的党员，期满后仍不符合恢复党员权利条件的，再延长一年留党察看期限。留党察看期限最长不得超过二年。

党员受留党察看处分期间，没有表决权、选举权和被选举权。留党察看期间，确有悔改表现的，期满后恢复其党员权利；坚持不改或者又发现其他应受党纪处分的违纪行为的，应当开除党籍。

党员受到留党察看处分，其党内职务自然撤销。对于担任党外职务的，应当建议党外组织撤销其党外职务。受到留党察看处分的党员，恢复党员权利后二年内，不得在党内担任和向党外组织推荐担任与其原任职务相当或者高于其原任职务的职务。

第十五条 党员受到开除党籍处分，五年内不得重新入党。另有规定不准重新入党的，依照规定。

第十六条 对于严重违犯党纪、本身又不能纠正的党组织领

学习小记

导机构，应当予以改组。受到改组处理的党组织领导机构成员，除应当受到撤销党内职务以上（含撤销党内职务）处分的外，均自然免职。

第十七条 对于全体或者多数党员严重违犯党纪的党组织，应当予以解散。对于受到解散处理的党组织中的党员，应当逐个审查。其中，符合党员条件的，应当重新登记，并参加新的组织过党的生活；不符合党员条件的，宣布除名；有违纪行为的，依照规定予以追究。

第三章 纪律处分运用规则

第十八条 故意违纪受处分后又因故意违纪应当受到党纪处分的，应当从重处分。

第十九条 从轻、从重处分，是指在本条例分则中规定的违纪行为应当受到的处分幅度以内，给予较轻或者较重的处分。

第二十条 减轻、加重处分，是指在本条例分则中规定的违纪行为应当受到的处分幅度以外，减轻或者加重一档给予处分。

本条例规定的只有开除党籍处分一个档次的违纪行为，不适用前款减轻处分的规则。

第二十一条 有下列情形之一的，可以依照规定从轻或者减轻处分：

（一）主动交代本人应当受到党纪处分的问题的；

（二）主动检举同案人或者其他人应当受到党纪处分的问题，经查证属实的；

（三）主动挽回损失或者有效阻止危害结果发生的；

（四）主动退出违纪违法所得的；

（五）有其他立功表现的；

（六）本条例分则中另有规定的。

第二十二条 根据案件的特殊情况，由中央纪委决定或者经省（部）级纪委（不含副省级市纪委）决定并呈报中央纪委批准，对违纪党员也可以在本条例规定的量纪幅度以外减轻处分。

第二十三条 对于党员违犯党纪应当给予警告或者严重警告处分，但是具有本条例第二十一条规定的情形之一或者本条例分则中另有规定的，可以给予批评教育或者组织处理，免予党纪处分。对违纪党员免予处分，应当作出书面结论。

第二十四条 有下列情形之一的，可以依照规定从重或者加重处分：

（一）强迫、唆使他人违纪违法的；

（二）串供或者伪造、销毁、隐匿证据的；

（三）阻止他人揭发检举、提供证据材料的；

（四）包庇同案人员或者打击报复批评人、检举人、控告人、证人及其他人员的；

（五）有其他干扰、妨碍组织审查行为的；

（六）本条例分则中另有规定的。

第二十五条 一人有本条例分则中规定的两种以上（含两种）应当受到党纪处分的违纪行为，应当合并处理，按其数种违纪行为中应当受到的最高处分加重一档给予处分；如果其中一种违纪行为应当受到开除党籍处分的，即给予开除党籍处分。

第二十六条 基于一个违纪故意或者过失，其行为触犯本条例分则中两个以上（含两个）条款，依照处分较重的条款定性处理。

一个条款规定的违纪构成要件全部包含在另一个条款规定的违纪构成要件中，特别规定与一般规定不一致的，适用特别规定。

第二十七条 二人以上（含二人）共同故意违纪的，对为首者，除本条例分则中另有规定的外，从重处分；对其他成员，按

照其在共同违纪中所起的作用和应负的责任，分别给予党纪处分。

对于经济方面共同违纪的，按照个人所得数额及其所起作用，分别处分。对违纪集团的首要分子，按照集团违纪的总数额处分；对其他共同违纪的为首者，情节严重的，按照共同违纪的总数额处分。

教唆他人违纪违法的，应当按照其在共同违纪中所起的作用追究党纪责任。

第二十八条 党组织领导机构集体作出违犯党纪的决定或者实施其他违犯党纪的行为，对具有共同故意的成员，按共同违纪处理；对过失违纪的成员，按照各自在集体违纪中所起的作用和应负的责任分别处分。

第二十九条 对于本条例没有规定但危害党、国家和人民利益，确需追究党纪责任的违纪行为，比照分则中最相类似的条款处理。需要比照处理的案件，按照处分党员批准权限的规定，应当由省（部）级党委、纪委批准处理的案件，报请中央纪委批准；应当由省（部）级以下党委、纪委批准处理的案件，由省（部）级纪委（不含副省级市纪委）批准并报中央纪委备案。

第四章　对违法犯罪党员的纪律处分

第三十条 有下列情形之一的，应当给予开除党籍处分：

（一）因故意犯罪被依法判处《中华人民共和国刑法》规定的主刑（含宣告缓刑）的；

（二）单处或者附加剥夺政治权利的；

（三）因过失犯罪，被依法判处三年以上（不含三年）有期徒刑的。

因过失犯罪被判处三年以下（含三年）有期徒刑或者被判处

管制、拘役的，一般应当开除党籍。对于个别可以不开除党籍的，应当对照处分党员批准权限的规定，报请再上一级党组织批准。

第三十一条 依法被劳动教养的，应当给予开除党籍处分，但是中共中央和中央纪委另有规定的除外。

第三十二条 党员受到党纪追究，需要给予行政处分或者其他纪律处分的，作出或者批准作出处理决定的党组织应当向有关机关或者组织提出建议；涉嫌犯罪的，应当移送司法机关。

第三十三条 党员依法受到刑事追究的，党组织应当根据司法机关的生效判决、裁定和决定及其认定的事实、性质和情节，依照本条例规定给予党纪处分或者组织处理。

党员依法受到行政处罚、行政处分，应当追究党纪责任的，党组织可以根据生效的行政处罚、行政处分决定认定的事实、性质和情节，经核实后依照本条例规定给予党纪处分或者组织处理。

党员违反国家法律、法规、企事业单位或者其他社会组织的规章制度受到其他纪律处分，应当追究党纪责任的，党组织在对有关方面认定的事实、性质和情节进行核实后，依照本条例规定给予党纪处分或者组织处理。

第五章 其他规定

第三十四条 本条例所称党和国家工作人员，包括党的工作人员和国家工作人员。

党的工作人员，是指党的各级机关中除工勤人员以外的工作人员和党的基层组织中专职、兼职从事党内事务的党员。

对国家工作人员和以国家工作人员论的人员的认定，依照法律和全国人民代表大会常务委员会的法律解释以及司法解释

学习小记

执行。

本条例所称非国家工作人员，是指企业（公司）或者其他单位中除国家工作人员和以国家工作人员论的人员之外的人员。

第三十五条 预备党员违犯党纪，情节较轻，尚可保留预备党员资格的，应当对其批评教育或者延长预备期；情节较重的，应当取消其预备党员资格。

第三十六条 对违纪后下落不明的党员，应当区别情况作出处理：

（一）对有严重违纪行为，应当给予开除党籍处分的，党组织应当作出决定，开除其党籍；

（二）除前项规定的情况外，下落不明时间超过六个月的，党组织应当按照党章规定对其予以除名。

第三十七条 违纪党员在党组织作出处分决定前死亡，或者在死亡之后发现其曾有严重违纪行为，对于应当给予开除党籍处分的，开除其党籍；对于应当给予留党察看以下（含留党察看）处分的，作出书面结论，不再给予党纪处分。

第三十八条 失职、渎职行为有关责任人员的区分：

（一）直接责任者，是指在其职责范围内，不履行或者不正确履行自己的职责，对造成的损失或者后果起决定性作用的党员或者党员领导干部。

（二）主要领导责任者，是指在其职责范围内，对直接主管的工作不履行或者不正确履行职责，对造成的损失或者后果负直接领导责任的党员领导干部。

（三）重要领导责任者，是指在其职责范围内，对应管的工作或者参与决定的工作不履行或者不正确履行职责，对造成的损失或者后果负次要领导责任的党员领导干部。

第三十九条 本条例所称主动交代，是指涉嫌违纪的党员在组织初核前向有关组织交代自己的问题，或者在初核和立案调查

其问题期间交代组织未掌握的问题。

在案件的初核、立案调查过程中，涉嫌违纪的党员能够配合调查工作，如实坦白组织已掌握的其本人主要违纪事实的，可以从轻处分。

第四十条　直接经济损失，是指与违纪行为有直接因果关系而造成财产损毁的实际价值。计算经济损失主要计算直接经济损失。

第四十一条　对于违纪行为所获得的经济利益，应当收缴或者责令退赔。

对于违纪行为所获得的职务、职称、学历、学位、奖励、资格等其他利益，应当由承办案件的纪检机关或者由其上级纪检机关建议有关组织、部门、单位按规定予以纠正。

对于依照本条例第三十六条、第三十七条规定处理的党员，经调查确属其实施违纪行为获得的利益，依照本条规定处理。

第四十二条　党纪处分决定作出后，应当在一个月内向受处分党员所在党的基层组织中的全体党员及其本人宣布，并按照干部管理权限和组织关系将处分决定材料归入受处分者档案；对于受到撤销党内职务以上（含撤销党内职务）处分的，还应当在一个月内办理职务、工资等相应变更手续；涉及撤销或者调整其党外职务的，应当建议党外组织及时撤销或者调整其党外职务。特殊情况下，经作出或者批准作出处分决定的组织批准，可以适当延长办理期限。

第四十三条　执行党纪处分决定的机关或者受处分党员所在单位，应当在六个月内将处分决定的执行情况向作出或者批准处分决定的机关报告。

不按照规定落实党纪处分决定和其他相关处理手续的，应当追究主要责任者和其他直接责任人员的责任。其中情节较重应当给予党纪处分的，依照本条例规定处理。

学习小记

第四十四条 本条例总则适用于有党纪处分规定的其他党内法规，但是中共中央发布或者批准发布的其他党内法规有特别规定的除外。

第二编 分 则

第六章 违反政治纪律的行为

第四十五条 组织、参加反对党的基本理论、基本路线、基本纲领、基本经验或者重大方针政策的集会、游行、示威等活动的，对策划者、组织者和骨干分子，给予开除党籍处分。

对其他参加人员或者以提供信息、资料、财物、场地等方式支持上述活动者，情节较轻的，给予警告或者严重警告处分；情节较重的，给予撤销党内职务或者留党察看处分；情节严重的，给予开除党籍处分。

对不明真相被裹挟参加，经批评教育后确有悔改表现的，可以免予处分或者不予处分。

第四十六条 坚持资产阶级自由化立场，公开发表反对四项基本原则，或者反对改革开放的文章、演说、宣言、声明等的，给予开除党籍处分。

公开发表违背四项基本原则、违背改革开放或者其他有严重政治问题的文章、演说、宣言、声明等的，给予批评教育；情节较重的，给予警告或者严重警告处分；情节严重的，给予撤销党内职务、留党察看或者开除党籍处分。

违反党和国家有关规定，播出、刊登、出版第一款、第二款所列文章、演说、宣言、声明等的，对主要责任者和其他直接责任人员，给予严重警告或者撤销党内职务处分；情节严重的，给予留党察看或者开除党籍处分。

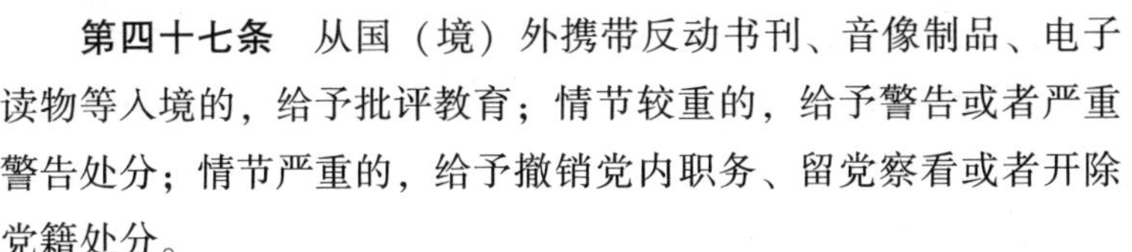

第四十七条 从国（境）外携带反动书刊、音像制品、电子读物等入境的，给予批评教育；情节较重的，给予警告或者严重警告处分；情节严重的，给予撤销党内职务、留党察看或者开除党籍处分。

第四十八条 组织、领导旨在反对党的领导、反对社会主义制度、敌视政府或者危害国家安全的非法组织的，对策划者、组织者和骨干分子，给予开除党籍处分。

对其他参加人员，情节较轻的，给予警告或者严重警告处分；情节较重的，给予撤销党内职务或者留党察看处分；情节严重的，给予开除党籍处分。

第四十九条 组织、领导会道门或者邪教组织的，对策划者、组织者和骨干分子，给予开除党籍处分。

对其他参加人员，情节较轻的，给予警告或者严重警告处分；情节较重的，给予撤销党内职务或者留党察看处分；情节严重的，给予开除党籍处分。

对不明真相的参加人员，经批评教育后确有悔改表现的，可以免予处分或者不予处分。

第五十条 拒不执行党和国家的方针政策和重大工作部署、决定，或者故意作出与党和国家的方针政策和重大工作部署、决定相违背决定的，对直接责任者，给予严重警告或者撤销党内职务处分；情节严重的，给予留党察看或者开除党籍处分。

第五十一条 在党内以组织秘密集团等方式进行分裂党的活动的，给予开除党籍处分。

参加秘密集团或者其他分裂党的活动的，给予留党察看或者开除党籍处分。

第五十二条 参加国（境）外情报组织或者向国（境）外机构、组织、人员非法提供情报的，给予开除党籍处分。

第五十三条 投敌叛变的，给予开除党籍处分。

向敌人自首的，给予开除党籍处分。

第五十四条 在国（境）外、外国驻华使（领）馆申请政治避难，或者违纪违法后逃往国（境）外、外国驻华使（领）馆的，给予开除党籍处分。

在国（境）外公开发表反对党和政府的言论的，依照前款规定处理。

故意为上述行为提供方便条件的，给予留党察看或者开除党籍处分。

第五十五条 挑拨民族关系制造事端或者参加民族分裂活动的，对策划者、组织者和骨干分子，给予开除党籍处分。

对其他参加人员，情节较轻的，给予警告或者严重警告处分；情节较重的，给予撤销党内职务或者留党察看处分；情节严重的，给予开除党籍处分。

对不明真相被裹挟参加，经批评教育后确有悔改表现的，可以免予处分或者不予处分。

有其他违反党和国家民族政策的行为，情节较轻的，给予警告或者严重警告处分；情节较重的，给予撤销党内职务或者留党察看处分；情节严重的，给予开除党籍处分。

第五十六条 组织、利用宗教活动反对党的路线、方针、政策，煽动骚乱闹事，破坏国家统一和民族团结的，对策划者、组织者和骨干分子，给予开除党籍处分。

对其他参加人员，情节较轻的，给予警告或者严重警告处分；情节较重的，给予撤销党内职务或者留党察看处分；情节严重的，给予开除党籍处分。

对不明真相被裹挟参加，经批评教育后确有悔改表现的，可以免予处分或者不予处分。

有其他违反党和国家宗教政策的行为，情节较轻的，给予警

告或者严重警告处分；情节较重的，给予撤销党内职务或者留党察看处分；情节严重的，给予开除党籍处分。

第五十七条 组织、利用宗族势力对抗党和政府，妨碍党和国家的方针政策以及法律、法规的贯彻实施，或者制造宗族矛盾破坏社会稳定的，对策划者、组织者和骨干分子，情节较重的，给予开除党籍或者留党察看处分；情节较轻，能够认真检讨并有悔改表现的，给予撤销党内职务或者严重警告处分。

第五十八条 编造谣言丑化党和国家形象，情节较轻的，给予警告或者严重警告处分；情节较重的，给予撤销党内职务或者留党察看处分；情节严重的，给予开除党籍处分。

传播谣言丑化党和国家形象，情节较重的，给予警告或者严重警告处分；情节严重的，给予撤销党内职务处分。

第五十九条 在涉外活动中，其行为在政治上造成恶劣影响，损害党和国家尊严、利益的，给予撤销党内职务或者留党察看处分；情节严重的，给予开除党籍处分。

第七章 违反组织、人事纪律的行为

第六十条 违反党章和其他党内法规的规定，采取弄虚作假或者其他手段把不符合党员条件的人发展为党员，或者为非党员出具党员身份证明的，对主要责任者，给予警告或者严重警告处分；情节严重的，给予撤销党内职务处分。

违反有关规定程序发展党员的，对主要责任者，依照前款规定处理。

第六十一条 违反民主集中制原则，拒不执行或者擅自改变党组织作出的重大决定，或者违反议事规则，个人或者少数人决定重大事项的，给予警告或者严重警告处分；情节严重的，给予撤销党内职务或者留党察看处分。

学习小记

第六十二条 下级党组织拒不执行上级党组织决定的，对主要责任者，给予警告或者严重警告处分；情节严重的，给予撤销党内职务或者留党察看处分。

第六十三条 在党内搞非组织活动，破坏党的团结统一的，给予严重警告或者撤销党内职务处分；情节严重的，给予留党察看或者开除党籍处分。

第六十四条 在干部选拔任用工作中，违反干部选拔任用规定的，追究主要责任者和其他直接责任人员的责任，情节较轻的，给予警告或者严重警告处分；情节较重的，给予撤销党内职务或者留党察看处分；情节严重的，给予开除党籍处分。

在选举中，进行违反党章、其他党内法规和国家法律、法规以及其他有关章程活动的，对主要责任者和其他直接责任人员，依照前款规定处理。

用人失察失误造成严重后果的，对主要责任者和其他直接责任人员，依照第一款规定处理。

第六十五条 拒不执行组织的分配、调动、交流决定的，给予警告、严重警告或者撤销党内职务处分。

第六十六条 在干部、职工的录用、考核、职务晋升、职称评定和征兵、安置复转军人等工作中，隐瞒、歪曲事实真相或者利用职务上的便利违反规定为本人或者其他人谋取利益的，给予警告或者严重警告处分；情节严重的，给予撤销党内职务或者留党察看处分。

第六十七条 在考试、录取工作中，有泄露试题、考场舞弊、涂改考卷等违反有关规定行为的，给予警告或者严重警告处分；情节较重的，给予撤销党内职务或者留党察看处分；情节严重的，给予开除党籍处分。

第六十八条 以不正当方式谋求本人或者其他人用公款出国（境），情节较轻的，给予警告处分；情节较重的，给予严重警告

处分；情节严重的，给予撤销党内职务处分。

第六十九条 临时出国（境）团（组）或者人员中的党员，擅自延长在国（境）外期限，或者擅自变更路线，造成不良影响或者经济损失的，对主要责任者，给予警告或者严重警告处分；情节严重的，给予撤销党内职务处分。

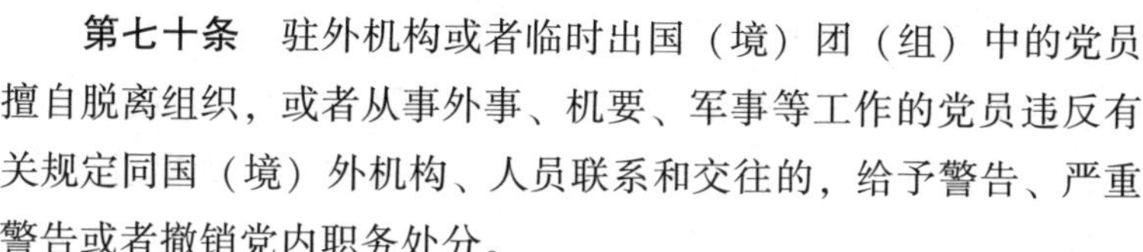

第七十条 驻外机构或者临时出国（境）团（组）中的党员擅自脱离组织，或者从事外事、机要、军事等工作的党员违反有关规定同国（境）外机构、人员联系和交往的，给予警告、严重警告或者撤销党内职务处分。

第七十一条 驻外机构或者临时出国（境）团（组）中的党员，脱离组织出走时间不满六个月又自动回归的，给予严重警告、撤销党内职务或者留党察看处分；脱离组织出走时间超过六个月的，按照自行脱党处理，党内予以除名。

故意为他人脱离组织出走提供方便条件的，给予警告、严重警告或者撤销党内职务处分；情节较轻并认真检讨的，可以免予处分。

第八章 违反廉洁自律规定的行为

第七十二条 利用职务上的便利，非法占有非本人经管的国家、集体和个人财物，或者以购买物品时象征性地支付钱款等方式非法占有国家、集体和个人财物，或者无偿、象征性地支付报酬接受服务、使用劳务，情节较轻的，给予警告或者严重警告处分；情节较重的，给予撤销党内职务或者留党察看处分；情节严重的，给予开除党籍处分。

利用职务上的便利，将本人或者亲属应当由个人支付的费用，由下属单位或者其他单位支付、报销的，依照前款规定处理。

利用职务上的便利，将配偶、子女及其配偶应当由个人支付的出国（境）留学费用，由他人支付、报销的，依照第一款规定处理。

第七十三条 利用职务上的便利，占用公物归个人使用，时间超过六个月，情节较重的，给予警告或者严重警告处分；情节严重的，给予撤销党内职务处分。

占用公物进行营利活动或者非法活动的，给予警告或者严重警告处分；情节较重的，给予撤销党内职务或者留党察看处分；情节严重的，给予开除党籍处分。

第七十四条 党和国家工作人员或者其他从事公务的人员，接受可能影响公正执行公务的礼品馈赠，不登记交公，情节较轻的，给予警告或者严重警告处分；情节较重的，给予撤销党内职务或者留党察看处分；情节严重的，给予开除党籍处分。

前款所列人员接受其他礼品，按照规定应当登记交公而不登记交公，情节较轻的，给予警告或者严重警告处分；情节较重的，给予撤销党内职务或者留党察看处分；情节严重的，给予开除党籍处分。

在国内公务活动或者对外交往中接受礼品，按照规定应当交公而不交公的，依照本条例第八十三条规定处理。

第七十五条 党和国家工作人员或者其他从事公务的人员利用职务上的便利，为他人谋取利益，其父母、配偶、子女及其配偶以及其他共同生活的家庭成员收受对方财物的，应当追究该人员的责任，情节较重的，给予警告或者严重警告处分；情节严重的，给予撤销党内职务或者留党察看处分。

前款所列人员利用职务上的便利，为他人谋取利益，并指定其他第三人从中收受财物的，依照前款规定从重或者加重处分。

有第一款规定情形，查实本人知道的，依照本条例第八十五条规定处理。

第七十六条 党员领导干部的配偶、子女及其配偶，违反有关规定在该党员领导干部管辖的区域或者业务范围内从事可能影响其公正执行公务的经营活动，或者在该党员领导干部管辖的区域或者业务范围内的外商独资企业、中外合资企业中担任由外方委派、聘任的高级职务的，该党员领导干部应当按照规定予以纠正；拒不纠正的，其本人应当辞去现任职务或者由组织予以调整职务；不辞去现任职务或者不服从组织调整职务的，给予撤销党内职务处分。

第七十七条 违反有关规定从事营利活动，有下列行为之一，情节较轻的，给予警告或者严重警告处分；情节较重的，给予撤销党内职务或者留党察看处分；情节严重的，给予开除党籍处分：

（一）经商办企业的；

（二）个人违反规定买卖股票或者进行其他证券投资的；

（三）从事有偿中介活动的；

（四）在国（境）外注册公司或者投资入股的；

（五）有其他违反有关规定从事营利活动行为的。

利用职务上的便利，为其亲友的经营活动谋取利益的，依照前款规定处理。

违反有关规定兼职或者兼职取酬的，依照第一款规定处理。

第七十八条 挥霍浪费公共财产，有下列行为之一，情节较轻的，给予警告或者严重警告处分；情节较重的，给予撤销党内职务或者留党察看处分；情节严重的，给予开除党籍处分：

（一）用公款旅游或者以考察、学习、培训、研讨、招商、参展等名义用公款出国（境）旅游的；

（二）违反规定参与用公款支付的高消费娱乐、健身活动的；

（三）购买、更换超过规定标准的小轿车或者对所乘坐的小轿车进行豪华装修的；

学习小记

（四）有其他挥霍浪费公共财产行为的。

第七十九条 在分配、购买住房中侵犯国家、集体利益，情节较轻的，给予警告或者严重警告处分；情节较重的，给予撤销党内职务或者留党察看处分；情节严重的，给予开除党籍处分。

利用职务上的便利，用公款购买住房归个人所有的，依照本条例第八十三条规定处理。

第八十条 接受可能影响公正执行公务的宴请，情节较重的，给予警告或者严重警告处分；情节严重的，给予撤销党内职务或者留党察看处分。

第八十一条 利用职务上的便利操办婚丧喜庆事宜，在社会上造成不良影响的，给予警告或者严重警告处分；情节严重的，给予撤销党内职务处分。

在操办婚丧喜庆事宜中，借机敛财或者有其他侵犯国家、集体和人民利益行为的，依照前款规定从重或者加重处分，直至开除党籍。

第八十二条 有其他违反廉洁自律规定的行为，情节较轻的，给予警告或者严重警告处分；情节较重的，给予撤销党内职务或者留党察看处分；情节严重的，给予开除党籍处分。

第九章 贪污贿赂行为

第八十三条 党和国家工作人员或者受委托管理、经营国有财产的人员，利用职务上的便利，侵吞、窃取、骗取或者以其他手段非法占有公共财物，情节较轻的，给予警告或者严重警告处分；情节较重的，给予撤销党内职务或者留党察看处分；情节严重的，给予开除党籍处分。

贪污党费、社保基金和救灾、抢险、防汛、优抚、扶贫、移民、救济、防疫款物的，依照前款规定从重或者加重处分，直至开除党籍。

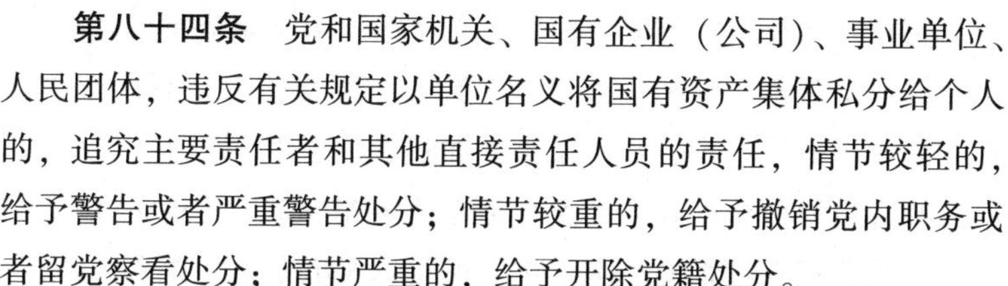

第八十四条　党和国家机关、国有企业（公司）、事业单位、人民团体，违反有关规定以单位名义将国有资产集体私分给个人的，追究主要责任者和其他直接责任人员的责任，情节较轻的，给予警告或者严重警告处分；情节较重的，给予撤销党内职务或者留党察看处分；情节严重的，给予开除党籍处分。

执纪机关、行政执法机关、司法机关违反有关规定将应当上缴国家的罚没财物以单位名义集体私分给个人的，对主要责任者和其他直接责任人员，依照前款规定处理。

第八十五条　党和国家工作人员或者其他从事公务的人员，利用职务上的便利，索取他人财物，或者非法收受他人财物为他人谋取利益，情节较轻的，给予警告或者严重警告处分；情节较重的，给予撤销党内职务或者留党察看处分；情节严重的，给予开除党籍处分。

前款所列人员利用职务上的便利，变相非法收受他人财物为他人谋取利益，情节较重的，给予警告或者严重警告处分；情节严重的，给予撤销党内职务、留党察看或者开除党籍处分。

因受贿给国家、集体和人民利益造成重大损失的，从重或者加重处分，直至开除党籍。

因索取财物未遂而刁难报复对方，给对方造成损失的，给予警告或者严重警告处分；情节较重的，给予撤销党内职务或者留党察看处分；情节严重的，给予开除党籍处分。

第八十六条　党和国家工作人员或者其他从事公务的人员，在经济往来中违反有关规定收受财物或者各种名义的回扣、手续费，归个人所有的，以受贿论，依照本条例第八十五条规定处理。

第八十七条　党和国家工作人员或者其他从事公务的人员，利用本人职务上的便利，通过其他党和国家工作人员职务上的行

为，为请托人谋取不正当利益，索取请托人财物，或者收受、变相非法收受请托人财物的，依照本条例第八十五条规定处理。

第八十八条 党和国家工作人员退（离）休后，利用本人原有职权或者地位形成的便利条件，通过在职党和国家工作人员职务上的行为为请托人谋取利益，而本人索取或者非法收受、变相非法收受请托人财物的，依照本条例第八十五条规定处理。

第八十九条 党和国家机关、国有企业（公司）、事业单位、人民团体，索取或者非法收受、变相非法收受他人财物，为他人谋取利益的，追究主要责任者和其他直接责任人员的责任，情节较重的，给予警告、严重警告或者撤销党内职务处分；情节严重的，给予留党察看或者开除党籍处分。

前款所列单位，在经济往来中，在账外暗中收受各种名义的回扣、手续费的，以受贿论，对主要责任者和其他直接责任人员，依照前款规定处理。

因索取财物未遂而对下属单位、客户刁难报复，给对方造成损失的，对主要责任者和其他直接责任人员，给予警告或者严重警告处分；造成较大损失的，给予撤销党内职务或者留党察看处分；造成重大损失的，给予开除党籍处分。

将索取或者非法收受、变相非法收受的财物合伙私分的，以受贿论，根据个人所得数额和所起作用，依照本条例第八十五条规定处理。

第九十条 为谋取不正当利益，给予党和国家工作人员或者其他从事公务的人员以财物，情节较轻的，给予警告或者严重警告处分；情节较重的，给予撤销党内职务或者留党察看处分；情节严重的，给予开除党籍处分。

在经济往来中违反有关规定，给予党和国家工作人员或者其他从事公务的人员以财物或者各种名义的回扣、手续费的，依照前款规定处理。

因行贿给国家、集体和人民利益造成重大损失的，依照本条规定从重或者加重处分，直至开除党籍。

第九十一条 为谋取不正当利益，给予党和国家机关、国有企业（公司）、事业单位、人民团体以财物，或者在经济往来中违反有关规定给予各种名义的回扣、手续费，情节较轻的，给予警告或者严重警告处分；情节较重的，给予撤销党内职务或者留党察看处分；情节严重的，给予开除党籍处分。

单位有前款所列行为的，对主要责任者和其他直接责任人员，依照前款规定处理。

第九十二条 向党和国家工作人员或者其他从事公务的人员介绍贿赂，情节较轻的，给予警告或者严重警告处分；情节较重的，给予撤销党内职务或者留党察看处分；情节严重的，给予开除党籍处分。

第九十三条 单位为谋取不正当利益而行贿，或者违反有关规定给予党和国家工作人员或者其他从事公务的人员以财物或者各种名义的回扣、手续费的，追究主要责任者和其他直接责任人员的责任，情节较重的，给予警告、严重警告或者撤销党内职务处分；情节严重的，给予留党察看或者开除党籍处分。因行贿取得的违纪违法所得归个人所有的，依照本条例第九十条规定处理。

第九十四条 党和国家工作人员或者受委托管理、经营国有财产的人员，利用职务上的便利，挪用公款归个人使用，进行非法活动，或者进行营利活动，或者超过三个月未还，情节较轻的，给予警告或者严重警告处分；情节较重的，给予撤销党内职务或者留党察看处分；情节严重的，给予开除党籍处分。

挪用党费、社保基金和救灾、抢险、防汛、优抚、扶贫、移民、救济、防疫款物的，依照前款规定从重或者加重处分，直至开除党籍。

学习小记

挪用公款归个人使用时间不足三个月，但数额较大的，依照本条规定处理。

第九十五条 农村党组织、社区党组织和村民委员会、社区居民委员会等基层组织中的党员从事下列公务，利用职务上的便利，非法占有公共财物，挪用公款，索取他人财物或者非法收受、变相非法收受他人财物为他人谋取利益的，分别依照本条例第八十三条、第九十四条、第八十五条规定处理：

（一）党费、社保基金和救灾、抢险、防汛、优抚、扶贫、移民、救济、防疫款物的管理；

（二）社会捐助公益事业款物的管理；

（三）国有土地的经营和管理；

（四）土地征用补偿费的管理；

（五）代征、代缴税款；

（六）有关计划生育、户籍、征兵工作；

（七）协助人民政府从事的其他行政管理工作；

（八）依照党内法规从事党的纪检、组织（人事）、宣传等工作。

第九十六条 党和国家工作人员或者其他从事公务的人员，其财产或者支出明显超过合法收入，差额较大的，可以责令其说明来源，本人不能说明其来源是合法的，差额部分以非法所得论，给予严重警告或者撤销党内职务处分；情节严重的，给予留党察看或者开除党籍处分。

党和国家工作人员违反有关规定隐瞒境外存款的，依照前款规定处理。

第十章 破坏社会主义经济秩序的行为

第九十七条 进行走私，情节较轻的，给予警告或者严重警

告处分；情节较重的，给予撤销党内职务或者留党察看处分；情节严重的，给予开除党籍处分。利用职务上的便利进行走私的，从重处分。

单位走私的，对主要责任者和其他直接责任人员，依照前款规定处理。

第九十八条 企业（公司）或者其他单位中的非国家工作人员，利用职务上的便利，将本单位财物非法占为己有，情节较轻的，给予警告或者严重警告处分；情节较重的，给予撤销党内职务或者留党察看处分；情节严重的，给予开除党籍处分。

第九十九条 企业（公司）或者其他单位中的非国家工作人员，利用职务上的便利，挪用本单位资金归个人使用或者借贷给他人，超过三个月未还，或者进行营利活动，或者进行非法活动，情节较轻的，给予警告或者严重警告处分；情节较重的，给予撤销党内职务或者留党察看处分；情节严重的，给予开除党籍处分。

挪用本单位资金不退还的，依照前款规定从重或者加重处分。

挪用本单位资金归个人使用时间不足三个月，但数额较大的，依照本条规定处理。

第一百条 国家机关、国家拨给经费的团体和事业单位，挪用财政资金或者科研、教育、卫生、军工等专项资金的，追究主要责任者和其他直接责任人员的责任，情节较轻的，给予警告或者严重警告处分；情节较重的，给予撤销党内职务或者留党察看处分；情节严重的，给予开除党籍处分。

挪用党费、社保基金和救灾、抢险、防汛、优抚、扶贫、移民、救济、防疫款物的，依照前款规定从重或者加重处分，直至开除党籍。

第一百零一条 企业（公司）或者其他单位中的非国家工作

学习小记

人员，利用职务上的便利，索取他人财物，或者非法收受、变相非法收受他人财物为他人谋取利益，情节较轻的，给予警告或者严重警告处分；情节较重的，给予撤销党内职务或者留党察看处分；情节严重的，给予开除党籍处分。

前款所列人员，在经济往来中违反有关规定收受各种名义的回扣、手续费，归个人所有的，依照前款规定处理。

第一百零二条 为谋取不正当利益，给予企业（公司）中的非国家工作人员以财物，情节较轻的，给予警告或者严重警告处分；情节较重的，给予撤销党内职务或者留党察看处分；情节严重的，给予开除党籍处分。

单位有前款所列行为的，对主要责任者和其他直接责任人员，依照前款规定处理。

第一百零三条 国有企业（公司）的管理人员，利用职务上的便利，自己经营或者为他人经营与其所任职企业（公司）同类的业务，谋取非法利益的，给予警告或者严重警告处分；情节较重的，给予撤销党内职务或者留党察看处分；情节严重的，给予开除党籍处分。

前款所列人员以他人名义登记注册企业（公司），实则本人经营的，依照前款规定处理。

第一百零四条 国有企业（公司）、事业单位和集体所有制企业（公司）中的党员，利用职务上的便利，有下列行为之一，损害国家、集体和人民利益的，给予警告或者严重警告处分；情节较重的，给予撤销党内职务或者留党察看处分；情节严重的，给予开除党籍处分：

（一）将本单位的盈利业务交由其亲友经营的；

（二）以明显高于市场的价格向其亲友经营管理的单位采购商品或者以明显低于市场的价格向其亲友经营管理的单位销售商品的；

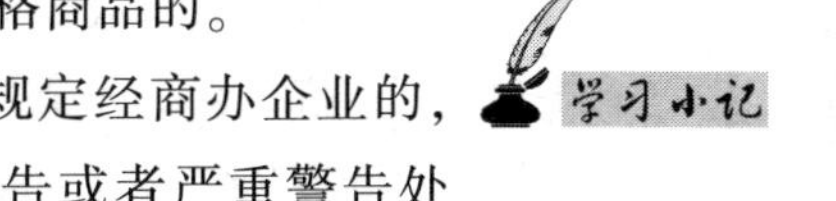

（三）向其亲友经营管理的单位采购不合格商品的。

第一百零五条 党和国家机关违反有关规定经商办企业的，对主要责任者和其他直接责任人员，给予警告或者严重警告处分；情节严重的，给予撤销党内职务处分。

第一百零六条 金融从业人员违反金融法律、法规，情节较轻的，给予警告或者严重警告处分；情节较重的，给予撤销党内职务或者留党察看处分；情节严重的，给予开除党籍处分。

强迫金融企业或者国家金融监管机构违纪违法的，对主要责任者和其他直接责任人员，依照前款规定处理。

由于党和国家机关非法干预致使金融从业人员违反金融法律、法规的，对金融从业人员可以依照第一款规定从轻或者减轻处分。其中，金融从业人员进行了抵制的，不予处分。

第一百零七条 不履行法定纳税义务，情节较轻的，给予警告或者严重警告处分；情节较重的，给予撤销党内职务或者留党察看处分；情节严重的，给予开除党籍处分。

单位不履行法定纳税义务的，对主要责任者和其他直接责任人员，依照前款规定处理。

第一百零八条 虚开、伪造、非法出售、非法购买、擅自制造或者出售伪造、擅自制造的增值税专用发票或者可用于骗税、抵扣税款的其他票据的，给予撤销党内职务或者留党察看处分；情节严重的，给予开除党籍处分。

单位有前款所列行为的，对主要责任者和其他直接责任人员，依照前款规定处理。

第一百零九条 非法占用、买卖或者以其他形式非法出让、转让土地使用权，情节较轻的，给予警告或者严重警告处分；情节较重的，给予撤销党内职务或者留党察看处分；情节严重的，给予开除党籍处分。

单位有前款所列行为的，对主要责任者和其他直接责任人

学习小记

员，依照前款规定处理。

第一百一十条 从事资产评估、验资（证）、会计、审计、法律服务等工作的社会中介组织，出具虚假评估、虚假资信证明、虚假鉴证等文件的，追究主要责任者和其他直接责任人员的责任，情节较轻的，给予警告或者严重警告处分；情节较重的，给予撤销党内职务或者留党察看处分；情节严重的，给予开除党籍处分。

第一百一十一条 在市场经济活动中，有下列行为之一的，追究主要责任者和其他直接责任人员的责任，情节较轻的，给予警告或者严重警告处分；情节较重的，给予撤销党内职务或者留党察看处分；情节严重的，给予开除党籍处分：

（一）生产、销售假冒伪劣商品的；

（二）知悉或者非法获取内幕信息，进行证券、期货交易的；

（三）捏造并散布虚假事实，损害他人的商业信誉、商品声誉或者对商品和服务作虚假宣传的；

（四）侵犯他人知识产权或者商业秘密的；

（五）利用行政垄断或者行业垄断地位，实施或者变相实施妨碍公平竞争行为的；

（六）限制外地商品和服务进入本地市场或者限制本地商品和服务流向外地市场的。

第一百一十二条 有其他破坏社会主义经济秩序的行为，情节较轻的，给予警告或者严重警告处分；情节较重的，给予撤销党内职务或者留党察看处分；情节严重的，给予开除党籍处分。

第十一章 违反财经纪律的行为

第一百一十三条 隐瞒、截留、坐支应当上交国家的财政收入的，对主要责任者和其他直接责任人员，给予严重警告处分；

情节较重的，给予撤销党内职务或者留党察看处分；情节严重的，给予开除党籍处分。

将隐瞒、截留款合伙私分的，对主要责任者和其他直接责任人员，依照前款规定从重或者加重处分，直至开除党籍。

第一百一十四条 党和国家机关、国有企业（公司）、事业单位、人民团体，以虚报、冒领等手段骗取国家财政拨款、退税款或者补贴的，对主要责任者和其他直接责任人员，给予警告或者严重警告处分；情节较重的，给予撤销党内职务或者留党察看处分；情节严重的，给予开除党籍处分。

将以虚报、冒领等手段骗取的钱款合伙私分的，对主要责任者和其他直接责任人员，依照前款规定从重或者加重处分，直至开除党籍。

第一百一十五条 不按照预算或者用款计划核拨国家财政经费、资金的，对主要责任者和其他直接责任人员，给予警告或者严重警告处分；情节较重的，给予撤销党内职务或者留党察看处分；情节严重的，给予开除党籍处分。

擅自动用国库款项或者财政专户资金的，对主要责任者和其他直接责任人员，依照前款规定处理。

第一百一十六条 个人借用公款超过六个月不还的，追还所欠公款，情节较重的，给予警告或者严重警告处分；情节严重的，给予撤销党内职务处分。但确因生活困难到期无力归还的除外。

个人借用公款进行营利活动，情节较轻的，给予警告或者严重警告处分；情节较重的，给予撤销党内职务或者留党察看处分。个人借用公款进行非法活动的，从重或者加重处分。

违反有关规定将公款借给他人，情节较重的，给予警告或者严重警告处分；情节严重的，给予撤销党内职务处分。

第一百一十七条 以个人名义存储公款的，追究主要责任者

学习小记

和其他直接责任人员的责任，情节较轻的，给予警告处分；情节较重的，给予严重警告处分；情节严重的，给予撤销党内职务处分。

第一百一十八条 党和国家机关违反有关规定，在对内对外活动中接受礼品应当上交而不上交的，追究主要责任者和其他直接责任人员的责任，情节较重的，给予警告或者严重警告处分；情节严重的，给予撤销党内职务处分。

将接受的礼品集体私分的，以私分国有资产论，根据个人所得数额和所起作用，依照本条例第八十四条规定处理。

第一百一十九条 违反有关规定擅自开设银行账户的，对主要责任者和其他直接责任人员，给予严重警告处分；情节较重的，给予撤销党内职务或者留党察看处分；情节严重的，给予开除党籍处分。

第一百二十条 擅自使用、调换、变卖或者损毁被查封、扣押、冻结、划拨、收缴的财物，或者擅自处理应当委托拍卖的物品的，追究主要责任者和其他直接责任人员的责任，情节较轻的，给予警告或者严重警告处分；情节较重的，给予撤销党内职务或者留党察看处分；情节严重的，给予开除党籍处分。

第一百二十一条 违反有关规定为他人提供担保的，追究主要责任者和其他直接责任人员的责任，情节较轻的，给予警告或者严重警告处分；情节较重的，给予撤销党内职务或者留党察看处分；情节严重的，给予开除党籍处分。

第一百二十二条 违反国有资产管理规定，造成国有资产流失的，对主要责任者和其他直接责任人员，给予警告或者严重警告处分；情节较重的，给予撤销党内职务或者留党察看处分；情节严重的，给予开除党籍处分。

第一百二十三条 违反“收支两条线”规定和国库集中收付制度，将应当纳入法定账簿的资产未纳入法定账簿或者转为账外

的，追究主要责任者和其他直接责任人员的责任，情节较轻的，给予警告或者严重警告处分；情节较重的，给予撤销党内职务或者留党察看处分；情节严重的，给予开除党籍处分。

第一百二十四条 党和国家机关、国有企业（公司）、事业单位、人民团体，违反政府采购和招投标法律、法规的，追究主要责任者和其他直接责任人员的责任，情节较轻的，给予警告或者严重警告处分；情节较重的，给予撤销党内职务或者留党察看处分；情节严重的，给予开除党籍处分。

第一百二十五条 党和国家机关、国有企业（公司）、事业单位、人民团体，在财务管理活动中违反会计法律、法规的，追究主要责任者和其他直接责任人员的责任，情节较轻的，给予警告或者严重警告处分；情节较重的，给予撤销党内职务或者留党察看处分；情节严重的，给予开除党籍处分。

伪造、变造会计凭证、会计账簿，或者编制虚假财务会计报告，或者隐匿、故意销毁依法应当保存的会计凭证、会计账簿、财务会计报告的，对主要责任者和其他直接责任人员，依照前款规定从重或者加重处分。

第一百二十六条 在财经方面有其他违纪违法行为，情节较轻的，给予警告或者严重警告处分；情节较重的，给予撤销党内职务或者留党察看处分；情节严重的，给予开除党籍处分。

第十二章　失职、渎职行为

第一百二十七条 党和国家工作人员或者其他从事公务的人员，在工作中不履行或者不正确履行职责，给党、国家和人民利益以及公共财产造成较大损失的，给予警告或者严重警告处分；造成重大损失的，给予撤销党内职务、留党察看或者开除党籍处分。本条例另有规定的，依照规定。

学习小记

前款所列人员，在工作中滥用职权或者玩忽职守，给党、国家和人民利益以及公共财产造成较大损失的，给予严重警告处分；造成重大损失的，给予撤销党内职务、留党察看或者开除党籍处分。在工作中徇私舞弊的，从重或者加重处分。本条例另有规定的，依照规定。

第一百二十八条 党组织负责人在工作中违反有关规定或者不负责任，有下列情形之一，给党、国家和人民利益以及公共财产造成较大损失的，对负有直接责任者，给予警告或者严重警告处分。造成重大损失的，对负有直接责任者，给予撤销党内职务、留党察看或者开除党籍处分；负有主要领导责任者，给予严重警告、撤销党内职务或者留党察看处分；负有重要领导责任者，给予警告、严重警告或者撤销党内职务处分：

（一）不传达贯彻、不检查督促落实党和国家的方针政策，或者作出违背党和国家方针政策的错误决策的；

（二）本地区、本部门、本系统和本单位发生公开反对党的基本理论、基本路线、基本纲领、基本经验或者党和国家方针政策行为的；

（三）不制止、不查处本地区、本部门、本系统和本单位发生的严重违纪违法行为的；

（四）在党的思想、组织、作风建设以及党风廉政建设方面有其他违反有关规定或者不负责任行为的。

有上述情形之一，造成巨大损失或者恶劣影响的，对有关责任者，依照前款规定加重处分。

第一百二十九条 国家行政机关或者法律、法规授权的部门、单位工作人员，在履行经济调节、市场监管、社会管理和公共服务职责中失职、渎职，情节较轻的，给予警告或者严重警告处分；情节较重的，给予撤销党内职务或者留党察看处分；情节严重的，给予开除党籍处分。

第一百三十条 国有企业（公司）和集体所有制企业（公司）工作人员，在生产、经营、管理等活动中有下列情形之一，给党、国家和人民利益以及公共财产造成较大损失的，对负有直接责任者，给予警告或者严重警告处分。造成重大损失的，对负有直接责任者，给予撤销党内职务、留党察看或者开除党籍处分；负有主要领导责任者，给予严重警告、撤销党内职务或者留党察看处分；负有重要领导责任者，给予警告、严重警告或者撤销党内职务处分：

（一）在签订、履行合同过程中违反有关规定或者不负责任的；

（二）对本单位、下属单位生产、销售假冒伪劣商品和其他危害公共安全、人身健康、生命财产安全的产品发现后不采取措施处理或者措施不力，或者因工作严重不负责任购进假冒伪劣商品的；

（三）对本单位、下属单位发生的破坏国家自然资源的行为，发现后不采取措施处理或者措施不力的；

（四）对本单位、下属单位违反财政、金融、工商管理、海关、会计、统计等方面法律、法规的行为长期失察或者发现后不予纠正的；

（五）因工作不负责任，致使公共财物被贪污、挪用、盗窃、诈骗或者物资丢失、损坏、变质的。

有上述情形之一，造成巨大损失或者恶劣影响的，对有关责任者，依照前款规定加重处分。

第一百三十一条 在工作中违反有关规定或者不负责任，有下列情形之一，给党、国家和人民利益以及公共财产造成较大损失的，对负有直接责任者，给予严重警告或者撤销党内职务处分。造成重大损失的，对负有直接责任者，给予留党察看或者开除党籍处分；负有主要领导责任者，给予严重警告、撤销党内职

学习小记

务或者留党察看处分；负有重要领导责任者，给予警告、严重警告或者撤销党内职务处分：

（一）在决定基本建设项目的立项、设计、施工、投产等工作中造成重大失误的；

（二）在文教卫生、邮电通信、环境保护、社会福利等社会管理和服务方面发生严重事故的；

（三）在灾害、事故面前未采取必要和可能的措施，贻误时机，使本可以避免或者减少的损失未能避免或者减少的；

（四）对突发事件、重大事故和其他重要情况瞒报、谎报、缓报、漏报的；

（五）对涉及人民群众生产、生活等切身利益的问题能解决而不解决的。

有上述情形之一，造成巨大损失或者恶劣影响的，对有关责任者，依照前款规定加重处分。

第一百三十二条　在管辖范围内，有下列情形之一，给党、国家和人民利益以及公共财产造成较大损失的，对负有直接责任者，给予警告或者严重警告处分。造成重大损失的，对负有直接责任者，给予撤销党内职务或者留党察看处分；负有主要领导责任者，给予严重警告或者撤销党内职务处分；负有重要领导责任者，给予警告或者严重警告处分：

（一）对发生的反对党的基本路线的集会、游行等活动放任不管，致使本单位多数党员、群众参加集会、游行等活动的；

（二）对存在的问题不认真解决，致使矛盾激化，造成闹事、罢工、罢课或者其他重大事件，严重影响生产、工作、教学和社会正常秩序的；

（三）对发生的明令禁止的不正之风不制止、不查处的；

（四）对发生的重大事件不及时采取措施进行处理的。

有上述情形之一，造成巨大损失或者恶劣影响的，对有关责

任者，依照前款规定加重处分。

第一百三十三条 在安全工作方面，有下列情形之一，造成较大损失的，对负有直接责任者，给予严重警告或者撤销党内职务处分。造成重大损失的，对负有直接责任者，给予留党察看或者开除党籍处分；负有主要领导责任者，给予撤销党内职务或者留党察看处分；负有重要领导责任者，给予警告、严重警告或者撤销党内职务处分：

（一）不认真执行劳动保护、安全生产和消防等方面的法律、法规，发生爆炸、火灾、交通安全、建筑质量安全、矿山安全以及其他事故的；

（二）在组织群众性活动时，对可能发生的问题未采取有效的防范措施，发生责任事故的；

（三）因工作不负责任致使学校、幼儿园或者公共场所发生人身伤亡事故的；

（四）生产、销售假劣药品、有害食品，发生危害人身健康的事故的。

有上述情形之一，造成巨大损失或者恶劣影响的，对有关责任者，依照前款规定加重处分。

第一百三十四条 在执纪、行政执法和司法工作中违反有关规定或者不负责任，有下列情形之一的，对负有直接责任者，给予警告或者严重警告处分。情节较重的，对负有直接责任者，给予撤销党内职务或者留党察看处分；负有主要领导责任者，给予警告或者严重警告处分。情节严重的，对负有直接责任者，给予开除党籍处分；负有主要领导责任者，给予撤销党内职务或者留党察看处分：

（一）在查处违纪违法案件中，瞒案不报、压案不办的；

（二）对他人要求保护合法权益的申请，无正当理由不予答复和办理的；

学习小记

（三）违法采取保全措施或者不履行法定执行职责的；

（四）对依照规定应当移交其他机关或者组织的案件不移交的；

（五）在办案工作中因违反有关规定或者不负责任导致有关人员伤亡等事件的。

在行政裁决或者案件侦查、起诉、审理、审判活动中徇私舞弊或者枉法裁判的，或者刑讯逼供、暴力取证的，或者经查证确属冤假错案而不予纠正的，对负有直接责任者，给予严重警告或者撤销党内职务处分；负有主要领导责任者，给予警告或者严重警告处分。情节严重的，对负有直接责任者，给予留党察看或者开除党籍处分；负有主要领导责任者，给予撤销党内职务或者留党察看处分。

第一百三十五条 违反有关规定，强令他人履行非法定义务，有下列情形之一，情节较轻的，给予警告或者严重警告处分；情节较重的，给予撤销党内职务或者留党察看处分；情节严重的，给予开除党籍处分：

（一）以各种方式乱收费、乱摊派的；

（二）擅自向他人征收、征用财物的；

（三）有其他强令他人履行非法定义务情形的。

第一百三十六条 利用职务上的便利，强令党和国家工作人员或者其他从事公务的人员违反有关规定行使职权，情节较重的，给予严重警告或者撤销党内职务处分；情节严重的，给予留党察看或者开除党籍处分。

强令公民、法人或者其他组织实施违反法律规定行为的，依照前款规定处理。

第一百三十七条 因工作不负责任致使所属人员叛逃的，给予警告或者严重警告处分；情节严重的，给予撤销党内职务处分。

因工作不负责任致使所属人员出走，情节较重的，给予警告或者严重警告处分；情节严重的，给予撤销党内职务处分。

第一百三十八条 丢失秘密文件资料或者泄露党和国家秘密，情节较轻的，给予警告或者严重警告处分；情节较重的，给予撤销党内职务或者留党察看处分；情节严重的，给予开除党籍处分。

在保密工作方面不负责任，致使发生重大失密泄密事故，造成或者可能造成较大损失的，对负有主要领导责任者，给予警告或者严重警告处分；造成或者可能造成重大损失的，对负有主要领导责任者，给予撤销党内职务处分。

第一百三十九条 对因工作失职、渎职，所造成的后果虽不够较大损失的标准，但给本地区、本单位造成严重不良影响的直接责任者，以及所造成的后果虽不够重大损失的标准，但给本地区、本单位造成严重不良影响的主要领导责任者，根据损失的数额及影响程度，给予警告、严重警告或者撤销党内职务处分。

第十三章　侵犯党员权利、公民权利的行为

第一百四十条 对批评、检举、控告进行阻挠、压制，或者将批评、检举、控告、申诉材料私自扣押、销毁，或者故意将其泄露给被批评人、被检举人、被控告人的，给予警告或者严重警告处分；情节较重的，给予撤销党内职务或者留党察看处分；情节严重的，给予开除党籍处分。

对批评人、检举人、控告人、证人及其他人员打击报复的，依照前款规定从重或者加重处分。

第一百四十一条 对党员或者公民的申辩、辩护、申诉、作证等，进行压制，造成不良后果的，给予警告或者严重警告处分；情节严重的，给予撤销党内职务处分。

学习小记

第一百四十二条 侵犯党员或者公民的选举权、被选举权、表决权，情节较重的，给予警告或者严重警告处分；情节严重的，给予撤销党内职务处分。

伪造选举文件、篡改选举结果或者以威胁、贿赂、欺骗等手段，妨害选民或者代表自由行使选举权、被选举权和表决权的，给予撤销党内职务、留党察看或者开除党籍处分。

第一百四十三条 侵犯他人人身权利，有下列行为之一，情节较轻的，给予警告或者严重警告处分；情节较重的，给予撤销党内职务或者留党察看处分；情节严重的，给予开除党籍处分：

（一）侮辱、诽谤他人的；

（二）对他人进行殴打、体罚、非法拘禁、非法搜查的；

（三）非法侵入或者非法搜查他人住宅的；

（四）有其他侵犯他人人身权利行为的。

第一百四十四条 违反劳动管理法律、法规侵犯他人权利，情节较重的，给予警告或者严重警告处分；情节严重的，给予撤销党内职务、留党察看或者开除党籍处分。

第一百四十五条 隐匿、毁弃或者非法开拆他人邮件、信件，侵犯他人通信自由，情节较重的，给予警告或者严重警告处分；情节严重的，给予撤销党内职务、留党察看或者开除党籍处分。

利用职务上的便利侵犯他人通信自由的，依照前款规定加重处分。

第一百四十六条 干涉他人婚姻自由，情节较重的，给予警告或者严重警告处分；情节严重的，给予撤销党内职务、留党察看或者开除党籍处分。

第一百四十七条 诬告陷害他人的，给予警告或者严重警告处分；情节较重的，给予撤销党内职务或者留党察看处分；情节严重的，给予开除党籍处分。

第一百四十八条 有其他侵犯党员权利、公民权利的行为，情节较重的，给予警告或者严重警告处分；情节严重的，给予撤销党内职务、留党察看或者开除党籍处分。

第十四章 严重违反社会主义道德的行为

第一百四十九条 弄虚作假，骗取荣誉的，给予警告或者严重警告处分；情节较重的，给予撤销党内职务或者留党察看处分；情节严重的，给予开除党籍处分。

第一百五十条 与他人通奸，造成不良影响的，给予警告或者严重警告处分；情节较重的，给予撤销党内职务或者留党察看处分；情节严重的，给予开除党籍处分。

与现役军人的配偶通奸的，依照前款规定从重或者加重处分。

重婚或者包养情妇（夫）的，给予开除党籍处分。

第一百五十一条 利用职权、教养关系、从属关系或者其他相类似关系与他人发生性关系的，给予撤销党内职务处分；情节严重的，给予留党察看或者开除党籍处分。

第一百五十二条 拒不承担抚养教育义务或者赡养义务，情节较重的，给予警告或者严重警告处分；情节严重的，给予撤销党内职务处分。

虐待家庭成员情节较重或者遗弃家庭成员的，给予撤销党内职务或者留党察看处分；情节严重的，给予开除党籍处分。

第一百五十三条 遇到国家财产和人民群众生命财产受到严重威胁时，能救而不救，情节较重的，给予警告、严重警告或者撤销党内职务处分；情节严重的，给予留党察看或者开除党籍处分。

第一百五十四条 有其他严重违反社会主义道德的行为，情节较重的，给予警告或者严重警告处分；情节严重的，给予撤销党内职务、留党察看或者开除党籍处分。

第十五章　妨害社会管理秩序的行为

第一百五十五条　进行色情活动的，给予严重警告或者撤销党内职务处分；情节严重的，给予留党察看或者开除党籍处分。本条例另有规定的，依照规定。

第一百五十六条　嫖娼、卖淫，或者组织、强迫、介绍、教唆、引诱、容留他人嫖娼、卖淫，或者故意为嫖娼、卖淫提供方便条件的，给予开除党籍处分。

第一百五十七条　制作、复制、出售、出租、传播淫秽影视书画或者其他淫秽物品，情节较轻的，给予严重警告处分；情节较重的，给予撤销党内职务或者留党察看处分；情节严重的，给予开除党籍处分。

第一百五十八条　观看淫秽影视书画，情节较重的，给予警告或者严重警告处分；情节严重的，给予撤销党内职务处分。

观看淫秽表演的，给予严重警告或者撤销党内职务处分；情节严重的，给予留党察看或者开除党籍处分。

组织进行淫秽表演的，给予开除党籍处分。

第一百五十九条　进行淫乱活动的，给予严重警告或者撤销党内职务处分；情节严重的，给予留党察看或者开除党籍处分。

猥亵、侮辱妇女的，依照前款规定处理。

第一百六十条　违反有关规定吸食、注射毒品、精神药品或者其他违禁品的，给予撤销党内职务处分；情节严重的，给予留党察看或者开除党籍处分。

以牟利为目的，违反有关规定种植毒品原植物或者制造、运输、贩卖毒品、精神药品和其他违禁品的，给予开除党籍处分。

单位有前款所列行为的，对主要责任者和其他直接责任人员，依照前款规定处理。

第一百六十一条 侵犯公私财产，有下列行为之一，情节较轻的，给予警告或者严重警告处分；情节较重的，给予撤销党内职务或者留党察看处分；情节严重的，给予开除党籍处分：

（一）盗窃公私财物的；

（二）诈骗公私财物的；

（三）抢夺公私财物的；

（四）破坏或者哄抢公私财物的；

（五）有其他侵犯公私财产行为的。

敲诈勒索公私财物的，给予开除党籍处分；情节较轻的，给予留党察看处分。

第一百六十二条 以营利为目的聚众赌博或者以赌博为业的，给予开除党籍处分。

参加赌博屡教屡犯，或者赌资较大，或者在工作时间赌博，或者在国（境）外赌博的，给予警告、严重警告或者撤销党内职务处分；情节严重的，给予留党察看或者开除党籍处分。党员领导干部参加赌博的，从重或者加重处分。

故意为赌博活动提供场所或者其他方便条件，情节较重的，给予警告、严重警告或者撤销党内职务处分；情节严重的，给予留党察看或者开除党籍处分。

第一百六十三条 妨碍党和国家工作人员或者其他从事公务的人员依纪依法执行公务，情节较轻的，给予警告或者严重警告处分；情节较重的，给予撤销党内职务或者留党察看处分；情节严重的，给予开除党籍处分。

第一百六十四条 扰乱和破坏生产、交通、工作等公共秩序的，给予警告或者严重警告处分；情节较重的，给予撤销党内职务或者留党察看处分；情节严重的，给予开除党籍处分。

学习小记

搞封建迷信活动，扰乱生产、工作、社会生活秩序的，依照前款规定从重或者加重处分。

第一百六十五条 伪造、变造或者买卖、使用伪造的党和国家机关、企业（公司）、事业单位、人民团体的公文、证件、印章的，给予严重警告处分；情节较重的，给予撤销党内职务或者留党察看处分；情节严重的，给予开除党籍处分。

抢夺党和国家机关、企业（公司）、事业单位、人民团体的公文、证件、印章的，依照前款规定从重或者加重处分。

伪造、变造或者买卖、使用伪造的学历、文凭的，依照第一款规定处理。

第一百六十六条 违反人口与计划生育法律、法规超计划生育的，给予严重警告或者撤销党内职务处分；情节严重的，给予留党察看或者开除党籍处分。

破坏人口与计划生育法律、法规实施的，给予撤销党内职务或者留党察看处分；情节严重的，给予开除党籍处分。

第一百六十七条 违反国家关于保护环境、自然资源和文物古迹等方面的法律、法规，情节较轻的，给予警告或者严重警告处分；情节较重的，给予撤销党内职务或者留党察看处分；情节严重的，给予开除党籍处分。

单位有前款所列行为的，对主要责任者和其他直接责任人员，依照前款规定处理。

第一百六十八条 编造、散播虚假信息或者其他对社会有害的信息，情节较重的，给予警告或者严重警告处分；情节严重的，给予撤销党内职务、留党察看或者开除党籍处分。

第一百六十九条 违反有关规定，侵入、破坏计算机信息系统，损害党、国家和人民利益，情节较轻的，给予警告或者严重警告处分；情节较重的，给予撤销党内职务或者留党察看处分；情节严重的，给予开除党籍处分。

第一百七十条 包庇犯罪分子，情节较轻的，给予严重警告或者撤销党内职务处分；情节较重的，给予留党察看处分；情节严重的，给予开除党籍处分。

包庇恐怖组织、黑社会性质组织及其主要成员的，给予开除党籍处分。

包庇有严重违纪行为应受纪律处分人员的，给予警告或者严重警告处分；情节严重的，给予撤销党内职务处分。

第一百七十一条 被犯罪分子蒙骗而为其犯罪活动提供方便条件的，给予警告或者严重警告处分；情节严重的，给予撤销党内职务或者留党察看处分。

第一百七十二条 驻外机构或者临时出国（境）团（组）中的党员，触犯驻在国家、地区的法律、法令或者不尊重驻在国家、地区的宗教习俗，情节较重的，给予警告或者严重警告处分；情节严重的，给予撤销党内职务、留党察看或者开除党籍处分。

第一百七十三条 违反国（边）境管理法律、法规，偷越国（边）境的，给予开除党籍处分。

第一百七十四条 有其他妨害社会管理秩序的行为，情节较重的，给予警告或者严重警告处分；情节严重的，给予撤销党内职务、留党察看或者开除党籍处分。

第三编　附　　则

第一百七十五条 本条例由中共中央纪律检查委员会负责解释。

第一百七十六条 中央军委可以根据本条例，结合中国人民解放军和中国人民武装警察部队的实际情况，制定补充规定或者单项规定。

学习小记

第一百七十七条 各省、自治区、直辖市党委，中央直属机关工委、中央国家机关工委，国务院国有资产监督管理委员会党委，中国银行业监督管理委员会、中国证券监督管理委员会、中国保险监督管理委员会以及其他实行垂直管理部门的党委（党组），可以根据本条例，结合各自工作的实际情况，制定单项实施规定，报中共中央纪律检查委员会备案。

第一百七十八条 本条例自发布之日起施行。

本条例发布前，已结案的案件如需进行复查复议，适用当时的规定或者政策。尚未结案的案件，如果行为发生时的规定或者政策不认为是违纪，而本条例认为是违纪的，依照当时的规定或者政策处理；如果行为发生时的规定或者政策认为是违纪的，依照当时的规定或者政策处理，但是如果本条例不认为是违纪或者处理较轻的，依照本条例规定处理。

中国共产党纪律处分条例[1]

（2015 年 10 月 18 日）

第一编　总　　则

第一章　指导思想、原则和适用范围

第一条　为维护党的章程和其他党内法规，严肃党的纪律，纯洁党的组织，保障党员民主权利，教育党员遵纪守法，维护党的团结统一，保证党的路线、方针、政策、决议和国家法律法规的贯彻执行，根据《中国共产党章程》，制定本条例。

第二条　本条例以马克思列宁主义、毛泽东思想、邓小平理论、“三个代表”重要思想、科学发展观为指导，深入贯彻习近平总书记系列重要讲话精神，落实全面从严治党战略部署。

第三条　党章是最根本的党内法规，是管党治党的总规矩。党的纪律是党的各级组织和全体党员必须遵守的行为规则。党组织和党员必须自觉遵守党章，严格执行和维护党的纪律，自觉接受党的纪律约束，模范遵守国家法律法规。

第四条　党的纪律处分工作应当坚持以下原则：

（一）党要管党、从严治党。加强对党的各级组织和全体党员的教育、管理和监督，把纪律挺在前面，注重抓早抓小。

（二）党纪面前一律平等。对违犯党纪的党组织和党员必须

---

① 2015 年的《中国共产党纪律处分条例》已被修改，鉴于本条例在实际监察工作中仍可能适用，本书仍然予以收录。

学习小记

严肃、公正执行纪律，党内不允许有任何不受纪律约束的党组织和党员。

（三）实事求是。对党组织和党员违犯党纪的行为，应当以事实为依据，以党章、其他党内法规和国家法律法规为准绳，准确认定违纪性质，区别不同情况，恰当予以处理。

（四）民主集中制。实施党纪处分，应当按照规定程序经党组织集体讨论决定，不允许任何个人或者少数人擅自决定和批准。上级党组织对违犯党纪的党组织和党员作出的处理决定，下级党组织必须执行。

（五）惩前毖后、治病救人。处理违犯党纪的党组织和党员，应当实行惩戒与教育相结合，做到宽严相济。

第五条 本条例适用于违犯党纪应当受到党纪追究的党组织和党员。

第二章 违纪与纪律处分

第六条 党组织和党员违反党章和其他党内法规，违反国家法律法规，违反党和国家政策，违反社会主义道德，危害党、国家和人民利益的行为，依照规定应当给予纪律处理或者处分的，都必须受到追究。

第七条 对党员的纪律处分种类：

（一）警告；

（二）严重警告；

（三）撤销党内职务；

（四）留党察看；

（五）开除党籍。

第八条 对严重违犯党纪的党组织的纪律处理措施：

（一）改组；

（二）解散。

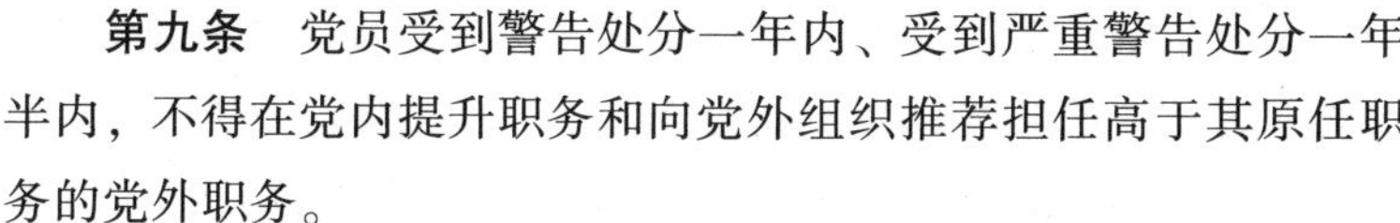
第九条　党员受到警告处分一年内、受到严重警告处分一年半内，不得在党内提升职务和向党外组织推荐担任高于其原任职务的党外职务。

第十条　撤销党内职务处分，是指撤销受处分党员由党内选举或者组织任命的党内职务。对于在党内担任两个以上职务的，党组织在作处分决定时，应当明确是撤销其一切职务还是某个职务。如果决定撤销其某个职务，必须撤销其担任的最高职务。如果决定撤销其两个以上职务，则必须从其担任的最高职务开始依次撤销。对于在党外组织担任职务的，应当建议党外组织依照规定作出相应处理。

对于应当受到撤销党内职务处分，但是本人没有担任党内职务的，应当给予其严重警告处分。其中，在党外组织担任职务的，应当建议党外组织撤销其党外职务。

党员受到撤销党内职务处分，或者依照前款规定受到严重警告处分的，二年内不得在党内担任和向党外组织推荐担任与其原任职务相当或者高于其原任职务的职务。

第十一条　留党察看处分，分为留党察看一年、留党察看二年。对于受到留党察看处分一年的党员，期满后仍不符合恢复党员权利条件的，应当延长一年留党察看期限。留党察看期限最长不得超过二年。

党员受留党察看处分期间，没有表决权、选举权和被选举权。留党察看期间，确有悔改表现的，期满后恢复其党员权利；坚持不改或者又发现其他应当受到党纪处分的违纪行为的，应当开除党籍。

党员受到留党察看处分，其党内职务自然撤销。对于担任党外职务的，应当建议党外组织撤销其党外职务。受到留党察看处分的党员，恢复党员权利后二年内，不得在党内担任和向党外组织推荐担任与其原任职务相当或者高于其原任职务的职务。

第十二条 党员受到开除党籍处分，五年内不得重新入党。另有规定不准重新入党的，依照规定。

第十三条 党的各级代表大会的代表受到留党察看以上（含留党察看）处分的，党组织应当终止其代表资格。

第十四条 对于严重违犯党纪、本身又不能纠正的党组织领导机构，应当予以改组。受到改组处理的党组织领导机构成员，除应当受到撤销党内职务以上（含撤销党内职务）处分的外，均自然免职。

第十五条 对于全体或者多数党员严重违犯党纪的党组织，应当予以解散。对于受到解散处理的党组织中的党员，应当逐个审查。其中，符合党员条件的，应当重新登记，并参加新的组织过党的生活；不符合党员条件的，应当对其进行教育、限期改正，经教育仍无转变的，予以劝退或者除名；有违纪行为的，依照规定予以追究。

第三章 纪律处分运用规则

第十六条 有下列情形之一的，可以从轻或者减轻处分：

（一）主动交代本人应当受到党纪处分的问题的；

（二）检举同案人或者其他人应当受到党纪处分或者法律追究的问题，经查证属实的；

（三）主动挽回损失、消除不良影响或者有效阻止危害结果发生的；

（四）主动上交违纪所得的；

（五）有其他立功表现的。

第十七条 根据案件的特殊情况，由中央纪委决定或者经省（部）级纪委（不含副省级市纪委）决定并呈报中央纪委批准，

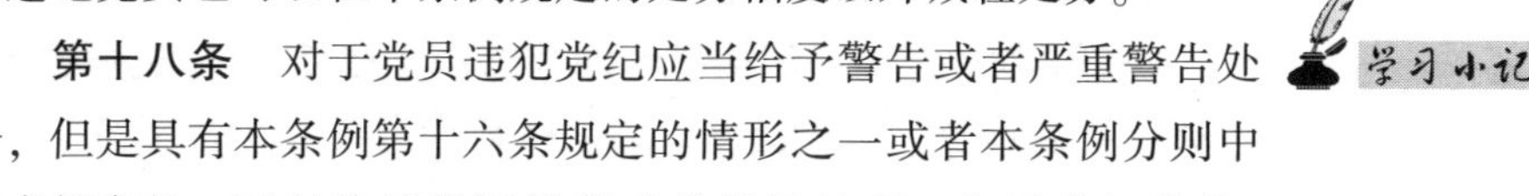

对违纪党员也可以在本条例规定的处分幅度以外减轻处分。

第十八条 对于党员违犯党纪应当给予警告或者严重警告处分，但是具有本条例第十六条规定的情形之一或者本条例分则中另有规定的，可以给予批评教育或者组织处理，免予党纪处分。对违纪党员免予处分，应当作出书面结论。

第十九条 有下列情形之一的，应当从重或者加重处分：

（一）在纪律集中整饬过程中，不收敛、不收手的；

（二）强迫、唆使他人违纪的；

（三）本条例另有规定的。

第二十条 故意违纪受处分后又因故意违纪应当受到党纪处分的，应当从重处分。

党员违纪受到党纪处分后，又被发现其受处分前的违纪行为应当受到党纪处分的，应当从重处分。

第二十一条 从轻处分，是指在本条例规定的违纪行为应当受到的处分幅度以内，给予较轻的处分。

从重处分，是指在本条例规定的违纪行为应当受到的处分幅度以内，给予较重的处分。

第二十二条 减轻处分，是指在本条例规定的违纪行为应当受到的处分幅度以外，减轻一档给予处分。

加重处分，是指在本条例规定的违纪行为应当受到的处分幅度以外，加重一档给予处分。

本条例规定的只有开除党籍处分一个档次的违纪行为，不适用第一款减轻处分的规定。

第二十三条 一人有本条例规定的两种以上（含两种）应当受到党纪处分的违纪行为，应当合并处理，按其数种违纪行为中应当受到的最高处分加重一档给予处分；其中一种违纪行为应当受到开除党籍处分的，应当给予开除党籍处分。

第二十四条 一个违纪行为同时触犯本条例两个以上（含两

个）条款的，依照处分较重的条款定性处理。

一个条款规定的违纪构成要件全部包含在另一个条款规定的违纪构成要件中，特别规定与一般规定不一致的，适用特别规定。

第二十五条 二人以上（含二人）共同故意违纪的，对为首者，从重处分，本条例另有规定的除外；对其他成员，按照其在共同违纪中所起的作用和应负的责任，分别给予处分。

对于经济方面共同违纪的，按照个人所得数额及其所起作用，分别给予处分。对违纪集团的首要分子，按照集团违纪的总数额处分；对其他共同违纪的为首者，情节严重的，按照共同违纪的总数额处分。

教唆他人违纪的，应当按照其在共同违纪中所起的作用追究党纪责任。

第二十六条 党组织领导机构集体作出违犯党纪的决定或者实施其他违犯党纪的行为，对具有共同故意的成员，按共同违纪处理；对过失违纪的成员，按照各自在集体违纪中所起的作用和应负的责任分别给予处分。

第四章 对违法犯罪党员的纪律处分

第二十七条 党组织在纪律审查中发现党员有贪污贿赂、失职渎职等刑法规定的行为涉嫌犯罪的，应当给予撤销党内职务、留党察看或者开除党籍处分。

第二十八条 党组织在纪律审查中发现党员有刑法规定的行为，虽不涉及犯罪但须追究党纪责任的，应当视具体情节给予警告直至开除党籍处分。

第二十九条 党组织在纪律审查中发现党员有其他违法行为，影响党的形象，损害党、国家和人民利益的，应当视情节轻重给予党纪处分。

对有丧失党员条件，严重败坏党的形象行为的，应当给予开除党籍处分。

第三十条 党员受到党纪追究，涉嫌违法犯罪的，应当及时移送有关国家机关依法处理。需要给予行政处分或者其他纪律处分的，应当向有关机关或者组织提出建议。

第三十一条 党员被依法逮捕的，党组织应当按照管理权限中止其表决权、选举权和被选举权等党员权利。根据司法机关处理结果，可以恢复其党员权利的，应当及时予以恢复。

第三十二条 党员犯罪情节轻微，人民检察院依法作出不起诉决定的，或者人民法院依法作出有罪判决并免予刑事处罚的，应当给予撤销党内职务、留党察看或者开除党籍处分。

党员犯罪，被单处罚金的，依照前款规定处理。

第三十三条 党员犯罪，有下列情形之一的，应当给予开除党籍处分：

（一）因故意犯罪被依法判处刑法规定的主刑（含宣告缓刑）的；

（二）被单处或者附加剥夺政治权利的；

（三）因过失犯罪，被依法判处三年以上（不含三年）有期徒刑的。

因过失犯罪被判处三年以下（含三年）有期徒刑或者被判处管制、拘役的，一般应当开除党籍。对于个别可以不开除党籍的，应当对照处分党员批准权限的规定，报请再上一级党组织批准。

第三十四条 党员依法受到刑事责任追究的，党组织应当根据司法机关的生效判决、裁定、决定及其认定的事实、性质和情节，依照本条例规定给予党纪处分或者组织处理。

党员依法受到行政处罚、行政处分，应当追究党纪责任的，

学习小记

党组织可以根据生效的行政处罚、行政处分决定认定的事实、性质和情节，经核实后依照本条例规定给予党纪处分或者组织处理。

党员违反国家法律法规，违反企事业单位或者其他社会组织的规章制度受到其他纪律处分，应当追究党纪责任的，党组织在对有关方面认定的事实、性质和情节进行核实后，依照本条例规定给予党纪处分或者组织处理。

党组织作出党纪处分或者组织处理决定后，司法机关、行政机关等依法改变原生效判决、裁定、决定等，对原党纪处分或者组织处理决定产生影响的，党组织应当根据改变后的生效判决、裁定、决定等重新作出相应处理。

第五章　其他规定

第三十五条　预备党员违犯党纪，情节较轻，可以保留预备党员资格的，党组织应当对其批评教育或者延长预备期；情节较重的，应当取消其预备党员资格。

第三十六条　对违纪后下落不明的党员，应当区别情况作出处理：

（一）对有严重违纪行为，应当给予开除党籍处分的，党组织应当作出决定，开除其党籍；

（二）除前项规定的情况外，下落不明时间超过六个月的，党组织应当按照党章规定对其予以除名。

第三十七条　违纪党员在党组织作出处分决定前死亡，或者在死亡之后发现其曾有严重违纪行为，对于应当给予开除党籍处分的，开除其党籍；对于应当给予留党察看以下（含留党察看）处分的，作出书面结论，不再给予党纪处分。

第三十八条　违纪行为有关责任人员的区分：

（一）直接责任者，是指在其职责范围内，不履行或者不正确履行自己的职责，对造成的损失或者后果起决定性作用的党员或者党员领导干部。

（二）主要领导责任者，是指在其职责范围内，对直接主管的工作不履行或者不正确履行职责，对造成的损失或者后果负直接领导责任的党员领导干部。

（三）重要领导责任者，是指在其职责范围内，对应管的工作或者参与决定的工作不履行或者不正确履行职责，对造成的损失或者后果负次要领导责任的党员领导干部。

本条例所称领导责任者，包括主要领导责任者和重要领导责任者。

第三十九条　本条例所称主动交代，是指涉嫌违纪的党员在组织初核前向有关组织交代自己的问题，或者在初核和立案调查其问题期间交代组织未掌握的问题。

在初核、立案调查过程中，涉嫌违纪的党员能够配合调查工作，如实坦白组织已掌握的其本人主要违纪事实的，可以从轻处分。

第四十条　计算经济损失主要计算直接经济损失。直接经济损失，是指与违纪行为有直接因果关系而造成财产损毁的实际价值。

第四十一条　对于违纪行为所获得的经济利益，应当收缴或者责令退赔。

对于违纪行为所获得的职务、职称、学历、学位、奖励、资格等其他利益，应当由承办案件的纪检机关或者由其上级纪检机关建议有关组织、部门、单位按照规定予以纠正。

对于依照本条例第三十六条、第三十七条规定处理的党员，经调查确属其实施违纪行为获得的利益，依照本条规定处理。

第四十二条　党纪处分决定作出后，应当在一个月内向受

处分党员所在党的基层组织中的全体党员及其本人宣布，并按照干部管理权限和组织关系将处分决定材料归入受处分者档案；对于受到撤销党内职务以上（含撤销党内职务）处分的，还应当在一个月内办理职务、工资等相应变更手续；涉及撤销或者调整其党外职务的，应当建议党外组织及时撤销或者调整其党外职务。特殊情况下，经作出或者批准作出处分决定的组织批准，可以适当延长办理期限。办理期限最长不得超过六个月。

第四十三条 执行党纪处分决定的机关或者受处分党员所在单位，应当在六个月内将处分决定的执行情况向作出或者批准处分决定的机关报告。

第四十四条 本条例总则适用于有党纪处分规定的其他党内法规，但是中共中央发布或者批准发布的其他党内法规有特别规定的除外。

第二编　分　　则

第六章　对违反政治纪律行为的处分

第四十五条 通过信息网络、广播、电视、报刊、书籍、讲座、论坛、报告会、座谈会等方式，公开发表坚持资产阶级自由化立场、反对四项基本原则，反对党的改革开放决策的文章、演说、宣言、声明等的，给予开除党籍处分。

发布、播出、刊登、出版前款所列文章、演说、宣言、声明等或者为上述行为提供方便条件的，对直接责任者和领导责任者，给予严重警告或者撤销党内职务处分；情节严重的，给予留党察看或者开除党籍处分。

第四十六条 通过信息网络、广播、电视、报刊、书籍、讲座、论坛、报告会、座谈会等方式，有下列行为之一，情节较轻的，给予警告或者严重警告处分；情节较重的，给予撤销党内职务或者留党察看处分；情节严重的，给予开除党籍处分：

（一）公开发表违背四项基本原则，违背、歪曲党的改革开放决策，或者其他有严重政治问题的文章、演说、宣言、声明等的；

（二）妄议中央大政方针，破坏党的集中统一的；

（三）丑化党和国家形象，或者诋毁、诬蔑党和国家领导人，或者歪曲党史、军史的。

发布、播出、刊登、出版前款所列内容或者为上述行为提供方便条件的，对直接责任者和领导责任者，给予严重警告或者撤销党内职务处分；情节严重的，给予留党察看或者开除党籍处分。

第四十七条 制作、贩卖、传播第四十五条、第四十六条所列内容之一的书刊、音像制品、电子读物、网络音视频资料等，情节较轻的，给予警告或者严重警告处分；情节较重的，给予撤销党内职务或者留党察看处分；情节严重的，给予开除党籍处分。

私自携带、寄递第四十五条、第四十六条所列内容之一的书刊、音像制品、电子读物等入出境，情节较重的，给予警告或者严重警告处分；情节严重的，给予撤销党内职务、留党察看或者开除党籍处分。

第四十八条 组织、参加反对党的基本理论、基本路线、基本纲领、基本经验、基本要求或者重大方针政策的集会、游行、示威等活动的，或者以组织讲座、论坛、报告会、座谈会等方式，反对党的基本理论、基本路线、基本纲领、基本经验、基本要求或者重大方针政策，造成严重不良影响的，对策划者、组织

者和骨干分子，给予开除党籍处分。

对其他参加人员或者以提供信息、资料、财物、场地等方式支持上述活动者，情节较轻的，给予警告或者严重警告处分；情节较重的，给予撤销党内职务或者留党察看处分；情节严重的，给予开除党籍处分。

对不明真相被裹挟参加，经批评教育后确有悔改表现的，可以免予处分或者不予处分。

未经组织批准参加其他集会、游行、示威等活动，情节较轻的，给予警告或者严重警告处分；情节较重的，给予撤销党内职务或者留党察看处分；情节严重的，给予开除党籍处分。

第四十九条 组织、参加旨在反对党的领导、反对社会主义制度或者敌视政府等组织的，对策划者、组织者和骨干分子，给予开除党籍处分。

对其他参加人员，情节较轻的，给予警告或者严重警告处分；情节较重的，给予撤销党内职务或者留党察看处分；情节严重的，给予开除党籍处分。

第五十条 组织、参加会道门或者邪教组织的，对策划者、组织者和骨干分子，给予开除党籍处分。

对其他参加人员，情节较轻的，给予警告或者严重警告处分；情节较重的，给予撤销党内职务或者留党察看处分；情节严重的，给予开除党籍处分。

对不明真相的参加人员，经批评教育后确有悔改表现的，可以免予处分或者不予处分。

第五十一条 在党内组织秘密集团或者组织其他分裂党的活动的，给予开除党籍处分。

参加秘密集团或者参加其他分裂党的活动的，给予留党察看或者开除党籍处分。

第五十二条 在党内搞团团伙伙、结党营私、拉帮结派、培

植私人势力或者通过搞利益交换、为自己营造声势等活动捞取政治资本的，给予严重警告或者撤销党内职务处分；情节严重的，给予留党察看或者开除党籍处分。

第五十三条 有下列行为之一的，对直接责任者和领导责任者，给予严重警告或者撤销党内职务处分；情节严重的，给予留党察看或者开除党籍处分：

（一）拒不执行党和国家的方针政策以及决策部署的；

（二）故意作出与党和国家的方针政策以及决策部署相违背的决定的；

（三）擅自对应当由中央决定的重大政策问题作出决定和对外发表主张的。

第五十四条 挑拨民族关系制造事端或者参加民族分裂活动的，对策划者、组织者和骨干分子，给予开除党籍处分。

对其他参加人员，情节较轻的，给予警告或者严重警告处分；情节较重的，给予撤销党内职务或者留党察看处分；情节严重的，给予开除党籍处分。

对不明真相被裹挟参加，经批评教育后确有悔改表现的，可以免予处分或者不予处分。

有其他违反党和国家民族政策的行为，情节较轻的，给予警告或者严重警告处分；情节较重的，给予撤销党内职务或者留党察看处分；情节严重的，给予开除党籍处分。

第五十五条 组织、利用宗教活动反对党的路线、方针、政策和决议，破坏民族团结的，对策划者、组织者和骨干分子，给予留党察看或者开除党籍处分。

对其他参加人员，情节较轻的，给予警告或者严重警告处分；情节较重的，给予撤销党内职务或者留党察看处分；情节严重的，给予开除党籍处分。

对不明真相被裹挟参加，经批评教育后确有悔改表现的，可

以免予处分或者不予处分。

有其他违反党和国家宗教政策的行为，情节较轻的，给予警告或者严重警告处分；情节较重的，给予撤销党内职务或者留党察看处分；情节严重的，给予开除党籍处分。

第五十六条 组织、利用宗族势力对抗党和政府，妨碍党和国家的方针政策以及决策部署的实施，或者破坏党的基层组织建设的，对策划者、组织者和骨干分子，给予留党察看或者开除党籍处分。

对其他参加人员，情节较轻的，给予警告或者严重警告处分；情节较重的，给予撤销党内职务或者留党察看处分；情节严重的，给予开除党籍处分。

对不明真相被裹挟参加，经批评教育后确有悔改表现的，可以免予处分或者不予处分。

第五十七条 对抗组织审查，有下列行为之一的，给予警告或者严重警告处分；情节较重的，给予撤销党内职务或者留党察看处分；情节严重的，给予开除党籍处分：

（一）串供或者伪造、销毁、转移、隐匿证据的；

（二）阻止他人揭发检举、提供证据材料的；

（三）包庇同案人员的；

（四）向组织提供虚假情况，掩盖事实的；

（五）有其他对抗组织审查行为的。

第五十八条 组织迷信活动的，给予撤销党内职务或者留党察看处分；情节严重的，给予开除党籍处分。

参加迷信活动，造成不良影响的，给予警告或者严重警告处分；情节较重的，给予撤销党内职务或者留党察看处分；情节严重的，给予开除党籍处分。

对不明真相的参加人员，经批评教育后确有悔改表现的，可以免予处分或者不予处分。

第五十九条 在国（境）外、外国驻华使（领）馆申请政治避难，或者违纪后逃往国（境）外、外国驻华使（领）馆的，给予开除党籍处分。

在国（境）外公开发表反对党和政府的文章、演说、宣言、声明等的，依照前款规定处理。

故意为上述行为提供方便条件的，给予留党察看或者开除党籍处分。

第六十条 在涉外活动中，其言行在政治上造成恶劣影响，损害党和国家尊严、利益的，给予撤销党内职务或者留党察看处分；情节严重的，给予开除党籍处分。

第六十一条 党员领导干部对违反政治纪律和政治规矩等错误思想和行为放任不管，搞无原则一团和气，造成不良影响的，给予警告或者严重警告处分；情节严重的，给予撤销党内职务或者留党察看处分。

第六十二条 违反党的优良传统和工作惯例等党的规矩，在政治上造成不良影响的，给予警告或者严重警告处分；情节较重的，给予撤销党内职务或者留党察看处分；情节严重的，给予开除党籍处分。

第七章 对违反组织纪律行为的处分

第六十三条 违反民主集中制原则，拒不执行或者擅自改变党组织作出的重大决定，或者违反议事规则，个人或者少数人决定重大问题的，给予警告或者严重警告处分；情节严重的，给予撤销党内职务或者留党察看处分。

第六十四条 下级党组织拒不执行或者擅自改变上级党组织决定的，对直接责任者和领导责任者，给予警告或者严重警告处分；情节严重的，给予撤销党内职务或者留党察看处分。

学习小记

第六十五条 拒不执行党组织的分配、调动、交流等决定的，给予警告、严重警告或者撤销党内职务处分。

在特殊时期或者紧急状况下，拒不执行党组织决定的，给予留党察看或者开除党籍处分。

第六十六条 不按照有关规定或者工作要求，向组织请示报告重大问题、重要事项的，给予警告或者严重警告处分；情节严重的，给予撤销党内职务或者留党察看处分。

不按要求报告或者不如实报告个人去向，情节较重的，给予警告或者严重警告处分。

第六十七条 有下列行为之一，情节较重的，给予警告或者严重警告处分：

（一）违反个人有关事项报告规定，不报告、不如实报告的；

（二）在组织进行谈话、函询时，不如实向组织说明问题的；

（三）不如实填报个人档案资料的。

篡改、伪造个人档案资料的，给予严重警告处分；情节严重的，给予撤销党内职务或者留党察看处分。

隐瞒入党前严重错误的，一般应当予以除名；对入党后表现尚好的，给予严重警告、撤销党内职务或者留党察看处分。

第六十八条 党员领导干部违反有关规定组织、参加自发成立的老乡会、校友会、战友会等，情节严重的，给予警告、严重警告或者撤销党内职务处分。

第六十九条 诬告陷害他人意在使他人受纪律追究的，给予警告或者严重警告处分；情节较重的，给予撤销党内职务或者留党察看处分；情节严重的，给予开除党籍处分。

第七十条 侵犯党员的表决权、选举权和被选举权，情节较重的，给予警告或者严重警告处分；情节严重的，给予撤销党内职务处分。

以强迫、威胁、欺骗、拉拢等手段，妨害党员自主行使表决

权、选举权和被选举权的，给予撤销党内职务、留党察看或者开除党籍处分。

第七十一条 有下列行为之一的，给予警告或者严重警告处分；情节较重的，给予撤销党内职务或者留党察看处分；情节严重的，给予开除党籍处分：

（一）对批评、检举、控告进行阻挠、压制，或者将批评、检举、控告材料私自扣压、销毁，或者故意将其泄露给他人的；

（二）对党员的申辩、辩护、作证等进行压制，造成不良后果的；

（三）压制党员申诉，造成不良后果的，或者不按照有关规定处理党员申诉的；

（四）有其他侵犯党员权利行为，造成不良后果的。

对批评人、检举人、控告人、证人及其他人员打击报复的，依照前款规定从重或者加重处分。

党组织有上述行为的，对直接责任者和领导责任者，依照第一款规定处理。

第七十二条 有下列行为之一的，给予警告或者严重警告处分；情节较重的，给予撤销党内职务或者留党察看处分；情节严重的，给予开除党籍处分：

（一）在民主推荐、民主测评、组织考察和党内选举中搞拉票、助选等非组织活动的；

（二）在法律规定的投票、选举活动中违背组织原则搞非组织活动，组织、怂恿、诱使他人投票、表决的；

（三）在选举中进行其他违反党章、其他党内法规和有关章程活动的。

第七十三条 在干部选拔任用工作中，违反干部选拔任用规定，对直接责任者和领导责任者，情节较轻的，给予警告或者严重警告处分；情节较重的，给予撤销党内职务或者留党察看处

分；情节严重的，给予开除党籍处分。

用人失察失误造成严重后果的，对直接责任者和领导责任者，依照前款规定处理。

第七十四条 在干部、职工的录用、考核、职务晋升、职称评定和征兵、安置复转军人等工作中，隐瞒、歪曲事实真相，或者利用职权或者职务上的影响违反有关规定为本人或者其他人谋取利益的，给予警告或者严重警告处分；情节较重的，给予撤销党内职务或者留党察看处分；情节严重的，给予开除党籍处分。

弄虚作假，骗取职务、职级、职称、待遇、资格、学历、学位、荣誉或者其他利益的，依照前款规定处理。

第七十五条 违反党章和其他党内法规的规定，采取弄虚作假或者其他手段把不符合党员条件的人发展为党员，或者为非党员出具党员身份证明的，对直接责任者和领导责任者，给予警告或者严重警告处分；情节严重的，给予撤销党内职务处分。

违反有关规定程序发展党员的，对直接责任者和领导责任者，依照前款规定处理。

第七十六条 违反有关规定取得外国国籍或者获取国（境）外永久居留资格、长期居留许可的，给予撤销党内职务、留党察看或者开除党籍处分。

第七十七条 违反有关规定办理因私出国（境）证件、前往港澳通行证，或者未经批准出入国（边）境，情节较轻的，给予警告或者严重警告处分；情节较重的，给予撤销党内职务处分；情节严重的，给予留党察看处分。

第七十八条 驻外机构或者临时出国（境）团（组）中的党员擅自脱离组织，或者从事外事、机要、军事等工作的党员违反有关规定同国（境）外机构、人员联系和交往的，给予警告、严重警告或者撤销党内职务处分。

第七十九条 驻外机构或者临时出国（境）团（组）中的党员，脱离组织出走时间不满六个月又自动回归的，给予撤销党内职务或者留党察看处分；脱离组织出走时间超过六个月的，按照自行脱党处理，党内予以除名。

故意为他人脱离组织出走提供方便条件的，给予警告、严重警告或者撤销党内职务处分。

第八章　对违反廉洁纪律行为的处分

第八十条 利用职权或者职务上的影响为他人谋取利益，本人的配偶、子女及其配偶等亲属和其他特定关系人收受对方财物，情节较重的，给予警告或者严重警告处分；情节严重的，给予撤销党内职务、留党察看或者开除党籍处分。

第八十一条 相互利用职权或者职务上的影响为对方及其配偶、子女及其配偶等亲属、身边工作人员和其他特定关系人谋取利益搞权权交易的，给予警告或者严重警告处分；情节较重的，给予撤销党内职务或者留党察看处分；情节严重的，给予开除党籍处分。

第八十二条 纵容、默许配偶、子女及其配偶等亲属和身边工作人员利用党员干部本人职权或者职务上的影响谋取私利，情节较轻的，给予警告或者严重警告处分；情节较重的，给予撤销党内职务或者留党察看处分；情节严重的，给予开除党籍处分。

党员干部的配偶、子女及其配偶不实际工作而获取薪酬或者虽实际工作但领取明显超出同职级标准薪酬，党员干部知情未予纠正的，依照前款规定处理。

第八十三条 收受可能影响公正执行公务的礼品、礼金、消费卡等，情节较轻的，给予警告或者严重警告处分；情节较重

学习小记

的，给予撤销党内职务或者留党察看处分；情节严重的，给予开除党籍处分。

收受其他明显超出正常礼尚往来的礼品、礼金、消费卡等的，依照前款规定处理。

第八十四条 向从事公务的人员及其配偶、子女及其配偶等亲属和其他特定关系人赠送明显超出正常礼尚往来的礼品、礼金、消费卡等，情节较重的，给予警告或者严重警告处分；情节严重的，给予撤销党内职务或者留党察看处分。

第八十五条 利用职权或者职务上的影响操办婚丧喜庆事宜，在社会上造成不良影响的，给予警告或者严重警告处分；情节严重的，给予撤销党内职务处分。

在操办婚丧喜庆事宜中，借机敛财或者有其他侵犯国家、集体和人民利益行为的，依照前款规定从重或者加重处分，直至开除党籍。

第八十六条 接受可能影响公正执行公务的宴请或者旅游、健身、娱乐等活动安排，情节较重的，给予警告或者严重警告处分；情节严重的，给予撤销党内职务或者留党察看处分。

第八十七条 违反有关规定取得、持有、实际使用运动健身卡、会所和俱乐部会员卡、高尔夫球卡等各种消费卡，或者违反有关规定出入私人会所，情节较重的，给予警告或者严重警告处分；情节严重的，给予撤销党内职务或者留党察看处分。

第八十八条 违反有关规定从事营利活动，有下列行为之一，情节较轻的，给予警告或者严重警告处分；情节较重的，给予撤销党内职务或者留党察看处分；情节严重的，给予开除党籍处分：

（一）经商办企业的；

（二）拥有非上市公司（企业）的股份或者证券的；

（三）买卖股票或者进行其他证券投资的；

（四）从事有偿中介活动的；

（五）在国（境）外注册公司或者投资入股的；

（六）有其他违反有关规定从事营利活动的。

利用职权或者职务上的影响，为本人配偶、子女及其配偶等亲属和其他特定关系人的经营活动谋取利益的，依照前款规定处理。

违反有关规定在经济实体、社会团体等单位中兼职，或者经批准兼职但获取薪酬、奖金、津贴等额外利益的，依照第一款规定处理。

第八十九条 党员领导干部离职或者退（离）休后违反有关规定接受原任职务管辖的地区和业务范围内的企业和中介机构的聘任，或者个人从事与原任职务管辖业务相关的营利活动，情节较轻的，给予警告或者严重警告处分；情节较重的，给予撤销党内职务处分；情节严重的，给予留党察看处分。

党员领导干部离职或者退（离）休后违反有关规定担任上市公司、基金管理公司独立董事、独立监事等职务，情节较轻的，给予警告或者严重警告处分；情节较重的，给予撤销党内职务处分；情节严重的，给予留党察看处分。

第九十条 党员领导干部的配偶、子女及其配偶，违反有关规定在该党员领导干部管辖的区域或者业务范围内从事可能影响其公正执行公务的经营活动，或者在该党员领导干部管辖的区域或者业务范围内的外商独资企业、中外合资企业中担任由外方委派、聘任的高级职务的，该党员领导干部应当按照规定予以纠正；拒不纠正的，其本人应当辞去现任职务或者由组织予以调整职务；不辞去现任职务或者不服从组织调整职务的，给予撤销党内职务处分。

第九十一条 党和国家机关违反有关规定经商办企业的，对直接责任者和领导责任者，给予警告或者严重警告处分；情节严

学习小记

重的，给予撤销党内职务处分。

第九十二条 党员领导干部违反工作、生活保障制度，在交通、医疗、警卫等方面为本人、配偶、子女及其配偶等亲属和其他特定关系人谋求特殊待遇，情节较重的，给予警告或者严重警告处分；情节严重的，给予撤销党内职务或者留党察看处分。

第九十三条 在分配、购买住房中侵犯国家、集体利益，情节较轻的，给予警告或者严重警告处分；情节较重的，给予撤销党内职务或者留党察看处分；情节严重的，给予开除党籍处分。

第九十四条 利用职权或者职务上的影响，侵占非本人经管的公私财物，或者以象征性地支付钱款等方式侵占公私财物，或者无偿、象征性地支付报酬接受服务、使用劳务，情节较轻的，给予警告或者严重警告处分；情节较重的，给予撤销党内职务或者留党察看处分；情节严重的，给予开除党籍处分。

利用职权或者职务上的影响，将本人、配偶、子女及其配偶等亲属应当由个人支付的费用，由下属单位、其他单位或者他人支付、报销的，依照前款规定处理。

第九十五条 利用职权或者职务上的影响，违反有关规定占用公物归个人使用，时间超过六个月，情节较重的，给予警告或者严重警告处分；情节严重的，给予撤销党内职务处分。

占用公物进行营利活动的，给予警告或者严重警告处分；情节较重的，给予撤销党内职务或者留党察看处分；情节严重的，给予开除党籍处分。

将公物借给他人进行营利活动的，依照前款规定处理。

第九十六条 违反有关规定组织、参加用公款支付的宴请、高消费娱乐、健身活动，或者用公款购买赠送、发放礼品，对直接责任者和领导责任者，情节较轻的，给予警告或者严重警告处

分；情节较重的，给予撤销党内职务或者留党察看处分；情节严重的，给予开除党籍处分。

第九十七条 违反有关规定自定薪酬或者滥发津贴、补贴、奖金等，对直接责任者和领导责任者，情节较轻的，给予警告或者严重警告处分；情节较重的，给予撤销党内职务或者留党察看处分；情节严重的，给予开除党籍处分。

第九十八条 有下列行为之一，对直接责任者和领导责任者，情节较轻的，给予警告或者严重警告处分；情节较重的，给予撤销党内职务或者留党察看处分；情节严重的，给予开除党籍处分：

（一）用公款旅游、借公务差旅之机旅游或者以公务差旅为名变相旅游的；

（二）以考察、学习、培训、研讨、招商、参展等名义变相用公款出国（境）旅游的。

第九十九条 违反公务接待管理规定，超标准、超范围接待或者借机大吃大喝，对直接责任者和领导责任者，情节较重的，给予警告或者严重警告处分；情节严重的，给予撤销党内职务处分。

第一百条 违反有关规定配备、购买、更换、装饰、使用公务用车或者有其他违反公务用车管理规定的行为，对直接责任者和领导责任者，情节较重的，给予警告或者严重警告处分；情节严重的，给予撤销党内职务或者留党察看处分。

第一百零一条 违反会议活动管理规定，有下列行为之一，对直接责任者和领导责任者，情节较重的，给予警告或者严重警告处分；情节严重的，给予撤销党内职务处分：

（一）到禁止召开会议的风景名胜区开会的；

（二）决定或者批准举办各类节会、庆典活动的。

擅自举办评比达标表彰活动或者借评比达标表彰活动收取费

学习小记

用的，依照前款规定处理。

第一百零二条 违反办公用房管理规定，有下列行为之一，对直接责任者和领导责任者，情节较重的，给予警告或者严重警告处分；情节严重的，给予撤销党内职务处分：

（一）决定或者批准兴建、装修办公楼、培训中心等楼堂馆所，超标准配备、使用办公用房的；

（二）用公款包租、占用客房或者其他场所供个人使用的。

第一百零三条 搞权色交易或者给予财物搞钱色交易的，给予警告或者严重警告处分；情节较重的，给予撤销党内职务或者留党察看处分；情节严重的，给予开除党籍处分。

第一百零四条 有其他违反廉洁纪律规定行为的，应当视具体情节给予警告直至开除党籍处分。

第九章 对违反群众纪律行为的处分

第一百零五条 有下列行为之一，对直接责任者和领导责任者，情节较轻的，给予警告或者严重警告处分；情节较重的，给予撤销党内职务或者留党察看处分；情节严重的，给予开除党籍处分：

（一）超标准、超范围向群众筹资筹劳、摊派费用，加重群众负担的；

（二）违反有关规定扣留、收缴群众款物或者处罚群众的；

（三）克扣群众财物，或者违反有关规定拖欠群众钱款的；

（四）在管理、服务活动中违反有关规定收取费用的；

（五）在办理涉及群众事务时刁难群众、吃拿卡要的；

（六）有其他侵害群众利益行为的。

第一百零六条 干涉群众生产经营自主权，致使群众财产遭受较大损失的，对直接责任者和领导责任者，给予警告或者严

重警告处分；情节严重的，给予撤销党内职务或者留党察看处分。

第一百零七条 在社会保障、政策扶持、救灾救济款物分配等事项中优亲厚友、明显有失公平的，给予警告或者严重警告处分；情节严重的，给予撤销党内职务或者留党察看处分。

第一百零八条 有下列行为之一，对直接责任者和领导责任者，情节较重的，给予警告或者严重警告处分；情节严重的，给予撤销党内职务或者留党察看处分：

（一）对涉及群众生产、生活等切身利益的问题依照政策或者有关规定能解决而不及时解决，造成不良影响的；

（二）对符合政策的群众诉求消极应付、推诿扯皮，损害党群、干群关系的；

（三）对待群众态度恶劣、简单粗暴，造成不良影响的；

（四）弄虚作假，欺上瞒下，损害群众利益的。

第一百零九条 不顾群众意愿，盲目铺摊子、上项目，致使国家、集体或者群众财产和利益遭受较大损失的，对直接责任者和领导责任者，给予警告或者严重警告处分；情节严重的，给予撤销党内职务或者留党察看处分。

第一百一十条 遇到国家财产和群众生命财产受到严重威胁时，能救而不救，情节较重的，给予警告、严重警告或者撤销党内职务处分；情节严重的，给予留党察看或者开除党籍处分。

第一百一十一条 不按照规定公开党务、政务、厂务、村（居）务等，侵犯群众知情权，对直接责任者和领导责任者，情节较重的，给予警告或者严重警告处分；情节严重的，给予撤销党内职务或者留党察看处分。

第一百一十二条 有其他违反群众纪律规定行为的，应当视具体情节给予警告直至开除党籍处分。

第十章　对违反工作纪律行为的处分

第一百一十三条　党组织负责人在工作中不负责任或者疏于管理，有下列情形之一，给党、国家和人民利益以及公共财产造成较大损失的，对直接责任者和领导责任者，给予警告或者严重警告处分；造成重大损失的，给予撤销党内职务、留党察看或者开除党籍处分：

（一）不传达贯彻、不检查督促落实党和国家的方针政策以及决策部署，或者作出违背党和国家方针政策以及决策部署的错误决策的；

（二）本地区、本部门、本系统和本单位发生公开反对党的基本理论、基本路线、基本纲领、基本经验、基本要求或者党和国家方针政策以及决策部署行为的。

第一百一十四条　党组织不履行全面从严治党主体责任或者履行全面从严治党主体责任不力，造成严重损害或者严重不良影响的，对直接责任者和领导责任者，给予警告或者严重警告处分；情节严重的，给予撤销党内职务或者留党察看处分。

第一百一十五条　党组织有下列行为之一，对直接责任者和领导责任者，情节较重的，给予警告或者严重警告处分；情节严重的，给予撤销党内职务或者留党察看处分：

（一）党员被依法判处刑罚后，不按照规定给予党纪处分，或者对违反国家法律法规的行为，应当给予党纪处分而不处分的；

（二）党纪处分决定或者申诉复查决定作出后，不按照规定落实决定中关于被处分人党籍、职务、职级、待遇等事项的；

（三）党员受到党纪处分后，不按照干部管理权限和组织关系对受处分党员开展日常教育、管理和监督工作的。

第一百一十六条　因工作不负责任致使所管理的人员叛逃

的，对直接责任者和领导责任者，给予警告或者严重警告处分；情节严重的，给予撤销党内职务处分。

因工作不负责任致使所管理的人员出走，对直接责任者和领导责任者，情节较重的，给予警告或者严重警告处分；情节严重的，给予撤销党内职务处分。

第一百一十七条 在上级单位检查、视察工作或者向上级单位汇报、报告工作时对应当报告的事项不报告或者不如实报告，造成严重损害或者严重不良影响的，对直接责任者和领导责任者，给予警告或者严重警告处分；情节严重的，给予撤销党内职务或者留党察看处分。

第一百一十八条 党员领导干部违反有关规定干预和插手市场经济活动，有下列行为之一，造成不良影响的，给予警告或者严重警告处分；情节较重的，给予撤销党内职务或者留党察看处分；情节严重的，给予开除党籍处分：

（一）干预和插手建设工程项目承发包、土地使用权出让、政府采购、房地产开发与经营、矿产资源开发利用、中介机构服务等活动的；

（二）干预和插手国有企业重组改制、兼并、破产、产权交易、清产核资、资产评估、资产转让、重大项目投资以及其他重大经营活动等事项的；

（三）干预和插手批办各类行政许可和资金借贷等事项的；

（四）干预和插手经济纠纷的；

（五）干预和插手集体资金、资产和资源的使用、分配、承包、租赁等事项的。

第一百一十九条 党员领导干部违反有关规定干预和插手司法活动、执纪执法活动，向有关地方或者部门打招呼、说情，或者以其他方式对司法活动、执纪执法活动施加影响，情节较轻的，给予严重警告处分；情节较重的，给予撤销党内职务或者留

党察看处分；情节严重的，给予开除党籍处分。

党员领导干部违反有关规定干预和插手公共财政资金分配、项目立项评审、政府奖励表彰等活动，造成重大损失或者不良影响的，依照前款规定处理。

第一百二十条 泄露、扩散或者窃取党组织关于干部选拔任用、纪律审查等尚未公开事项或者其他应当保密的内容的，给予警告或者严重警告处分；情节较重的，给予撤销党内职务或者留党察看处分；情节严重的，给予开除党籍处分。

私自留存涉及党组织关于干部选拔任用、纪律审查等方面资料，情节较重的，给予警告或者严重警告处分；情节严重的，给予撤销党内职务处分。

第一百二十一条 在考试、录取工作中，有泄露试题、考场舞弊、涂改考卷、违规录取等违反有关规定行为的，给予警告或者严重警告处分；情节较重的，给予撤销党内职务或者留党察看处分；情节严重的，给予开除党籍处分。

第一百二十二条 以不正当方式谋求本人或者其他人用公款出国（境），情节较轻的，给予警告处分；情节较重的，给予严重警告处分；情节严重的，给予撤销党内职务处分。

第一百二十三条 临时出国（境）团（组）或者人员中的党员，擅自延长在国（境）外期限，或者擅自变更路线的，对直接责任者和领导责任者，给予警告或者严重警告处分；情节严重的，给予撤销党内职务处分。

第一百二十四条 驻外机构或者临时出国（境）团（组）中的党员，触犯驻在国家、地区的法律、法令或者不尊重驻在国家、地区的宗教习俗，情节较重的，给予警告或者严重警告处分；情节严重的，给予撤销党内职务、留党察看或者开除党籍处分。

第一百二十五条 在党的纪律检查、组织、宣传、统一战线工作以及机关工作等其他工作中，不履行或者不正确履行职责，

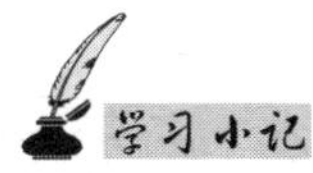

造成损失或者不良影响的，应当视具体情节给予警告直至开除党籍处分。

第十一章　对违反生活纪律行为的处分

第一百二十六条　生活奢靡、贪图享乐、追求低级趣味，造成不良影响的，给予警告或者严重警告处分；情节严重的，给予撤销党内职务处分。

第一百二十七条　与他人发生不正当性关系，造成不良影响的，给予警告或者严重警告处分；情节较重的，给予撤销党内职务或者留党察看处分；情节严重的，给予开除党籍处分。

利用职权、教养关系、从属关系或者其他相类似关系与他人发生性关系的，依照前款规定从重处分。

第一百二十八条　违背社会公序良俗，在公共场所有不当行为，造成不良影响的，给予警告或者严重警告处分；情节较重的，给予撤销党内职务或者留党察看处分；情节严重的，给予开除党籍处分。

第一百二十九条　有其他严重违反社会公德、家庭美德行为的，应当视具体情节给予警告直至开除党籍处分。

第三编　附　　则

第一百三十条　各省、自治区、直辖市党委可以根据本条例，结合各自工作的实际情况，制定单项实施规定。

第一百三十一条　中央军事委员会可以根据本条例，结合中国人民解放军和中国人民武装警察部队的实际情况，制定补充规定或者单项规定。

第一百三十二条　本条例由中央纪律检查委员会负责解释。

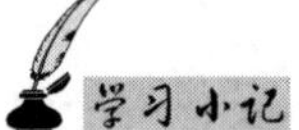

第一百三十三条 本条例自2016年1月1日起施行。

本条例施行前，已结案的案件如需进行复查复议，适用当时的规定或者政策。尚未结案的案件，如果行为发生时的规定或者政策不认为是违纪，而本条例认为是违纪的，依照当时的规定或者政策处理；如果行为发生时的规定或者政策认为是违纪的，依照当时的规定或者政策处理，但是如果本条例不认为是违纪或者处理较轻的，依照本条例规定处理。

中国共产党纪律处分条例

（2018 年 8 月 18 日）

第一编　总　　则

第一章　指导思想、原则和适用范围

第一条　为了维护党章和其他党内法规，严肃党的纪律，纯洁党的组织，保障党员民主权利，教育党员遵纪守法，维护党的团结统一，保证党的路线、方针、政策、决议和国家法律法规的贯彻执行，根据《中国共产党章程》，制定本条例。

第二条　党的纪律建设必须坚持以马克思列宁主义、毛泽东思想、邓小平理论、“三个代表”重要思想、科学发展观、习近平新时代中国特色社会主义思想为指导，坚持和加强党的全面领导，坚决维护习近平总书记党中央的核心、全党的核心地位，坚决维护党中央权威和集中统一领导，落实新时代党的建设总要求和全面从严治党战略部署，全面加强党的纪律建设。

第三条　党章是最根本的党内法规，是管党治党的总规矩。党的纪律是党的各级组织和全体党员必须遵守的行为规则。党组织和党员必须牢固树立政治意识、大局意识、核心意识、看齐意识，自觉遵守党章，严格执行和维护党的纪律，自觉接受党的纪律约束，模范遵守国家法律法规。

第四条　党的纪律处分工作应当坚持以下原则：

（一）坚持党要管党、全面从严治党。加强对党的各级组织

学习小记

和全体党员的教育、管理和监督，把纪律挺在前面，注重抓早抓小、防微杜渐。

（二）党纪面前一律平等。对违犯党纪的党组织和党员必须严肃、公正执行纪律，党内不允许有任何不受纪律约束的党组织和党员。

（三）实事求是。对党组织和党员违犯党纪的行为，应当以事实为依据，以党章、其他党内法规和国家法律法规为准绳，准确认定违纪性质，区别不同情况，恰当予以处理。

（四）民主集中制。实施党纪处分，应当按照规定程序经党组织集体讨论决定，不允许任何个人或者少数人擅自决定和批准。上级党组织对违犯党纪的党组织和党员作出的处理决定，下级党组织必须执行。

（五）惩前毖后、治病救人。处理违犯党纪的党组织和党员，应当实行惩戒与教育相结合，做到宽严相济。

第五条 运用监督执纪“四种形态”，经常开展批评和自我批评、约谈函询，让“红红脸、出出汗”成为常态；党纪轻处分、组织调整成为违纪处理的大多数；党纪重处分、重大职务调整的成为少数；严重违纪涉嫌违法立案审查的成为极少数。

第六条 本条例适用于违犯党纪应当受到党纪责任追究的党组织和党员。

第二章 违纪与纪律处分

第七条 党组织和党员违反党章和其他党内法规，违反国家法律法规，违反党和国家政策，违反社会主义道德，危害党、国家和人民利益的行为，依照规定应当给予纪律处理或者处分的，都必须受到追究。

重点查处党的十八大以来不收敛、不收手，问题线索反映集

中、群众反映强烈，政治问题和经济问题交织的腐败案件，违反中央八项规定精神的问题。

第八条 对党员的纪律处分种类：

（一）警告；

（二）严重警告；

（三）撤销党内职务；

（四）留党察看；

（五）开除党籍。

第九条 对于违犯党的纪律的党组织，上级党组织应当责令其作出检查或者进行通报批评。对于严重违犯党的纪律、本身又不能纠正的党组织，上一级党的委员会在查明核实后，根据情节严重的程度，可以予以：

（一）改组；

（二）解散。

第十条 党员受到警告处分一年内、受到严重警告处分一年半内，不得在党内提升职务和向党外组织推荐担任高于其原任职务的党外职务。

（编者注：对于被审查人给予严重警告处分，如果违纪行为的认定是依据 2003 年《中国共产党纪律处分条例》，则影响期为一年。如果被审查人具有多个违纪行为，其中有的发生在 2016 年 1 月 1 日前，有的发生在 2016 年 1 月 1 日后，经合并处理后确定给予严重警告处分的，因部分违纪行为发生在 2015 年《中国共产党纪律处分条例》施行后，应适用 2015 年《中国共产党纪律处分条例》或 2018 年《中国共产党纪律处分条例》，则影响期为一年半）

第十一条 撤销党内职务处分，是指撤销受处分党员由党内选举或者组织任命的党内职务。对于在党内担任两个以上职务的，党组织在作处分决定时，应当明确是撤销其一切职务还是一

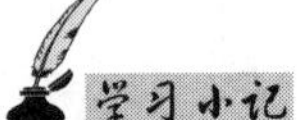

个或者几个职务。如果决定撤销其一个职务，必须撤销其担任的最高职务。如果决定撤销其两个以上职务，则必须从其担任的最高职务开始依次撤销。对于在党外组织担任职务的，应当建议党外组织依照规定作出相应处理。

对于应当受到撤销党内职务处分，但是本人没有担任党内职务的，应当给予其严重警告处分。同时，在党外组织担任职务的，应当建议党外组织撤销其党外职务。

党员受到撤销党内职务处分，或者依照前款规定受到严重警告处分的，二年内不得在党内担任和向党外组织推荐担任与其原任职务相当或者高于其原任职务的职务。

第十二条　留党察看处分，分为留党察看一年、留党察看二年。对于受到留党察看处分一年的党员，期满后仍不符合恢复党员权利条件的，应当延长一年留党察看期限。留党察看期限最长不得超过二年。

党员受留党察看处分期间，没有表决权、选举权和被选举权。留党察看期间，确有悔改表现的，期满后恢复其党员权利；坚持不改或者又发现其他应当受到党纪处分的违纪行为的，应当开除党籍。

党员受到留党察看处分，其党内职务自然撤销。对于担任党外职务的，应当建议党外组织撤销其党外职务。受到留党察看处分的党员，恢复党员权利后二年内，不得在党内担任和向党外组织推荐担任与其原任职务相当或者高于其原任职务的职务。

（编者注：在留党察看期间又受到党纪处分的，应直接开除党籍；在恢复党员权利后的两年影响期内又受到党纪处分的，执行的影响期应为新处分的影响期与原处分尚未执行的影响期之和，并从新处分作出之日起算）

第十三条　党员受到开除党籍处分，五年内不得重新入党，也不得推荐担任与其原任职务相当或者高于其原任职务的党外职务。另有规定不准重新入党的，依照规定。

学习小记

第十四条 党的各级代表大会的代表受到留党察看以上（含留党察看）处分的，党组织应当终止其代表资格。

第十五条 对于受到改组处理的党组织领导机构成员，除应当受到撤销党内职务以上（含撤销党内职务）处分的外，均自然免职。

第十六条 对于受到解散处理的党组织中的党员，应当逐个审查。其中，符合党员条件的，应当重新登记，并参加新的组织过党的生活；不符合党员条件的，应当对其进行教育、限期改正，经教育仍无转变的，予以劝退或者除名；有违纪行为的，依照规定予以追究。

第三章　纪律处分运用规则

第十七条 有下列情形之一的，可以从轻或者减轻处分：

（一）主动交代本人应当受到党纪处分的问题的；

（二）在组织核实、立案审查过程中，能够配合核实审查工作，如实说明本人违纪违法事实的；

（三）检举同案人或者其他人应当受到党纪处分或者法律追究的问题，经查证属实的；

（四）主动挽回损失、消除不良影响或者有效阻止危害结果发生的；

（五）主动上交违纪所得的；

（六）有其他立功表现的。

第十八条 根据案件的特殊情况，由中央纪委决定或者经省（部）级纪委（不含副省级市纪委）决定并呈报中央纪委批准，对违纪党员也可以在本条例规定的处分幅度以外减轻处分。

第十九条 对于党员违犯党纪应当给予警告或者严重警告处

学习小记

分，但是具有本条例第十七条规定的情形之一或者本条例分则中另有规定的，可以给予批评教育、责令检查、诫勉或者组织处理，免予党纪处分。对违纪党员免予处分，应当作出书面结论。

第二十条 有下列情形之一的，应当从重或者加重处分：

（一）强迫、唆使他人违纪的；

（二）拒不上交或者退赔违纪所得的；

（三）违纪受处分后又因故意违纪应当受到党纪处分的；

（四）违纪受到党纪处分后，又被发现其受处分前的违纪行为应当受到党纪处分的；

（五）本条例另有规定的。

（编者注：党纪处分影响期内又受到党纪处分，执行的影响期应为新处分的影响期与原处分尚未执行的影响期之和，并从新处分作出之日起算）

第二十一条 从轻处分，是指在本条例规定的违纪行为应当受到的处分幅度以内，给予较轻的处分。

从重处分，是指在本条例规定的违纪行为应当受到的处分幅度以内，给予较重的处分。

第二十二条 减轻处分，是指在本条例规定的违纪行为应当受到的处分幅度以外，减轻一档给予处分。

加重处分，是指在本条例规定的违纪行为应当受到的处分幅度以外，加重一档给予处分。

本条例规定的只有开除党籍处分一个档次的违纪行为，不适用第一款减轻处分的规定。

第二十三条 一人有本条例规定的两种以上（含两种）应当受到党纪处分的违纪行为，应当合并处理，按其数种违纪行为中应当受到的最高处分加重一档给予处分；其中一种违纪行为应当受到开除党籍处分的，应当给予开除党籍处分。

第二十四条 一个违纪行为同时触犯本条例两个以上（含两

个）条款的，依照处分较重的条款定性处理。

一个条款规定的违纪构成要件全部包含在另一个条款规定的违纪构成要件中，特别规定与一般规定不一致的，适用特别规定。

第二十五条 二人以上（含二人）共同故意违纪的，对为首者，从重处分，本条例另有规定的除外；对其他成员，按照其在共同违纪中所起的作用和应负的责任，分别给予处分。

对于经济方面共同违纪的，按照个人所得数额及其所起作用，分别给予处分。对违纪集团的首要分子，按照集团违纪的总数额处分；对其他共同违纪的为首者，情节严重的，按照共同违纪的总数额处分。

教唆他人违纪的，应当按照其在共同违纪中所起的作用追究党纪责任。

第二十六条 党组织领导机构集体作出违犯党纪的决定或者实施其他违犯党纪的行为，对具有共同故意的成员，按共同违纪处理；对过失违纪的成员，按照各自在集体违纪中所起的作用和应负的责任分别给予处分。

第四章 对违法犯罪党员的纪律处分

第二十七条 党组织在纪律审查中发现党员有贪污贿赂、滥用职权、玩忽职守、权力寻租、利益输送、徇私舞弊、浪费国家资财等违反法律涉嫌犯罪行为的，应当给予撤销党内职务、留党察看或者开除党籍处分。

（编者注：在干部选拔任用中为他人谋取利益并收受财物的，该行为违反的是干部选拔任用规定，应将其放在审理报告“违反组织纪律”部分表述，将收受财物的问题作为情节一并表述，并适用《中国共产党纪律处分条例》违反组织纪律的相应条款——

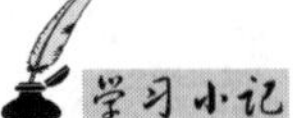

第七十三条或第七十四条和第二十七条。同时，在涉嫌违法犯罪问题部分也予以简要表述）

第二十八条 党组织在纪律审查中发现党员有刑法规定的行为，虽不构成犯罪但须追究党纪责任的，或者有其他违法行为，损害党、国家和人民利益的，应当视具体情节给予警告直至开除党籍处分。

（编者注：对于存在嫖娼行为的党员应给予开除党籍处分）

第二十九条 党组织在纪律审查中发现党员严重违纪涉嫌违法犯罪的，原则上先作出党纪处分决定，并按照规定给予政务处分后，再移送有关国家机关依法处理。

第三十条 党员被依法留置、逮捕的，党组织应当按照管理权限中止其表决权、选举权和被选举权等党员权利。根据监察机关、司法机关处理结果，可以恢复其党员权利的，应当及时予以恢复。

第三十一条 党员犯罪情节轻微，人民检察院依法作出不起诉决定的，或者人民法院依法作出有罪判决并免予刑事处罚的，应当给予撤销党内职务、留党察看或者开除党籍处分。

党员犯罪，被单处罚金的，依照前款规定处理。

第三十二条 党员犯罪，有下列情形之一的，应当给予开除党籍处分：

（一）因故意犯罪被依法判处刑法规定的主刑（含宣告缓刑）的；

（二）被单处或者附加剥夺政治权利的；

（三）因过失犯罪，被依法判处三年以上（不含三年）有期徒刑的。

因过失犯罪被判处三年以下（含三年）有期徒刑或者被判处管制、拘役的，一般应当开除党籍。对于个别可以不开除党籍的，应当对照处分党员批准权限的规定，报请再上一级党组织

批准。

第三十三条 党员依法受到刑事责任追究的，党组织应当根据司法机关的生效判决、裁定、决定及其认定的事实、性质和情节，依照本条例规定给予党纪处分，是公职人员的由监察机关给予相应政务处分。

党员依法受到政务处分、行政处罚，应当追究党纪责任的，党组织可以根据生效的政务处分、行政处罚决定认定的事实、性质和情节，经核实后依照规定给予党纪处分或者组织处理。

党员违反国家法律法规，违反企事业单位或者其他社会组织的规章制度受到其他纪律处分，应当追究党纪责任的，党组织在对有关方面认定的事实、性质和情节进行核实后，依照规定给予党纪处分或者组织处理。

党组织作出党纪处分或者组织处理决定后，司法机关、行政机关等依法改变原生效判决、裁定、决定等，对原党纪处分或者组织处理决定产生影响的，党组织应当根据改变后的生效判决、裁定、决定等重新作出相应处理。

第五章 其他规定

第三十四条 预备党员违犯党纪，情节较轻，可以保留预备党员资格的，党组织应当对其批评教育或者延长预备期；情节较重的，应当取消其预备党员资格。

第三十五条 对违纪后下落不明的党员，应当区别情况作出处理：

（一）对有严重违纪行为，应当给予开除党籍处分的，党组织应当作出决定，开除其党籍；

（二）除前项规定的情况外，下落不明时间超过六个月的，党组织应当按照党章规定对其予以除名。

学习小记

第三十六条 违纪党员在党组织作出处分决定前死亡，或者在死亡之后发现其曾有严重违纪行为，对于应当给予开除党籍处分的，开除其党籍；对于应当给予留党察看以下（含留党察看）处分的，作出违犯党纪的书面结论和相应处理。

第三十七条 违纪行为有关责任人员的区分：

（一）直接责任者，是指在其职责范围内，不履行或者不正确履行自己的职责，对造成的损失或者后果起决定性作用的党员或者党员领导干部。

（二）主要领导责任者，是指在其职责范围内，对直接主管的工作不履行或者不正确履行职责，对造成的损失或者后果负直接领导责任的党员领导干部。

（三）重要领导责任者，是指在其职责范围内，对应管的工作或者参与决定的工作不履行或者不正确履行职责，对造成的损失或者后果负次要领导责任的党员领导干部。

本条例所称领导责任者，包括主要领导责任者和重要领导责任者。

第三十八条 本条例所称主动交代，是指涉嫌违纪的党员在组织初核前向有关组织交代自己的问题，或者在初核和立案审查其问题期间交代组织未掌握的问题。

第三十九条 计算经济损失主要计算直接经济损失。直接经济损失，是指与违纪行为有直接因果关系而造成财产损失的实际价值。

第四十条 对于违纪行为所获得的经济利益，应当收缴或者责令退赔。

对于违纪行为所获得的职务、职称、学历、学位、奖励、资格等其他利益，应当由承办案件的纪检机关或者由其上级纪检机关建议有关组织、部门、单位按照规定予以纠正。

对于依照本条例第三十五条、第三十六条规定处理的党员，

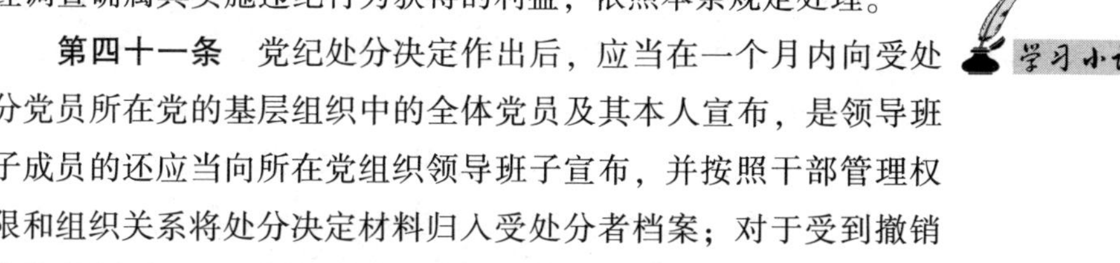

经调查确属其实施违纪行为获得的利益，依照本条规定处理。

第四十一条 党纪处分决定作出后，应当在一个月内向受处分党员所在党的基层组织中的全体党员及其本人宣布，是领导班子成员的还应当向所在党组织领导班子宣布，并按照干部管理权限和组织关系将处分决定材料归入受处分者档案；对于受到撤销党内职务以上（含撤销党内职务）处分的，还应当在一个月内办理职务、工资、工作及其他有关待遇等相应变更手续；涉及撤销或者调整其党外职务的，应当建议党外组织及时撤销或者调整其党外职务。特殊情况下，经作出或者批准作出处分决定的组织批准，可以适当延长办理期限。办理期限最长不得超过六个月。

第四十二条 执行党纪处分决定的机关或者受处分党员所在单位，应当在六个月内将处分决定的执行情况向作出或者批准处分决定的机关报告。

党员对所受党纪处分不服的，可以依照党章及有关规定提出申诉。

第四十三条 本条例总则适用于有党纪处分规定的其他党内法规，但是中共中央发布或者批准发布的其他党内法规有特别规定的除外。

第二编　分　　则

第六章　对违反政治纪律行为的处分

第四十四条 在重大原则问题上不同党中央保持一致且有实际言论、行为或者造成不良后果的，给予警告或者严重警告处分；情节较重的，给予撤销党内职务或者留党察看处分；情节严重的，给予开除党籍处分。

学习小记

第四十五条 通过网络、广播、电视、报刊、传单、书籍等，或者利用讲座、论坛、报告会、座谈会等方式，公开发表坚持资产阶级自由化立场、反对四项基本原则，反对党的改革开放决策的文章、演说、宣言、声明等的，给予开除党籍处分。

发布、播出、刊登、出版前款所列文章、演说、宣言、声明等或者为上述行为提供方便条件的，对直接责任者和领导责任者，给予严重警告或者撤销党内职务处分；情节严重的，给予留党察看或者开除党籍处分。

第四十六条 通过网络、广播、电视、报刊、传单、书籍等，或者利用讲座、论坛、报告会、座谈会等方式，有下列行为之一，情节较轻的，给予警告或者严重警告处分；情节较重的，给予撤销党内职务或者留党察看处分；情节严重的，给予开除党籍处分：

（一）公开发表违背四项基本原则，违背、歪曲党的改革开放决策，或者其他有严重政治问题的文章、演说、宣言、声明等的；

（二）妄议党中央大政方针，破坏党的集中统一的；

（三）丑化党和国家形象，或者诋毁、诬蔑党和国家领导人、英雄模范，或者歪曲党的历史、中华人民共和国历史、人民军队历史的。

发布、播出、刊登、出版前款所列内容或者为上述行为提供方便条件的，对直接责任者和领导责任者，给予严重警告或者撤销党内职务处分；情节严重的，给予留党察看或者开除党籍处分。

第四十七条 制作、贩卖、传播第四十五条、第四十六条所列内容之一的书刊、音像制品、电子读物、网络音视频资料等，情节较轻的，给予警告或者严重警告处分；情节较重的，给予撤销党内职务或者留党察看处分；情节严重的，给予开除党籍处分。

私自携带、寄递第四十五条、第四十六条所列内容之一的书

刊、音像制品、电子读物等入出境，情节较重的，给予警告或者严重警告处分；情节严重的，给予撤销党内职务、留党察看或者开除党籍处分。

第四十八条 在党内组织秘密集团或者组织其他分裂党的活动的，给予开除党籍处分。

参加秘密集团或者参加其他分裂党的活动的，给予留党察看或者开除党籍处分。

第四十九条 在党内搞团团伙伙、结党营私、拉帮结派、培植个人势力等非组织活动，或者通过搞利益交换、为自己营造声势等活动捞取政治资本的，给予严重警告或者撤销党内职务处分；导致本地区、本部门、本单位政治生态恶化的，给予留党察看或者开除党籍处分。

第五十条 党员领导干部在本人主政的地方或者分管的部门自行其是，搞山头主义，拒不执行党中央确定的大政方针，甚至背着党中央另搞一套的，给予撤销党内职务、留党察看或者开除党籍处分。

落实党中央决策部署不坚决，打折扣、搞变通，在政治上造成不良影响或者严重后果的，给予警告或者严重警告处分；情节严重的，给予撤销党内职务、留党察看或者开除党籍处分。

第五十一条 对党不忠诚不老实，表里不一，阳奉阴违，欺上瞒下，搞两面派，做两面人，情节较轻的，给予警告或者严重警告处分；情节较重的，给予撤销党内职务或者留党察看处分；情节严重的，给予开除党籍处分。

第五十二条 制造、散布、传播政治谣言，破坏党的团结统一的，给予警告或者严重警告处分；情节较重的，给予撤销党内职务或者留党察看处分；情节严重的，给予开除党籍处分。

政治品行恶劣，匿名诬告，有意陷害或者制造其他谣言，造成损害或者不良影响的，依照前款规定处理。

学习小记

第五十三条 擅自对应当由党中央决定的重大政策问题作出决定、对外发表主张的，对直接责任者和领导责任者，给予严重警告或者撤销党内职务处分；情节严重的，给予留党察看或者开除党籍处分。

第五十四条 不按照有关规定向组织请示、报告重大事项，情节较重的，给予警告或者严重警告处分；情节严重的，给予撤销党内职务或者留党察看处分。

第五十五条 干扰巡视巡察工作或者不落实巡视巡察整改要求，情节较轻的，给予警告或者严重警告处分；情节较重的，给予撤销党内职务或者留党察看处分；情节严重的，给予开除党籍处分。

第五十六条 对抗组织审查，有下列行为之一的，给予警告或者严重警告处分；情节较重的，给予撤销党内职务或者留党察看处分；情节严重的，给予开除党籍处分：

（一）串供或者伪造、销毁、转移、隐匿证据的；

（二）阻止他人揭发检举、提供证据材料的；

（三）包庇同案人员的；

（四）向组织提供虚假情况，掩盖事实的；

（五）有其他对抗组织审查行为的。

第五十七条 组织、参加反对党的基本理论、基本路线、基本方略或者重大方针政策的集会、游行、示威等活动的，或者以组织讲座、论坛、报告会、座谈会等方式，反对党的基本理论、基本路线、基本方略或者重大方针政策，造成严重不良影响的，对策划者、组织者和骨干分子，给予开除党籍处分。

对其他参加人员或者以提供信息、资料、财物、场地等方式支持上述活动者，情节较轻的，给予警告或者严重警告处分；情节较重的，给予撤销党内职务或者留党察看处分；情节严重的，给予开除党籍处分。

对不明真相被裹挟参加，经批评教育后确有悔改表现的，可以免予处分或者不予处分。

未经组织批准参加其他集会、游行、示威等活动，情节较轻的，给予警告或者严重警告处分；情节较重的，给予撤销党内职务或者留党察看处分；情节严重的，给予开除党籍处分。

第五十八条 组织、参加旨在反对党的领导、反对社会主义制度或者敌视政府等组织的，对策划者、组织者和骨干分子，给予开除党籍处分。

对其他参加人员，情节较轻的，给予警告或者严重警告处分；情节较重的，给予撤销党内职务或者留党察看处分；情节严重的，给予开除党籍处分。

第五十九条 组织、参加会道门或者邪教组织的，对策划者、组织者和骨干分子，给予开除党籍处分。

对其他参加人员，情节较轻的，给予警告或者严重警告处分；情节较重的，给予撤销党内职务或者留党察看处分；情节严重的，给予开除党籍处分。

对不明真相的参加人员，经批评教育后确有悔改表现的，可以免予处分或者不予处分。

第六十条 从事、参与挑拨破坏民族关系制造事端或者参加民族分裂活动的，对策划者、组织者和骨干分子，给予开除党籍处分。

对其他参加人员，情节较轻的，给予警告或者严重警告处分；情节较重的，给予撤销党内职务或者留党察看处分；情节严重的，给予开除党籍处分。

对不明真相被裹挟参加，经批评教育后确有悔改表现的，可以免予处分或者不予处分。

有其他违反党和国家民族政策的行为，情节较轻的，给予警告或者严重警告处分；情节较重的，给予撤销党内职务或者留党

察看处分；情节严重的，给予开除党籍处分。

第六十一条　组织、利用宗教活动反对党的路线、方针、政策和决议，破坏民族团结的，对策划者、组织者和骨干分子，给予开除党籍处分。

对其他参加人员，给予撤销党内职务或者留党察看处分；情节严重的，给予开除党籍处分。

对不明真相被裹挟参加，经批评教育后确有悔改表现的，可以免予处分或者不予处分。

有其他违反党和国家宗教政策的行为，情节较轻的，给予警告或者严重警告处分；情节较重的，给予撤销党内职务或者留党察看处分；情节严重的，给予开除党籍处分。

第六十二条　对信仰宗教的党员，应当加强思想教育，经党组织帮助教育仍没有转变的，应当劝其退党；劝而不退的，予以除名；参与利用宗教搞煽动活动的，给予开除党籍处分。

第六十三条　组织迷信活动的，给予撤销党内职务或者留党察看处分；情节严重的，给予开除党籍处分。

参加迷信活动，造成不良影响的，给予警告或者严重警告处分；情节较重的，给予撤销党内职务或者留党察看处分；情节严重的，给予开除党籍处分。

对不明真相的参加人员，经批评教育后确有悔改表现的，可以免予处分或者不予处分。

第六十四条　组织、利用宗族势力对抗党和政府，妨碍党和国家的方针政策以及决策部署的实施，或者破坏党的基层组织建设的，对策划者、组织者和骨干分子，给予开除党籍处分。

对其他参加人员，给予撤销党内职务或者留党察看处分；情节严重的，给予开除党籍处分。

对不明真相被裹挟参加，经批评教育后确有悔改表现的，可以免予处分或者不予处分。

第六十五条 在国（境）外、外国驻华使（领）馆申请政治避难，或者违纪后逃往国（境）外、外国驻华使（领）馆的，给予开除党籍处分。

在国（境）外公开发表反对党和政府的文章、演说、宣言、声明等的，依照前款规定处理。

故意为上述行为提供方便条件的，给予留党察看或者开除党籍处分。

第六十六条 在涉外活动中，其言行在政治上造成恶劣影响，损害党和国家尊严、利益的，给予撤销党内职务或者留党察看处分；情节严重的，给予开除党籍处分。

第六十七条 不履行全面从严治党主体责任、监督责任或者履行全面从严治党主体责任、监督责任不力，给党组织造成严重损害或者严重不良影响的，对直接责任者和领导责任者，给予警告或者严重警告处分；情节严重的，给予撤销党内职务或者留党察看处分。

第六十八条 党员领导干部对违反政治纪律和政治规矩等错误思想和行为不报告、不抵制、不斗争，放任不管，搞无原则一团和气，造成不良影响的，给予警告或者严重警告处分；情节严重的，给予撤销党内职务或者留党察看处分。

第六十九条 违反党的优良传统和工作惯例等党的规矩，在政治上造成不良影响的，给予警告或者严重警告处分；情节较重的，给予撤销党内职务或者留党察看处分；情节严重的，给予开除党籍处分。

第七章 对违反组织纪律行为的处分

第七十条 违反民主集中制原则，有下列行为之一的，给予警告或者严重警告处分；情节严重的，给予撤销党内职务或者留

党察看处分：

（一）拒不执行或者擅自改变党组织作出的重大决定的；

（二）违反议事规则，个人或者少数人决定重大问题的；

（三）故意规避集体决策，决定重大事项、重要干部任免、重要项目安排和大额资金使用的；

（四）借集体决策名义集体违规的。

第七十一条 下级党组织拒不执行或者擅自改变上级党组织决定的，对直接责任者和领导责任者，给予警告或者严重警告处分；情节严重的，给予撤销党内职务或者留党察看处分。

第七十二条 拒不执行党组织的分配、调动、交流等决定的，给予警告、严重警告或者撤销党内职务处分。

在特殊时期或者紧急状况下，拒不执行党组织决定的，给予留党察看或者开除党籍处分。

第七十三条 有下列行为之一，情节较重的，给予警告或者严重警告处分：

（一）违反个人有关事项报告规定，隐瞒不报的；

（二）在组织进行谈话、函询时，不如实向组织说明问题的；

（三）不按要求报告或者不如实报告个人去向的；

（四）不如实填报个人档案资料的。

篡改、伪造个人档案资料的，给予严重警告处分；情节严重的，给予撤销党内职务或者留党察看处分。

隐瞒入党前严重错误的，一般应当予以除名；对入党后表现尚好的，给予严重警告、撤销党内职务或者留党察看处分。

第七十四条 党员领导干部违反有关规定组织、参加自发成立的老乡会、校友会、战友会等，情节严重的，给予警告、严重警告或者撤销党内职务处分。

第七十五条 有下列行为之一的，给予警告或者严重警告处分；情节较重的，给予撤销党内职务或者留党察看处分；情节严

重的，给予开除党籍处分：

（一）在民主推荐、民主测评、组织考察和党内选举中搞拉票、助选等非组织活动的；

（二）在法律规定的投票、选举活动中违背组织原则搞非组织活动，组织、怂恿、诱使他人投票、表决的；

（三）在选举中进行其他违反党章、其他党内法规和有关章程活动的。

搞有组织的拉票贿选，或者用公款拉票贿选的，从重或者加重处分。

第七十六条 在干部选拔任用工作中，有任人唯亲、排斥异己、封官许愿、说情干预、跑官要官、突击提拔或者调整干部等违反干部选拔任用规定行为，对直接责任者和领导责任者，情节较轻的，给予警告或者严重警告处分；情节较重的，给予撤销党内职务或者留党察看处分；情节严重的，给予开除党籍处分。

用人失察失误造成严重后果的，对直接责任者和领导责任者，依照前款规定处理。

第七十七条 在干部、职工的录用、考核、职务晋升、职称评定和征兵、安置复转军人等工作中，隐瞒、歪曲事实真相，或者利用职权或者职务上的影响违反有关规定为本人或者其他人谋取利益的，给予警告或者严重警告处分；情节较重的，给予撤销党内职务或者留党察看处分；情节严重的，给予开除党籍处分。

弄虚作假，骗取职务、职级、职称、待遇、资格、学历、学位、荣誉或者其他利益的，依照前款规定处理。

第七十八条 侵犯党员的表决权、选举权和被选举权，情节较重的，给予警告或者严重警告处分；情节严重的，给予撤销党内职务处分。

以强迫、威胁、欺骗、拉拢等手段，妨害党员自主行使表决权、选举权和被选举权的，给予撤销党内职务、留党察看或者开

学习小记

除党籍处分。

第七十九条 有下列行为之一的，给予警告或者严重警告处分；情节较重的，给予撤销党内职务或者留党察看处分；情节严重的，给予开除党籍处分：

（一）对批评、检举、控告进行阻挠、压制，或者将批评、检举、控告材料私自扣压、销毁，或者故意将其泄露给他人的；

（二）对党员的申辩、辩护、作证等进行压制，造成不良后果的；

（三）压制党员申诉，造成不良后果的，或者不按照有关规定处理党员申诉的；

（四）有其他侵犯党员权利行为，造成不良后果的。

对批评人、检举人、控告人、证人及其他人员打击报复的，从重或者加重处分。

党组织有上述行为的，对直接责任者和领导责任者，依照第一款规定处理。

第八十条 违反党章和其他党内法规的规定，采取弄虚作假或者其他手段把不符合党员条件的人发展为党员，或者为非党员出具党员身份证明的，对直接责任者和领导责任者，给予警告或者严重警告处分；情节严重的，给予撤销党内职务处分。

违反有关规定程序发展党员的，对直接责任者和领导责任者，依照前款规定处理。

第八十一条 违反有关规定取得外国国籍或者获取国（境）外永久居留资格、长期居留许可的，给予撤销党内职务、留党察看或者开除党籍处分。

第八十二条 违反有关规定办理因私出国（境）证件、前往港澳通行证，或者未经批准出入国（边）境，情节较轻的，给予警告或者严重警告处分；情节较重的，给予撤销党内职务处分；情节严重的，给予留党察看处分。

第八十三条　驻外机构或者临时出国（境）团（组）中的党员擅自脱离组织，或者从事外事、机要、军事等工作的党员违反有关规定同国（境）外机构、人员联系和交往的，给予警告、严重警告或者撤销党内职务处分。

第八十四条　驻外机构或者临时出国（境）团（组）中的党员，脱离组织出走时间不满六个月又自动回归的，给予撤销党内职务或者留党察看处分；脱离组织出走时间超过六个月的，按照自行脱党处理，党内予以除名。

故意为他人脱离组织出走提供方便条件的，给予警告、严重警告或者撤销党内职务处分。

第八章　对违反廉洁纪律行为的处分

第八十五条　党员干部必须正确行使人民赋予的权力，清正廉洁，反对任何滥用职权、谋求私利的行为。

利用职权或者职务上的影响为他人谋取利益，本人的配偶、子女及其配偶等亲属和其他特定关系人收受对方财物，情节较重的，给予警告或者严重警告处分；情节严重的，给予撤销党内职务、留党察看或者开除党籍处分。

第八十六条　相互利用职权或者职务上的影响为对方及其配偶、子女及其配偶等亲属、身边工作人员和其他特定关系人谋取利益搞权权交易的，给予警告或者严重警告处分；情节较重的，给予撤销党内职务或者留党察看处分；情节严重的，给予开除党籍处分。

第八十七条　纵容、默许配偶、子女及其配偶等亲属、身边工作人员和其他特定关系人利用党员干部本人职权或者职务上的影响谋取私利，情节较轻的，给予警告或者严重警告处分；情节较重的，给予撤销党内职务或者留党察看处分；情节严重的，给

学习小记

予开除党籍处分。

党员干部的配偶、子女及其配偶等亲属和其他特定关系人不实际工作而获取薪酬或者虽实际工作但领取明显超出同职级标准薪酬，党员干部知情未予纠正的，依照前款规定处理。

第八十八条 收受可能影响公正执行公务的礼品、礼金、消费卡和有价证券、股权、其他金融产品等财物，情节较轻的，给予警告或者严重警告处分；情节较重的，给予撤销党内职务或者留党察看处分；情节严重的，给予开除党籍处分。

收受其他明显超出正常礼尚往来的财物的，依照前款规定处理。

第八十九条 向从事公务的人员及其配偶、子女及其配偶等亲属和其他特定关系人赠送明显超出正常礼尚往来的礼品、礼金、消费卡和有价证券、股权、其他金融产品等财物，情节较重的，给予警告或者严重警告处分；情节严重的，给予撤销党内职务或者留党察看处分。

第九十条 借用管理和服务对象的钱款、住房、车辆等，影响公正执行公务，情节较重的，给予警告或者严重警告处分；情节严重的，给予撤销党内职务、留党察看或者开除党籍处分。

通过民间借贷等金融活动获取大额回报，影响公正执行公务的，依照前款规定处理。

第九十一条 利用职权或者职务上的影响操办婚丧喜庆事宜，在社会上造成不良影响的，给予警告或者严重警告处分；情节严重的，给予撤销党内职务处分；借机敛财或者有其他侵犯国家、集体和人民利益行为的，从重或者加重处分，直至开除党籍。

第九十二条 接受、提供可能影响公正执行公务的宴请或者旅游、健身、娱乐等活动安排，情节较重的，给予警告或者严重警告处分；情节严重的，给予撤销党内职务或者留党察看处分。

第九十三条 违反有关规定取得、持有、实际使用运动健身

卡、会所和俱乐部会员卡、高尔夫球卡等各种消费卡，或者违反有关规定出入私人会所，情节较重的，给予警告或者严重警告处分；情节严重的，给予撤销党内职务或者留党察看处分。

第九十四条 违反有关规定从事营利活动，有下列行为之一，情节较轻的，给予警告或者严重警告处分；情节较重的，给予撤销党内职务或者留党察看处分；情节严重的，给予开除党籍处分：

（一）经商办企业的；

（二）拥有非上市公司（企业）的股份或者证券的；

（三）买卖股票或者进行其他证券投资的；

（四）从事有偿中介活动的；

（五）在国（境）外注册公司或者投资入股的；

（六）有其他违反有关规定从事营利活动的。

利用参与企业重组改制、定向增发、兼并投资、土地使用权出让等决策、审批过程中掌握的信息买卖股票，利用职权或者职务上的影响通过购买信托产品、基金等方式非正常获利的，依照前款规定处理。

违反有关规定在经济组织、社会组织等单位中兼职，或者经批准兼职但获取薪酬、奖金、津贴等额外利益的，依照第一款规定处理。

第九十五条 利用职权或者职务上的影响，为配偶、子女及其配偶等亲属和其他特定关系人在审批监管、资源开发、金融信贷、大宗采购、土地使用权出让、房地产开发、工程招投标以及公共财政支出等方面谋取利益，情节较轻的，给予警告或者严重警告处分；情节较重的，给予撤销党内职务或者留党察看处分；情节严重的，给予开除党籍处分。

利用职权或者职务上的影响，为配偶、子女及其配偶等亲属和其他特定关系人吸收存款、推销金融产品等提供帮助谋取利益

的，依照前款规定处理。

第九十六条 党员领导干部离职或者退（离）休后违反有关规定接受原任职务管辖的地区和业务范围内的企业和中介机构的聘任，或者个人从事与原任职务管辖业务相关的营利活动，情节较轻的，给予警告或者严重警告处分；情节较重的，给予撤销党内职务处分；情节严重的，给予留党察看处分。

党员领导干部离职或者退（离）休后违反有关规定担任上市公司、基金管理公司独立董事、独立监事等职务，情节较轻的，给予警告或者严重警告处分；情节较重的，给予撤销党内职务处分；情节严重的，给予留党察看处分。

第九十七条 党员领导干部的配偶、子女及其配偶，违反有关规定在该党员领导干部管辖的地区和业务范围内从事可能影响其公正执行公务的经营活动，或者在该党员领导干部管辖的地区和业务范围内的外商独资企业、中外合资企业中担任由外方委派、聘任的高级职务或者违规任职、兼职取酬的，该党员领导干部应当按照规定予以纠正；拒不纠正的，其本人应当辞去现任职务或者由组织予以调整职务；不辞去现任职务或者不服从组织调整职务的，给予撤销党内职务处分。

第九十八条 党和国家机关违反有关规定经商办企业的，对直接责任者和领导责任者，给予警告或者严重警告处分；情节严重的，给予撤销党内职务处分。

第九十九条 党员领导干部违反工作、生活保障制度，在交通、医疗、警卫等方面为本人、配偶、子女及其配偶等亲属和其他特定关系人谋求特殊待遇，情节较重的，给予警告或者严重警告处分；情节严重的，给予撤销党内职务或者留党察看处分。

第一百条 在分配、购买住房中侵犯国家、集体利益，情节较轻的，给予警告或者严重警告处分；情节较重的，给予撤销党内职务或者留党察看处分；情节严重的，给予开除党籍处分。

第一百零一条 利用职权或者职务上的影响，侵占非本人经管的公私财物，或者以象征性地支付钱款等方式侵占公私财物，或者无偿、象征性地支付报酬接受服务、使用劳务，情节较轻的，给予警告或者严重警告处分；情节较重的，给予撤销党内职务或者留党察看处分；情节严重的，给予开除党籍处分。

利用职权或者职务上的影响，将本人、配偶、子女及其配偶等亲属应当由个人支付的费用，由下属单位、其他单位或者他人支付、报销的，依照前款规定处理。

第一百零二条 利用职权或者职务上的影响，违反有关规定占用公物归个人使用，时间超过六个月，情节较重的，给予警告或者严重警告处分；情节严重的，给予撤销党内职务处分。

占用公物进行营利活动的，给予警告或者严重警告处分；情节较重的，给予撤销党内职务或者留党察看处分；情节严重的，给予开除党籍处分。

将公物借给他人进行营利活动的，依照前款规定处理。

第一百零三条 违反有关规定组织、参加用公款支付的宴请、高消费娱乐、健身活动，或者用公款购买赠送或者发放礼品、消费卡（券）等，对直接责任者和领导责任者，情节较轻的，给予警告或者严重警告处分；情节较重的，给予撤销党内职务或者留党察看处分；情节严重的，给予开除党籍处分。

第一百零四条 违反有关规定自定薪酬或者滥发津贴、补贴、奖金等，对直接责任者和领导责任者，情节较轻的，给予警告或者严重警告处分；情节较重的，给予撤销党内职务或者留党察看处分；情节严重的，给予开除党籍处分。

第一百零五条 有下列行为之一，对直接责任者和领导责任者，情节较轻的，给予警告或者严重警告处分；情节较重的，给予撤销党内职务或者留党察看处分；情节严重的，给予开除党籍处分：

学习小记

（一）公款旅游或者以学习培训、考察调研、职工疗养等为名变相公款旅游的；

（二）改变公务行程，借机旅游的；

（三）参加所管理企业、下属单位组织的考察活动，借机旅游的。

以考察、学习、培训、研讨、招商、参展等名义变相用公款出国（境）旅游的，依照前款规定处理。

第一百零六条 违反公务接待管理规定，超标准、超范围接待或者借机大吃大喝，对直接责任者和领导责任者，情节较重的，给予警告或者严重警告处分；情节严重的，给予撤销党内职务处分。

第一百零七条 违反有关规定配备、购买、更换、装饰、使用公务交通工具或者有其他违反公务交通工具管理规定的行为，对直接责任者和领导责任者，情节较重的，给予警告或者严重警告处分；情节严重的，给予撤销党内职务或者留党察看处分。

第一百零八条 违反会议活动管理规定，有下列行为之一，对直接责任者和领导责任者，情节较重的，给予警告或者严重警告处分；情节严重的，给予撤销党内职务处分：

（一）到禁止召开会议的风景名胜区开会的；

（二）决定或者批准举办各类节会、庆典活动的。

擅自举办评比达标表彰活动或者借评比达标表彰活动收取费用的，依照前款规定处理。

第一百零九条 违反办公用房管理等规定，有下列行为之一，对直接责任者和领导责任者，情节较重的，给予警告或者严重警告处分；情节严重的，给予撤销党内职务处分：

（一）决定或者批准兴建、装修办公楼、培训中心等楼堂馆所的；

（二）超标准配备、使用办公用房的；

（三）用公款包租、占用客房或者其他场所供个人使用的。

第一百一十条 搞权色交易或者给予财物搞钱色交易的，给予警告或者严重警告处分；情节较重的，给予撤销党内职务或者留党察看处分；情节严重的，给予开除党籍处分。

第一百一十一条 有其他违反廉洁纪律规定行为的，应当视具体情节给予警告直至开除党籍处分。

第九章 对违反群众纪律行为的处分

第一百一十二条 有下列行为之一，对直接责任者和领导责任者，情节较轻的，给予警告或者严重警告处分；情节较重的，给予撤销党内职务或者留党察看处分；情节严重的，给予开除党籍处分：

（一）超标准、超范围向群众筹资筹劳、摊派费用，加重群众负担的；

（二）违反有关规定扣留、收缴群众款物或者处罚群众的；

（三）克扣群众财物，或者违反有关规定拖欠群众钱款的；

（四）在管理、服务活动中违反有关规定收取费用的；

（五）在办理涉及群众事务时刁难群众、吃拿卡要的；

（六）有其他侵害群众利益行为的。

在扶贫领域有上述行为的，从重或者加重处分。

第一百一十三条 干涉生产经营自主权，致使群众财产遭受较大损失的，对直接责任者和领导责任者，给予警告或者严重警告处分；情节严重的，给予撤销党内职务或者留党察看处分。

第一百一十四条 在社会保障、政策扶持、扶贫脱贫、救灾救济款物分配等事项中优亲厚友、明显有失公平的，给予警告或者严重警告处分；情节较重的，给予撤销党内职务或者留党察看处分；情节严重的，给予开除党籍处分。

学习小记

第一百一十五条 利用宗族或者黑恶势力等欺压群众，或者纵容涉黑涉恶活动、为黑恶势力充当“保护伞”的，给予撤销党内职务或者留党察看处分；情节严重的，给予开除党籍处分。

第一百一十六条 有下列行为之一，对直接责任者和领导责任者，情节较重的，给予警告或者严重警告处分；情节严重的，给予撤销党内职务或者留党察看处分：

（一）对涉及群众生产、生活等切身利益的问题依照政策或者有关规定能解决而不及时解决，庸懒无为、效率低下，造成不良影响的；

（二）对符合政策的群众诉求消极应付、推诿扯皮，损害党群、干群关系的；

（三）对待群众态度恶劣、简单粗暴，造成不良影响的；

（四）弄虚作假，欺上瞒下，损害群众利益的；

（五）有其他不作为、乱作为等损害群众利益行为的。

第一百一十七条 盲目举债、铺摊子、上项目，搞劳民伤财的“形象工程”、“政绩工程”，致使国家、集体或者群众财产和利益遭受较大损失的，对直接责任者和领导责任者，给予警告或者严重警告处分；情节严重的，给予撤销党内职务、留党察看或者开除党籍处分。

第一百一十八条 遇到国家财产和群众生命财产受到严重威胁时，能救而不救，情节较重的，给予警告、严重警告或者撤销党内职务处分；情节严重的，给予留党察看或者开除党籍处分。

第一百一十九条 不按照规定公开党务、政务、厂务、村（居）务等，侵犯群众知情权，对直接责任者和领导责任者，情节较重的，给予警告或者严重警告处分；情节严重的，给予撤销党内职务或者留党察看处分。

第一百二十条 有其他违反群众纪律规定行为的，应当视具体情节给予警告直至开除党籍处分。

第十章　对违反工作纪律行为的处分

第一百二十一条　工作中不负责任或者疏于管理，贯彻执行、检查督促落实上级决策部署不力，给党、国家和人民利益以及公共财产造成较大损失的，对直接责任者和领导责任者，给予警告或者严重警告处分；造成重大损失的，给予撤销党内职务、留党察看或者开除党籍处分。

贯彻创新、协调、绿色、开放、共享的发展理念不力，对职责范围内的问题失察失责，造成较大损失或者重大损失的，从重或者加重处分。

第一百二十二条　有下列行为之一，造成严重不良影响，对直接责任者和领导责任者，情节较轻的，给予警告或者严重警告处分；情节较重的，给予撤销党内职务或者留党察看处分；情节严重的，给予开除党籍处分：

（一）贯彻党中央决策部署只表态不落实的；

（二）热衷于搞舆论造势、浮在表面的；

（三）单纯以会议贯彻会议、以文件落实文件，在实际工作中不见诸行动的；

（四）工作中有其他形式主义、官僚主义行为的。

第一百二十三条　党组织有下列行为之一，对直接责任者和领导责任者，情节较重的，给予警告或者严重警告处分；情节严重的，给予撤销党内职务或者留党察看处分：

（一）党员被依法判处刑罚后，不按照规定给予党纪处分，或者对违反国家法律法规的行为，应当给予党纪处分而不处分的；

（二）党纪处分决定或者申诉复查决定作出后，不按照规定落实决定中关于被处分人党籍、职务、职级、待遇等事项的；

学习小记

（三）党员受到党纪处分后，不按照干部管理权限和组织关系对受处分党员开展日常教育、管理和监督工作的。

第一百二十四条 因工作不负责任致使所管理的人员叛逃的，对直接责任者和领导责任者，给予警告或者严重警告处分；情节严重的，给予撤销党内职务处分。

因工作不负责任致使所管理的人员出走，对直接责任者和领导责任者，情节较重的，给予警告或者严重警告处分；情节严重的，给予撤销党内职务处分。

第一百二十五条 在上级检查、视察工作或者向上级汇报、报告工作时对应当报告的事项不报告或者不如实报告，造成严重损害或者严重不良影响的，对直接责任者和领导责任者，给予警告或者严重警告处分；情节严重的，给予撤销党内职务或者留党察看处分。

在上级检查、视察工作或者向上级汇报、报告工作时纵容、唆使、暗示、强迫下级说假话、报假情的，从重或者加重处分。

第一百二十六条 党员领导干部违反有关规定干预和插手市场经济活动，有下列行为之一，造成不良影响的，给予警告或者严重警告处分；情节较重的，给予撤销党内职务或者留党察看处分；情节严重的，给予开除党籍处分：

（一）干预和插手建设工程项目承发包、土地使用权出让、政府采购、房地产开发与经营、矿产资源开发利用、中介机构服务等活动的；

（二）干预和插手国有企业重组改制、兼并、破产、产权交易、清产核资、资产评估、资产转让、重大项目投资以及其他重大经营活动等事项的；

（三）干预和插手批办各类行政许可和资金借贷等事项的；

（四）干预和插手经济纠纷的；

（五）干预和插手集体资金、资产和资源的使用、分配、承包、租赁等事项的。

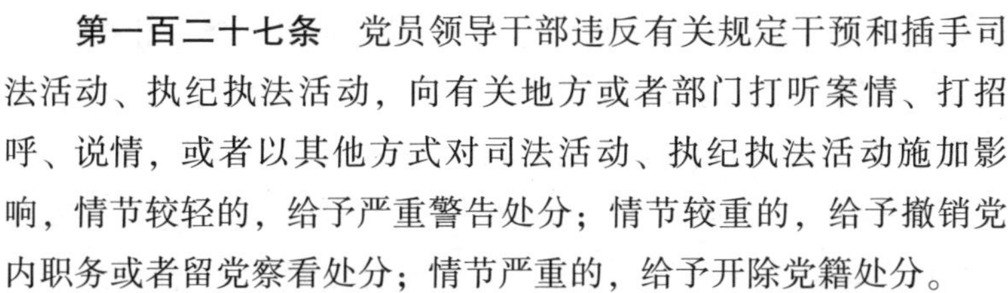

第一百二十七条　党员领导干部违反有关规定干预和插手司法活动、执纪执法活动，向有关地方或者部门打听案情、打招呼、说情，或者以其他方式对司法活动、执纪执法活动施加影响，情节较轻的，给予严重警告处分；情节较重的，给予撤销党内职务或者留党察看处分；情节严重的，给予开除党籍处分。

党员领导干部违反有关规定干预和插手公共财政资金分配、项目立项评审、政府奖励表彰等活动，造成重大损失或者不良影响的，依照前款规定处理。

第一百二十八条　泄露、扩散或者打探、窃取党组织关于干部选拔任用、纪律审查、巡视巡察等尚未公开事项或者其他应当保密的内容的，给予警告或者严重警告处分；情节较重的，给予撤销党内职务或者留党察看处分；情节严重的，给予开除党籍处分。

私自留存涉及党组织关于干部选拔任用、纪律审查、巡视巡察等方面资料，情节较重的，给予警告或者严重警告处分；情节严重的，给予撤销党内职务处分。

第一百二十九条　在考试、录取工作中，有泄露试题、考场舞弊、涂改考卷、违规录取等违反有关规定行为的，给予警告或者严重警告处分；情节较重的，给予撤销党内职务或者留党察看处分；情节严重的，给予开除党籍处分。

第一百三十条　以不正当方式谋求本人或者其他人用公款出国（境），情节较轻的，给予警告处分；情节较重的，给予严重警告处分；情节严重的，给予撤销党内职务处分。

第一百三十一条　临时出国（境）团（组）或者人员中的党员，擅自延长在国（境）外期限，或者擅自变更路线的，对直接责任者和领导责任者，给予警告或者严重警告处分；情节严重的，给予撤销党内职务处分。

第一百三十二条 驻外机构或者临时出国（境）团（组）中的党员，触犯驻在国家、地区的法律、法令或者不尊重驻在国家、地区的宗教习俗，情节较重的，给予警告或者严重警告处分；情节严重的，给予撤销党内职务、留党察看或者开除党籍处分。

第一百三十三条 在党的纪律检查、组织、宣传、统一战线工作以及机关工作等其他工作中，不履行或者不正确履行职责，造成损失或者不良影响的，应当视具体情节给予警告直至开除党籍处分。

第十一章 对违反生活纪律行为的处分

第一百三十四条 生活奢靡、贪图享乐、追求低级趣味，造成不良影响的，给予警告或者严重警告处分；情节严重的，给予撤销党内职务处分。

第一百三十五条 与他人发生不正当性关系，造成不良影响的，给予警告或者严重警告处分；情节较重的，给予撤销党内职务或者留党察看处分；情节严重的，给予开除党籍处分。

利用职权、教养关系、从属关系或者其他相类似关系与他人发生性关系的，从重处分。

第一百三十六条 党员领导干部不重视家风建设，对配偶、子女及其配偶失管失教，造成不良影响或者严重后果的，给予警告或者严重警告处分；情节严重的，给予撤销党内职务处分。

第一百三十七条 违背社会公序良俗，在公共场所有不当行为，造成不良影响的，给予警告或者严重警告处分；情节较重的，给予撤销党内职务或者留党察看处分；情节严重的，给予开除党籍处分。

第一百三十八条 有其他严重违反社会公德、家庭美德行为的，应当视具体情节给予警告直至开除党籍处分。

第三编　附　　则

第一百三十九条　各省、自治区、直辖市党委可以根据本条例，结合各自工作的实际情况，制定单项实施规定。

第一百四十条　中央军事委员会可以根据本条例，结合中国人民解放军和中国人民武装警察部队的实际情况，制定补充规定或者单项规定。

第一百四十一条　本条例由中央纪律检查委员会负责解释。

第一百四十二条　本条例自 2018 年 10 月 1 日起施行。

本条例施行前，已结案的案件如需进行复查复议，适用当时的规定或者政策。尚未结案的案件，如果行为发生时的规定或者政策不认为是违纪，而本条例认为是违纪的，依照当时的规定或者政策处理；如果行为发生时的规定或者政策认为是违纪的，依照当时的规定或者政策处理，但是如果本条例不认为是违纪或者处理较轻的，依照本条例规定处理。

（**编者注**：在纪律审查工作中，适用《中国共产党纪律处分条例》表述时应注意以下几点：(1) 如适用本《中国共产党纪律处分条例》，应表述为“依据《中国共产党纪律处分条例》第×条第×款第×项之规定”。(2) 如同时适用新旧条例进行党纪处理，应表述为“依据《中国共产党纪律处分条例》第×条第×款第×项、第一百四十二条第二款，2015 年《中国共产党纪律处分条例》第×条第×款第×项，2003 年《中国共产党纪律处分条例》第×条第×款第×项之规定”。(3) 如需引用从重、从轻、减轻处分以及合并处理、违纪所得收缴等总则条款，应引用本《中国共产党纪律处分条例》的相关条款）

图书在版编目（CIP）数据

纪检监察工作法律法规一本通 /《纪检监察工作法律法规一本通》编写组编．—北京：中国法制出版社，2023.9

ISBN 978-7-5216-3599-7

Ⅰ.①纪… Ⅱ.①纪… Ⅲ.①中国共产党-纪律检查-法规-学习参考资料②行政监察法-中国-学习参考资料 Ⅳ.①D262.6②D922.114.4

中国国家版本馆 CIP 数据核字（2023）第 098274 号

策划/责任编辑 欧丹（odening@163.com） 封面设计 杨鑫宇

纪检监察工作法律法规一本通

JIJIAN JIANCHA GONGZUO FALÜ FAGUI YIBENTONG

编/《纪检监察工作法律法规一本通》编写组

经销/新华书店

印刷/三河市紫恒印装有限公司

开本/880 毫米×1230 毫米 32 开 印张/ 18 字数/ 362 千

版次/2023 年 9 月第 1 版 2023 年 9 月第 1 次印刷

中国法制出版社出版

书号 ISBN 978-7-5216-3599-7 定价：52.00 元

北京市西城区西便门西里甲 16 号西便门办公区

邮政编码：100053 传真：010-63141600

网址：http：//www.zgfzs.com **编辑部电话：010-63141675**

市场营销部电话：010-63141612 **印务部电话：010-63141606**

（如有印装质量问题，请与本社印务部联系。）